Studien V: Entwicklungen des Öffentlichen und Privatrechts II

Wilhelm Brauneder

Studien V:
Entwicklungen des Öffentlichen und Privatrechts II

PL ACADEMIC RESEARCH

Bibliografische Information der Deutschen Nationalbibliothek
Die Deutsche Nationalbibliothek verzeichnet diese Publikation in der Deutschen Nationalbibliografie; detaillierte bibliografische Daten sind im Internet über http://dnb.d-nb.de abrufbar.

ISBN 978-3-631-66650-0 (Print)
E-ISBN 978-3-653-05994-6 (E-Book)
DOI 10.3726/978-3-653-05994-6

PL Academic Research ist ein Imprint der Peter Lang GmbH.

Peter Lang – Frankfurt am Main · Bern · Bruxelles · New York · Oxford · Warszawa · Wien

Diese Publikation wurde begutachtet.

www.peterlang.com

Vorwort

In einem kürzeren als dem bisher üblichen Abstand von etwa zehn Jahren (1993, 2002, 2011) folgt nun 2015 Band V der „Studien". Wie schon „Studien IV" gliedert er sich in „Entwicklungen des Öffentlichen Rechts" und in „Entwicklungen des Privatrechts". Neu hinzu tritt „Geschichte", im Wesentlichen Literaturgeschichte.

Eine Reihe an Beiträgen aus Anlaß des Zweihundert-Jahre-Jubiläums des Allgemeinen Bürgerlichen Gesetzbuchs um 2011 ist eingegangen in die 2014 (mit Jahresangabe 2015) erschienene Monografie „Österreichs Allgemeines Bürgerliches Gesetzbuch (ABGB) I: Entstehung und Entwicklung bis 1900".

Abermals entsprechen nahezu alle Beiträge unverändert ihrem Erstabdruck. Einige sind ergänzt wie insbesondere „Die Symbolik der Berufsstände der Verfassung 1934" um ein Beispiel aus der Zeit nach 1945, „Eheschließung ohne Trauung" um die Eheschließung Erzherzog Johanns und „Das Bergwerk: Mutter der Eisenbahn" um die Kohlenbahnen in Oberösterreich und die Verlängerung der Salzburger S 11. Einige Titulaturen wurden leicht modifiziert.

Herausgebern und Verlegern der Erstveröffentlichungen gebührt Dank für die Aufnahme in diesen Band, für dessen Publikation dem Verlag Lang. Für die sorgfältige Zusammenstellung der Beiträge sei Frau Renate Hoffmann herzlichst gedankt.

Wien, im Januar 2015 — Wilhelm Brauneder

Inhaltsverzeichnis

Entwicklung des Öffentlichen Rechts

Die deutsche Staatlichkeit zur Zeit Goethes

Goethe wurde in Frankfurt/Main in dreierlei hineingeboren: in das zu Ende gehende Römisch-deutsche Reich, in die für dieses typische Kleinstaaterei, in die Eingriffe Frankreichs.

Das Reich verkörperte sich gerade in der Freien Reichsstadt Frankfurt/Main in besonderer Weise: Sie war Wahl- und Krönungsstätte der Römisch-deutschen Kaiser und zählte damit zu den Hauptorten des Reiches wie etwa Nürnberg als Aufbewahrungsort der Reichsinsignien oder Wien als Residenz des Kaisers[1]. Die Kleinstaaterei bestimmte Goethes weiteres Lebensumfeld. Da war die Freie Reichsstadt selbst mit ihrem nur sehr kleinen Territorium, dann zahlreiche angrenzende Territorien[2], nämlich Hessen-Kassel, Hessen-Darmstadt, das Kurfürstentum Mainz, das Fürstentum Isenburg und die Grafschaft Solms, in der Nähe auch Hessen-Homburg und die Grafschaft Hanau. Frankreichs Eingriffe in die deutsche Politik hatte Goethe als Kind durch die französische Besetzung von Frankfurt/Main um 1760 hautnah miterlebt. Was dies auf Dauer bedeuten konnte spürte er zu seiner Straßburger Studienzeit im Elsaß: ein von Frankreich annektiertes Reichsgebiet. Als er 1808 Napoleon in Erfurt traf geschah dies hier auf französischem Boden, denn Erfurt bildete einen Teil Frankreichs als dessen Militärlager mitten in Deutschland.

In allen drei Facetten traten zur Lebenszeit Goethes große, ja höchst tiefgreifende Veränderungen ein. Das Reich erlebte mit dem Reichsdeputationshauptschluß 1803[3] eine umstürzende Verfassungsänderung im Zeichen moderner Staatlichkeit durch die Bildung großflächiger Territorien auf Kosten der Kleinstaaten: Sie wurden den sie umgebenden großen Territorien durch Mediatisierung zugeschlagen wie etwa die Reichsstädte. Dazu kam weiters die Säkularisierung der geistlichen Reichsfürstentümer, d. h. ihre Umwandlung in weltliche wie etwa Salzburgs. Eben diese Umstrukturierung führte mit der Politik der beiden deutschen Großstaaten der Hohenzollern und der Habsburger das Reichsende herbei: Gerade die neugeschaffenen Staaten wie etwa Bayern, dessen Besitzstand sich etwa verdoppelte und das 1806 zum Königreich erhöht wurde, oder das rangmäßig zum Großherzogtum beförderte Baden, dessen Gebiet sich sogar verzehnfacht hatte, sprengten

---

Aus: H. Zeman (Hg.), Jahrbuch der Österreichischen Goethe-Gesellschaft 114/115/114 Wien 2013, 103 ff.

1 U. a. W. Brauneder, Haupt- und Residenzstadt, in: ders., Studien IV, Frankfurt/Main 2011, S. 105 ff.

2 Zur historischen Staatenlandschaft siehe Geschichts-Atlanten.

3 H. Conrad, Deutsche Rechtsgeschichte II, Karlsruhe 1966, S. 56 ff.; W. Brauneder, Österreichische Verfassungsgeschichte, 11. Aufl., Wien 2009, S. 97, 109.

den Reichsverband, indem sie sich 1806 zum Rheinbund zusammenschlossen und aus dem Reich austraten, worauf Kaiser Franz II. das Reich für aufgelöst erklärte, was so gut wie ohne Protest von den übrigen Reichsständen hingenommen wurde. Der Rheinbund[4] trat als Organisation Deutschlands nahezu an die Stelle des Reiches, mit Preußen und Österreich als wichtigste Ausnahmen gehörten ihm schließlich alle deutsche Staaten an. Nach dem Zusammenbruch des napoleonischen Staatensystems trat ab 1815 an seine Stelle der Deutsche Bund. 1833 entstand der Deutsche Zollverein als Beginn der wirtschaftlichen Einigung Deutschlands.

Was die buchstäbliche und sprichwörtliche deutsche Kleinstaaterei betraf, so gab es im Jahre 1792 305 Reichsstände[5]. Goethes spätere Wirkungsstätte Sachsen-Weimar-Eisenach bildete in der Gruppe der „Thüringischen Staaten" den größten Kleinstaat. Er besaß aber keineswegs ein arrondiertes Territorium, sondern setzte sich vielmehr aus fünf Teilen in Streulage zusammen mit einigen zusätzlichen kleineren Exklaven. Derartige Situationen verstanden sich aus Teilungen einer Dynastie, wie im thüringischen Fall der Ernestinischen Linie der Wettiner, die im wesentlichen auf Grund fiskalischer Erwägungen beruhten, nämlich einer Teilung in Gebiete mit einem bestimmten Steueraufkommen. Die Streulage von Sachsen-Weimar-Eisenach führte übrigens dazu, daß es an acht weitere Reichsstände grenzte, darunter das modern strukturierte Preußen. Nach dem Reichsdeputationshauptschluß von 1803 reduzierte sich die Zahl der Reichsstände von 112 auf knappe zwei Drittel. Dadurch reichte das um solche vergrößerte Bayern nun von den Mainquellen bis an das nördliche Ende des Gardasees, das Großherzogtum Baden vom Bodensee bis zum Main, an Gewicht gewonnen hatten beispielsweise auch Württemberg und Hessen-Kassel.

Für Goethe war die deutsche Kleinstaaterei selbstverständlich[6]: „Da sitzt einer in Wien, ein anderer in Berlin, ein anderer in Königsberg, ein anderer in Bonn oder Düsseldorf, alle durch funfzig bis hundert Meilen voneinander getrennt, so daß persönliche Berührungen und ein persönlicher Austausch von Gedanken zu den Seltenheiten gehört … Nun aber denken sie sich eine Stadt wie Paris, wo die vorzüglichsten Köpfe eines Reiches auf einem einzigen Fleck beisammen sind" (S. 540: 3.5.1827). Das klang im immer mehr nationalstaatlich denkenden 19. Jahrhundert nicht positiv. Aber Goethe sah dies anders wie 1828 sozusagen zur Blütezeit des Deutschen Bundes: „Gesetzt, wir hätten in Deutschland seit

4 Zum Folgenden Conrad, wie Fn. 3, S. 60 ff.

5 G. Oestreich, Verfassungsgeschichte vom Ende des Mittelalters bis zum Ende des alten Reiches (dtv), München 1974, S. 137 ff.; Sachsen-Weimar-Eisenach: Geschichts-Atlanten.

6 Seitenangaben im Text beziehen sich auf R. – P. Wersig (Hg.), Johann Peter Eckermann. Gespräche mit Goethe, Berlin – Weimar 1982.

Jahrhunderten nur die beiden Residenzstädte Wien und Berlin oder gar nur eine, dann möchte ich doch sehen wie es um die deutsche Kultur stände, ja auch um einen überall verbreiteten Wohlstand, der mit der Kultur Hand in Hand geht" (S. 606: 3.12.1828). Und er führt als Beweis dafür die zahlreichen Universitäten an, die noch größere Anzahl an „öffentlichen Bibliotheken, an Kunstsammlungen und Sammlungen von Gegenständen aller Naturreiche", auch „Gymnasien und Schulen für Technik und Industrie sind im Überfluss da" und es gäbe „kaum ein deutsches Dorf, das nicht seine Schule hätte", gedenkt weiters der „Menge deutscher Theater ... als Träger und Beförderer höherer Volksbildung" und betont dazu als Kontrast gerade zur Zahl der Schulen: „Wie steht es aber um diesen letzten Punkt in Frankreich!". So wurde Goethe nahezu zum Verfechter des deutschen Föderalismus. Mit beispielhaftem Hinweis auf „Frankfurt, Bremen, Hamburg, Lübeck", den vier Freien Städten im Deutschen Bund, folgerte er: „Würden sie aber bleiben, was sie sind, wenn sie ihre eigene Souveränität verlieren und irgendeinem großen deutschen Reich als Provinzialstädte einverleibt werden sollten? Ich habe Ursache, daran zu zweifeln" (S. 607: 3.12.1828).

Was das Reich anlangt, so hatte Goethe noch seinen alten Glanz miterlebt. Dazu zählte die Kaiserkrönung Josefs II. 1764. Der Pomp schien ihm überholt. Ernüchtert betrachtete er auch eine Reichsinstitution, nämlich das von ihm 1772 erlebte Reichskammergericht, wegen der langen Prozeßdauer. Neuere Forschungen[7] erweisen jedoch, daß es im Durchschnitt damit nicht allzu schlecht stand, nicht bloß im Vergleich mit anderen Gerichten. Vor allem aber gewährte das Reichskammergericht ähnlich einem Verfassungsgericht Schutz gegen die Übergriffe von Obrigkeiten. In Goethes Reichskammergerichtszeit fällt übrigens die Entstehung der drei Fassungen seines „Götz von Berlichingen" 1771 bis 1804: Das ganze Reichsszenarium entrollt sich hier vor dem Leser, für den das Stück in erster Linie gedacht war, aber natürlich auch auf der Bühne: Kaiser, Reichsritter, der Bischof von Bamberg als geistlicher Reichsfürst, aber auch das gemeine Volk der Bauernkriege. In idealisierter Weise tritt der Römische Kaiser auch in Faust/2. Teil auf.

Schon allein aus diesen Gründen konnte das Geschehen um das Reich 1806 an Goethe nicht unbemerkt vorbeigehen. Seinen Tagebucheintrag vom 7. August 1806 zitiert man gerne dafür, er habe das Reich in keiner Weise geschätzt: „Zwiespalt des Bedienten und Kutschers auf dem Bocke, welcher uns mehr in Leidenschaft versetzte als die Spaltung des Römischen Reichs"[8]. Allerdings war erst Tags zuvor die Reichsauflösung in Wien verkündet worden. Konnte

---

7 Vgl. A. Laufs, Reichskammergericht, in: A. Erler – E. Kaufmann (Hg.), Handwörterbuch zur deutschen Rechtsgeschichte (HRG) IV, Berlin 1990, Sp. 655 ff.

8 K. Eibl (Hg.), Johann Wolfgang Goethe II. Abt./Bd. 6, 1993, 75; z. B. bei P. Sethe, Geschichte der Deutschen, 1962, 168, zu „Das Ende des Reiches".

Goethe bei einer Abfahrt um sechs Uhr Morgens von Hof davon überhaupt schon Kenntnis haben? Auch ist ja nicht vom Ende des Römischen Reichs die Rede, sondern von dessen „Spaltung"! Tags zuvor, also am 6. August, hatte Goethe die „Nachricht von der Erklärung des Rheinischen Bundes und dem Protektorat"[9] Napoleons über denselben erreicht; das war fünf Tage nach der Rheinbundgründung am 1. August! Zu diesem Zeitpunkt hatte dieser tatsächlich noch nicht das Ende, sondern die zitierte „Spaltung des Römischen Reichs" bewirkt. Den Rheinbund hat also Goethe im Auge, wenn er am 7. August davon spricht, der Streit „des Bedienten und Kutschers" habe „uns", nämlich die Passagiere in der Kutsche, „mehr in Leidenschaft versetzt" als jenes politische Ereignis. Und dies ist aus einem weiteren Grund verständlich: Bei dem Streit handelte es sich um einen solchen von Goethes Diener mit dem Kutscher, dessen Auswirkung die Insaßen in höchste Aufregung versetzte, denn die Kutsche schlingerte hin und her und drohte umzufallen. Wen würde auch heute die Rede eines Regierungschefs im Autoradio mehr interessieren als das Schleudern seines Fahrzeugs mit der Gefahr des Umkippens? Die zitierte Stelle dazu zu verwenden, Goethe wollte damit eine Mißachtung des Reiches ausdrücken, ist von den Fakten her falsch.

Im Jahre 1808 traf Goethe, wie schon erwähnt, den Repräsentanten der neuen Staatlichkeit, Kaiser Napoleon, in Erfurt. Eine zeitgenössische Karikatur stellt den Kaiser als Bäcker dar, der von ihm neu gebackene Monarchen, als Repräsentanten neuer Staaten, aus dem Backofen holt. Das Treffen zwischen den beiden Großen verlief übrigens nichtssagend. Neu am napoleonischen Staatensystem[10] war der Erlaß von Verfassungsurkunden vor allem für so unhistorische Staaten wie das Königreich Westfalen von 1807, zusammengefügt aus Teilen von insbesondere Hannover, Braunschweig, Hessen und Sachsen, unter Napoleons Bruder Jerôme als König. Hier wie auch im sozusagen neuen Bayern diente die Verfassungsurkunde vor allem als Klammer des (fast) neuen Staates: einheitliche Organisation, einheitliches Rechtswesen, einheitlicher Staatsbürgerschaftsstatus.

Wenn aber Goethe von „Verfassung und dergleichen" sprach wie etwa 1825 (S. 114) oder 1828 von der „Freien Verfassung" Englands (S. 592: 12.3.1828), so meinte er nicht eine Verfassungsurkunde, sondern, in der älteren Bedeutung des Ausdrucks, den Gesamtzustand eines Staates[11]. Sachsen-Weimar-Eisenach hatte allerdings schon 1816 eine „Landständische Verfassungs-Urkunde" erhalten, wie

9 Eibl, wie Fn. 8, 74.

10 H. Brandt – E. Grothe, Rheinbündischer Konstitutionalismus, Frankfurt/Main etc. 2007.

11 W. Brauneder, Verfassung, in: Enzyklopädie der Neuzeit XIV, Stuttgart – Weimar 2011, Sp. 62 ff.

übrigens von den habsburgischen Ländern im selben Jahr Tirol, und zwar auf Grund einer entsprechenden Verpflichtung dem Deutschen Bund gegenüber.

Mit dem Deutschen Bund als Staatenbund souveräner Staaten stand Goethes Idee von der „Einheit Deutschlands“ in Einklang. Dieses (S. 605/606: 23.10.1828) könne er sich nicht so vorstellen, daß es nur „eine einzige große Residenz“ habe. Vielmehr hielt er, wie schon erwähnt, die föderale Gestaltung Deutschlands für richtig. Die Wege zur „Einheit Deutschlands“ sah er nahezu allein durch wirtschaftliche Maßnahmen herstellbar: Die „künftigen Eisenbahnen werden schon das ihrige tun“, dazu eine einheitliche Währung, ein Entfall der Zollkontrollen („daß mein Reisekoffer durch alle 36 Staaten ungeöffnet passieren könne“), Einheit „in Maß und Gewicht, in Handel und Wandel und hundert ähnlichen Dingen“, und es „sei von Inland und Ausland unter deutschen Staaten überall keine Rede mehr“ (S. 605: 23.10.1828). Schon 1827 wollte er „erleben, eine Verbindung der Donau mit dem Rhein hergestellt zu sehen“ (S. 515: 21.2.1827). Vieles erinnert an den Nationalökonomen Friedrich List, einen jüngeren Zeitgenossen, der – erst – 1833 die Errichtung eines deutschen Eisenbahnnetzes vorschlug und auch für einen Abbau der Zollschranken eintrat. Auch Metternich glich Goethe. Erst ab 1841 allerdings faßte er[12] die Bedeutung einer wirtschaftlichen Einigung parallel zum Deutschen Bund ins Auge und initiierte im gleichen Jahr ein Programm zum Bau von Eisenbahnen von Wien nach München und Dresden einerseits, nach Triest und Mailand andererseits. Und den Ausdruck „deutsche Einheit“ ließ er nahezu im Sinne Goethes durch „deutsche Einigkeit“ ersetzen.

Was hatte Goethe von seinen Visionen noch erlebt? Der Bau der ersten Fernbahn im damaligen Deutschland, dem Deutschen Bund, von Linz/Donau nach Budweis fiel in die Jahre 1825 bis 1830, die erste Fahrt dieser mit Pferden betriebenen Bahn erfolgte am 1. August 1832, gute vier Monate nach Goethes Tod. Die nächste und – in Hinblick auf die eben genannte Bahn – angeblich erste deutsche Eisenbahn Nürnberg – Fürth 1835 und die Fernbahn Leipzig – Dresden 1837/39 erlebte Goethe also nicht. Nicht erlebte er auch den ersten Main-Donau-Kanal, den Ludwigs-Kanal von 1836. Aber geraume Zeit vor seinem Tod, nämlich 1828/29, entstand der Mitteldeutsche Handelsverein unter Teilnahme auch Sachsen-Weimar-Eisenachs, der über die Mitglieder Kurhessen und Hannover Zugang zur Nordsee gewann[13].

In Goethes Lebenszeit fallen viele und tiefgreifende Umbrüche der europäischen Staatenwelt – das ist der objektive Befund. Was aber die subjektive Wahrnehmung anlangt, so ist es sicherlich ein Irrtum der Historiker, zu glauben, Zeitgenossen hätten das, was sie, die Historiker, für wichtig halten, ebenso zur Kenntnis nehmen oder sich gar daran aktiv beteiligen müssen. So fallen

---

12 H. v. Srbik, Metternich II, München 1925, S. 103 ff., 109.

13 G. Lingelbach, Zollverein, in: HRG V, Berlin 1998, S. 1769 ff.

beispielsweise in das – objektiv wichtige – Jahr des Reichsendes 1806 die – subjektiv bedeutsamen – Ereignisse von Goethes Heirat und der Fertigstellung von Faust 1. Teil. Daher meint Goethe zur französischen Revolution von 1830[14]: „Ein paar Verse, die ich zu machen habe, interessieren mich mehr als viel wichtigere Dinge auf die mir kein Einfluß gestattet ist, und wenn ein jeder das gleiche tut, so wird es in der Stadt und im Hause wohl stehen".

14 Zitiert bei Gustav Sichelschmidt, Anmerkungen zu Goethe, Axendorf 1982, S. 29.

Vom Europa der Staatenbünde und Allianzen zum Europa der Bundesstaaten und Bündnisse

Nicht nur Ideen beschäftigten sich mit der Vereinigung der Staaten Europas, sondern es benützte die politische Realität verschiedenartige Rechtsformen, um dieses Ziel zu erreichen.

Aus: B. Holcman – G. Kocher (Hg.), Festschrift für Stanislav Ojnig zum 75. Geburtstag (= Zbornig III/2), Maribor 2007.

I. Das napoleonische Europa

A. Grundstrukturen

Die erste modernere Form ihres Zusammenschlusses erlebten europäische Staaten[1] unter der Herrschaft Kaiser Napoleons I. Das „Grand Empire" setzte sich aus dem „Empire" selbst, nämlich dem Kaiserreich Frankreich, sowie dessen Satellitenstaaten zusammen, die überdies teilweise in Staatenbünden zusammengefaßt waren. In seiner größten Ausdehnung ging sogar das französische Kaiserreich über das geografische Frankreich weit hinaus: Beispielsweise umfaßte es die gesamte Nordsee- und einen Teil der Ostseeküste, so daß selbst Hamburg und Lübeck französische Städte waren, zu ihm zählten an der Adria die Illyrischen Provinzen von Osttirol über Oberkärnten und Slowenien bis einschließlich Dalmatien, so daß etwa Villach, Triest und Laibach gleichfalls „in Frankreich" lagen[2].

Dazu kamen nun die Satellitenstaaten. Zu ihrem Wesen gehörte es, daß sie in unterschiedlichen verfassungsrechtlichen Verbindungen mit der Person Napoleons I. oder der Familie Bonaparte standen. So war Napoleon als „König von Italien" auch Oberhaupt dieses norditalienischen Staates, der die Mutterland-Provinzen in Frankreich mit den eben erwähnten Illyrischen Provinzen tatsächlich-geografisch sowie staatsrechtlich in Personalunion verband. Napoleon I. trat zudem in manchen Satellitenstaaten als Verfassungsgeber auf wie beispielsweise aufgrund des Friedens von Tilsit 1807 im neugeschaffenen Königreich Westfalen[3]. König von Westfalen wurde Napoleons Bruder Jerôme wie etwa sein Bruder Joseph König von Neapel und später stattdessen König von Spanien war. Ein gemeinsames Hausrecht der Familie Bonaparte verband nicht nur die ihr entstammenden Monarchen insbesondere durch eine gemeinsame Erbfolge, sondern unterstellten diese dem Haupt der Familie, also Napoleon I.

---

1 Zum Folgenden insbes. Peter Claus Hartmann, Französische Verfassungsgeschichte der Neuzeit (1450–2002), 2. Aufl. Berlin (2003) 87; Ernst Rudolf Huber, Deutsche Verfassungsgeschichte seit 1789: Bd. I (Reform und Restauration 1789 bis 1830), 2. Aufl. Stuttgart u. a. (1967) 85 f; Andreas Kley, Verfassungsgeschichte der Neuzeit, Bern 2004; insgesamt: Peter Brandt - Martin Kirsch - Arthur Schlegelmilch_(Hg.), Handbuch der europäischen Verfassungsgeschichte I: Um 1800, Bonn (2006); Hans Fenske, Der moderne Verfassungsstaat, Paderborn u. a. (2001).

2 Elfriede Holeczek, Die Verfassung und Verwaltung Oberkärntens im Vormärz (1809–1848), phil. Diss, Wien (1966) 8–10 u. 12–15; Wilhelm Brauneder, The Structure of general administration in the Habsburg-monarchy during the time of emperor Napoleon I., in: ders. Studien III: Frankfurt/Main u. a. (2003) 74–77.

3 Rüdiger Ham, Die Constitution für das Köngreich Westphalen von 1807, in: ZNR 26/2004, 227–245.

B. Staatenbünde

Diese Beziehungen der Satellitenstaaten im und zum Grande Empire verstärkte die Zusammenfassung einiger von ihnen zu zwei Staatenbünden, nämlich der Schweizer Kantone und der deutschen Staaten.

Das unterschiedliche und ungleichgewichtige föderative Geflecht der „alten" Schweizerischen Eidgenossenschaft[4] wandelte nach französischem Vorbild die Verfassung 1798 in den Einheitsstaat der Helvetischen Republik um, in der die meist neu gebildeten Kantone bloß Verwaltungsbezirke waren. Diese radikale Neuerung schlug aber letztlich fehl. Unter direktem Einfluß von Napoleon noch als Konsul entstand die Vermittlungsakte (acte de médiation) von 1803, welche die Kantone als selbständige Staaten einrichtete und in einem Staatenbund zusammenschloß. Die Mediationsakte enthielt allerdings nicht nur die „Bundesverfassung" („Acte fédéral"), sondern auch sämtliche Kantonsverfassungen. Sie alle wie auch die Bundesverfassung standen unter der ausdrücklichen Garantie Napoleons I. Nicht nur diese Garantie gab Frankreich Interventions- wie auch unbestimmte Eingriffsrechte, sondern ebenso die Französisch-Schweizerische Verteidigungsallianz gleichfalls aus 1803. Sichtbar wurde die Einbindung der Schweiz in das Grand Empire durch einen neuen Titel Napoleons: „Vermittler des Helvetischen Bundes".

Im Jahre 1806 schlossen sich auf Initiative Napoleons I. westdeutsche Reichsstände zum „Rheinbund" zusammen, und zwar mit u. a. der Verpflichtung, aus dem Römisch-Deutschen Reich auszutreten – was unmittelbar darauf zu dessen Ende führte[5]. Dem Rheinbund gehörten schließlich sämtliche deutsche Staaten außer Österreich, Preußen sowie dem schwedischen Pommern an. Das in der Rheinbundakte Napoleon I. ausdrücklich eingeräumte „Protektorat" über den

---

4 Hans Conrad Peyer, Verfassungsgeschichte der alten Schweiz, Zürich 1978; Alfred Kölz, Neuere schweizerische Verfassungsgeschichte. Ihre Grundlinien vom Ende der Alten Eidgenossenschaft bis 1848, Bern (1992) 98 ff; ders., Quellenbuch zur neueren schweizerischen Verfassungsgeschichte I und II, Bern (1992) 113 ff; Christian Rathgeb, Die Verfassungsentwicklung Graubündens im 19. Jahrhundert (= Schriften zur Verfassungsgeschichte I), Zürich u. a. (2003) 45 ff.

5 Zu ihm Huber, wie Fn. 1, 75–91; zum Reichsende: Gottfried Mraz, Das Ende des Heiligen Römischen Reichs Ursachen und Folgen für die österreichische und deutsche Geschichte, in: Peter Claus Hartmann – Florian Schuller (Hg.), Das Heilige Römische Reich und sein Ende 1806, Regensburg (2006) 78 ff; Milan Hlavačka, Die böhmischen Länder und das Ende des Heiligen Römischen Reichs, in: ebda 87 ff; Hans-Christof Kraus, Das Ende des alten Deutschland. Krise und Auflösung des Heiligen Römischen Reiches Deutscher Nation 1806 (= Wissenschaftliche Abhandlungen und Reden zur Philosophie, Politik und Geistesgeschichte 37), Berlin (2006); Wolfgang Burgdorf, Ein Weltbild verliert seine Welt. Der Untergang des Alten Reiches und die Generation 1806 (= Bibliothek Altes Reich 2), München (2006).

Rheinbund gab diesem weitgehende Eingriffsrechte sowohl in die inneren wie äußeren Angelegenheiten. Über den Rheinbund waren die deutschen Staaten wesentlich fester in das Grand Empire eingebunden als die Schweizer Kantone. Deutsche Truppen machten einen wesentlichen Bestandteil der Grande Armée aus, mit der Napoleon I. in Rußland einmarschierte. Auch hier manifestierte ein Titel Napoleons dessen Stellung: „Protektor des Rheinischen Bundes".

Mit dem Rheinbundstaat Sachsen stand übrigens das Herzogtum Warschau in Personalunion durch den König von Sachsen als Herzog von Warschau, womit dieser Staat auch in das Grand Empire eingebunden war[6].

C. Gemeinsames Rechtssystem

Eine weitere Verklammerung des Grand Empire bestand schließlich im französischen Rechtssystem, insbesondere im Code Civil[7]. Er galt nicht nur im Kaiserreich Frankreich und damit in den annektierten Gebieten Deutschlands, Italiens und Österreichs, hier in den Illyrischen Provinzen, sondern auch in Satellitenstaaten wie den Königreichen Italien und Westfalen sowie im Herzogtum Warschau, im Großherzogtum Baden als Badisches Landrecht allerdings in Übersetzung und mit Modifikationen.

D. Bilanz

Zu den Einigungsmitteln des napoleonischen Europa zählten ältere und modernere Elemente. Zu den älteren Elementen gehört die Benützung von Familienbeziehungen mit dem Einsetzen von Monarchen aus der Familie Bonaparte, somit das Aufteilen von Herrschaften auf verschiedene Linien einer Dynastie unter einem Familienoberhaupt. Während dies allerdings in den historischen Fällen beispielsweise verschiedener habsburgischer oder wittelsbachischer Linien meist eine Folge des Erbrechts gewesen war, finden wir im Grand Empire die dynastischen Beziehungen in einer anderen Weise eingesetzt, nämlich zur Beherrschung neueroberter Gebiete. Dazu gesellen sich nun moderne Elemente. Es sind dies, über Napoleon I. als Verfassungsgeber, ähnliche bis konforme formelle Verfassungen des frühkonstitutionellen Typs[8], ferner die erwähnten Staatenbünde mit einer Organstellung Napoleons I. sowie eine zumindest weitgehend gemeinsame Rechtsordnung, die noch ausgebaut werden sollte. Zur Benützung historischer Formen sei in Erinnerung gerufen, daß sich Napoleon I.

---

6 Huber, wie Fn. 1, 564–567.

7 Wilhelm Brauneder, Zum Code Civil in Österreich, in: ders., Studien IV, Frankfurt/Main u. a. (2011) 369 ff.

8 Vgl. Hartwig Brandt – Ewald Grothe (Hg.), Rheinbündischer Konstitutionalismus (= Rechtshistorische Reihe 350), Frankfurt/Main u. a. (2007).

mit dem Plan[9] trug, Römisch-Deutscher Kaiser zu werden, um so über die Reichsverfassung Zugriff auf die deutschen Reichstände zu gewinnen. Trotz des Ultimatums zur Niederlegung der Kaiserkrone an Kaiser Franz II. wählte allerdings Napoleon I. den moderneren Weg des Rheinbundes. Allerdings verstand er sich dennoch als Erneuerer des Reichs Karls des Großen, wenngleich eben in der Form des Grand Empire, zusammengefügt aus den genannten modernen Elementen.

II. Das Europa des Wiener Kongresses

A. Grundstrukturen

Der Wiener Kongreß stand unter dem Motto der „Restauration", worunter man zufolge der Beseitigung des napoleonischen Staatensystems die Herstellung jenes Zustandes verstand, wie er vor diesem gegeben gewesen war[10]. Zur Gänze traf dies allerdings nicht zu. Manche Staaten wurden nicht restauriert wie etwa die Republik Venedig, auch nicht das Römisch-Deutsche Reich, auch nicht die „Alte Eidgenossenschaft". Mit den beiden letzteren berührt sich allerdings das Thema einer anderen Restauration, nämlich nicht der von Staaten, sondern von Regierungssystemen und Staatsformen. Denn es wurden sowohl die Schweiz wie auch Deutschland weiterhin als politische Einheiten begriffen, aber neu organisiert.

Die Grundlage für die Restauration des Regierungssystems gab das Monarchische Prinzip ab, wonach Träger der Staatsgewalt ausschließlich der Monarch zu sein hatte. In Republiken, wie etwa den einzelnen Schweizer Kantonen, waren es stattdessen oligarchische Systeme. Keinesfalls sollte Träger oder Mitträger der Staatsgewalt das Volk sein, was sich gegen demokratische und hochkonstitutionell-monarchische Verfassungen wandte. Aber auch Monarch in diesem Sinne war nur jener Herrscher, dessen Gewalt sich aus alten Rechtstiteln und organisch herangewachsenen Strukturen ableiten konnte. Napoleon I. als „Kaiser der Franzosen" und nicht „von Frankreich" galt in diesem Sinne nicht als Monarch.

9 Heinrich Ritter von Srbik, Die Schicksalsstunde des alten Reiches. Österreichs Weg 1804–1806, Jena (1937) 16 ff; Hellmuth Rössler, Napoleons Griff nach der Karlskrone, Wien u. a. (1957) 19 ff u. 25 ff; allgemein: Huber, wie Fn. 1, 66 ff u. 70.

10 Winfried Baumgart, Vom Europäischen Konzert zum Völkerbund. Friedensschlüsse und Friedenssicherung von Wien bis Versailles, Darmstadt (1974) 68; Heinz Duchhardt, Gleichgewicht der Kräfte, Convenance, Europäisches Konzert. Friedenskongresse und Friedensschlüsse vom Zeitalter Ludwigs XIV. bis zum Wiener Kongreß, Darmstadt (1976) 164 ff; Huber, wie Fn. 1, 543 ff.

Die Staatenwelt bestand deshalb aus souveränen – in der Regel monarchischen – Staaten, die – jedenfalls formal – gleichberechtigt miteinander verkehrten. Dies schloß die Unterordnung eines Monarchen unter die Gewalt eines anderen aus. Es hätte dies seine Souveränität und damit das Monarchische Prinzip beeinträchtigt. Zusammenschlüsse von Staaten konnten daher nur auf dreierlei Weise erfolgen: durch Personalunionen, durch Bündnisse (Allianzen) und durch Staatenbünde.

B. Die europäische Ebene: multilaterale Allianzen

Der europaweiten Aufrechterhaltung des Kongreß-Systems[11] diente als sozusagen gesamteuropäische Dachorganisation die „Heilige Allianz", ein Bündnis der, worauf der Name hindeutet, christlichen Staaten Europas. Das Christentum bildete den kleinsten gemeinsamen Nenner hinweg über die Schranken zwischen Orthodoxie, Katholizismus und Protestantismus etwa des Kaisers von Rußland, des Kaisers von Österreich und des Königs von Preußen. Auf dieser gemeinsamen Basis war der status quo des Wiener Kongresses aufrecht zu erhalten im Sinne insbesondere der christlichen Patrimonialstaatsidee mit dem Herrscher von Gottes Gnaden als Landesvater. Das Mittel zur Bewahrung des Kongreß-Systems bildete die Intervention gegen Versuche zur Neugründung von Staaten durch Sezession oder gegen einen Verfassungsumbruch zum Zwecke der Herstellung konstitutioneller oder gar parlamentarischer Systeme.

In Ergänzung der Heiligen Allianz schlossen Österreich, Preußen, Rußland und Großbritannien gleichsam als deren Kopf bzw. Motor die „Große Allianz"[12], der 1818 auch Frankreich beitrat. Zum Schutze des Kongreß-Systems trat sie als beschließender und exekutierender Faktor auf. So kam es 1820 zu Interventionen zugunsten des Monarchischen Prinzips gegen liberale Verfassungsbewegungen in Sardinien-Piemont und in Neapel sowie 1821 in Spanien.

C. Die staatliche Ebene: Staatenbünde

Anstelle einer Restauration des Römisch-Deutschen Reiches erfolgte eine Neugründung, der Deutsche Bund[13]. Wie sein unmittelbarer Vorgänger in Deutschland, der Rheinbund, war auch er ein Staatenbund. Als ausdrücklich „völkerrechtlicher Verein der deutschen souveränen Fürsten und Freien Städte" stellte er nach außen „eine in politischer Einheit verbundene Gesamtmacht" dar und war insgesamt ein „beständiger Bund". Mit einigen Vorschriften bzw. Zuständigkeiten ging er über das Wesen eines Staatenbundes

11 Baumgart, wie Fn. 10, 2 u. 4.

12 Ebda, 1.

13 Zu ihm u. a. Huber, wie Fn. 1, 476 ff.

hinaus (s. unten vor D.). Vor allem schrieb er seinen monarchischen Mitgliedern eine bestimmte Verfassungsform vor: Sie mußten eine „landständische Verfassung“ besitzen. In der offiziellen Auslegung bedeutete dies eine doppelte Abgrenzung: Zum einen wandte sich diese Bestimmung gegen eine absolute Monarchie, zum anderen allerdings auch gegen die fortschrittlichen Formen einer konstitutionellen oder gar parlamentarischen Monarchie. Unter „Landstände“ war die historisch gewachsene Gliederung in getrennte Stände gemeint: Adel, hohe Geistlichkeit, Bürger, allenfalls Bauern. Ein Zwei-Kammern-Parlament verbunden mit einem restriktiven Wahlrecht hatte diese Gruppen getrennt zu berücksichtigen und zwischen ihnen zu gewichten. Hingegen war eine Volksvertretung aufgrund eines allgemeinen und gleichen Wahlrechts ausgeschlossen. Vor allem durfte die Ständeversammlung die monarchische Souveränität nicht beschränken.

Eine wesentliche Ergänzung des Deutschen Bundes stellte der bis 1833 schrittweise entstandene Deutsche Zollverein dar[14]. Wie jener war auch er ein Staatenbund, allerdings beschränkt auf wirtschaftliche Angelegenheiten, vor allem schuf er ein einheitliches Zollgebiet – allerdings unter dem Ausschluß Österreichs. Dessen Einbeziehung wurde ab 1854 vorbereitet, kam jedoch vor Ende des Deutschen Bundes 1866 nicht mehr zustande.

Der zweite Staatenbund in Europa betraf die Schweiz: Im Jahre 1815 schlossen die „souveränen Kantone der Schweiz“ einen neuen „Bundesvertrag“[15]. Der damit entstandene Staatenbund glich dem Deutschen Bund: Er war auf Dauer eingerichtet, nämlich „getreulich (zu) halten“, und stellte insbesondere mit den Bestimmungen über die Militärmacht eine Einheit nach außen dar.

Schließlich war noch für einen dritten geografischen Raum ein Staatenbund geplant, nämlich für Italien[16] ein „Italienischer Bund“ („Lega Italica“). Pläne dazu blieben allerdings unrealisiert, weil sich Metternich mit seiner Vorstellung nicht gegen die italienischen Fürsten durchzusetzen wußte, die von Frankreich und Rußland unterstützt wurden. Anders als im Falle Deutschlands und der Schweiz war seine Struktur im Hinblick auf den Papst wie, auch im Verhältnis

---

14 Elmar Wadle, Der Deutsche Zollverein. Ein Überblick unter besonderer Berücksichtigung rechts- und verfassungsgeschichtlicher Aspekte, in: Juristische Schulung (1984) 586 ff; ders., Der Zollverein und die deutsche Rechtseinheit, in: ZRG/GA 102/1985, 99 ff.

15 Kölz, Neuere Verfassungsgeschichte, wie Fn. 4, 183; Kley, wie Fn. 1, 150.

16 Erich Zöllner, Geschichte Österreichs von den Anfängen bis zur Gegenwart, 8. Aufl. Wien (1990) 346 ff insb. 348; Hugo Hantsch, Die Geschichte Österreichs II, Wien u. a. (1968) 274 ff insb. 278; Heinrich von Srbik, Metternich, München (1956) insb. 36; zur Geschichte Italiens um 1815: Volker Reinhardt, Geschichte Italiens von der Spätantike bis zur Gegenwart, München (2003) 189 f und 195 ff.

zu ihm, des Kaisers von Österreich strittig. Andererseits stellte er nicht unbedingt ein Desiderat des Kongreß-Systems dar. Das österreichische Lombardo-Venetien sowie die von habsburgischen Nebenlinien regierten Staaten Toskana, Modena und Parma garantieren gemeinsam mit den Interventionsmitteln der Heiligen bzw. Großen Allianz seine Aufrechterhaltung auch in Italien.

Die innere Struktur der Staatenbünde war nahezu identisch[17]. Das oberste Organ – die Bundesversammlung des Deutschen Bundes, die Tagsatzung der Schweizerischen Eidgenossenschaft – besaß den Charakter eines Gesandtenkongresses. Bei Unruhen im Inneren, also Gewaltmaßnahmen gegen die bestehende staatliche Ordnung, kam dem jeweiligen Bund ein Interventionsrecht zu. Damit wiederholte sich innerhalb der Bünde die Situation auf europäischer Ebene kraft Heiliger bzw. Großer Allianz. In ihrer Verfassungsgebung waren die Bundesmitglieder beschränkt, was zum Deutschen Bund schon erwähnt wurde. In der Schweiz hatte sie mit den Grundsätzen des Bundesvertrages übereinzustimmen, in dem sich überdies die einzelnen Kantone gegenseitig ihre Verfassungen garantierten. Zur Durchsetzung der Beschlüsse des Bundes besaß dieser ein Exekutionsrecht. Im Deutschen Bund war dies die Bundesexekution, die sich tatsächlich in militärischen Maßnahmen niederschlug. Eine Bundesexekution stellte sein Vorgehen 1863/64 gegen den König von Dänemark dar[18], der als Herzog von Holstein dem Deutschen Bund angehörte. Im Falle der Schweiz führte der Bund 1847/48 gegen den bundeswidrigen „Sonderbund" katholischer Kantone den „Sonderbundskrieg"[19]. Das jeweilige Bundes-Heer bestand aus Kontingenten der Mitgliedsstaaten und wurde erst im Kriegsfall aktiviert, in Deutschland sichtbar mit der Ernennung eines Bundesfeldherrn, in der Schweiz mit der Ernennung eines Generals und eines Generalstabs. Insbesondere Gesandtenkongreß und Kontingentsheer entsprachen der fortdauernden einzelstaatlichen Souveränität, ferner das Fehlen einer einheitlichen Rechtsordnung und eines Höchstgerichts und vor allem das eines Parlaments.

D. Zwischenstaatliche Verflechtungen neben Staatenbünden

Neben den Staatenbünden verbanden Personalunionen einzelne Staaten. In einer solchen war Norwegen bis 1814 mit Dänemark, dann bis 1905 mit Schweden verbunden[20].

Der lockere Organisationgrad der Staatenbünde ermöglichte die Herstellung unterschiedlicher Beziehungen über diese hinaus zu anderen Staaten, was weitere

---

17 Wie Fn. 13 u. Fn. 15.

18 Ernst Rudolf Huber, Deutsche Verfassungsgeschichte seit 1789: Bd III (Bismarck und das Reich), 3. Aufl. Stuttgart u. a. (1988) 465 ff u. 488 ff.

19 Kölz, Neuere Verfassungsgeschichte, wie Fn. 4, 547 u. 558.

20 Brandt-Kirsch-Schlegelmilch, wie Fn. 1, 979, 1025, 1067 f; Fenske, wie Fn. 1, 295 ff.

Verklammerungen Europas mit sich brachte. Dies waren gleichfalls Personalunionen, nämlich von Bundes-Staaten mit anderen Staaten. So[21] war der König von England bis 1837 auch König von Hannover, der König der Niederlande bis 1890 auch Großherzog des bundeszughörigen Luxemburg und der König von Dänemark auch Herzog des außerhalb des Bundes stehenden Schleswig sowie des bundeszugehörigen Holstein. Da Holstein überdies mit Schleswig auf „ewig ungeteilt" zu sein hatte, gab es hier eine weitere Verbindung über die Bundes-Grenze hinweg. Der Umstand, daß der Kaiser von Österreich[22] zwingend kraft Pragmatischer Sanktion 1713 auch König von Ungarn war verlieh dieser Personalunion auch schon Elemente einer Realunion. Schließlich[23] war der König von Preußen bis 1857 Fürst des schweizerischen Kantons Neuenburg. In einer spezifischen Weise griff auch die Schweizer Eidgenossenschaft über ihre Grenzen hinaus. Ihre Neutralität erstreckte sich nämlich auf Teile des angrenzenden Savoyen, da diese allenfalls für eine künftige Vergrößerung des Kantons Genf vorgesehen waren.

Aber es gab noch eine weitere Klammer über Bundes-Grenzen hinaus. So reichte das Staatsgebiet insbesondere zweier Mitglieder des Deutschen Bundes über dessen Grenzen hinweg. Die österreichisch-cisleithanische Staatsorganisation[24] erfaßte jenseits der Bundes-Grenzen insbesondere die Länder Galizien, Bukowina, Dalmatien und Lombardo-Venetien. Zum Teil wurde Bundes-Recht auch auf diese Gebiete erstreckt. Als Ungarn mit der Verfassung 1849 in die österreichische Staatsorganisation miteinbezogen wurde[25], setzte man auch hier die Allgemeine Deutsche Wechselordnung in Kraft. Man sprach ausdrücklich von dem Vorteil eines einheitlichen Wechselrechtes von Nord- und Ostsee bis zum Donaudurchbruch des Eisernen Tors an der Ostgrenze Ungarns. Nicht nur erhielten Tirol und Krain „Ständische Verfassungen" in Befolgung der Verfassung des Deutschen Bundes, sondern außerhalb desselben auch Galizien. Ebenso

21 Zum Folgenden Ernst Rudolf Huber, Deutsche Verfassungsgeschichte seit 1798: Bd II (Der Kampf um Einheit und Freiheit 1830 bis 1850), 3. Aufl. Stuttgart u. a. (1988) 91 f.

22 Wilhelm Brauneder, Österreichische Verfassungsgeschichte, 11. Aufl. Wien (2009) 71 u. 73; ders., Die Pragmatische Sanktion als Grundgesetz der Monarchia Austriaca von 1713 bis 1918, in: ders., Studien I: Entwicklung des Öffentlichen Rechts, Frankfurt/Main (1994) 85–116.

23 Zum Folgenden Alfred Kölz, Neuere schweizerische Verfassungsgeschichte. Ihre Grundlinien in Bund und Kantonen seit 1848, Bern (2004) 430 f.

24 Wilhelm Brauneder, Die Habsburgermonarchie als zusammengesetzter Staat, in: ders., wie Fn. 7, 117 ff.

25 ders., Der Beitrag des Parlaments zur Entwicklung des Verfassungsrechts vor 1918, in: Herbert Schambeck (Hg.), Parlamentarismus und öffentliches Recht in Österreich. Entwicklung und Gegenwartsprobleme I, Berlin (1993) 54 f.

reichte der preußische Staat über die Bundes-Grenze hinaus mit insbesondere den Provinzen Posen sowie West- und Ostpreußen[26].

E. Bilanz

Mit den multilateralen Allianzen und vor allem mit den Staatenbünden schuf der Wiener Kongreß ein europaweites System von Staatenverbindungen. Dieses Kongreß-System hatte freilich die Erhaltung des politischen status quo wie die des Staatensystems zur Grundlage. Grundsätzlich standen die Staatenbünde einer Ausweitung offen wie sich das in der sukzessiven Entstehung des Deutschen Zollvereins zeigt, dann 1848 in der Einbeziehung weiterer preußischer Teile in den Deutschen Bund und auch in der Option der Schweizer Eidgenossenschaft auf Teile Savoyens. Die Staatenbund-Konstruktion erlaubte auch, wenngleich in Ausnahmefällen, das Zusammenfassen von Staaten mit verschiedenen Regierungssystemen wie des Fürstentums Neuenburg mit den republikanischen Schweizer Kantonen bzw. der republikanischen Freien Städte mit Monarchien im Deutschen Bund. Weiters ermöglichten die Staatenbünde Verflechtungen mit außerhalb stehenden Staaten insbesondere durch Personalunionen und mit Staatsteilen wie im Falle etwa des österreichischen Galizien oder Lombardo-Venetien. Wäre ein Italienischer Bund entstanden, so hätte Österreich an ihm teilgenommen, wodurch der österreichisch-cisleithanische Staat mit seinem Hauptteil dem Deutschen Bund und mit Lombardo-Venetien dem Italienischen Bund angehört hätte.

III. Krise und Ende der supranationalen Allianzen und Staatenbünde

A. Das Ende der supranationalen Allianzen

Die Heilige und mit ihr die Große Allianz wurden schon bald, ab etwa 1825, bedeutungslos[27], da sich insbesondere Großbritannien weiteren Interventionen versagte. Nicht nur Veränderungen der Staatenwelt, sondern auch der politischen Systeme wurden nun hingenommen. Das Königreich der Vereinigten Niederlande schmälerte 1830 die Abspaltung des neuentstandenen Belgien; mit zum Teil westeuropäischer Hilfe entstand 1830 auch Griechenland als neuer Staat; die Annexion der Republik Krakau durch Österreich 1846 führte zu keinerlei Reaktionen.

---

26 Huber, wie Fn. 1, 577 f.

27 Zum Folgenden Huber, wie Fn. 1, 687 ff; Werner Näf, Zur Geschichte der Heiligen Allianz, Bern (1928); Wilhelm Schwarz, Die Heilige Allianz. Tragik eines europäischen Friedensbundes, Stuttgart (1935) 318 ff u. 348 ff.

B. Bundesstaaten statt Staatenbünde

Auf staatlicher Ebene verstärkten sich in zunehmendem Maße die demokratischen und liberalen Reformtendenzen, die in den beiden mitteleuropäischen Staatenbünden vor allem mit der Forderung einer Nationalvertretung, eines Parlaments, das Bestreben förderte, diese in Bundesstaaten umzuwandeln. In der Schweiz führte der Sonderbundkrieg von 1847/48 schließlich zur Verfassungsreform mit der Bundesverfassung 1848: Aus dem schweizerischen Staatenbund war ein, wenngleich lockerer, Bundesstaat geworden[28].

Mit der Einberufung der Konstituierenden Deutschen Nationalversammlung 1848 nach Frankfurt/Main durch den Deutschen Bund änderte dieser provisorisch seinen Charakter[29]: Mit einem Reichsverweser als Oberhaupt und einer Reichsregierung neben der Nationalversammlung nahm er gleichsam die Züge einer konstitutionellen Monarchie an, ohne allerdings über die entsprechenden Machtmittel insbesondere gegenüber den großen Mitgliedsstaaten zu verfügen. Nach den Intentionen der Nationalversammlung, sichtbar in der von ihr erlassenen Reichsverfassung 1849, sollte der Deutsche Bund von einem Staatenbund in den Bundesstaat „Deutsches Reich" umgewandelt werden. Was vordem die staatenbündische Struktur erlaubte, war nun nicht mehr möglich wie insbesondere die Erstreckung eines Staates über die Bundes- als künftige Reichsgrenze hinaus. Derartige Staaten hatten sich in zwei Staaten zu teilen, die lediglich in Personalunion verbunden sein sollten. Dies betraf vor allem Österreich[30] und stieß hier bei Kaiser und Regierung auf Widerstand schon mit der Verfassung 1848, die auch Nicht-Bundesgebiete wie insbesondere Galizien zu einem konstitutionellen-monarchischen Einheitsstaat verschmolzen hatte, was sodann die Verfassung 1849, die das gesamte Kaisertum Österreich erfaßte, verstärkte. So standen sich denn alsbald zwei Modelle zur Reform des Deutschen Bundes gegenüber[31]. Nach österreichischer Sicht hatte er als reformierter Staatenbund fortzubestehen, in den möglichst der gesamte österreichische Staat einzubeziehen war, zu dem ab 1849 auch Ungarn gehörte, was die Erweiterung zu einem mitteleuropäischen Bund bedeutet hätte. Preußen hingegen setzte sich für die Umwandlung in einen Bundesstaat ein, verringert allerdings um Österreich: die daher sogenannte „Kleindeutsche Lösung". Allerdings sollte dieser Bundesstaat mit Österreich einen Staatenbund bilden. Nach dem Scheitern der

28 Kölz, wie Fn. 4, 554 ff.

29 Huber, wie Fn. 21, 626 ff.

30 Brauneder, wie Fn. 7, 131; ders., wie Fn. 25, 43 u. 51; ders., Leseverein und Rechtskultur. Der Juridisch-politische Leseverein zu Wien. 1840 bis 1990, Wien (1992) 205 ff.

31 Im Folgenden zum Deutschen Bund und Zollverein: Huber, wie Fn. 1, 787–820; ders., wie Fn. 21, 282–305; ders., wie Fn. 18, 143–150.

Frankfurter Reichsverfassung 1849 schien Preußen mit der von ihm initiierten „Erfurter Union" seinem Ziel nahe[32]. Doch setzte sich Österreich durch: Der Deutsche Bund wurde, allerdings als vorläufig und reformbedürftig, in seiner alten Form wieder hergestellt – Österreich mußte aber insbesondere Ungarn weiterhin außerhalb des Deutschen Bundes belassen. In den Reformversuchen des Deutschen Bundes kam es zu keiner Annäherung des österreichisch-staatenbündischen und des preußisch-bundesstaatlichen Standpunkts. So entschied schließlich der Deutsche Krieg von 1866, und zwar in zweifacher Weise, denn die beiden letzten europäischen Staatenbünde fanden ihr Ende: Der Deutsche Bund wurde aufgelöst, der Deutsche Zollverein in einen Zoll-Bundesstaat umgewandelt. Die Staaten nördlich der Main-Linie faßte der Norddeutsche Bund nun in einem Bundesstaat zusammen. An ihm hatten die süddeutschen Staaten durch den Deutschen Zollverein Anteil, denn es erweiterte sich in Zoll- und Handelsangelegenheiten der Norddeutsche Reichstag zum Zoll-Parlament durch süddeutsche Vertreter. Damit war, wie erwähnt, der Deutsche Zollverein zu einem Zoll-Bundesstaat geworden. Im Wesentlichen nahm dieser Zoll-Bundesstaat die künftige Einigung Deutschlands im kleindeutschen Sinne voraus, wenngleich vorerst auf Zoll- und Handelsangelegenheiten beschränkt. Mit dem Beitritt der süddeutschen Staaten zum Norddeutschen Bund zufolge des Krieges von 1870/71 und dessen Umwandlung in das Deutsche Reich von 1870/71 war die kleindeutsche Bundesstaatslösung verwirklicht[33].

C. Bilanz

Die Ablöse der Staatenbünde in Zentraleuropa durch Bundesstaaten brachte das Ende der offenen Formen von Zusammenschlüssen von Staaten. Da der Bundesstaat eben Staat ist, bedeutet eine Teilnahme an demselben eine weitestgehende Aufgabe von Souveränität, was beim Staatenbund nicht eintritt. So war denn auch die Umwandlung der Schweiz und (Klein-) Deutschlands von Staatenbünden in Bundesstaaten nur möglich kraft besonderer Ereignisse wie dort des Sonderbundkrieges und hier zufolge erstens der wirtschaftlichen Einigung im Zoll-Bundesstaat von 1867 sowie zweitens der politischen Einigung im norddeutschen Bundesstaat, was beides sowohl zu einer kompetenzmäßigen Ausdehnung des Zoll-Bundesstaates wie zu einer gebietsmäßigen Erweiterung über Norddeutschland hinaus drängte.

---

32 Gunther Mai (Hg.), Die Erfurter Union und das Erfurter Unionsparlament 1850, Köln (2000) 8–52.

33 Huber, wie Fn. 21, 285 ff.

Die Folgen am Wege vom Staatenbund zum Bundesstaat zeigten sich anhand mehrerer Beispiele. War die Aufnahme Gesamt-Österreichs in den noch als Staatenbund organisierten Zollverein für möglich erachtet worden, so schloß dies dessen Konstruktion als Zoll-Bundesstaat ab 1867 aus. Ebenso war eine Teilnahme Gesamt-Österreichs am Deutschen Reich der Reichsverfassung 1849 als Bundesstaat, der überwiegend Nationalstaat sein sollte, nicht möglich gewesen, aber man hatte selbst von preußischer Seite einen Staatenbund zwischen Klein-Deutschland und Gesamt-Österreich um 1850 als wünschenswert angesehen. Ein anderes Beispiel gibt Luxemburg[34]. Dem Deutschen Bund als Staatenbund hatte es trotz Personalunion mit den Niederlanden angehören können, nicht so aber dem Norddeutschen Bund als Bundesstaat: Bei dessen Gründung 1867 wird es neutraler Staat weiterhin in Personalunion mit den Niederlanden; sie endete 1890. Im Schweizer Bundesstaat seit 1848 vertrug sich die Personalunion Preußens mit dem Kanton Neuenburg nicht mehr: 1857 wurde sie aufgelöst[35].

IV. Ausblick: Die Zeit der Staaten und der Bündnisse

Mit dem Ausbau des souveränen Machtstaates – die Bezeichnung „Nationalstaat" erfaßt dieses Wesen angesichts der Nationalitätenstaaten nur unvollkommen – scheint sich das Eingehen von Staatenbünden nicht mehr zu vertragen. An die Stelle der Abgabe von Souveränitätsteilchen an eine übergeordnete Organisationsform treten meist bloß bilaterale Bündnisse, die allerdings zufolge von Bündnisketten mehrere Staaten in ein Rechte- und Pflichtennetz einbeziehen.

Im wirtschaftlichen Bereich schienen multinationale Bündnisse noch möglich[36]: So vereinbarten in der Lateinischen Münzunion 1865 Frankreich, Belgien, Italien und die Schweiz, wozu 1868 noch Griechenland stieß, die gleichartige Ausprägung von Gold- und Silbermünzen; mit dem Aufkommen des Papiergeldes nach dem Ersten Weltkrieg fand sie ihr Ende. In der jüngeren Skandinavischen Münzunion von 1872 anerkannten Schweden, Norwegen und Dänemark ihre Währungen gegenseitig als gesetzliche Zahlungsmittel an.

Von Bedeutung wurden jedoch die verschiedenartigen bilateralen Bündnisse wie etwa zwischen Frankreich und Rußland 1894 oder die Entente cordiale Frankreichs und Großbritanniens 1904[37]. Typisch für den Ersatz eines

---

34 Huber, wie Fn. 18, 693 ff.

35 Kölz, wie Fn. 23, 426 ff insb. 430.

36 Vgl. zur lateinischen Münzunion: Silvana Koch-Mehrin, Historische Währungsunion zwischen Wirtschaft und Politik. Die Lateinische Münzunion 1865–1927, Baden-Baden (2001); Albert Niederer, Die lateinische Münzunion, Hilterfingen (1976); B. Graf, Die Schweiz und die lateinische Münzunion, Bern (1995).

37 Nikolaus von Preradovich, Die Einkreisung, Ursachen und Anlaß des Ersten Weltkrieges, Leoni (1984) 52 f, 84 f u. 115 f.

Staatenbundes durch ein Bündnis ist der Zweibund des Deutschen Reiches mit Österreich-Ungarn 1879[38]. Durch den Hinweis im Bündnisvertrag auf ein künftiges „festes Zusammenhalten" „ähnlich wie in dem früher bestandenen Bundesverhältnis" wird der ehemalige Deutsche Bund klar angesprochen. Auch sahen manche im Zweibund sogar die großdeutsche Lösung als nun doch erreicht an und in dessen Erweiterung zum Dreibund mit Italien 1882 die des alten Römisch-Deutschen Reiches[39]. Was ein Bundesstaat oder zumindest ein Staatenbund hätte erreichen sollen, galt so durch ein Bündnis für verwirklicht.

V. Zusammenfassung

Das Staatensystem des Wiener Kongresses baute auf der Souveränität der europäischen Einzelstaaten auf, verband diese zum Teil in Staatenbünden, nahezu alle in der Heiligen Allianz. So existierte ein europaweites System von multilateralen Staatenverbindungen. Die Staatenbund-Konstruktion erwies sich im Hinblick auf die Verfassung der Mitgliedstaaten – Monarchien und Republiken – wie auch auf die Einbeziehung nur von Teilen einzelner Staaten als höchst flexibel. Ab 1848 entwickelten sich erst die Schweiz und sodann (Klein-) Deutschland zu Bundesstaaten; damit trat ein Verlust an Flexibilität gegenüber den Staatenbünden ein. An die Stelle multinationaler Verbindungen traten nun verschiedenartige bilaterale Bündnisse. Dies steht in Wechselwirkung zum Ausbau des souveränen Machtstaates.

38 Helmut Rumpler – Jan Paul Niederkorn (Hg.), Der „Zweibund" 1879. Das deutsch-österrichisch-ungarische Bündnis und die europäische Diplomatie. Historikergespräch Österreich – Bundesrepublik Deutschland 1994, Wien (1996); Jiří Kořalka, Deutschland und die Habsburgermonarchie 1848–1918, in: Adam Wandruszka – Peter Urbanitsch (Hg.), Die Habsburgermonarchie 1848–1918, Bd. VI/2, Wien (1993) 70 ff.

39 Richard von Kralik, Die Befreiungskriege 1813. Festschrift [der Stadt Wien] zur Jahrhundertfeier, Wien (1913) 122; zum Zweibund: auch Henry Boernstein, Fünfundsiebzig Jahre in der Alten und Neuen Welt II, Leipzig (1881), 441 f.

Verfassungsänderungen als Systemwechsel: Österreich 1848 bis 1938

I. Perioden

Nach älterer, aber fortlebender Sicht habe es bis zum Erlaß der Verfassung 1867 eine Zeit „konstitutioneller Experimente", einen „Zickzackkurs zur Verfassung"[1] gegeben, ein eher unsicheres Umhertasten zwischen verschiedenen, auf die Verhältnisse der Habsburgermonarchie abgestimmten und von unterschiedlichen

---

Aus: H. Neuhaus (Hg.), Verfassungsänderungen (= Der Staat/Beiheft 20), 2012, 195 ff.

1 Joseph Redlich, Kaiser Franz Joseph von Österreich, Berlin 1929, Se. 256; Lothar Höbelt, Franz Joseph I. Der Kaiser und sein Reich, Wien/Köln/Weimar 2009, S. 43.

Standpunkten geleiteten Verfassungskonstruktionen[2]. Das mag in einem beschränkten Maße auf Teilgebiete von Verfassungen zutreffen, nicht jedoch auf die zugrunde liegenden Regierungssysteme. Mit der Verfassung 1848 hatte man sich klar für die konstitutionelle Monarchie entschieden und dabei blieb es auch mit der sie ablösenden Verfassung 1849. Aber schon im Vorfeld zu ihrer Aufhebung zu Ende des Jahres 1851 deutete sich eine Kehrtwendung an, welche mit den Verfassungsgrundsätzen vom Jahresbeginn 1852 vollzogen wurde: Nun sollte mit Hilfe des Historischen Staatsrechts eine neuständisch beschränkte Monarchie eingerichtet werden. Die Praxis aber führte vorerst zu einem neoabsolutistischen Regierungssystem, da, abgesehen von Lombardo-Venetien, keine Landtage existierten und damit auch nicht das als Ausschußlandtag angepeilte „Centralorgan". Erst der verlorene Krieg in Italien 1859 ließ 1860 provisorisch das Centralorgan entstehen. Diesen provisorischen Zustand zementierte das überwiegend programmatische Oktoberdiplom 1860, das sodann die Reichsverfassung 1861 mit Landtagen und dem neugestalteten Reichsrat als Parlament durchführte, ohne aber die Grundentscheidung von 1852 zu verlassen: Nun erst war das neuständische Element verwirklicht und das neoabsolutistische Provisorium beendet. Als der Ausgleich 1867 das Kaisertum Österreich in die Realunion Österreich-Ungarn aus zwei Staaten umwandelte, brachte die neue österreichische Verfassung 1867 die Rückkehr zur konstitutionellen Monarchie.

So durchlief die Habsburgermona rchie im Zeitraum von 1848 bis 1918 erst eine kurze konstitutionelle Periode von 1848 bis formal Ende 1851, sodann eine längere von 1867 bis zum Staatsende 1918, unterbrochen von einer „Enklave" nach fast zeitgenössischer Sicht[3], nämlich vom Konzept einer neuständischen Monarchie von 1852 bis 1867, das aber zufolge seiner Realisierung erst ab 1861 davor von einer neoabsolutistischen Phase überlagert war.

Auch die Verfassungsentwicklung im neuen Staat, der Republik Österreich, zeigt klare Zäsuren, und zwar abgesehen von der Staatsgründung durch formelle Verfassungen: ab der Staatsgründung im Herbst 1918 ein dezentralisierter Einheitsstaat als extrem parlamentarische Republik aufgrund provisorisch angesehener verfassungsrelevanter Gesetze bis 1920; dann durch die Bundesverfassung 1920 weiterhin parlamentarische Republik jedoch als Bundesstaat; mit der als tiefgreifend gedachten Verfassungsnovelle 1929 weiterhin Bundesstaat, aber als parlamentarisch-präsidiale Republik; schließlich mit der Verfassung

---

2 Ernst C. Hellbing, Österreichische Verfassungs- und Verwaltungsgeschichte, 2. Aufl. Wien 1974, 346 ff.; Oskar Lehner, Österreichische Verfassungs- und Verwaltungsgeschichte mit Grundzügen der Wirtschafts- und Sozialgeschichte, 4. Aufl. Linz 2007, S. 180 ff.

3 Franz Hauke, Verfassungsgeschichte (1848–1873), in: Mischler/Ulbrich (Hrsg.), Österreichisches Staatswörterbuch, 2. Bd. 2. Aufl. Wien 1909, S. 725 (Überschrift).

1934 autoritärer Ständestaat bei nur schwachem Föderalismus; 1945 Rückkehr zur Verfassungssituation von 1920/1929.

So sehr sich die einzelnen Perioden durch formelle Verfassungen von einander abgrenzen, die Übergänge gestalteten sich in mehr oder weniger starker Weise fließend dadurch, daß Elemente aus der abgelösten Verfassungskonstruktion übernommen wurden. Darauf sei in der Folge der Schwerpunkt gelegt.

II. Die Zäsur 1848

1. Der Bruch im Regierungssystem

Die Verfassungsumgestaltung aufgrund der Wiener Revolution vom März 1848 brach keineswegs abrupt herein. Eine Verfassungsumwandlung bzw. eine Verfassungsergänzung befand sich bereits in Vorbereitung[4]. Schon vor der Revolution vom 13. März war in Aussicht genommen, zum Zwecke verfassungsmäßiger Änderungen einen Ausschußlandtag einzuberufen, das entsprechende Einberufungsedikt lag am 12. März vor. Ein mehrfach an-gedachter ständischer Ausschußlandtag als Gesamtvertretung des Kaiserstaates wie etwa in den Denkschriften von Erzherzog Rainer 1809 und von Staatskanzler Metternich 1811[5] war auch jetzt das Ziel, insgesamt somit eine Modifikation des bisherigen Zustandes, eine Art Modernisierung der bestehenden altständischen Monarchie. Als allerdings nach dem Ausbruch der Revolution der ungarische Palatin Erzherzog Stephan am 15. März von dem im nahen Preßburg tagenden ungarischen Landtag mit der hier beschlossenen konstitutionellen Verfassung für Ungarn in Wien eintraf ‚änder' te sich die Situation. Aufgrund des von ihm gleichfalls mitgebrachten Manifestentwurfs, wonach „die übrigen Länder der Monarchie mit dem konstitutionellen Ungarn in Einklang zu bringen" seien, nahm Staatsratsmitglied Karl Hock eine redaktionelle Änderung in dem Einberufungsedikt vom 12. März vor[6]. Er fügte in dieses als Ziel das Wort „Constitution" ein und für den einzuberufenden Ausschußlandtag die Wendung „mit verstärkter Vertretung des Bürgerstandes". Das mit diesen Schlüsselwörtern publizierte Verfassungsversprechen vom 15. März zielte nun in seiner sozusagen revolutionären Fassung nicht mehr auf eine alt- oder neuständisch beschränkte Monarchie ab,

---

4 Im Detail Wilhelm Brauneder, Die Verfassungsentwicklung in Österreich 1848 bis 1918, in: Rumpler/Urbanitsch (Hrsg.), Die Habsburgermonarchie 1848–1918, 7. Bd., Wien 2000, S. 84.

5 Im Überblick Wilhelm Brauneder, Die Verfassungsentwicklung Österreichs und Bayerns im Vormärz: ein Vergleich, in: Schmid (Hrsg.), Die Bayerische Kontitution von 1808, 2008, S. 141 ff.

6 Dazu Wilhelm Brauneder, Leseverein und Rechtskultur: Der Juridisch-politische Leseverein zu Wien 1840–1990, Wien 1992, S. 173 f.

sondern auf eine konstitutionelle Monarchie. Im Regierungssystem sollte somit ein radikaler Umschwung eintreten. Dies[7] zeigte sich sogleich am 17. März in der Ernennung einer „verantwortlichen Regierung“, die sich am 20. März konstituierte. Parallel dazu wurden am 18. März die Landtage einberufen, die das Zusammentreten eines Ausschußlandtags, des „Ständischen Zentralausschusses“, am 10. April ermöglichten.

Die Verfassungsarbeiten in diesem Zentralausschuß[8] begannen allerdings noch nach vorkonstitutionellem Muster. Er war zwar von den altständischen Landtagen beschickt worden, aber eben tatsächlich „mit verstärkter Vertretung des Bürgerstandes“. Da dieser hier klar den Ton angab, erscheint der Zentralausschuß als neuständisches Gremium. Einige Mitglieder begriffen ihn als „Vorparlament“ analog zur Entwicklung in Frankfurt/Main, sich selbst als „Abgeordnete“! Die mit Innenminister Pillersdorf erarbeitete Verfassung trat am 25. April 1848 in Kraft und führte das Regierungssystem einer konstitutionellen Monarchie ein[9]. Wesentliches Ergebnis dieser neuen Verfassung war der Ende Juni /Anfang Juli 1848 gewählte Reichstag, Österreichs erstes Parlament, das am 22. Juli durch den Stellvertreter des Kaisers, Erzherzog Johann, eröffnet wurde. Aufgrund einer durch die Mai-Revolution bedingten Verfassungsänderung, die das Oberhaus des Parlaments abgeschafft hatte, bestand er allein aus der gewählten Kammer. Diese Mai-Novelle hatte den ersten Reichstag auch ausdrücklich mit dem Charakter einer konstituierenden Nationalversammlung versehen, die, neben sonstiger parlamentarischer Arbeit, einen Verfassungsentwurf im Sinne einer hochkonstitutionellen Monarchie erstellte. In der Regel wird er nach dem zweiten Tagungsort des Reichstags, Kremsier (Kromeriz) in Mähren „Kremsierer Entwurf“ genannt. Vor der Beschlussfassung im Plenum ereilte den Reichstag jedoch seine Auflösung. Unter Bruch der ja noch immer geltenden Verfassung 1848 folgte allerdings keine Wahl zu einem neuen Reichstag, sondern die Oktroyierung einer neuen Verfassung, der Verfassung 1849. Auch sie stand durchaus auf dem Boden der konstitutionellen Monarchie, zum Teil in starker Anlehnung an den Verfassungsentwurf des Reichstags. Dieser hatte geplant, seinen Entwurf vorerst nur für Cisleithanien, nicht auch für Ungarn zu beschließen, da er zufolge seiner Wahl nur in den nichtungarischen (cisleithanischen) Ländern Österreichs Ungarn nicht repräsentierte und diesem keine Verfassung oktroyieren wollte. Anders die Verfassung 1849: Ihr Oktroi setzte nicht nur die österreichische Verfassung 1848 außer Kraft, sondern betraf auch Ungarn, dessen Verfassung

7 Zum Folgenden Brauneder (Fn. 4), S. 84 f.

8 Ebd., S. 88 ff.

9 Dazu und zum Folgenden: Ebd., S. 94 ff.

von 1848 sie praktisch ablöste — was nach Wiener Sicht zum Aufstand in Ungarn respektive nach dessen Sicht zum Krieg gegen Österreich führte.

2. Die Situation in den Ländern und Provinzen

So sehr sich das Regierungssystem in Cisleithanien 1848 auch wandelte, dauerten Strukturen aus der vorkonstitutionellen Phase weiter fort, und zwar deshalb, weil sie vom Konstitutionalismus nicht erfaßt werden konnten. Dies betrifft die Stellung der Länder. Sie waren vor 1848 in Cisleithanien keineswegs etwa teilstaatsähnliche Gebilde in einem föderativen System gewesen, sondern, im Einklang mit der absoluten Monarchie, bescheidene Selbstverwaltungskörperschaften der Landstände[10]. Daneben hatte sich seit den Reformen ab Maria Theresia der Staat eigene Verwaltungssprengel in Gouvernementsbezirken eingerichtet[11]. Diese Situation ließ die Verfassung 1848 unangetastet, da sie sich nur auf die oberste Staatsebene bezog. Für die „einzelnen Länder" enthielt sie nur knappe Hinweise, für sie sollten eigene Gesetze folgen (§§ 54 f.). Mit diesen „Ländern" einerseits und der „Provinz" andererseits (§ 56) war jedenfalls noch die dualistische Situation von Ländern und Gouvernementsbezirken umschrieben. Erst die Verfassung 1849 erfaßte auch den Länder- und den Gemeindebereich, wenngleich zum Teil nur in Grundzügen. Nun kam es zu einer Verschmelzung von Land und Gouvernementsbezirk im wesentlichen im Umfang der Länder, die somit einen Doppelcharakter erhielten[12]: Selbstverwaltungskörperschaft und staatlicher Verwaltungsbezirk. Etwas anders war dies allerdings in Galizien und in Ungarn der Fall. Die Verfassung 1849 hatte zufolge der Aufzählung der einzelnen Kronländer den bisherigen Verband der Länder der ungarischen Krone gesprengt, da dessen einzelne Teile zu gleichrangigen Kronländern erhoben wurden[13]: Als solche traten neben das somit verkleinerte Ungarn Siebenbürgen, Kroatien-Slawonien und Österreichisch-Serbien; das von Ungarn immer wieder reklamierte Dalmatien blieb bis 1918 österreichisches Kronland. Rest-Ungarn und Galizien wurden überdies gleichsam ausgehöhlt, da die Länderstruktur hier Landesteile erhielten, vier in Rest-Ungarn, zwei in Galizien.

Für die Länderstruktur insgesamt folgte man nun keineswegs dem konstitutionellen Muster. Dies zeigt sich deutlich im Vergleich mit dem Kremsierer Entwurf. Dieser hatte in „Reichsregierungsgewalten" und „Landesregierungsgewalten" unterschieden (§ 34) und wollte die Länder nahezu als Teilstaaten

10 Wilhelm Brauneder, Österreichische Verfassungsgeschichte, 11. Aufl. Wien 2009, S. 98 f.

11 Ebd. S. 100.

12 Brauneder (Fn. 4), S. 130 ff.

13 Ebd., S. 123.

organisieren. Anders aber die Verfassung 1849[14]. Von einer Teilung der „Regierungsgewalten" ist hier keine Rede. „Die vollziehende Gewalt im ganzen Reiche und in allen Kronländern ist Eine und untheilbar" (§ 84). Ähnlich die gesetzgebende Gewalt: Sie übt der Kaiser aus, wenngleich in Reichsangelegenheiten mit dem Reichstag, in Landesangelegenheiten mit den Landtagen (§ 37), doch verleiht er allen Gesetzen durch seine Sanktion als Kaiser die normative Kraft (§ 18), insoferne sind sie alle kaiserliche Gesetze. Da auch die Gerichtsbarkeit „vom Reiche aus(geht)" (§ 100), war die gesamte Staatsgewalt zentralisiert – wie schon vor 1848, ja noch mehr, da es keine Patrimonialgerichtsbarkeit mehr gab. Die Länder erhielten eine Struktur, welche an jene aus der vorkonstitutionellen Zeit anknüpfte und sie modernisiert weiterentwickelte. Die Modernität wie die traditionelle Herkunft zeigt sich im Landtag. Waren auf ihm vor 1848/49 die alten Stände Prälaten, Adel, Städte und allenfalls bäuerliche Gerichtsgemeinden vertreten gewesen, und zwar durch Entsendung, so nun neue Stände, freilich durch Wahl. Der ständische Grundgedanke wurde somit beibehalten. Die Verfassung 1848 hatte sogar den „bisherigen Provinzial-Ständen", d. h. den Landtagen, „ihre Einrichtung und Wirksamkeit" belassen, und zwar „zur Wahrnehmung der Provinzial-Interessen" (§ 54). Auch die Verfassung 1849 sprach bezüglich der „Zusammensetzung der Landtage" von der „Beachtung der Landesinteressen" (§ 78). Ganz im Sinne des Rotteck-Welckerschen Staatslexikons folgten damit die Landesvertretungen dem System der Interessenvertretung, während auf der staatlichen Ebene der Reichstag in seiner gewählten Kammer dem der Volksvertretung entsprach[15]. So unterschieden Zeitgenossen auch in der österreichischen Entwicklung die Interessenvertretung von der Volksvertretung, sahen in jener eine Erscheinung des „ständischen Verfassungsrechts" und in dieser eine des „konstitutionellen Staates"[16]. Mit diesem war es 1848 zum spürbaren Umbruch gekommen, in den Ländern war ein solcher nicht vorgesehen.

Nicht zuletzt wegen der Kriegs- bzw. Bürgerkriegssituation in Ungarn und in Oberitalien, aber auch zufolge unterschiedlicher und antikonstitutioneller Auffassungen in der Umgebung des Kaisers stockte alsbald die Durchführung der Verfassung 1849[17] insbesondere in Hinblick auf die Vertretungskörper von Reichstag und Landtagen. Auf Länderebene waren zwar die altständischen Landtage aufgehoben, aber die neuen nicht eingerichtet worden. Ebenso unterblieb auf Gemeindeebene der Vollzug des Gemeindegesetzes 1849. Besonders ab dem August 1851 verstärkte sich die Meinung, die Verfassung

14 U. a. Hanns Schlitter, Versäumte Gelegenheit – Die oktroyierte Verfassung vom 4. März 1849. Ein Beitrag zu ihrer Geschichte, Wien 1920.

15 Rotteck-Welcker (Hrsg.), Staats-Lexikon, 4. Bd., 3. Aufl. Leipzig 1860, S. 94 ff.

16 Hauke (Fn. 3), S. 723 f.

17 Brauneder (Fn. 4), S. 127 ff.

1849 passe nicht für den österreichischen Kaiserstaat, und so wurde sie denn auch mit den beiden „Sylvesterpatenten" (RGBl. 2 und 3/1852) zum Jahresende 1851 außer Kraft gesetzt. Die erste konstitutionelle Phase war beendet. Sie hatte auf staatlicher Ebene einen tiefen Einschnitt gebracht, der nun endgültig rückgängig gemacht werden sollte.

III. Die Zäsur von 1852

1. Die theoretische Grundlage

Gemeinsam mit den beiden „Sylvesterpatenten" ergingen „Grundsätze für organische Einrichtungen" (RGBl. 4/1852). Mit diesen Verfassungsgrundsätzen 1852 trat das Kaisertum Österreich in eine neue Phase seiner Verfassungsentwicklung ein[18]. Dies zeigt sich schon an Äußerlichkeiten. Nunmehr wurde keine „Verfassung" erlassen, sondern im Sinne einer internen Dienstanweisung erhielt Ministerpräsident Schwarzenberg – „Lieber Fürst Schwarzenberg!" – diese Grundsätze übermittelt, die allerdings im Reichsgesetzblatt verlautbart wurden. Schon die Bezeichnung „organische Einrichtungen" verweist auf ein Verfassungsdenken im Sinne eines gewachsenen staatlichen Organismus[19]. Bayerns Verfassung 1808 hatte sich als Verfassungsgrundlage gesehen, die durch „Organische Edicte" zu verwirklichen war. Weitere Wendungen verraten sogar deutlich die neue verfassungstheoretische Grundlage. Beispielsweise ist die Rede von den „alten historischen Titeln" der Länder, die Kreisbehörden sind mit den „üblichen Landesbenennungen" zu bezeichnen wie „Comitate, Delegationen", ebenso für die „landesfürstlichen Bezirksämtern" die bisher „üblichen Landesbenennungen" zu verwenden, bei den Stadtgemeinden sind „die frühere Eigenschaft und besondere Stellung der königlichen und landesfürstlichen Städte zu berücksichtigen". Signifikant für die historische Grundlage und ihre teilweise Reaktivierung ist ferner das Gutsgebiet als lokaler Sprengel neben den Gemeinden, gebildet aus dem „vormaligen Großgrundbesitz"[20].

Noch deutlicher legte sodann die späte Ergänzung der Verfassungsgrundsätze 1852, nämlich das Oktoberdiplom 1860, die theoretische Grundlage offen: „Nur solche Institutionen und Rechtszustände, welche dem geschichtlichen Rechtsbewußtsein, der bestehenden Verschiedenheit Unserer Königreiche und

18 Brauneder (Fn. 4), S. 138 ff.

19 U. a. Christian-Friedrich Menger, Deutsche Verfassungsgeschichte der Neuzeit, 8. Aufl. 1993 Rz. 222; Michael Stolleis, Geschichte des Öffentlichen Rechts, 2. Bd., 1992, S. 123 ff.; Wilhelm Brauneder, Historisches Staatsrecht in der Praxis: Österreich 1852 bis 1861/67, in diesem Band.

20 Wilhelm Brauneder, Vom neo-ständischen Staatselement zum lokalen Verwaltungssprengel, in: ders., Studien I: Entwicklung des Öffentlichen Rechts, 1994, S. 141 ff.

Länder und den Anforderungen ihres untheilbaren und unzertrennlichen kräftigen Verbandes gleichmäßig entsprechen, können diese Bürgschaften in vollem Maße gewähren". Mit dem „geschichtlichen Rechtsbewußtsein" ist klar der öffentlichrechtliche Zweig der Historischen Rechtsschule, das Historische Staatsrecht, angesprochen. Nicht mehr das Staatslexikon von Rotteck und Welcker, die „Verfassungsbibel der Liberalen", diente dem theoretischen Zugang zur Verfassungsgestaltung, sondern eben die Historische Rechtsschule. Die nunmehr in der Politik maßgeblichen Personen wie Innenminister Alexander Bach und Unterrichtsminister Thun-Hohenstein hatten sie, zum Teil enthusiastisch, im Juridisch-Politischen Leseverein, dem Sammelbecken der Wiener Intelligenz in den Jahren vor 1848, kennengelernt[21], nunmehr setzten sie diese Theorie in die Praxis um. Kultusminister Thun-Hohenstein berief Anhänger der Historischen Rechtsschule auf Lehrstühle wie etwa Lorenz von Stein aus Kiel oder Josef Unger aus Wien[22]. Der maßgeblich die neue Entwicklung beeinflussende Reichsratspräsident Kübeck sah den „Sinn und die Bedeutung des historischen Rechts" vor allem auch als Mittel gegen „die Revolution", und damit ihr konstitutionelles System an[23]. Vor diesem Hintergrund betraute Innenminister Bach u. a. den konservativen Ministerialrat und Ex-Tagsatzungsgesandten des Kantons Luzern Bernhard Ritter von Meyer mit der Ausarbeitung der neuen Landtagsstatute aufgrund der Verfassungsgrundsätze 1852[24]. Er erhielt den Auftrag, sich dabei insbesondere auch an den historischen Rechten zu orientieren, konkret an der Ständischen Verfassung Tirols von 1816. Sie war aufgrund der Verpflichtung gemäß Artikel 13 der Deutschen Bundesakte ergangen, darauf besann man sich nun offenbar wieder.

Was nachträglichen Betrachtern als eines der Verfassungsexperimente erschien, lief tatsächlich auf einer bestimmten theoretischen Grundlage und überdies, wie nun zu zeigen ist, nach einem klaren Plan ab.

2. Die Brüche: Staatsform und Regierungssystem

Schematisch besehen blieb die Staatsform die des dezentralisierten Einheitsstaates. Dies allerdings in einer, im Gegensatz zur beendeten konstitutionellen Phase, andersartigen Konstruktion[25]. Dazu war Folgendes geplant: Aus den Organen

21 Ders. (Fn. 6), S. 374 f.

22 Hans Lentze, Die Universitätsreform des Ministers Graf Leo Thun-Hohenstein, Wien 1962, S. 138 f., 143, 267 f.; Wilhelm Brauneder, Lorenz von Steins Wirken in Wien, in: ders., Studien I: Entwicklung des Öffentlichen Rechts, 1994, S. 377 ff.

23 Max v. Kübeck (Hrsg.), Tagebücher des C. F. Kübeck v. Kübau: 1840–1855, 2. Bd., Wien, S. 55.

24 Brauneder (Fn. 4), S. 141.

25 Ebd. (Fn. 4), S. 143 ff.

der Gemeinden bzw. der Gutsgebiete sollten die Landtage, aus diesen das vorerst 1852 noch unbestimmte „Centralorgan“ des Staates gebildet werden. Damit wäre eine personelle Verklammerung nach nahezu freudalistischem Muster hergestellt gewesen. Dies war so gedacht: Auf unterster Ebene werden in den Gemeinden deren Organe gewählt. Die Gemeinden, differenziert in Stadtgemeinden und Landgemeinden, dann die Gutsgebiete senden ihre Vertreter in den Landtag, wozu geistliche Würdenträger treten. Diese Vertreter der Stadtgemeinden, Landgemeinden, Gutsgebiete und Prälaten bilden das neuständische Element, die neuen Stände. In einer gewissen Weise spiegelt sich hier eine gesellschaftliche Entwicklung wieder, wie sie etwa 1839 die „Deutsche Vierteljahresschrift“ in ihrem Artikel „Ueber Lesevereine in Deutschland“ beschrieben hatte[26]: Aufgrund eben dieser Lesevereine haben sich „verschiedene Klassen der Bildung“ entwickelt, nämlich die „Honoratioren“, sodann die „selbständigen Bürger“, gekennzeichnet durch eine „ökonomische Selbstständigkeit“, so daß schließlich der „gemeine Haufe“ der Taglöhner, Diener etc. übrigbleibe. Von den neuständischen Landtagen sollte sodann als Vertretung auf der staatlichen Ebene das Centralorgan beschickt werden, das somit als Ausschußlandtag gedacht war[27]. Übrigens versuchte am Frankfurter Fürstentag 1863 der österreichische Reformvorschlag dieses Entsendungsmodell im Deutschen Bund fortzusetzen[28]: Aus den Parlamenten der Mitgliedsstaaten, sozusagen aus deren Centralorganen, sollte auf Bundesebene neben den Bundestag ein Ausschußparlament treten.

Die auf die beschriebene Weise erzielte Zusammensetzung von Landtagen und Centralorgan machte diese zu Interessenvertretungen: Bürger (Stadtgemeinden), Bauern (Landgemeinden), als großer Grundbesitz Adel und Kirche (Gutsgebiete). Dem Volksvertretungsplan des Konstitutionalismus war damit bewußt ein anderes Konzept entgegengesetzt worden. Ganz im Sinne des Historischen Staatsrechts galt dieses System als evolutionäre Fortentwicklung einer historisch gewachsenen Struktur in zeitgemäßer Gestaltung.

3. Kontinuitäten

Die Landesstruktur überdauerte die Aufhebung der Verfassung 1849, da sich deren Konzept nicht so rasch hatte realisieren lassen. Auch schritt die von ihr vorgesehene Neuordnung der Verwaltungs- und Gerichtsbehörden im Sinne einer einheitlichen Modernisierung weiterhin zügig voran. Zudem hatte man

---

26 Ders. (Fn. 6), S. 21 ff.

27 Ders. (Fn. 4), S. 145 ff.

28 Ernst R. Huber, Deutsche Verfassungsgeschichte seit 1789, 3. Bd., 3. Aufl., 1988, S. 421 ff.

u. a.[29] zwei Grundrechte ausdrücklich aufrecht erhalten, nämlich die Gleichheit der Staatsbürger und, im Zusammenhang damit, die Aufhebung der Grunduntertänigkeit, was letztlich die eben erwähnte Modernisierung der Staatsbehörden ermöglichte. So stand dem radikalen und auch so empfundenen Wechsel von der konstitutionellen zur neuständischen Monarchie auf der staatlichen Ebene eine ziemliche Kontinuität auf Länderebene gegenüber: Die Idee der Landtage als Interessenvertretung mit neuständischer Zusammensetzung von 1849 blieb im Prinzip nach 1852 erhalten.

4. Der modifizierte Staatsaufbau von 1860/61

Der geplante Vollzug der Verfassungsgrundsätze 1852 in der Abfolge Gemeindewahlen, Beschickung der Landtage von den Gemeinden, nach einer gewissen Erfahrungszeit Entsendung aus den Landtagen in das Centralorgan wurde von der politischen Entwicklung überholt. Nach dem verlorenen Krieg in Italien 1859 entstand das dringende Bedürfnis nach einem die Staatsfinanzen beschließenden und sie kontrollierenden Kollegialorgan[30]. Das „Laxenburger Manifest" vom 15. Juli 1859 kündigte daher „zeitgemäße Verbesserungen in Gesetzgebung und Verwaltung" an. Damit sollte, was sich sogleich zeigte, der bisherige Weg nicht verlassen werden: Zur Errichtung eines Parlaments, damit zur Rückkehr zum Konstitutionalismus, kam es keineswegs. Vielmehr wurde der bisher geplante Aufbau des Staatsorganismus von unten ausgesetzt und mit dessen Spitze begonnen. Es kam zuerst das Centralorgan zustande, aber nicht durch Entsendung seitens der Landtage. Es knüpfte an eine schon bestehende gesamtstaatliche Institution an, nämlich den Reichsrat, der seit 1851 als Kronrat fungierte. Von ihm wurde nun im März 1860 eine zweite Form mit dem sogenannten „verstärkten Reichsrat" geschaffen[31], der sich vom „Reichsrat" nicht nur in seiner erweiterten Zusammensetzung, sondern auch in den Kompetenzen unterschied. Was die Zusammensetzung anlangt, so traten zu den bisherigen zwölf Reichsräten achtundvierzig „außerordentliche Reichsräte" in zwei Kategorien hinzu: erstens Erzherzöge, höhere kirchliche Würdenträger und um den Staat verdiente Männer sowie zweitens achtundreißig Ländervertreter, mangels Landtage provisorisch vom Kaiser ernannt. Unter den insgesamt sechzig Mitgliedern gab es eine Dominanz der Ländervertreter, zu denen noch alle ungarischen Reichsräte

29 Wilhelm Brauneder, Die Gesetzgebungsgeschichte der österreichischen Grundrechte, in: Machaceck/Pahr/Stadler (Hrsg.), 70 Jahre Republik, Grund- und Menschenrechte in Österreich, 1991, S. 189 ff., 269.

30 Ders. (Fn. 4), S. 145 ff.

31 Zu diesem insbesondere Gerhard Silvestri (Hrsg.), Verhandlungen des Österreichischen Verstärkten Reichsrathes 1860. Nach den stenographischen Berichten 1. Bd., Wien 1972, S. 2 f.; Haucke (Fn. 3), S. 726 f.

hinzuzurechnen waren, so daß der Verstärkte Reichsrat sich überwiegend als Ausschußlandtag darstellte[32]. Ihm kam zwar keine Eigeninitiative zu, sondern neben der Beratung der kaiserlichen Regierung die Abgabe von Gutachten auf deren Verlangen. Dies steigerte sich im Juli 1860 in der Steuergesetzgebung zur parlamentarischen Funktion einer „Zustimmung", eine Beschlußfassung, welche ein Notverordnungsrecht des Kaisers in dieser Materie deutlich unterstrich. Zwar besaß der Verstärkte Reichsrat keine Zuständigkeit in Verfassungsfragen, aber er schnitt sie in zahlreichen Diskussionen an. Hiebei vertrat die Majorität eindeutig den Standpunkt des Historischen Staatsrechts, die Minderheit nur verklausuliert einen zentralstaatlichen Konstitutionalismus. Für die kaiserliche Regierung war daher — weiterhin — ersteres maßgebend.

Auf diese Weise entstand das schon erwähnte Oktoberdiplom 1860. Es zementierte nun gleichsam den Verstärkten Reichsrat als „Reichsrat" schlechthin, erhöhte allerdings die Zahl der Landtagsmitglieder auf einhundert, so daß nun diese 82 % aller Mitglieder stellten, was dem Reichsrat klar den überwiegenden Charakter eines Ausschußlandtags verlieh.

Das Oktoberdiplom 1860 konnte für sich keine Verfassung und schon dadurch keine Zäsur darstellen, sondern für jene, ganz im Sinne des Historischen Staatsrechts, nur einen Rahmen abgeben[33]. So waren beispielsweise die einhundert Mitglieder des Reichsrats, welche die Landtage entsenden sollten, erst auf diese zu verteilen. Gemeinsam mit dem Oktoberdiplom erließ der Kaiser auch „Landes-Statute"[34] über die Errichtung der Landtage, vorerst allerdings nur für vier Länder, für andere sollten ihm Entwürfe vorgelegt werden. Auch dies erweist das noch Unvollkommene der „Oktobersituation". Dem Historischen Staatsrecht entsprach weiters die Neugestaltung der Zentralbehörden[35] mit einer Mischung von historischen Einrichtungen wie dem ungarischen und dem siebenbürgischen Hofkanzler sowie neuen wie dem cisleithanischen Staatsminister und dem gesamtstaatlichen Ministerpräsidenten. Die historischen Rückgriffe waren nicht bloß theoretisch motivierter Selbstzweck, sondern versuchten sich als Mittel zu einer auch Ungarn befriedigenden Gesamtstaatskonzeption.

Nahezu sämtliche Oktober-Erlässe von 1860, insbesondere das Oktoberdiplom, waren auf notwendige Ausführungen und Ergänzungen durch weiterer

32 Brauneder (Fn. 4), S. 145 ff.

33 Dies verkennt etwa Lehner (Fn. 2), S. 211, mit der Feststellung „Die Einberufung des Reichsrats unterblieb".

34 Brauneder (Fn. 4), S. 149 f.

35 Ebd., S. 150 f.; Bernatzik (Hrsg.), Die österreichischen Verfassungsgesetze: mit Erläuterungen, 2. Aufl. Wien 1911, S. 229 f. (Nr. 59).

Rechtsakte angewiesen, die allesamt im Februar 1861 als „Verfassung unseres Reiches", als Reichsverfassung 1861, kundgemacht wurden[36].

Die Reichsverfassung 1861 steht weiterhin eindeutig auf dem Boden des Historischen Staatsrechts, weil sie auch das Oktoberdiplom umfaßt[37] sowie die erwähnten Zentralbehörden mit ihrer Wiederbelebung historischer Ämter. Dem historischen Rechtsdenken verpflichtet waren auch die am Zustandekommen der Reichsverfassung 1861 Beteiligten, nämlich die Minister Schmerling und Lasser sowie der Ministerialbeamte Perthaler. Sie gehörten dem Juridisch-politischen Leseverein an, Perthaler zählte zu einem begeisterten Anhänger der Historischen Rechtsschule[38].

Trotz der Basis des Oktoberdiploms suchte die konkrete Organisation des Reichsrats diesen möglichst modern zu gestalten[39]. Für ihn wurde nicht wie geplant ein bloßes „Statut" erlassen, sondern das „Grundgesetz über die Reichsvertretung". Es verteilte die Reichsrats-Mitglieder auf zwei Kammern: Die Ländervertreter bildeten das „Abgeordnetenhaus", die übrigen das „Herrenhaus". Dies sah zwar gerade in Hinblick auf den preußischen Landtag mit seinen beiden ebenso benannten Häusern nach einem Parlament aus, doch ging in Österreich keine der Kammern aus Wahlen hervor. Das Abgeordnetenhaus wurde treffend als „Delegiertenversammlung der Landtage" charakterisiert, also als Ausschußlandtag, welches es ja tatsächlich war. Die Interpretation, es werde über die Landtage indirekt gewählt, ist reine Irreführung bzw. Fehlinterpretation, da die Landtage ausdrücklich aus ihrer Mitte, ja eigentlich aus ihren Kurien zu entsenden hatten. Von einer Wahl kann keine Rede sein. So entsprach der Reichsrat von seiner Beschickung her alles anderem als einem Parlament nach konstitutionellem Zuschnitt. Allerdings näherte er sich einem solchen doch merklich an, da seine Kompetenzen insgesamt in der „Zustimmung", also der Beschlussfassung, lagen und nicht etwa bloß in der „Beratung". Eine kleine Konzession an fortschrittliche Gestaltung erfolgte in Bezug auf die Landtage[40]: Nach den neuen Landesordnungen 1861 wurden sie nicht mehr

36 So stellte etwa Hugo Hantsch, Die Geschichte Österreichs II, 3. Aufl., Graz/Wien/Köln 1962, S. 363, fest, es sei „der Ausdruck Februarpatent nicht ganz zutreffend": denn das „Patent ist nur die Einleitung zu dem ganzen Komplex von Gesetzen, die man besser als Februarverfassung" [dieses Wort im Original gesperrt] bezeichnen sollte. Dies so schon bei Hauke (Fn. 3), S. 727 (Überschrift) ff.; u. a. auch Arnold Luschin v. Ebengreuth, Grundriss der österr. Reichsgeschichte, Bamberg 1918, S. 338.

37 Beispielsweise 1894 steht es in einer Gesetzessammlung im Abschnitt „Verfassungsgesetzgebung" an erster Stelle: Die Staatsgrundgesetze, 6. Aufl. Wien 1894.

38 Brauneder, (Fn. 6), insbesondere S. 154 f.

39 Ders. (Fn. 4), S. 151 ff.

40 Ders. (Fn. 10), S. 148.

wie zuvor beschrieben von Stadtgemeinden, Landgemeinden und Großgrundbesitz (Gutsgebiete) beschickt, unter diesen Namen fungierten nun Wählerkurien; die Landtage wurden somit zu gewählten Interessenvertretungen. Da der Reichsrat, sieht man vom Fehlen von Wahlen ab, zum Parlament geworden war, trat in seine alte, beratende Funktion der neue Staatsrat ein[41].

Die Reichsverfassung 1861 stellt schon äußerlich keine konstitutionelle Verfassung dar: Sie bestand aus einer Sammlung höchst unterschiedlicher Rechtsakte wie Pragmatische Sanktion, Oktoberdiplom, das erwähnte Grundgesetz, Landesordnungen, diverse Quellen in Bezug auf die Länder außerhalb Cisleithaniens. Noch weniger im Inhalt: Zum Konstitutionalismus fehlen insbesondere die Wahlen zum Abgeordnetenhaus, verfassungsmäßige Grundlagen für die Exekutive und die Judikative, die Ministerverantwortlichkeit und vor allem Grundrechte. Es war nun das System von 1852 – die neuständische Monarchie – komplettiert und auch modifiziert, aber im Grunde keineswegs geändert worden. Der Vorschlag, die Verfassung 1849 und damit die konstitutionelle Monarchie wieder herzustellen, wurde ausdrücklich verworfen[42]. An den deutlich fehlenden konstitutionellen Elementen gab es Kritik in der Presse[43]. Kritik kam allerdings auch von konservativer Seite: Man habe die Grundsätze des „geschichtlichen Rechtsbewußtseins“ durch die „Ignorierung der bisherigen Stände“ verlassen!

Mit der Reichsverfassung 1861 sollte durch ihre Bedachtnahme auf unterschiedliche historische Entwicklungen in der österreichischen Monarchie die Möglichkeit geschaffen werden, Ungarn in befriedigender Weise in den Staat einzubauen. Der konstitutionellen Monarchie war dies nicht möglich, da sie durch verdichtete Organisation unweigerlich den Einheitsstaat erzeugte. Dies zeigte sehr klar die bisherige Entwicklung. Als Ungarn 1848 konstitutionelle Monarchie wurde, war es Staat neben dem somit auf Cisleithanien beschränkten österreichischen Staat geworden. Zwei konstitutionelle Verfassungen schufen je ein Parlament, je eine Regierung, je behördliche Strukturen, je eine Armee und erzeugten so zwei Staaten. Da dieses nicht in der Absicht der Wiener Zentrale lag, kam es zur kriegerischen Auseinandersetzung. Als sich diese Entwicklung 1867 durch den Ausgleich friedlich wiederholte, konnte Ungarn, weil nun als Staat anerkannt, mit dem cisleithanischen Staat nur in Realunion verbunden werden. So wie in diesen beiden Fällen der gesamtösterreichische Kaiserstaat zersprengt wurde, hätte auch die Umwandlung des Deutschen Bundes in eine

41 Eźke Lindinger, Der österreichische Staatsrat 1861–1868, Jur. Diss., Wien 1998, S. 72.

42 Brauneder (Fn. 4), S. 151.

43 Ebd., insbesondere S. 154 f.

konstitutionelle Monarchie den österreichischen Kaiserstaat in einen bundeszugehörigen Staat und einen außerhalb desselben stehenden Staat zerteilt mit Verbindung in bloßer Personalunion.

Das historisch eher mehr motivierte als fundierte neuständische System von 1860/61 befriedigte mehrfach nicht. Es fand in Cisleithanien nicht den Beifall der konstitutionell orientierten Liberalen, in Ungarn nicht den der nationalstaatlich ausgerichteten Politikermehrheit. Die bloß konservative Zustimmung reichte nicht aus.

IV. Die Zäsur von 1867

Weniger schroff als die Etablierung der ersten konstitutionellen Periode aufgrund der Revolution von 1848 wie auch deren Ablösung durch das Konzept der neuständischen Monarchie 1852 erfolgte der Übergang zur zweiten konstitutionellen Periode durch die Verfassung 1867.

1. Gleitender Übergang zum neuen Regierungssystem

Schon vor dem Erlaß der Verfassung 1867 hatten die „1848er", ehemalige Abgeordnete teils aus dem österreichischen Reichstag von 1848/49, teils aus der Paulskirche 1848/49, im Reichsrat Initiativen unternommen, um die neuständische Monarchie möglichst einem konstitutionellen System anzunähern[44]. Führend beteiligt war hier beispielsweise der Abgeordnete Eugen Megerle von Mühlfeld, der im Grundrechtsunterausschuß der Paulskirche gesessen hatte. Nun versuchte er, durch einzelne Gesetze, die sich als strafrechtliche Nebengesetze tarnten, Grundrechte in Kraft zu setzen. Dies gelang tatsächlich mit den Gesetzen zum Schutz des Hausrechts und zum Schutz der persönlichen Freiheit 1862, weitere Erfolge auf diesem Wege blieben ihm aber versagt. Auch die Einführung der Ministerverantwortlichkeit scheiterte.

Die Entwicklung hin zur Verfassung 1867[45] begann damit, daß durch den Ausgleich mit Ungarn 1867 in Cisleithanien Verfassungsangleichungen notwendig wurden, da die Reichsverfassung 1861 sich ja nun auf dieses beschränkte. Die darauf abzielenden Regierungsvorlagen nützte allerdings der Reichsrat zu einer umfassenden Verfassungsgebung, welche die neuständisehe in eine konstitutionelle Monarchie umwandelte. Die Presse erwartete sich zum Teil ein Wiederinkraftsetzen der Verfassung 1849 und druckte diese sogar ab. Doch wählte das Parlament einen anderen Weg, nämlich den der Ergänzung der Reichsverfassung 1861. Ihr Staatsgrundgesetz über die Reichsvertretung erfaßte nur die gesetzgebende Gewalt und so traten zu seiner revidierten Fassung nach dem

44 Ebd., S. 165 ff. insbesondere S. 166.
45 Ebd., S. 169 ff.

inhaltlichen Vorbild von 1849 weitere Staatsgrundgesetze hinzu, nämlich – nach dem Muster der Gewaltenteilung – über die „Regierungs- und Vollzugsgewalt“, über die „Richterliche Gewalt“, über die „Einsetzung eines Reichsgerichts“ als Verfassungsgericht und über die „Allgemeinen Rechte der Staatsbürger“, das einen Grundrechtskatalog festschrieb; dazu kam noch das „Delegationsgesetz“, in dem sich der Ausgleich mit Ungarn niederschlug.

Aber es bewahrte die Verfassung 1867 zahlreiche Elemente aus der neuständischen Epoche. So beließ das so gut wie unveränderte Staatsgrundgesetz über die Reichsvertretung es bei dem ungewählten Abgeordnetenhaus des Reichsrats. Die Debatte im Abgeordnetenhaus begründete dies damit, man habe „auf das Vollkommene verzichten [müssen], um nicht das minder Vollkommene zu verlieren“, der „Zukunft müssen wir also vieles überlassen“[46]. Aber es gab noch weitere monarchische Relikte aus der neuständischen Epoche wie vor allem die Auflösung des Abgeordnetenhauses, das absolute Veto, ein umfassendes Verordnungsrecht statt parlamentarischer Gesetzesbeschlüsse[47].

Zufolge der schwerwiegenden Abweichung vom Konstitutionalismus durch das ungewählte Parlament konzentrierte sich die weitere Verfassungsentwicklung auf Parlamentsreformen[48]. Erst mit der Einführung der Wahl zum Abgeordnetenhaus anstelle der Entsendung durch die Landtage im Jahre 1873 war der Umbau zur konstitutionellen Monarchie nach zeitgenössischem Verständnis vollendet – freilich doch mit einer Ausnahme. Sie bestand in der Ausgestaltung des Abgeordnetenhauses als Interessen- und nicht als Volksvertretung zufolge des Kurien- und Zensuswahlrechts[49]. Diesen Charakter bewahrte es bis zur Einführung des allgemeinen, gleichen, direkten und geheimen Männerwahlrechts 1907, weiterhin allerdings in der zeitgenössischen Form eines Mehrheitswahlrechts.

2. Die Kontinuität in Land und Gemeinde

In Bezug auf die Länder änderte die Verfassung 1867 nichts, denn unverändert galten die Landesordnungen 1861 fort.[50] Die Landtage blieben daher Interessenvertretungen, und zwar bis zum Ende des Staates im Jahre 1918. Das typische neuständische Relikt der Interessenvertretung bestand in der höchst unterschiedlichen Gewichtung der Interessen[51]. Es führte dazu, daß z. B. im Landtag

---

46 Ebd., S. 179.

47 Brauneder (Fn. 10), S. 161.

48 Ders. (Fn. 4), S. 192 ff.

49 Ebd., S. 216 ff.

50 Ders. (Fn. 10), S. 176 in Verbindung mit S. 149 f.; ders. (Fn. 4), S. 223 ff.

51 Vgl. auch ders., Die Funktionen des Reichsrats, in: Schambeck (Hrsg.), Österreichs Parlamentarismus, Berlin 1986, S. 127.

von Oberösterreich 1867 in der Kurie Großgrundbesitz 0,26 % der Wahlberechtigten 20 % der Abgeordneten wählten, in der Stadtgemeindekurie 19,5 % der Wahlberechtigten 34 % der Abgeordneten, in der Landgemeindekurie wählten gut 80 % der Wahlberechtigten 38 % der Abgeordneten, 6 % an Abgeordneten entsandten die 30 Mitglieder der Handels- und Gewerbekammern (0,078 %), die restlichen 2 % bildete der Bischof von Linz. Nichts änderte sich auch an der Struktur der Gemeinde. Auch die Gemeindeversammlung blieb Interessenvertretung, gewählt nach einem Dreiklassenwahlrecht.

V. Der Kontinuitätsbruch von 1918

1. Anfang und Ende von Staaten

Die gravierendste Zäsur in der österreichischen Verfassungsentwicklung stellt das Jahr 1918 dar[52]. Ungarn kündigt im Oktober 1918 erst die Realunion und dann auch die verbliebene Personalunion, besteht selbst weiter fort und erlebt mehrere Verfassungswandlungen[53]. Der Staat Österreich (Cisleithanien) hingegen geht unter und es entstehen auf seinem Gebiet neue Staaten in Diskontinuität zu dem untergegangenen. Es sind dies vor allem die Tschechoslowakische Republik sowie die Republik Deutschösterreich, ab 1919 mit dem Namen Republik Österreich. Die Diskontinuität kündigt sich in beider Staatsnamen in doppelter Weise an: Republik statt Monarchie, Volkssouveränität der Tschecho-Slowaken bzw. Deutschösterreicher. Beide Staaten entstehen in Prag am 28. Oktober bzw. in Wien am 30. Oktober 1918 vor dem Erlöschen der altösterreichischen (cisleithanischen) Staatsgewalt, für das sie ursächlich sind.

2. Die Republik Deutschösterreich

„Deutschösterreich ist [...] im Kreise der Staaten eine Neuerscheinung" formulierte 1919 der Staatsrechtslehrer Adolf Merkl[54]. Damit drückte er treffend aus, daß Deutschösterreich eine Neugründung ist ebenso wie die Tschechoslowakei, also zum bisherigen Staatswesen in Diskontinuität steht. Dem stand, dies sei kurz erwähnt, die Ansicht der alliierten und assoziierten Staaten gegenüber, formuliert vom französischen Ministerpräsidenten Clemenceau mit

52 Wilhelm Brauneder, Deutsch-Österreich 1918, Wien 2000, daraus die folgenden Details; u. a.: Österreich November 1918. Die Entstehung der Ersten Republik (= Veröffentlichungen der Wissenschaftlichen Kommission zur Erforschung der Geschichte der Republik Österreich, Bd. 3) Wien 1986.

53 István György Toth (Hrsg.), Geschichte Ungarns, Budapest 2005, S. 606 ff.

54 Adolf Merkl, Die Verfassung der Republik Deutschösterreich, Wien/Leipzig 1919, S. 2.

„L'Autriche c'est qui en reste". Österreichs Standpunkt der Diskontinuität fand mehrfachen Ausdruck und wurde auch in der Folge nie aufgegeben.

Die Neugründung zeigt sich einmal darin, daß sie in keiner Weise etwa durch eine Änderung der Verfassung 1867, d. h. in dem von ihr für eine Verfassungsänderung vorgesehenen Weg erfolgte. Sie geschah durch ein hier nicht vorgesehenes, also revolutionär entstandenes Organ, die Provisorische Nationalversammlung. Sie konstituierte sich am 21. Oktober 1918 und erließ am 30. Oktober den Staatsgründungsbeschluß, der mit der Nummer 1 im Staatsgesetzblatt signifikant als erster Rechtsakt der neuen Staatsgewalt ausgewiesen ist. In ihm nimmt die Provisorische Nationalversammlung „die oberste Gewalt des Staates Deutschösterreich" in Anspruch, stellt fest, daß die „gesetzgebende Gewalt" von ihr „selbst ausgeübt" wird, während sie mit der „Regierungs- und Vollzugsgewalt" einen Ausschuß betraut, „den sie aus ihrer Mitte bestellt" und für die obersten „Geschäfte der Staatsverwaltung" eigene Staatsämter einsetzt, die in „ihrer Gesamtheit die Staatsregierung" bilden. Damit waren, wie dieser Beschluß sich nannte, „die grundlegenden Einrichtungen der Staatsgewalt" bestimmt. Was alles weitere anlangte, so beließ man „Gesetze und Einrichtungen" Cisleithaniens „bis auf weiteres in vorläufiger Geltung". Dies betraf etwa die gesamte einfachgesetzliche Rechtsordnung, vor allem die Gerichts- und Verwaltungsorganisation. In völliger Abkehr von der noch fortbestehenden cisleithanisch-monarchischen Staatsgewalt war die eben begründete nach dem demokratischen und dem republikanischen Prinzip eingerichtet, weder war ein Monarch vorgesehen, noch eine Lücke offengelassen, in die man diesen hineininterpretieren hätte können. Die ausdrückliche Bezeichnung, der Staat sei „eine demokratische Republik" erfolgte durch Gesetz vom 12. November 1918 (Staatsgesetzblatt 5), nach dem am Vortag Kaiser Karl „auf jeden Anteil an den Staatsgeschäften" verzichtet hatte, somit den monarchischen Anteil der Verfassung 1867 eliminierte. Im Bewußtsein dieses Aktes brachte den zweiten Anteil, nämlich den des vertretenen Volkes im Sinne der konstitutionellen Monarchie, tags darauf das Abgeordnetenhaus zum Erlöschen.

Aber es gab eine gewisse faktisch-politische Kontinuität. Sie manifestiert die eben erwähnte Provisorische Nationalversammlung. Sie verstand sich deshalb als Provisorium, weil sie nicht eigens als solche gewählt worden war, sich vielmehr aus den Abgeordneten des bisherigen Parlaments, des Reichsrats, zusammensetze, nämlich jenen aus den deutschen Wahlkreisen. Damit bewirkten sie übrigens prinzipiell deren Zugehörigkeit zum neuen Staat, der sich somit am Tag der Staatsgründung als Summe der deutschen Wahlkreise Cisleithaniens verstand. Dies war am 30. Oktober 1918 vor dem Staatsgründungsbeschluß als erster Schritt der Nationalversammlung dem US-Präsidenten Wilson als Neugründung eines Staates im Sinne des von ihm proklamierten nationalen Selbstbestimmungsrechtes mitzuteilen beschlossen worden.

Der neue Staat sollte auch neuartig eingerichtet werden[55]. Dies zeigt sich signifikant einmal darin, daß er kein monokratisches Staatsoberhaupt besaß, dessen Funktionen übte ein kleiner Ausschuß des Staatsrates aus. In bewußter Abkehr war auch die Gesetzgebungs- und Verordnungsgewalt geregelt. Gesetze der Nationalversammlung sollten allenfalls durch Vollzugsanweisungen des Staatsrates präzisiert werden, deren Adressat die Staatsregierung war. Ihr oblag allein die Vollziehung, ein eigenes Verordnungsrecht besaß sie nicht – in bewußter Abkehr von den monarchischen Ministern, die ein sehr exzessives Verordnungsrecht wahrgenommen hatten. Den „Umbruch", auch „Umsturz", wie die Etablierung des Neuen populär genannt wurde, manifestierten auch gesellschaftspolitische Maßnahmen[56]: die Aufhebung noch bestehender adeliger Vorrechte sowie das Verbot der Führung von Adelsprädikaten, belegt mit einer für damalige Verhältnisse hohen Geldstrafe, ferner die Aufhebung der nicht im Völkerrecht begründeten Exterritorialität, welche den Besitzungen ausländischer Ex-Monarchen zukam, und vor allem die prinzipielle Landesverweisung von Mitgliedern des Hauses Habsburg-Lothringen[57].

Die Rezeption bisheriger Einrichtungen am 30. Oktober betraf auch die Staatsform: Die Existenz der bisherigen Länder wurde beibehalten – richtig: übernommen -, zumal sich die autonome Landesverwaltung sogleich am Tag nach der Konstituierung der Provisorischen Nationalversammlung, also am 22. Oktober, dieser zur Verfügung stellte.

Damit trat im Gegensatz zu den Verfassungsänderungen ab 1848 in der Struktur der Länder eine entscheidende Veränderung ein. Hatten die alten Länder den Doppelcharakter eines autonomen Selbstverwaltungskörpers, treffend charakterisiert als „Kommunalverband höchster Ordnung", sowie als staatlicher Verwaltungssprengel mit je getrennten Behörden besessen, wurde dies nun insofern anders. Die autonomen Landesbehörden übernahmen die Aufgaben der staatlichen Verwaltungsbehörde, des Statthalters, wodurch die ihm unterstellten Bezirkshauptmannschaften zu Landesbehörden wurden. An die Stelle des Statthalters trat der Landeshauptmann mit zwei Stellvertretern als „Landesregierung". Mit ihr und dem Landtag als Landesparlament nahmen die Länder nahezu staatlichen Charakter an. Dazu trug bei, daß an die Stelle der aufgrund eines Kurienwahlrechts gewählten Landtage Provisorische Landesversammlungen traten, die sich proportional zur Provisorischen Nationalversammlung zusammensetzten. Die derart neu konstruierten Landesgewalten sahen sich übrigens ebenso als originär entstanden, also in Diskontinuität zu den Landesgewalten

55 Brauneder (Fn. 10), S. 187 ff.

56 Ebd. S. 189 f.

57 Bernadette Dörr, „Tu Felix Austria?" – Das Habsburgergesetz in seiner Entwicklung, Jur. Diss., Wien 2010.

bisherigen an wie die Staatsgewalt Deutschösterreichs. Insgesamt zeichnete sich der Weg zum Bundesstaat ab. Die neue Landesverfassung von Vorarlberg hielt bereits fest, das Land übe jene Rechte aus, die nicht dem — unbenannten — „Bundesstaat“ zukommen.

In einer ganz spezifischen Weise neuartig war es natürlich, daß der eben begründete Staat es als Staatsziel festsetzte, sich einem anderen Staate anschließen zu wollen, und zwar am 12. November 1918 durch eine Verfassungsbestimmung: „Deutschösterreich ist ein Bestandteil der Deutschen Republik“. Dies verstand sich daraus, daß der Staat Deutschösterreich in seiner territorialen Konfiguration an sich ein Novum darstellte, die beanspruchten Gebiete hatten so nie ein eigenes Gemeinwesen gebildet. Dies wird sichtbar nicht bloß in den neugeschaffenen Ländern im Bereich von Böhmen-Mähren-Schlesien, sondern auch in der Option auf Deutsch-Westungarn, welches zum ungarischen Staatsverband gehörte. Das territorial Neuartige unterstrich schließlich auch die Grenzziehung durch den Vertrag von St. Germain[58], der im Wesentlichen das heutige österreichische Staatsgebiet festlegte, welches vollends ahistorisch war und auch so zeitgenössisch empfunden wurde. Kurioserweise entsprach ihm am ehesten noch der österreichische Reichskreis, freilich ohne das zum bayerischen Reichskreis gehörige Land Salzburg.

Dies alles bildete auch den Hintergrund dafür, daß einzelne Länder an Absetzbewegungen von dem eben begründeten Staat dachten: Vorarlberg mit seiner „Schweizer Anschlußbewegung“[59], Tirol mit der Idee eines neutralen Alpenstaates und sogar eines Kirchenstaates unter nominell päpstlicher Herrschaft zur Wahrung der Landeseinheit[60].

Das Ahistorisch-Neuartige des Staatsgebietes lag von Anfang an eingebettet in die Idee der Zugehörigkeit zu einer größeren Organisation. Einerseits war das totale Ende der Habsburgermonarchie erst allmählich vorstellbar, denn kurz dachte man, an ihre Stelle könne ein Staatenbund oder zumindest eine Wirtschaftsunion treten. Dieser Gedanke zerschlug sich aber bereits durch die Haltung des entstehenden tschechoslowakischen Staates wie ähnlich auch an der Ungarns schon in den Tagen der Staatsgründung, so daß bereits am 12. November 1918 (Staatsgesetzblatt 5) der zitierte Anschluß an das Deutsche Reich proklamiert wurde. Die Realisierung dieses Staatszieles, wofür bereits

58 U. a. St. Germain 1919 (= Veröffentlichungen der Wissenschaftlichen Kommission zur Erforschung der Geschichte der Republik Österreich, Bd. 11), Wien 1989.

59 Daniel Witzig, Die Vorarlberger Frage (= Basler Beiträge zur Geschichtswissenschaft, Bd. 132), 2. Aufl. Basel [u. a.] 1974.

60 Wilhelm Brauneder, Kirchenstaatspläne 1916/1918: Tirol statt Liechtenstein?, in diesem Band.

ein Protokoll des österreichischen wie des deutschen Außenministers vom 2. März 1919 vorlag[61], unterband allerdings der Vertrag von St. Germain[62].

An die Stelle der ab der Staatsgründung erlassenen verfassungsrelevanten Gesetze trat schließlich die Bundesverfassung 1920[63]. Unter dem Aspekt von Kontinuität bzw. Diskontinuität stellte sie sich als Ergebnis der unmittelbar voraufgegangenen Entwicklung dar, bestätigte sie. An die Stelle der bisherigen Staatsform des dezentralisierten Einheitsstaates trat die des Bundesstaates. Dies war zwar verfassungsgeschichtlich eine Neuerung, die aber im Wesentlichen nur, wie eben erwähnt, die unmittelbare Vor-Entwicklung bestätigte und es daher auch verständlich macht, daß der Bundesstaat nur schwach ausgebildet wurde.

VI. Systemwechsel 1929 durch bloße Novellierung

Angesichts des Parteienhaders nicht nur im Parlament, sondern auch auf „der Straße" mit dem Höhepunkt des Brandes des Justizpalastes im Jahre 1927 und an die 100 Toten, wurde der Ruf nach einer Verfassungsänderung unüberhörbar. Sie erfolgte im Jahre 1929[64] durch eine Novellierung der Bundesverfassung 1920 und stärkte, was hier nur kurz angedeutet sei, den Bundespräsidenten und die Bundesregierung: Diese wurde nun vom Bundespräsidenten ernannt und nicht mehr vom Parlament gewählt. Dabei folgte man ausdrücklich dem Vorbild der Weimarer Verfassung 1919. Es galt dies als ein Umschwenken von der extrem in der Staatsspitze gewaltenverbindenden Parlamentsdemokratie zu einer präsidialen Demokratie. Anstelle der bisherigen Ländervertretung durch den Bundesrat war ein Länder- und Ständerat vorgesehen, letzterer als Vertretung von Berufen; verwirklicht wurde er nicht. Obwohl dieser Systemwechsel an den Grundprinzipien von 1920 rührte, fand keine für in diesem Falle notwendige Volksabstimmung statt, auch begnügte man sich mit einer minutiösen Novellierung des bisherigen anstelle des Erlasses eines neuen Verfassungstextes. Die Eingriffe waren allerdings so weitgehend, daß nicht nur die punktuellen Novellierungen im Bundesgesetzblatt verlautbart wurden (Nr. 392 /1929), sondern auch der gesamte Verfassungstext. Dies geschah bezeichnenderweise im Bundesgesetzblatt 1 von 1930, so daß, hätte eine Volksabstimmung stattgefunden, es gerechtfertigt wäre von der „Verfassung 1930" zu sprechen. Aber eben dies sollte vermieden

61 Brauneder (Hrsg.), Österreichisch-deutsche Rechtsbezeiehungen I. Rechtsangleichung 1850–1938 (= Rechts- und Sozialwissenschaftliche Reihe, Bd. 12), S. 305 ff. (Anhang).

62 Brauneder (Fn. 10), S. 195.

63 Klaus Berchtold, Verfassungsgeschichte der Republik Österreich, 1. Bd., Wien 1998, S. 189 ff.

64 Ders., Die Verfassungsreform von 1929, Wien 1979.

werden. Zur innenpolitischen Beruhigung trug die neue Verfassungssituation allerdings nicht bei, überdies wurde sie schon 1933 hinfällig.

VII. Die Zäsur von 1934

Im März 1933 traten in und zufolge einer tumultuarischen Sitzung des Nationalrats sukzessive dessen drei Präsidenten zurück[65]. Die Fortsetzung der unterbrochenen Sitzung durch den zuletzt zurückgetretenen Dritten als sozusagen geschäftsführenden Präsidenten verhinderte die Bundesregierung durch ein Polizeiaufgebot. Sie stand auf dem Standpunkt, der Nationalrat habe sich selbst ausgeschalten. In einem Staatsstreich von oben setzte die Bundesregierung die Ländervertretung des Bundesrates außer Funktion, der „Hüter der Verfassung", der Verfassungsgerichtshof, verfiel einer Lahmlegung, der Bundespräsident sah dem allen zu. Die parlamentslose Zeit nutzte die Bundesregierung, um mit Regierungsverordnungen aufgrund des rezipierten Kriegswirtschaftlichen Ermächtigungsgesetzes 1917 zu regieren. Eine Regierungsdiktatur begann. Eine erst vorgesehene Novellierung der geltenden Bundesverfassung überholte alsbald die Idee, eine völlig neue Verfassung in Kraft zu setzen. Dies geschah am 1. Mai 1934. Diese „Verfassung 1934"[66] stellt eine tiefgehende Zäsur dar, da der bisher wichtigste Verfassungsgrundsatz, das demokratische Prinzip, bewußt und ausdrücklich durch eine „ständische" Grundlage ersetzt wurde. Zum Zweck der politischen Willensbildung erfolgte eine Organisation des Volkes in acht „Berufsständen", nämlich Kirche, Kunst, Wissenschaft; Land- und Forstwirtschaft; Industrie und Bergbau; Gewerbe; Handel und Verkehr; Geld-, Kredit- und Versicherungswesen; Freie Berufe; Öffentlicher Dienst. Allgemein verständlich beschrieben[67] bedeutete „Berufsstand" die „Gesamtheit aller in einem Erwerbszweig Beschäftigten. Dazu gehören die Unternehmer wie auch die Angestellten, die Arbeitgeber wie auch die Arbeitnehmer". Dafür suggerierte man nahezu eine Art Normalität dieser berufsständischen Gliederung: wie das Volk territorial in Bundesländern zusammengefaßt sei, so berufsmäßig durch die Berufsstände. Dazu trat weiters das „autoritäre Prinzip", das eine Broschüre mit

---

65 Zum folgenden Peter Huemer, Sektionschef Robert Hecht und die Zerstörung der Demokratie in Österreich, Wien 1975, S. 157 ff.; Brauneder (Fn. 10), S. 232.

66 Brauneder (Fn. 10), S. 233 ff.; Adolf Merkl, Die ständisch-autoritäre Verfassung Österreichs, Wien 1935.

67 O du mein Österreich, Wien, Leipzig, 1935, S. 66: irrtümlich nur sieben erwähnt; Wilhelm Brauneder, Die Symbolik der Berufsstände der Verfassung 1934, in diesem Band.

dem bezeichnenden Titel „Unser Staatsprogramm: Führerworte“[68] wie folgt beschrieb: „Es ist der Sinn des modernen … Führerprinzips, daß sozusagen eine oberste Stelle da ist, die berufen ist, gewisse Grundlinien, gewisse Grundsätze aufzustellen, denen sich alle zu fügen haben“: Dies war die Bundesregierung unter der Führung des Bundeskanzlers. Wenngleich Österreich Republik blieb, verfiel der Ausdruck der Ächtung: Er wurde aus dem bisherigen Staatsnamen „Republik Österreich“ getilgt und durch das nichtssagende Wort „Bundesstaat“ ersetzt, an die Stelle des bisherigen republikanischen Adlers trat ein doppelköpfiger. Hiezu wählte man jenen des Heiligen Römischen Reiches, um den Charakter Österreichs als zweiten deutschen Staat zu manifestieren. Die Präambel zur Verfassung 1934 hatte dies alles ausgesprochen und Österreich als einen „christlichen deutschen Bundesstaat auf ständischer Grundlage“ bezeichnet, dessen Volk in autoritärer Weise diese Verfassung „erhält“, sich nicht selbst gibt. Das erwähnte christliche war in Wahrheit ein katholisches Element: Das eben abgeschlossene Konkordat 1933 galt mit einigen Teilen direkt als Verfassungsrecht.

Die gravierendste Zäsur zufolge der neuen Verfassung bestand im Entfall jeglicher Wahlen. An ihre Stelle trat die Entsendung durch die Berufsstände sowohl in die Organe der Landes- wie auch der Bundesgesetzgebung. Vermieden wurde daher der Ausdruck Parlament selbst für das entsprechende Gebäude, es hieß nun „Haus der Gesetzgebung“. Den Bundespräsidenten sollten sämtliche Bürgermeister Österreichs aus einem Dreiervorschlag der Bundesversammlung auswählen.

Die Zäsur von 1934 erfaßte auch die Länder. Sie alle erhielten neue Landesverfassungen[69] ständisch-autoritärer Prägung, wenngleich die fortdauernden Organe Landeshauptmann, Landesregierung und Landtag diese Zäsur auf den ersten Blick nicht erkennen lassen.

Trotz der bewußt völlig neuartigen Verfassungsstruktur bemühte sich die Bundesregierung um den Anschein einer Kontinuität zur bisherigen Verfassungslage[70]. Was 1933 verhindert worden war, geschah 1934 doch, nämlich die Reaktivierung des Nationalrates. Er beschloß ein Ermächtigungsgesetz, in dem er die gesamte Bundesgesetzgebung einschließlich der Verfassungsgesetzgebung der Bundesregierung übertrug. Mit einer Regierungsverordnung aufgrund dieses Ermächtigungsgesetzes setzte die Bundesregierung die erwähnte

68 Bundeskommissariat für Heimatdienst (Hrsg.), Unser Staatsprogramm: Führerworte, Wien 1935, S. 69. – Zur Symbolik Wilhelm Brauneder, Österreichs Staatssymbolik seit 1918, in: ders., Studien III, 2002, S. 279 ff.

69 Michael Ettinger, Die Landesverfassungen 1934, Jur. Diss., Wien 2001.

70 Dazu kritisch u. a. Norbert Gürke, Die österreichische „Verfassung 1934“ in: Archiv für Öffentliches Recht, Nr. 25 (1934), S. 178 ff.

Verfassung 1934 in Kraft, nachdem sie dies zeitgleich auch mit einer anderen Regierungsverordnung aufgrund des Kriegswirtschaftlichen Ermächtigungsgesetzes 1917 getan hatte! Beide Wege allerdings waren verfassungsrechtlich zumindest bedenklich, ja völlig inkorrekt: Das Kriegswirtschaftliche Ermächtigungsgesetz 1917 ermächtigte nur zu Verordnungen wirtschaftlichen Inhalts. Auch der Versuch einer Kontinuität über das Ermächtigungsgesetz begegnete gleichen Bedenken. Der dieses beschließende Nationalrat verfügte nämlich vor allem durch die Aberkennung der sozialdemokratischen Mandate nicht mehr über das erforderliche Präsenzquorum.

Trotz der Verfassung 1934 dauerte die Regierungsdiktatur, wie sie ab März 1933 um sich gegriffen hatte, weiter fort. Weitaus die meisten Materien wurden nicht durch Gesetze im Sinne der Verfassung 1934 geregelt, sondern durch Regierungsverordnungen auf der Grundlage des Ermächtigungsgesetzes 1934[71].

Wie sehr die Kontinuitätsbemühungen von 1934 auf lange Sicht nicht überzeugten, zeigt sich beim Wiederherstellen der österreichischen Staatlichkeit im Jahre 1945[72]. Man kehrte nicht zur Verfassungssituation vor dem Anschluß im März 1938 zurück, sondern zur Verfassungssituation am Tag der Unterbrechung der Nationalratssitzung durch den Rücktritt der drei Präsidenten. So trat 1945 die Verfassung 1920/1929 wieder in Wirksamkeit, die Verfassungslage zwischen 1933 und 1938, vor allem die Verfassung 1934, wurde Episode. Im Jahre 1945 übersprang somit die Verfassungskontinuität nicht bloß den Zeitraum zwischen 1938 und 1945, sondern auch jenen von 1933 bis 1938.

VIII. Zusammenfassung

Wie eingangs betont, markiert der Erlass von formellen Verfassungen ab der ersten im Jahre 1848 deutlich Ende bzw. Beginn von Verfassungskonzeptionen. Im stets dezentralisierten Einheitsstaat vor dem Ende „der Monarchie" im Jahre 1918 steht neben derartigen Diskontinuitäten der Regierungssysteme die Kontinuität der Länderstrukturen zufolge ihres Charakters als nichtstaatliche Gebilde und damit die der Staatsform. Ihr Charakter wandelte sich ziemlich stark ab der Staatsgründung von 1918 und vor allem mit der Hinwendung zu einer bundesstaatlichen Struktur durch die Verfassung 1920, um sodann im wesentlichen weiterhin durch Kontinuität gekennzeichnet zu sein.

---

71 Wolfgang Putschek, Ständische Verfassung und autoritäre Verfassungspraxis in Österreich 1933–1938 (= Rechtshistorische Reihe 109), 1993, insbesondere S. 192 f.; Braueneder (Fn. 10), S. 259.

72 U. a. Karl Renner, Denkschrift über die Geschichte der Unabhängigkeitserklärung Österreichs, Wien 1945; Brauneder (Fn. 10), S. 255 ff.

Beachtlich sind trotz der verfassungsrechtlichen Zäsuren die Bemühungen um verfassungsrechtliche Kontinuitäten. In einem gewissen Maße zeigt sich dies selbst bei der ersten formellen Verfassung 1848 darin, daß sie der bisherige Gesetzgeber, der absolute Monarch, durch Oktroy in Kraft setzte. Das Oktroy der nachfolgenden Verfassung 1849 aber stellt sich als bewußter Verfassungsbruch dar, da diese nicht den Regeln über eine Verfassungsänderung der Vorgängerverfassung von 1848 folgt. Dieses Schicksal erlitt allerdings die Verfassung 1849 dadurch, daß sie 1851 nicht in der von ihr vorgesehenen Weise abgeändert, nämlich aufgehoben wird, sondern einseitig durch den Monarchen, der sodann allein aus seiner Position heraus die Verfassungsgrundsätze 1852 seinem Ministerpräsidenten vorschreibt.

Kontinuität begegnet wieder bei dem Erlaß der Reichsverfassung 1861, da sie der bisherige Gesetzgeber, allein der Monarch, in Kraft setzt. Kontinuität zeigt sich auch bei der nächstfolgenden Verfassung 1867, denn sie ergeht in dem von der Reichsverfassung 1861 vorgezeichneten Weg gemeinsam durch Reichsrat und Kaiser. Eine politische Kontinuität unterstreicht hier weiters der Umstand, daß die Verfassung 1867 sich als Ergänzung der Reichsverfassung 1861 darstellt.

Keinerlei Bemühung um Kontinuität zeigt begreiflicherweise die Staatsgründung 1918: Sie ist ein bewußter Neubeginn, ein rechtlich wie auch tatsächlich revolutionärer Akt, und zwar auch auf Landesebene. Danach folgen wieder Entwicklungen auf dem Boden von Kontinuitäten: Die Verfassung 1920 erläßt die sogleich ab der Staatsgründung vorgesehene Konstituierende Nationalversammlung, den jedenfalls konzeptionell tiefgehenden Verfassungswandel von 1929 verschleiert eine sozusagen normale Verfassungsnovellierung ohne Volksbefragung und schließlich sucht die Bundesregierung ihr Oktroy der Verfassung 1934 über ein Ermächtigungsgesetz auch in den Kontinuitätsfluß einzubauen.

Zum Charakter der ersten Grundrechtskataloge Österreichs 1848 und 1849

I. Die Fragestellung

Die Entwicklung der österreichischen Grundrechte beginnt mit den Verfassungstexten 1848/49[1], sieht man von grundrechtsähnlichen Bestimmungen in den naturrechtlichen Privatrechtskodifikationen des Teil-ABGB 1786 (Josephinisches Gesetzbuch) und des Galizischen Bürgerlichen Gesetzbuchs 1796 ab, wovon sich ein Rest im ABGB (§§ 16 f.) erhalten hat[2]. Zum Wesen der Grundrechte von 1848/49 in Hinblick darauf, ob sie bloße Staatszielbestimmungen oder bereits subjektive öffentliche Rechte gewesen waren, gibt es drei Auffassungen: bloße Staatszielbestimmungen[3] oder bereits subjektive öffentliche Rechte[4] sowie eine

---

Aus: C. Jabloner etc. (Hg.), Gedenkschrift Robert Walter, Wien 2013, 69 ff.

1 Dazu grundsätzlich W. Brauneder, Die Gesetzgebungsgeschichte der österreichischen Grundrechte, in: R. Machazek – W. P. Pahr – G. Stadler (Hrsg.), Grund- und Menschenrechte in Österreich I, Kehl/Rhein etc. 1991, 189–364; O. Gschließer, Zur Geschichte der Grundrechte in der österreichischen Verfassung, in: L. Santifaller (Hrsg.), Festschrift zur Feier des 200jährigen Bestandes des Haus-, Hof- und Staatsarchivs II, Wien 1951, 45 ff.

2 Dazu u. a. W. Brauneder, Europas erste Privatrechtskodifikation, in: H. Barta – R. Palme – W. Ingenhaeff (Hrgs.), Naturrecht und Privatrechtskodifikation, Wien 1999.

3 Insbes. ders., Zum Wesen der Grundrechte des „Kremsierer Verfassungsentwurfs“, in: ÖJZ (Österr. Juristenzeitung) 1989, 417–419; stets ders., Österreichische Verfassungsgeschichte 11. Aufl., 2009, 119.

4 R. Walter, Rezension: Brauneder – Lachmayer: Österreichische Verfassungsgeschichte, in: ÖJZ 1988, 157, sowie weiters in: ÖJZ 1990, 609–613.

eher vermittelnde Ansicht[5]. Die Frage sei hier vor einem breiteren Hintergrund und auf breiterer Quellengrundlage nochmals aufgegriffen.

II. Das Wesen der Grundrechte bis und in den Verfassungsdiskussionen 1848/49

Den vorgefundenen Grundrechtsstandard spiegeln die Beratungen im österreichischen Reichstag, seinem Verfassungsausschluß und dessen Grundrechte-Unterausschuß deutlich wider[6]. Im Plenum meinte einer der Berichterstatter des Verfassungsausschusses, es sei dessen „Pflicht" gewesen, das „Beste, was in den Verfassungen anderer Staaten vorkommt, für unsere Verfassung zu benutzen[7]". Vor allem wurde die Entwicklung in der Deutschen Verfassungsgebenden Nationalversammlung zu Frankfurt am Main, der sogenannten Paulskirche, aufmerksam verfolgt. Das lag besonders deshalb nahe, weil dieses Parlament von dem zum Deutschen Bund gehörigen Teil Österreichs – abgesehen von nichtdeutschen Gebieten – beschickt worden war und auch für diesen handelte. Daß man sich in Wien bewußt Frankfurt zum Vorbild nahm, zeigt der Wunsch des Verfassungsausschusses, die stenographischen Protokolle des Frankfurter Parlaments benützen zu können. Schon in der ersten Lesung der Grundrechte war bezüglich der Frage der Abschaffung des Adels auf „Frankfurt" verwiesen worden[8], in der zweiten Lesung wurden derartige Hinweise auf die „Frankfurter Versammlung", die „Frankfurter Grundrechte", auch auf „Frankfurt" oder „Deutschland" schlechthin zur Regel[9]. An Häufigkeit übertrifft das Frankfurter Vorbild das der französischen Verfassung um über 100 Prozent. Die Kenntnis des Frankfurter Grundrechtsentwurfs galt offenbar als selbstverständliche Voraussetzung, denn es wurde beispielsweise in der Diskussion die Frage an einen Abgeordneten gerichtet, „ob sein Amendement genau die Frankfurter Fassung habe?"[10]. Im Reichstags-Plenum wurden die Hinweise auf die „Frankfurter Grundrechte" zwar seltener[11], doch gaben sie auch hier den wichtigsten Bezugspunkt ab: „Wir haben die Grundrechte des deutschen Volkes jetzt vor uns", die man mit der Autorität der „erleuchtetsten Männer Deutschlands" versehen sah – darunter die österreichischen Abgeordneten[12].

5 F. Lehne, in: Zs. f. Verwaltung 1988/1, 32.
6 Brauneder, wie Fn. 1, 221 ff.
7 RT-V (= Verhandlungen d. österr. Reichstags nach der stenopraphischen Aufnahme I–V, 1848/49 [Unvollständiger Nachdruck Wien 1970]), V, 17.
8 A. Fischel, Die Protokolle des Verf. Ausschusses über die Grundrechte, 1912, 37.
9 Vgl. auch Gschließer, Grundrechte (Fn. 1) 49 bei Fn. 1.
10 Fischel, Protokolle (Fn. 8) 121.
11 Auf ihren § 10 wurde zum Hausrecht hingewiesen: RT-V (wie Fn. 7), IV, 666.
12 RT-V (Fn. 7), IV, 592.

Ein ebenso großer Einfluß wie den Frankfurter Grundrechten kam jenen der preußischen Verfassung von 1848 zu. Auf sie als eines der Vorbilder war schon im Grundrechte-Ausschuss hingewiesen worden[13]. Wiederholt wurden im Verfassungsausschuß einzelne ihrer Grundrechtsbestimmungen sogar verlesen oder als Antrag zitiert[14], auch auf sie konkret[15] oder schlechthin hingewiesen[16].

Das Umfeld verdeutlichen weiters einige Privatentwürfe zu österreichischen Verfassungen. Zwei österreichische Abgeordnete zur Frankfurter Nationalversammlung, Eugen Megerle v. Mühlfeldt sowie der Wiener Anwalt Franz Egger, legten 1849 ihren „Entwurf einer Verfassungs-Urkunde für den Kaiserstaat Österreich" im Druck vor[17]. Sie hatten ihn „am 5. März (1849) hier in Frankfurt vollendet" und wurden daher durch die Auflösung des Reichstags in Kremsier überrascht, glaubten aber an eine Nützlichkeit ihres Werks für eine künftige Revision der Verfassung 1849[18]. Die Grundrechte dieses Entwurfs stellen eine Modifikation der Grundrechte der Frankfurter Reichsverfassung dar, an deren Zustandekommen Mühlfeldt mitgewirkt hatte. Die einzelnen „Rechte" wenden sich in hohem Maße als Grundsätze an die staatlichen Organe, was zu einer Detailfrage offen ausgesprochen wird: „Der Grundsatz .... muß ..... in der Landesgesetzgebung gleichmäßig wie in der ...... Landesverwaltung zur Anwendung kommen" (§ 115). Zwischen der Anweisung an den Gesetzgeber und dem selbstwirksamen Grundrecht wird genau unterschieden: Das „Jagdrecht auf fremden Grund ..... ist aufzuheben", aber die „Leistungen für Jagdzwecke sind ohne Beschränkung aufgehoben" (§ 96). Zu den Kompetenzbestimmungen des „Staatsgerichtshofs" zählten auch „Klagen von Staatsbürgern gegen die Staatsregierung und den Congreß wegen Aufhebung, Verletzung oder verfassungswidriger Veränderung der Staatsverfassung ..." beziehungsweise „Klagen von Bürgern eines einzelnen Landes gegen die Landes-Regierung oder – Vertretung wegen Aufhebung, Verletzung oder verfassungswidriger Veränderung der Landesverfassung ....." (§ 201 Abs. 4 bzw. 7): Hier folgte man dem Frankfurter Vorbild.

---

13 Wohl aufgrund von: Die Verfassungen der Vereinigten Staaten von Nord-Amerika, des Staates New-York, des Königreiches Norwegen und des Königreiches Belgien. Als Anhang der Entwurf der neuen preußischen Constitution, Berlin 1848 (vorhanden in der Hof-, heute: Nationalbibliothek Wien).

14 Fischel, Protokolle (Fn. 7) 88 (willkürliche Verhaftung), 90 (Ausnahmezustand), 132 (Unterrichtsfreiheit) bzw. 78 (Staatsbürgerschaft).

15 Fischel, Protokolle (Fn. 7) 104 (Hausrecht).

16 Fischel, Protokolle (Fn. 7) 132 (Schulpflicht), 167 (Militärgerichtsbarkeit).

17 Erschienen unter diesem Titel Frankfurt/Main 1849 mit dem Beisatz „Manuscript".

18 Wie o. Fn. 17.

Vor allem interessieren die Frankfurter Grundrechte als Vorbilder zum Kremsierer Grundrechtskatalog, aber auch deshalb, weil sie in dem zum Deutschen Bund gehörigen Teil Österreichs galten, und zwar als „Gesetz, betreffend die Grundrechte des deutschen Volkes“ vom 21. Dezember 1848[19]. So wie die Frankfurter Nationalversammlung das erste in und für Teile Österreichs gewählte Parlament darstellte, nämlich für dessen zum Deutschen Bund gehörige Länder, so sind die Frankfurter Grundrechte für diesen Teil Österreichs die ersten parlamentarisch diskutierten und beschlossenen Grundrechte überhaupt. Die Verabschiedung in einem eigenen Gesetz im Dezember 1848 versteht sich aus der Überlegung, sie „sollen den Verfassungen der deutschen Einzelstaaten zur Norm dienen“ wie auch der „Gesetzgebung (des) deutschen Einzelstaates“ (vor § 1). Der Normadressat des Grundrechtegesetzes ist somit – nach seinem präzisen Wortlaut – der einzelstaatliche Gesetzgeber im Gebiete des Deutschen Bundes. So sah es auch Beseler im Frankfurter Verfassungsausschuß[20]: „Nach den Einleitungsworten seien die Grundrechte nicht sowohl Gesetze als Normen für die Legislationen und Verfassungen Deutschlands“. Als subjektive Rechte galten sie also nicht, eine entsprechende Gerichtsbarkeit fehlte. Ihr erster Kommentator, Theodor Mommsen, kannte daher nur die Hoffnung, es werde einerseits „die Reichsgewalt Sorge tragen, daß diese Versprechungen (! – der Grundrechte) so bald als möglich in jedem einzelnen Lande zur Ausführung gelangen .....“, andererseits „werden die deutschen Regierungen ihre Pflicht gewiß thun“[21]. Mommsen appelierte auch an „jeden Deutschen ....., diese Rechte ..... zu schützen und zu wahren“, ohne sie ihm aber als subjektive Rechte zuzuerkennen[22]. Damit aber war die Entwicklung noch nicht abgeschlossen: Da das Grundrechtegesetz im Jahre 1849 in die Reichsverfassung eingebaut wurde, warf ein neues Licht auf sie die Zuständigkeit des „Reichsgerichtes“ für „Klagen der Angehörigen eines Einzelstaates ..... wegen Aufhebung oder verfassungswidriger Änderung der Landesverfassung“ und vor allem für „Klagen wegen Verletzung der durch die Reichsverfassung ihnen gewährten Rechte“ (§ 126 lit f, g RV). Hienach konnten die „Grundrechte des deutschen Volkes“, diesem überdies gemäß § 130 RV „gewährleistet“, auch als einklagbare subjektive öffentliche Rechte verstanden werden. Allerdings blieben „Art und Weise“ des „Klagerechts“ der „Reichsgesetzgebung vorbehalten“ (§ 126 lit. f, g). Wie dies auch immer ausgefallen wäre:

---

19 Zur Geltungsproblematik vgl. E. R. Huber, Deutsche Verfassungsgeschichte seit 1789, II, 1960, 774.

20 R. Hübner, Aktenstücke und Aufzeichnungen zur Geschichte der Frankfurter Nationalversammlung aus dem Nachlaß von Johann Gustav Droysen, 1924, 228.

21 T. Mommsen, Die Grundrechte des deutschen Volkes mit Belehrungen und Erläuterungen, 1849 (Nachdruck Frankfurt/Main 1969) 81, 83.

22 Mommsen, Grundrechte (Fn. 21) 83.

Eine Klage auf Aufhebung der verfassungswidrigen Maßnahme lag durchaus im Bereich der Möglichkeiten.

III. Österreichs Verfassung 1848

Die erste Verfassungsurkunde Österreichs (Cisleithaniens) vom 25. April 1848 enthält bereits einen erstaunlich ausführlichen Grundrechtskatalog[23]. Zu seinem Charakter ist festzuhalten, daß allerdings die Staatsbürger bzw. zum Teil auch bloß die Staatseinwohner nicht die Adressaten der Grundrechtsbestimmungen sind. Schon die am 15. März zugesagte Pressefreiheit galt als „Grundsatz", dessen „Vollziehung und Durchführung" dem neugebildeten Ministerrat obliegen sollte (PGS 30[24]). Sogleich (PGS 31) wurde auch erklärt, daß „die bestehenden Gesetze und Verfügungen ..... auf legalem Wege widerrufen werden" müssen, „wie dieß rücksichtlich der Censurgesetze durch Unser Patent. vom 15. März 1848 geschehen ist": So kam den ersten Grundrechten keine derogierende Kraft gegenüber dem bisherigen Recht zu, sie waren nicht „self-executing", sondern eben nur Grundsätze. Ganz in diesem Sinne (gemäß PGS 31) wurde in der Folge das Verbot des Auslandsstudiums zwar ausdrücklich als dem „Prinzipe der Lern- und Lehrfreiheit" für widersprechend erklärt, aber dennoch nicht einfach als gegenstandslos betrachtet, sondern eigens aufgehoben (PGS 95). Gerade zufolge der Anweisung an Behörden und Gesetzgeber wurde zwischen den Grundrechten und sonstigen verfassungsrelevanten Bestimmungen kein Unterschied gemacht: Der Ministerrat hatte alle „Grundsätze" des Patents vom 15. März, nicht nur die Pressefreiheit, durchzuführen (PGS 30); der Vorbehalt ausdrücklicher Aufhebung bestehender Gesetze bezog sich nicht nur auf Grundrechte (PGS 31). Ganz in diesem Sinne hatte der Kaiser unter Gegenzeichnung Pillersdorfs auch die böhmischen Petitionen beantwortet[25]: Die Gleichstellung der böhmischen (tschechischen) mit der deutschen Sprache wurde von ihm nicht als Grundrecht, sondern „als Grundsatz" zugesagt, und zwar für künftige legislative und administrative Akte. So wenden sich in der Verfassung 1848 die Grundrechte wie andere Bestimmungen besonders an den Gesetzgeber. Tatsächlich war es auch Pillersdorfs Auffassung, daß alle Grundrechte des Gesetzgebers bedürften: Nur durch den Erlaß „vieler Gesetze" könnten die „jedem Staatsbürger ...... durch die Verfassungsurkunde in Aussicht gestellten Rechte und Freiheiten .....

23 Brauneder, wie Fn. 1, 198 ff.

24 PGS = Politische Gesetzsammlung.

25 Ks. Kabinettschreiben v. 8. April 1848, in K. Hugelmann, Die österr. Landtage im Jahre 1848, in: AÖG 111, 15. Entwurf hiezu in: Protokolle des österr. Ministerrates 1848 „ad MRZ 96/848", 22.

gesichert werden"[26]. Auch ein Kommentator der Verfassung 1848 ging davon aus, daß es für die Realisierung der Grundrechte des Gesetzgebers bedürfe: Es müsse die Preßfreiheit „durch Gesetze regulirt" und für die neue Gerichts- und Prozeßorganisation „müssen ..... neue Gesetzbücher ..... eingeführt werden"[27]. Mit der Forderung nach einer Bestimmung, daß die Verfassung jedes ihr entgegenstehende Gesetz aufhebe, zeigt er überdies, daß er wie diese die Grundrechte nicht für self-executing hält[28].

Die Grundrechte der Verfassung 1848 galten also nicht als subjektive öffentliche Rechte. Dies zeigt sich über ihre Ausrichtung auf Gesetzgeber und Behörden hinaus ganz besonders darin, daß die Ahndung ihrer Übertretung durch ordentliche Gerichte oder besondere Organe in und von den befaßten Institutionen weder gefordert, noch erwogen oder schließlich gar statuiert worden wäre: An die Einrichtung eines Verfassungsgerichtshofs war überhaupt nicht gedacht, einen solchen sieht die Verfassung 1848 gar nicht vor. Dies blieb fast unbeachtet. Nur an entlegener Stelle[29] findet sich die Kritik, daß die Verfassung „für den Verfassungsbruch, erfolge er nun von einer oder von der anderen Seite, keinen Richter bezeichnet"; aber selbst dieser „Richter" war auch untechnisch gemeint, denn er hätte beispielsweise im „deutschen Volksparlament" zu Frankfurt/Main bestehen können.

IV. Der Kremsierer Grundrechteentwurf

Die einschlägigen Bestimmungen für unsere Frage stellen die §§ 138 und 140 des Kremsierer Verfassungsentwurfs dar. Gemäß § 138 kann wegen „Verletzung der durch die Constitution festgestellten staatsbürgerlichen Rechte durch Bedienstete des Staates in Ausübung ihrer Amtsgewalt" der dadurch „Verletzte durch eine Civilklage vom Staate volle Genugthuung fordern". Die Zuständigkeit für diese „Civilklage" normiert § 140: Es ist dies das „oberste Reichsgericht", das „als einzige Instanz das Richteramt auszuüben hat", unter anderem „bei Klagen auf Genugthuung wegen Verletzung constitutioneller Rechte durch Amtshandlungen der Staatsbediensteten", wozu ausdrücklich verwiesen wird auf § 138. Es ist dies der einzige Fall, in dem § 140 von „Klagen" spricht, in den übrigen vier Punkten seiner Zuständigkeit kommt dieser Ausdruck nicht vor.

---

26 K. Hugelmann, Die Entwicklung der Aprilverfassung von 1848, in: Jb. f. Landeskunde von Niederösterreich 1918–19, 273 Fn. 1.

27 P. Haidinger, Ausführliche Erläuterung der Verfassungs-Urkunde (Konstitution) des österreichischen Kaiserstaates, 1848, 20, 30.

28 Ebda 70.

29 Der 25. April 1848 und die Konstitution, in: Ansichten eines Deutschen zu Wien, o.O., o.J. (Wien 1848?), 93 (beigebunden: Die Wiener Ereignisse vom 6. Oktober bis 12. November 1848, Wien 1849) = UB/Wien Sign I 257.840.

So wird von „Anklagen gegen die Minister" gesprochen und in den übrigen Fällen hatte im Sinne des Einleitungssatzes von § 140 das Reichsgericht „das Richteramt auszuüben". Durch die Verweisung auf § 138 sind die „Klagen" nach § 140 als „Civilklage" zu werten, ein Ausdruck, den § 138 zweimal gebraucht und überdies abhebt von der „strafrechtliche(n) Verfolgung". Diese Zivilklage wird aber noch näher präzisiert: Es sind „Klagen auf Genugthuung" (§ 140) bzw. auf „volle Genugthuung" (§ 138). Dieses Verlangen einer „vollen Genugthuung" sei, so Walter, „einer Aufhebung eines Aktes gleichwertig"[30]. Diese Folgerung ist quellenmäßig nicht zu belegen, vor allem entspricht sie nicht der Rechtssprache. Diese führt uns in den Bereich des Zivilrechts, konkret zu den §§ 1323 und 1324 ABGB, die, gemäß der beigesetzten Marginalrubrik, von den „Arten des Schadenersatzes" handeln. Dieser wird, so § 1323, „wofern er sich aber auch auf den entgangenen Gewinn und die Tilgung der verursachten Beleidigung erstreckt, volle Genugthuung genannt", wobei diese „volle Genugthuung" zusteht im Falle „eines aus böser Absicht oder aus einer auffallenden Sorglosigkeit verursachten Schadens" (§ 1324). Unter „Genugthuung, volle" lesen wir im ursprünglich amtlichen ABGB-Register, sie „unterscheidet sich von der Schadloshaltung". Mit der Terminologie der §§ 138 und 140 befinden wir uns also mitten im zivilrechtlichen Schadensersatzrecht – „Civilklage", „Genugthuung" – und zwar nur insoferne im öffentlichen Recht, als es sich um die „Verletzung der durch die Constitution festgestellten staatsbürgerlichen Rechte durch Bedienstete des Staates in Ausübung der Amtsgewalt" (§ 138) bzw. die „Verletzung constitutioneller Rechte durch Amtshandlungen der Staatsbediensteten" (§ 140) handelt. Damit ist Amtshaftung die Folge der Verfassungsverletzung. Diese Lösung des Kremsierer Entwurfs tritt deutlich im Vergleich mit der Formulierung der Paulskirchenverfassung zu Tage. Nach ihr sollten wegen Verletzung der Landesverfassungen oder der Reichsverfassung „Klagen" – nicht bloß eine „Civilklage" – möglich sein (so. o. II).

Eine andere Lösung forderte im österreichsichen Reichstag der Abgeordnete Brestel. Er sah in § 140 nur „die Entschädigung des Einzelnen" geregelt, wollte aber mehr: „Es handelt sich bei Verletzung constitutioneller Rechte nicht bloß um die Entschädigung des Einzelnen, sondern auch um die Aufhebung, Cassierung der constitutionswidrigen Maßregel. Letzteres ist viel wichtiger", und verlangte eine entsprechende Neuformulierung. Diese „Cassierung", also die „Aufhebung eines Aktes" in der Terminologie von Robert Walter, lehnte aber der Ausschuss ab!

30 Walter, wie Fn. 4, 417.

V. Die Verfassung 1849

Die Verfassung 1849 insgesamt beruhte auf einem differenzierten Föderalismus, was sich auch in Hinblick auf die Grundrechte niederschlug. Die „Reichsverfassung für das Kaiserthum Oesterreich“ (RGBl 150/1849) enthielt nur einige wenige Grundrechte. Für die nicht-cisleithanischen Länder fanden weitere eine Aufnahme in die höchst unterschiedlichen Landesverfassungen, während die cisleithanischen Länder, in denen die Verfassung 1848 gegolten hatte, einheitlich identische Landesordnungen, ein Gemeindegesetz und ein Grundrechtspatent (RGBl 151/1849) erhielten. Der Ministerrat, dem im Falle der von ihm vorbereiteten Verfassung 1849 geradezu die Rolle des authentischen Interpretators zukommt, faßte die Grundrechtsbestimmungen sowohl der „Reichsverfassung“ wie des Grundrechtspatents[31] in gleicher Weise als „Grundsätze“ auf[32]. Damit unterschieden sich die Grundrechte nicht von den übrigen Verfassungsbestimmungen: „Grundsätze“ legten nach Meinung des Ministerrats etwa auch andere Paragraphen[33] fest wie überhaupt die Reichsverfassung schlechthin[34], so daß sowohl sie generell wie § 13 Grundrechtspatent es erlaubten, „Grundsätze“ aus ihnen abzuleiten[35]. Zur Durchführung der Grundrechte als Grundsätze wurden daher, so der Ministerrat, „Normen ...... notwendig“[36].

Wie der Kremsierer Verfassungsentwurf sah auch die Verfassung 1849 ein „Reichsgericht“, näherhin auch „oberstes Reichsgericht“ bezeichnet, vor (§§ 106 f.). Die Zuständigkeiten waren allerdings sehr global umschrieben, und zwar mindestens seit einem Vorentwurf nahezu unverändert. Grundrechtsrelevant ist jene Kompetenz, wonach das Reichsgericht in allen Fällen „einzuschreiten“ hat „von Amts wegen oder auf geführte Klage“ nun konkret als „oberste Instanz: Bei Verletzungen der politischen Rechte“ (§ 106 II). Während bei den anderen Kompetenzen zumindest ab dem Vorentwurf inhaltliche Veränderungen stattfanden, blieb diese Bestimmung inhaltlich unverändert; im Vorentwurf findet sich lediglich die dann allerdings verbesserte Korrektur „unterste Gerichts-Instanz“, wobei „unterste“ offenbar ein SchreibFehler und „Gerichts-“ durchgestrichen ist, so daß es doch bei der ursprünglichen Wendung „oberste Instanz“ blieb. So ist der Textentwicklung zu entnehmen, daß der Ausdruck „Gericht“ vermieden werden sollte, denn in den anderen Fällen

31 Beilage-Heft zum allgemeinen Reichs-, Gesetz- und Regierungsblatte für das Kaisertum Österreich, 1850, 14, 21, 123, 125, 141, 189 bzw. ebda 104, 199, 200.

32 Vgl. auch Behördeninstruktion („Ansprache“) des Ministerrats v. 6.3.1849 u. a. in Polit. Gesetzessammlung für das Laibacher Gouvernement-Gebiet 1849, 31, 188.

33 Beilage-Heft (Fn. 31) 157, 178, 249 im 43. Heft.

34 Beilage-Heft (Fn. 31) 3, 160, 196.

35 Beilage-Heft (Fn. 31) 200.

36 Beilage-Heft (Fn. 31) 201.

ist ausdrücklich betont, daß das Reichsgericht als „Schiedsgericht“ oder als „untersuchende und oberste richtende Behörde“ einzuschreiten habe; dies kann sich freilich als rein stilistische Übung verstehen, denn letztlich handelt es sich ja gemäß der Bezeichnung dieses Organs um ein Gericht. Zu entnehmen ist der Textentwicklung für unsere Frage schließlich nur, daß diese Kompetenzbestimmung im Gegensatz zu den übrigen als nicht korrekturbedürftig angesehen wurde. Ob dies seinen Grund darin hatte, die Bestimmung absichtlich mehrdeutig und sie dann durch ein Ausführungsgesetz erst präzisieren zu lassen, oder, ob sie als eindeutig begriffen wurde, steht mangels breiterer Quellenbasis dahin. Das vorgesehene Ausführungsgesetz (§ 107) ist nicht erlassen worden. Als man 1867 auf diese Bestimmung zurückgriff, fand man sie jedenfalls nicht eindeutig genug und erweiterte sie um präzisierende Zusätze. Auffallend ist die fast an Identität heranreichende Verwandtschaft mit der entsprechenden Bestimmung der Frankfurter Reichsverfassung (§ 126 lit. g): „Klagen deutscher Staatsbürger wegen Verletzung der durch die Reichsverfassung ihnen gewährten Rechte“, worauf der nächste Satz auf noch zu erlassende „nähere Bestimmungen“ verweist.

Im wesentlichen bieten sich drei Deutungsmöglichkeiten an: Erstens könnte der knappe Text, das Fehlen eines Hinweises auf die Zivilklage wie noch im Kremsierer Verfassungsentwurf und das Zustandekommen der Verfassung im Spannungsfeld zwischen antikonstitutionell-konservativen und konstitutionell-liberalen Kräften auf ein bewußtes Offenhalten hindeuten, das erst durch das Ausführungsgesetz je nach künftiger Tendenz zu entscheiden gewesen wäre. Für die zweite Möglichkeit, nämlich eine Verfassungsgerichtsbarkeit, die den „politischen Rechten“ den Charakter subjektiver öffentlicher Rechte verleiht, spricht einmal der nahezu identische Text mit der Frankfurter Reichsverfassung, der ja diesen Charakter ermöglicht hätte. Dafür scheint ferner, und zwar gerade im Gegensatz zum Kremsierer Verfassungsentwurf, das Fehlen der Verweisung auf den Amtshaftungstatbestand zu sprechen. Rückblickend meinte Lemayer im Vergleich mit dem Reichsgericht von 1867, es hätte schon jenes von 1849 auch „den einzelnen .... schützen“ sollen[37]. Als dritte Deutungsmöglichkeit schließlich bietet sich die Amtshaftungs-Variante an. Für sie spricht das zeitgenössische Umfeld und vor allem der Vorläufer, der Kremsierer Verfassungsentwurf. Paradoxerweise gibt ein zusätzliches Argument das Fehlen eines Amtshaftungshinweises ab, und zwar deshalb, weil sich eine Regelung oder bloß ein Hinweis auf eine Amtshaftung in der Verfassung 1849 nirgendwo findet, nicht etwa bei verwandten Bestimmungen wie über die Ministerverantwortlichkeit (§ 91) oder das Richteramt (§ 104). Auf eine Amtshaftungsregelung hätte also, anders als im Kremsierer Verfassungsentwurf, rein gesetzestechnisch

37 E. Mischler – J. Ulbrich, Österr. Staatswörterbuch IV, 1909, 18.

gar nicht verwiesen werden können. Wie dort mit gutem Grund, so ist auch hier Amtshaftung nicht auszuschließen. Vor allem haben die Zeitgenossen keinen Unterschied zum Kremsierer Verfassungsentwurf mit seiner bloßen Amtshaftung gesehen, weder im Zuge der Verfassungsvorarbeiten noch nachträglich wie etwa Stubenrauch, der die Verfassung 1849 unter anderem mit dem Kremsierer Verfassungsentwurf verglichen hat und hiebei sehr wohl einen Unterschied zu einer anderen Reichsgerichtskompetenz vermerkte[38]. Für eine Zivilklage wie im Kremsierer Verfassungsentwurf spricht schließlich die Textierung insoferne, als das Reichsgericht in seinen anderen Kompetenzen entweder als „Schiedsgericht" oder als „untersuchende und oberste richtende Behörde", hier aber schlicht als Gericht „oberster Instanz" einschreiten sollte, was im Vorentwurf kurz „Gerichts-Instanz" gelautet hatte.

VI. Zusammenfassung

Im Einklang mit dem zeitgenössischen Umfeld waren nach dem klaren Gebrauch der Rechtsterminologie die Grundrechte des Kremsierer Verfassungsentwurfs nicht als subjektive öffentliche Rechte, sondern als Staatszielbestimmungen und als Grundlage für Schadenersatzklagen gegen den Staat aufgrund einer Zivilklage konzipiert; man wird dies so auch für die Grundrechte der Verfassung 1849 annehmen müssen. Es ist somit – erst – das Verdienst des Reichsgerichts-Staatsgrundgesetzes 1867, den aus der Verfassung 1849 übernommenen Grundrechtskatalog des Grundrechte-Staatsgrundgesetzes 1867 mit dem Charakter subjektiver Rechte ausgestattet zu haben.

38 M. Stubenrauch, Einige Worte über die Reichsverfassung für das Kaiserthum Oesterreich vom 4. März 1849, in: Österr. Zs. f. Rechts- und Staatswissenschaften 1849/II, 7 ff.

Gesamtstaat – Gouvernementsbezirke – Länder – Kreise 1848/49

I. Die Situation vor 1848

Als Johann Gottlieb Seume 1801/02 seinen tatsächlich absolvierten „Spaziergang nach Syrakus“ von Dresden aus beschrieb, schildert er, daß er einzelne Länder wie Böhmen, Österreich und die Steiermark durchwandert und dabei, vor allem ab Krain, auch auf nichtdeutsche Sprachen trifft. Gallettis Atlas von 1822[1] bildet die „Österreichische Monarchie“ mit schwachen Ländergrenzen ab und mit Aufschriften wie z. B. „Salzburg“, „Kärnten“. Die „politische Einteilung“ beschreibt er jedoch anders:[2] „Österreich ob der Enns“ umfaßt auch den „Salzachkreis“, zu „Tirol“ zählt als „Kreis“ „Vorarlberg“, zu „Steiermark“ der „Klagenfurter Kreis“ in Kärnten und zu „Galizien“ der „Czernowitzer Kreis“, also die Bukowina, zu einer Einheit zusammengefaßt ist „Mähren mit Schlesien“. Im Gegensatz zu diesen

Aus: M. Schennach (Hg.), Rechtshistorische Aspekte des österreichischen Föderalismus, Innsbruck 2015, im Ersch.

1 J. G. A. Galletti, Allgemeine Weltkunde, Pest/Wien ^{5}1822.
2 Galletti, Weltkunde (wie Fn. 1), 126 f.

Inkorporationen lesen wir aber auch von administrativen Trennungen. So zerfällt „Illyrien" in das „Laibacher" Gubernium mit u. a. dem „Villacher Kreis" in Kärnten sowie das „Triester" Gubernium mit u. a. dem Kreis „Görz". Auch in „Lombardo-Venetien" gibt es zwei Gubernien, nämlich das „Lombardische" und das „Venezianische". Nur drei der gewohnten Länder sind schlechthin genannt, nämlich „Österreich unter der Enns", „Böhmen" und „Dalmatien". Keine der Einheiten wird „Land" bezeichnet. Komplizierter, aber auch erhellender zeigen sich dezentralistisch-föderativer Elemente in der letzten Verfassungsdarstellung vor 1848, nämlich in Springers „Statistik" von 1840. Er trennt klar die „politische Einteilung" Österreichs von der Darstellung der „Landesverfassung im engeren Sinn".[3]

A. Der Gouvernementsbezirk

Springers „politische Einteilung" gliedert nach „Gouvernementsbezirken", nämlich 1. Niederösterreich, 2. Oberösterreich mit Salzburg, 3. Steiermark, 4. „Laibacher Gouvernementsbezirk", 5. „Triester Gouvernementsbezirk", 6. „Tirol mit Vorarlberg", 7. „Mährisch-schlesischer Gouvernementsbezirk", 8. Böhmen, 9. Galizien-Lodomerien mit Bukowina, 10. „Mailändischer Gouvernementsbezirk", 11. „Venezianischer Gouvernementsbezirk", 12. Dalmatien. Einige dieser Gouvernementsbezirke sind allerdings unter einer Bezeichnung zusammengefaßt wie die unter 1. und 2. Genannten als „Erzherzogtum Österreich und Herzogtum Salzburg", die unter 4. und 5. Genannten als „Königreich Illyrien" und die unter 10. und 11. Aufgeführten als „Lombardo-venezianisches Königreich". Aber nicht nur dies: Die Gouvernementsbezirke 1. bis 6. gelten als „Deutsche Gouvernementsbezirke", die unter 7. bis 9. als „Slawische Länder", nicht derart zugeordnet ist Dalmatien. Alle diese Zusammenfassungen besitzen keine verfassungsrechtliche oder administrative Relevanz, dienen eher der geographischen Orientierung. „Königreich Illyrien" stellt so etwas wie den Rest einer steckengebliebenen administrativen Neuorientierung dar[4].

Schon aus den eben genannten Beispielen ergibt sich deutlich, daß das Kaisertum Österreich, jedenfalls in seinem cisleithanischen Teil, als „politische Einteilung" die Gouvernementsbezirke besaß – nicht die „Länder". Freilich bestand in einigen Fällen territoriale Identität wie, so bei Springers zitierter Einteilung, im Falle von Niederösterreich, der Steiermark, Böhmen und Dalmatien.

Der Gouvernementsbezirk stellte den örtlichen Wirkungskreis[5] der staatlichen Mittelbehörde dar, des Guberniums, auch „Regierung" genannt. In der Regel war

3 J. Springer, Statistik des österr. Kaiserstaates I, Wien 1840, 13 ff. bzw. 244 ff.
4 W. Brauneder, Österreichische Verfassungsgeschichte, 11. Aufl., Wien 2009, 100.
5 Brauneder, Verfassungsgeschichte (wie Fn. 4), 83, 93, 100.

er auch Sprengel der Appellationsgerichte. Er war ferner der Geltungsbereich der „Provinzialgesetze", gesammelt in den Provinzialgesetzsammlungen. Am Gouvernementsbezirk orientierte sich vielfach auch der Reichstag von 1848/49[6]. Nach ihnen waren insbesondere die Abteilungen eingerichtet[7], etwa auch der Verfassungsausschuß, der von je drei Mitgliedern der damals zehn Gouvernementsbezirke beschickt wurde.

B. Das Land

Anders als die Gouvernementsbezirke war das „Land" jener Raum, in dem „die den Landständen verliehenen Rechte und Privilegien" vor allem durch den Landtag wirksam wurden[8]. Durch dieses Organ nehmen sie „an gewissen öffentlichen Verwaltungsangelegenheiten teil", nämlich durch „Ratschläge, Bitten und Vorstellungen" betreffend „ihre Provinz" und übten neben einer Leistungsverwaltung in geringem Maße auch eine Auftragsverwaltung des Staates aus[9].

Im Gegensatz zum bürokratisch organisierten und bestimmten Gouvernementsbezirk war das Land korporativ bestimmt und zwar im altständischen Sinn. So waren es auch die Länder, welche das Gebot des Deutschen Bundes (Artikel 13 Deutsche Bundesakte) nach Einrichtung landständischer Verfassungen erfüllten. Solche erhielten allerdings lediglich Tirol 1816 und Krain 1818, der Erlaß weiterer derartiger Verfassungen für Österreichs Länder im Deutschen Bund stockte[10]. Mit den Landständen, vor allem den Landtagen, besaßen die Länder im Gegensatz zum Gouvernementsbezirk die Möglichkeit zu politischen Äußerungen, aber doch eher theoretisch, da sie im Vormärz nicht einberufen wurden. So war denn auch die Einberufung des Landtags von Österreich unter der Enns im Jahre 1848 ein nahezu revolutionäres Ereignis, und dies schließlich im buchstäblichen Sinne, denn der Ausbruch der Revolution im März 1848 in Wien knüpft an die Einberufung des Landtags in der Herrengasse an. Einige Länder nahmen nun auch am neuen Verfassungsdenken teil[11]: Mähren und die Steiermark erstellten Entwürfe für Landesverfassungen, die sich stets im Landesrahmen hielten und nicht etwa Kompetenzen des Gouvernementsbezirks in Anspruch nahmen. Der Ständische Zentralausschuß,

6 So immer wieder seine Geschäftsordnungen: S. Morscher, Die Geschäftsordnungen des konstituierenden Reichstags 1848/1849, Innsbruck 1984.

7 Vgl. z. J. Seegen/M. Schlesinger, Populäres Staats-Lexicon I, Wien 1848, 183 f.

8 Springer, Statistik (wie Fn. 3), 244 ff.

9 Brauneder, Verfassungsgeschichte (wie Fn. 4), 104.

10 Außerhalb desselben erhielt Galizien 1817 eine ständische Verfassung.

11 W. Brauneder, Die Verfassungsentwicklung in Österreich 1848 bis 1918, in: H. Rumpler/P. Urbanitsch, Die Habsburgermonarchie 1848–1918, Bd. VII/1, Wien 2000, 129 f.

obwohl als Ausschlußlandtag gebildet aus den Landtagen[12], verstand sich allerdings nicht als Ländervertretung, sondern mit seinen „Abgeordneten" als provisorisches neuständisches Parlament für den Gesamtstaat.

II. Die Lösungen von 1848/49

A. Gestaltungsmöglichkeiten

Aufgrund des bisherigen Zustandes boten sich neben revolutionären Neuerungen drei Varianten zur Organisation der föderativen Elemente an. Es konnte erstens der bisherige Zustand der Duplizität, Gouvernementsbezirke neben Ländern, weiter bestehen; die Länder gehen zweitens in den Gouvernementsbezirken auf, sie allein bilden das föderative Element; schließlich drittens umgekehrt: Die Länder übernehmen die Funktionen der Gouvernementsbezirke. Schließlich existierte als revolutionäre Variante die Schaffung völlig neuer Einheiten wie sie etwa, im Zusammenhang mit der Nationalitätenfrage, von Frantisek Palacky mit seinen Gliederungen in Deutsch-Österreich, Tschechisch-Österreich usw. gedacht war.

Aus den Verfassungstexten von 1848/49[13] läßt sich lediglich ablesen, daß es zu keiner territorialen Neugliederung kommen sollte. Die Regelungen über den Geltungsbereich in der Verfassung 1848 und im Kremsierer Entwurf bzw. über das Staatsgebiet in der Verfassung 1849[14] lassen keine Entscheidung zwischen Gouvernementsbezirk oder Länder erkennen. Wir sehen einerseits traditionelle Länder aufgelistet, aber auch Gouvernementsbezirke. So finden wir in der Verfassung 1848 beispielsweise „Illyrien" mit dem Zusatz, hiebei handle es sich um Kärnten, Krain und Küstenland, weiters Galizien mit u. a. der Bukowina sowie „Tirol und Vorarlberg". Diese Aufzählung finden wir in etwa sodann im Kremsierer Entwurf, aber nun als eigene Länder die Bukowina und „Küstenland". Die Verfassung 1849 zählt beispielsweise wieder „Illyrien" mit etwa der Umschreibung wie in der Verfassung 1848 auf, aber, anders als dort, die Bukowina als eigenes Land. „Tirol und Vorarlberg" finden wir auch im Grundrechtspatent 1849 sowie im Provisorischen Gemeindegesetz 1849, „Illyrien" hingegen fehlt hier wie dort, aufgezählt sind Teile wie u. a. Istrien und Triest.

12 Brauneder, Verfassungsentwicklung (wie Fn. 11), 86 f.

13 Diese in der Folge etwa bei W. Brauneder, Quellenbuch zur österreichischen Verfassungsgeschichte, Wien 2012.

14 Zum Unterschied s. Brauneder, Verfassungsentwicklung (wie Fn. 11), 94 ff.

B. Für und wider die Duplizität

Die Aussagekraft der Verfassung 1848 ist in dieser Frage eher gering. Aufgrund der Vorarbeiten insbesondere im Ständischen Zentralausschuß[15] war offenbar auch nach Ansicht von Zeitgenossen[16] daran gedacht, die Regelung der föderativen Elemente eigenen Gesetzen zu überlassen, so daß sich in der Verfassung 1848 davon nur Spuren finden. Sie lassen auf Duplizität schließen. Einerseits ist die Rede von „Ländern" mit „Provinzialständen" (§ 54), wobei trotz dieser Bezeichnung („Provinzial…") die Landstände gemeint sind wie etwa auch im Verfassungsversprechen vom März 1848 mit dem Ausdruck „Abgeordnete aller Provinzial-Stände". Andererseits sind die „Kreise und Bezirke in jeder Provinz" (§§ 3, 54) erwähnt, was der Gliederung der Gouvernementsbezirke entspricht.

Die folgenden Verfassungstexte aber lassen keine Duplizität mehr erkennen. So hatte schon der Reichstag aufgrund seiner Geschäftsordnung eine Verfassung „des Reiches, der Provinzen und Gemeinden" auszuarbeiten[17], nennt also mit „Provinzen" nur eine mittlere Ebene, und der Kremsierer Entwurf sprach im Zusammenhang mit den „Landesregierungsgewalten" ausschließlich von „Reichsländern" (§ 34, §§ 102 ff.), wobei es auch in der Verfassung 1849 blieb, nun unter der Bezeichnung „Kronländer" (§§ 1 ff.). Im Kremsierer Entwurf wird das Fallenlassen der Duplizität besonders darin deutlich, daß er unterscheidet in die „Central- oder Reichsregierungsgewalten" einerseits und in die „Landesregierungsgewalten" andererseits (§§ 34 ff., 102 ff.), zu denen in beiden Fällen Gesetzgebung und Verwaltung gehören, die richterliche Gewalt aber nur eine der Reichsregierungsgewalten darstellt. Daß die einzige mittlere Verwaltung, die „Landesverwaltung", eine dem Landtag verantwortliche Regierung ausübt, verstärkt diesen Entfall der Duplizität. Eine derartig deutliche Trennung spricht die Verfassung 1849 nicht aus, den Ländern steht auch keine eigene „vollziehende Gewalt" zu, sie ist ebenso wie die Judikative ausschließlich Reichsangelegenheit (§§ 84 ff.). Auch Landesangelegenheiten, d. h. jene, die unter Mitwirkung des Landtags von der Legislative besorgt werden, sollte die staatliche Verwaltung ausführen (§ 92) – konsequent insoferne, als die Landesgesetze durch die kaiserliche Sanktion partielle Reichsgesetze waren.

C. Länder und Parlamente

Die ersten neuen Verfassungskonzeptionen begegnen im Ständischen Zentralausschuss und finden ihren Niederschlag in den Verfassungsentwürfen Kleyles

15 Brauneder, Verfassungsentwicklung (wie Fn. 11), 86 ff.
16 J. Brandl, Kritische Erläuterung unserer Verfassungsurkunde, Wien 1848, 35 f.
17 Morscher, Geschäftsordnungen (wie Fn. 6), 29.

jeweils „Referat“ betitelt, nämlich eines bezüglich der „Constitution (des Reiches)“ und daher auch „Constitutions-Entwurf“ genannt, das andere „über die Reform der Provinzial-Verfassung“[18]. Der „Constitutions-Entwurf“ sah ein „Reichs-Parlament“ mit einer zweiten Kammer[19] als „Volksvertretung“ vor, denn hier „hört der Unterschied der Stände auf“, und zwar als Vollparlament mit den Kompetenzen der Gesetzgebung, der Ministerverantwortlichkeit und des Budgetrechts. Die Landtage hingegen sollten „nicht als Provinzial-Parlamente“ eingerichtet werden, keinen „Anteil an der gesetzgebenden Gewalt“ haben, sondern nur die „Verwaltung der Provinz“ besorgen, um ihnen nicht den Charakter „halbsouveräner Kantone“ zu verleihen. Dieser Andersartigkeit wegen hätten sie die Hauptinteressen des Landes ins Auge zu fassen, nämlich von „Landwirtschaft“, „Industrie“, „Handel“ und „Wissenschaft“. Dieses Schema von Zentralparlament und neuständischen Interessenvertretungen in den Ländern liegt wohl auch der Verfassung 1848 mit ihrem Reichstag als Vollparlament zugrunde, während ansonsten bloß von den „Provinzial-Interessen“ (§ 54) die Rede ist, so daß wohl auch aus diesem Grund eine Kompetenzverteilung fehlt. So faßten auch Zeitgenossen die Verfassung 1848 auf: Sie habe wohl die Absicht, „den allgemeinen Volkswillen einzig und unmittelbar in dem Reichstage zu concentriren und ... die Wirksamkeit der Provinzialstände auf die Besorgung provinzieller Interessen zu beschränken“, was übrigens dem „Vorgang von Belgien“ entspräche[20].

Ganz anderes sah der Kremsierer Entwurf vor[21]: Der Landtag sollte das Parlament für das Land sein, was eine Kompetenzverteilung notwendig machte (§ 112). Soweit dem Landtag „selbstständige gesetzgebende Gewalt“ zugedacht war, wurden drei Kategorien unterschieden: das Landesfinanzwesen mit u. a. Budgetrecht, „politische Landesangelegenheiten“ wie u. a. „Gesinde-, Feuerlösch- und Bauordnungen“ sowie „staatswirtschaftliche Landesangelegenheiten“ mit etwa „Sparkassen“, „Verkehr“ (§ 114). Dazu kam weiters eine Durchführungsgesetzgebung zur Reichsgesetzgebung (§ 115) u. a. im „Unterrichts- und Volkserziehungswesen“, weiters Angelegenheiten, die von der Reichsgesetzgebung zugewiesen werden (§ 116), schließlich eine bescheidene Verfassungsgesetzgebung (§§ 112 f.).

Die Verfassung 1849 enthielt im Wesentlichen diese Kompetenzverteilung, sah allerdings eine Zusammensetzung „mit Beachtung aller Landesinteressen“ vor (§ 78), verwies also auf eine Interessenvertretung. Insoferne kehrte sie zur

18 Im Detail jeweils beschrieben bei Brauneder, Verfassungsentwicklung (wie Fn. 11), 88 ff.

19 Die erste Kammer sollte Oberhaus-Charakter besitzen.

20 Brandl, Erläuterungen (wie Fn. 16), 36.

21 Brauneder, Verfassungsentwicklung (wie Fn. 11), 118 ff.

Gedankenwelt des Ständischen Zentralausschusses und der Verfassung 1848 zurück. Dies führten die „Landesverfassungen" 1849 aus, die in Wahrheit bloß ein Statut für Landtag und Landesausschuß waren, und zwar mit ihrem Drei-Kurien-Wahlrecht von Höchstbesteuerten, Städten und Märkten, sonstigen Gemeinden. Sowohl nach dem Kremsierer Entwurf wie nach der Verfassung 1849 samt ihren Landesverfassungen war aber die Landesgesetzgebung partielle Gesamtstaatsgesetzgebung zufolge der Sanktion durch das Gesamtstaatsorgan des Kaisers.

Der schwankende Stellenwert der Länder manifestierte sich auch im Kammersystem des Gesamtstaatsparlaments. Der Entwurf Kleyle[22] wie die Verfassung 1848 (§ 34) kannten keine Länderkammer. Anders der Kremsierer Entwurf: Er sah eine ausdrücklich so benannte „Länderkammer" vor, gewählt von den Landtagen bzw. auch Kreistagen (§§ 99 ff.). Dem scheint die Verfassung 1849 mit ihrem „Oberhaus" zu entsprechen, aber doch nur bei oberflächlicher Betrachtung. Das „Oberhaus" sollte zwar von den Landtagen gewählt werden, aber mit erheblichen Auflagen (§§ 40 ff.). Zwei Mitglieder sollten die jeweiligen Landtage aus ihrer Mitte entsenden, was der Idee des Ausschußlandtags entsprach. Für weitere Mitglieder galt ein überaus hoher Steuerzensus von jährlich 500 Gulden, während dieser bei den Wahlen zum „Unterhaus" mit höchsten 20 Gulden festgesetzt wurde! Zum Ausschußlandtags-Charakter gesellte sich also der einer Vertretung der Höchstbesteuerten.

D. Zusammenfassung

Die Entwürfe Kleyles wie die Verfassung 1848 hatten wohl die bisherige Duplizität von Gouvernementsbezirk und Land belassen, zumindest vorläufig. Der Kremsierer Entwurf brachte eine andere Situation. Die Duplizität fiel nun weg, das Land erhielt eine nahezu föderalistische Struktur mit Landtag, diesem verantwortlicher Landesregierung und einer Länderkammer im Gesamtstaatsparlament. Die Landes-Staatsfunktion blieb allerdings im Wesentlichen auf die Gesetzgebung beschränkt, erstreckte sich nicht auf die Vollziehung, sowohl in Hinblick auf die Verwaltung (§§ 38, 102) wie die Gerichtsbarkeit (§§ 132 ff.).

Die Verfassung 1849 mit ihren Landesverfassungen peilte eine gewisse Rückkehr zur Situation von 1848 an, allerdings unter Aufhebung der Duplizität. Das Land besaß nun Anteil an der Gesetzgebung durch den Landtag und die erste Kammer, aber keinen an der Vollziehung. Dies führt insbesondere zur Frage nach der Organisation der Verwaltung (sogleich III.).

---

22 Wie o. Fn. 18.

III. Unterwanderung der Länder

Schon die vormärzliche Situation läßt erkennen, daß die traditionellen Länder für die staatliche Verwaltung von ihrer Größe her entweder als zu klein oder zu groß erschienen. Nur einige Länder bildeten als solche auch einen Gouvernementsbezirk, andere Gouvernementsbezirke umfassten mehrere, eben kleine Länder, einige Länder zerfielen in zwei Gouvernementsbezirke. Nur für die erwähnte Leistungsverwaltung als Landes-Selbstverwaltung spielte die Ländergröße keine Rolle. Diese historisch bedingten Verfassungsnotwendigkeiten waren 1848/49 mit den modernen administrativen Anforderungen in Einklang zu bringen.

A. Die Kreise des Kremsierer Entwurfs

Eine neuer Organisationsgedanke fand erstmals einen Niederschlag im Kremsierer Verfassungsentwurf. Er brachte allerdings keine grundsätzliche Neugliederung des Staatsgebietes mit der Ausnahme, das Innviertel Salzburg zuzuordnen, Tirol-Vorarlberg entsprach dem bisherigen Gouvernementsbezirk. Eingeführt wurde jedoch eine weitere dezentrale Ebene, die Kreise für bestimmte Länder (§ 3)[23]. Demnach waren Galizien in zehn Kreise, Böhmen in neun, Mähren in vier, Niederösterreich in drei, die Steiermark in zwei und Tirol-Vorarlberg in drei zu unterteilen. Nur in diesem Fall enthält die Verfassung eine Definition der Kreise: Deutschtirol, Welschtirol und Vorarlberg. Sie zeigt zweierlei: eine Rücksichtnahme auf Nationalitäten mit Welschtirol sowie ein administratives Bedürfnis. Tatsächlich war dieses, nämlich die Bevölkerungszahl – „400.000 bis 500.000 Einwohner auf einen Kreis" – primär maßgebend, allerdings sollten die Kreise „möglichst mit Rücksicht auf Nationalität" gebildet werden, also uniethnisch sein. Für Niederösterreich stellte dies kein Desiderat dar, hier war offenkundig allein die Größe maßgeblich, wohl aber für Mähren mit seinen zahlreichen deutschen Sprachinseln. Die große Zahl an Kreisen für Galizien und Böhmen – dort 10 und hier 8 für jeweils im Wesentlichen 2 Nationalitäten – verweist auch auf primär administratives Denken. Dem Kreistag kamen nahezu sämtliche Kompetenzen des Landtags (außer Finanzen) zu sowie solche in Gemeindeangelegenheiten (§§ 123 ff.). Der Kreistag hatte in die Länderkammer zu den jeweils sechs von den Landtagen entsandten Mitgliedern ebenfalls zu entsenden, was bei Galizien und Böhmen bedeutet hätte, daß von hier mehr Kreis- als Landtagsmitglieder gekommen wären. In Ländern ohne Kreiseinteilung sollte der Landtag die Kreistagskompetenzen mitbesorgen.

---

23 Brauneder, Verfassungsentwicklung (wie Fn. 11), 118, 120.

Bezüglich der Lösung des Nationalitätenproblems wurde die Kreiseinteilung späterhin überschätzt[24], maßgeblich war in erster Linie doch die administrative Frage der Landesgröße. Einerseits waren für gemischtnationale Länder wie etwa Krain, Kärnten, Schlesien, die Bukowina, Küstenland und Dalmatien keine Kreise vorgesehen, die Kreise in Galizien wie in Böhmen hätten die dortigen Nationalitäten nicht zusammengefaßt. Überdies sah man andere Lösungen vor wie möglichst national einheitliche Wahlkreise (§ 112) und mit den sogenannten nationalen Schiedsgerichten (§ 113).

Nützlich für das Verständnis der föderativen Einheiten von Land und Kreis erweist sich sozusagen eine umgekehrte Sicht. Es gab sozusagen überall Kreise, die in einigen Ländern mit dem Land zusammenfielen, wo der Landtag auch die Kreistagsangelegenheiten wahrnahm, während den Ländern mit Kreisen manche Angelegenheiten der Landtag sozusagen für diese gemeinsam ausübte.

B. Die Verwaltungsorganisation 1849

Die Organisation von 1849 ging einen anderen Weg, nämlich durch die Abkehr von Kreisen mit gewählten Organen. Zwar kennt die Verfassung 1849, wie erwähnt, die Duplizität Land und Gouvernentmentsbezirk nicht, da sie weder diesen noch eine neue Organisationsform an seiner Stelle erwähnt, was die einzelnen Landesverfassungen bestärken. Allerdings ändert sich das Bild bei Einbeziehung des Verwaltungsorganisationsgesetzes 1849 (RGBl. 295) in Hinblick auf die „Exekutive ... (als) den Staatsbürger unmittelbar bindende Gewalt". Es schuf neben den Landesverfassungen eine neue Duplizität zufolge seiner Verwaltungsorganisation. Diese ist aus der Verfassung 1849 selbst nicht ablesbar, hier aber in der Bestimmung angelegt, „die vollziehende Gewalt im ganzen Reiche und in allen Kronländern ist Eine [sic!] und unteilbar" (§ 84). Es sollte also nur eine staatliche Verwaltung geben, die eben entsprechend zu organisieren war.

In der neuen Verwaltungsstruktur[25] entsprach dem bisherigen Gubernium der Statthalter, dem bisherigen Kreisamt der Kreispräsident – aber mit einem sehr wesentlichen Unterschied in einer Art Umkehr ihrer Bedeutung. Der Schwerpunkt lag nun im Kreis zufolge seiner direkten Unterstellung unter das Gesamtministerium, so daß Länder durch die Kreiseinteilung zergliedert wurden, nicht mehr zusammengefaßt wie ehedem durch die Gouvernementsbezirke. Beispielsweise zerfiel Böhmen in sieben Kreise, Tirol-Vorarlberg in vier Kreise mit Behördensitz in Innsbruck, Brixen, Trient und Bregenz. Nur

24 Etwa E. Bernatzik, Die österr. Verfassungsgesetze, 2. Aufl., Wien 1911, 116 in Anm.
25 Brauneder, Verfassungsentwicklung (wie Fn. 11), 131 ff.

mehr einige Länder bildeten gleichzeitig einen Kreis, nämlich Niederösterreich, Oberösterreich, Kärnten, Krain und Küstenland. Cisleithanien gliederte sich nun in doppelt so viele Kreise als es hier Kronländer gab.

Auch hier ist die umgekehrte Sicht zielführend: Es gab durchgehend die Verwaltungseinheit Kreis, die in einigen Fällen mit dem Land identisch war. Diese administrative Zerschlagung der Länder – mit den erwähnten Ausnahmen – war durchaus beabsichtig wie etwa von Stadion und Kübeck[26]. Dies entsprach prinzipiell dem Kremsierer Verfassungsentwurf. Durch den Fortfall der Kreistage hatte jedoch eine Art Entdemokratisierung stattgefunden, aber auch durch die Unterstellung der Kreise unter die Zentralregierung eine Entföderalisierung.

IV. Staatsrechtliche Bedeutung der Länder

Die 1849 eingeschlagene Bahn der Zersplitterung der Länder als staatliche Verwaltungseinheit ging aufgrund der Verfassungsgrundsätze 1852 (RGBl. 4) weiter[27]. Diese hießen zwar „Grundsätze für organische Einrichtungen in den Kronländern des österreichischen Kaiserstaates", doch waren „aus Verwaltungsrücksichten begründete Veränderungen" möglich (Punkt 3). In Galizien mit der Bukowina wurden drei Statthalterei-Abteilungen vorgesehen, in Ungarn deren fünf[28]. Das Wort „Abteilung" scheint so etwas wie eine Unterstellung unter eine zentrale Statthalterei anzudeuten, doch traf dies nicht zu: In der Sache gab es nun in Galizien drei bzw. in Ungarn fünf Statthaltereien. Dies unterstreicht der Umstand, daß ihnen 1854 jeweils eine Landesvertretung beigegeben werden sollte: In der Sache waren neue Länder entstanden, die Fortdauer der alten war in diesen Fällen nahezu Fiktion.

Kam trotz der skizzierten Unterwanderung den traditionellen Ländern noch eine Bedeutung zu, warum hatte man diese nicht auch zur Gänze aufgehoben? Trotz des inhaltlich revolutionären Verfassungsneubeginns ab 1848 blieben die Länder als solche formell unangetastet. Dies mag auf zwei Gründe zurückzuführen sein, und zwar beide mit historischen Wurzeln. Der wohl wichtigste Grund war der, daß nach wie vor die Staatsgewalt des Monarchen als Summe sämtlicher landesfürstlicher Gewalten, als aus diesen zusammengeschmolzen angesehen[29] wurde. Der Kaiserwürde kam schon zufolge ihrer Begründung 1804 in keiner Weise ein so revolutionärer Ursprung zu wie etwa der des französischen

26 J. Redlich, Das österreichische Staats- und Reichsproblem I/1, Wien 1920, 364.
27 Brauneder, Verfassungsentwicklung (wie Fn. 11), 139 ff.
28 Brauneder, Verfassungsentwicklung (wie Fn. 11), 141.
29 Deutlich noch bei J. C. Bisinger, Staatsverfassung des österr. Kaiserthumes, Wien/Triest 1809, 109 ff.

Kaisers ebenfalls von 1804[30] oder gar des belgischen Königs von 1830/31. Noch bis 1918 gab es übrigens die Terminologie der „landesfürstlichen Verwaltung" und auch der „landesfürstlichen Steuern". Der zweite Grund liegt in der traditionellen Selbstverwaltung der Länder.

Maßgebend wurde nun in zunehmendem Maße, erstmals deutlich spürbar in den Verfassungsgrundsätzen 1852 (RGBl. 4/Beilage), der öffentlichrechtliche Ableger der Historischen Rechtsschule, die sich selbst als historisch-systematische Rechtsschule verstand, nämlich das „Historische Staatsrecht"[31]. Seinen klarsten Ausdruck fand es im Oktoberdiplom 1860 (RGBl. 226) mit folgender Feststellung: „Nur solche Institutionen und Rechtszustände, welche dem geschichtlichen Rechtsbewußtsein" entsprechen, sichern die „Machtstellung" der Monarchie. Zur Ausarbeitung der Landesvertretungsstatute aufgrund der Verfassungsgrundsätze 1852 hatte Minister Bach schon 1854 vorgeschrieben, sie solle erfolgen „wie sie dem historischen Rechte, aber auch den Verhältnissen der Gegenwart entspreche"[32]. Ganz in diesem Sinne und nach dem historischen wie aber auch systematischen Verständnis war ein radikaler Bruch mit der voraufgegangenen Entwicklung zu vermeiden wie sie aus dessen Sicht irrigerweise mit dem Absolutismus und dem Konstitutionalismus stattgefunden habe. Die Zerschlagung trat daher im Gewand einer Aushöhlung der Länder auf.

Die Rückkehr zum Konstitutionalismus in der Verfassung 1867 entzog dem Historischen Staatsrecht seinen Boden. Die Duplizität der mittleren staatlichen Ebene trat nur mehr zum Teil territorial in Erscheinung[33]. So umfasste der Statthaltereibezirk Küstenland/Litorale die Länder Görz-Gradiska und Istrien sowie die Stadt Triest, die Statthalterei Schlesien auch die mährischen Enklaven im Land Schlesien und schließlich Tirol-Vorarlberg eben diese beiden Länder. Ansonsten bestand die Duplizität darin, daß das Land einen Doppelcharakter besaß: einerseits staatlicher Verwaltungssprengel mit dem „Landeschef" (Statthalter, Landespräsident) an der Spitze, andererseits Selbstverwaltungskörperschaft wie die Ortsgemeinden auch, nämlich, so ihre offizielle Charakteristik, „Kommunalverband höchster Ordnung" mit Landtag und Landesausschuß. Dies wurde zunehmend als „Doppelgleisigkeit der Verwaltung" charakterisiert und kritisiert[34].

---

30 W. Brauneder, Kaiserwürde durch Verwaltungsakt, in: ders., Studien IV, Frankfurt/Main etc. 2011, 208 ff.

31 Brauneder, Verfassungsentwicklung (wie Fn. 11), 138 f.; ders., Historisches Staatsrecht in der Praxis, u. XXX ff.

32 B. v. Meyer (Hg.), Erlebnisse des Bernhard Ritter v. Meyer I, Wien/Pest 1875, 352.

33 Brauneder, Verfassungsentwicklung (wie Fn. 11), 211, 212.

34 Brauneder, Verfassungsentwicklung (wie Fn. 11), 177.

V. Ausklang

Etwa 70 Jahre nach dem eingangs erwähnten Seume erfährt ein anderer Reisender eine andere – politische – Landschaft. Es ist dies der fiktive Leonhard Hagenbucher in Wilhelm Raabes Roman „Abu Telfan“ (1868): Nach seiner Rückkehr aus Innerafrika, wo er als Sklave gehalten worden war, betritt er in Triest den Boden des Deutschen Bundes, wie Raabe ausdrücklich festhält, und ab nun begegnet ihm laufend, nämlich erst hier, dann in Wien und schließlich in Prag, in passvisitierenden Polizeibeamten stets dieselbe österreichische Staatlichkeit, von Ländern ist keine Rede.

Historisches Staatsrecht in der Praxis: Österreich 1852 bis 1861/1867

I. Vorbemerkung: Herkunft von Verfassungsinhalten

Anschauungsmaterial zur Herkunft von Verfassungsinhalten bietet im Umkreis unseres Themas das Entstehen von Verfassungen in den Jahren 1848/49. So griff die Paulskirche[1] neben deutschen Verfassungen aus dem Vormärz auf die französische und die belgische Verfassung von 1830 zurück, auch auf die Verfassung Norwegens 1814 und sogar die Verfassung von Texas 1845. Ein ähnliches Bild bietet der verfassungsgebende Reichstag in Österreich 1848/49[2]. Der Mitschöpfer der ersten österreichischen Verfassungsurkunde vom April 1848, Innenminister Franz Pillersdorf, behauptete, er habe sich die belgische Verfassung 1830 zum Vorbild genommen, wovon sich allerdings in „seiner" Verfassung doch kein Niederschlag findet[3]. Wortmeldungen in den Verfassungsdebatten erweisen überdies die Kenntnis entsprechender Literatur wie beispielsweise des „Staatslexikons" von Rotteck – Welcker[4].

Aus: H. H. Brandt (Hg.), Der österreichische Neoabsolutismus als Verfassungs- und Verwaltungsproblem, Wien etc. 2014, 121 ff. – Literaturverzeichnis am Ende des Beitrags.

1 U. a. Kühne, Bundesverfassung der Vereinigten Staaten, 165 ff.

2 Regner, Verfassungsordnung der Vereinigten Staaten, 189 ff.; speziell: Brauneder, Gesetzgebungsgeschichte der österreichischen Grundrechte, 221 ff.

3 Brauneder, Gesetzgebungsgeschichte der österreichischen Grundrechte, 203.

4 Z. B. Brauneder, Gesetzgebungsgeschichte der österreichischen Grundrechte, 223.

Aus alldem ergibt sich eine gute Kenntnis der verschiedenen Verfassungsgestaltungen, ja Verfassungstypen: die altständische Monarchie wie sie der Deutsche Bund vorschrieb, die konstitutionelle Monarchie etwa der deutschen Verfassungswelle von 1830, die parlamentarische Monarchie der belgischen Verfassung von 1830.

Das Vorbild von Verfassungstexten in Verfassungsarbeiten ermöglicht es, eine Genealogie europäischer Verfassungen zu erstellen, welche auch unterschiedliche Arten der Einflüsse aufzeigen kann. Zum Standardtyp wurde auf diese Weise die Regierungsform der konstitutionellen Monarchie.

Auch in der Ablehnung der konstitutionellen Monarchie schlägt sich das Wissen um Verfassungsgestaltungen nieder. Signifikant dafür sind Artikel 13 Deutsche Bundesakte im Zusammenhang mit Artikel 56 Wiener Schlußakte, die den Mitgliedsstaaten den altständischen Verfassungstyp vorschrieben. Er schlägt sich beispielsweise knapp in der „Ständischen Verfassung“ Tirols von 1816 nieder sowie ausführlich im „Grundgesetz über die Landständische Verfassung“ Sachsen-Weimar-Eisenachs von 1816, letzteres in ausdrücklicher Bezugnahme auf die Verfassung des Deutschen Bundes[5]. Ablehnung erfuhr die konstitutionelle Monarchie beispielsweise auch in den altständischen Verfassungskonzepten für Österreich von Erzherzog Rainer und Staatskanzler Metternich 1808/09 bzw. 1811/14, wonach neben den altständischen Landtagen dem Kaiser verantwortliche Departements die Regierung führen und ihm ein Staatsrat beratend zur Seite stehen sollte[6]. Diese Verfassungsvorschläge lassen allerdings im Unterschied zu den altständischen wie auch konstitutionellen Verfassungsurkunden kein verfassungstheoretisches Konzept erkennen, sondern fügen pragmatisch verfassungsrelevante Bausteine zusammen.

Ein anderes Bild bieten Juristenkreise gegen Ende des Vormärz. Sie konnten sich aufgrund von Sekundärliteratur mit den europäischen Verfassungstypen bekannt machen, zum Teil diese selbst auf ihren Bildungsreisen durch Parlamentsbesuche westeuropäischer Hauptstädte in der Praxis erleben. In Wien konzentrierten sich derartige Erfahrungen im Juridisch-politischen Leseverein[7]. Als Sekundärliteratur zum Staats- und Verfassungsrecht standen hier beispielsweise folgende Werke zur Verfügung[8]: von Aretin-Rotteck „Staatsrecht der constitutionellen Monarchie“, von Rotteck-Welcker das „Staatslexikon“, das als Verfassungsbibel der Liberalen galt und Heinrich Matthias Zöpfels Werke über konstitutionelles Staatsrecht sowie von Buss „Vergleichendes Bundesstaatsrecht

---

5 Tirol: Politische Gesetzsammlung 28/1816; Sachsen – Weimar – Eisenach: Fischer – Künzel, Verfassungen deutscher Länder und Staaten, 89 ff.

6 Brauneder, Verfassungsentwicklung Österreichs und Bayerns im Vormärz, 141 ff.

7 Zum Folgenden Brauneder, Leseverein und Rechtskultur, 63 ff.

8 Ebda, 42, 137.

USA-Deutschland-Schweiz", von Christ „Badisches Gemeindegesetz", das seit 1836 ein Dreiklassenwahlrecht vorgesehen hatte – später wird es auch für Österreichs Ortsgemeinden eingeführt werden, von Klüber „Öffentliches Recht des Deutschen Bundes" und vieles andere mehr. Bildungsreisen hatten Johann Vesque von Püttlingen, Alexander Bach, Franz von Sommaruga und Anton von Doblhoff Parlamentsbesuche in Paris, vielleicht auch in London, ermöglicht. Aufgrund der entsprechenden Sekundärliteratur, vor allem der Werke von Beseler, Savigny und Thibaut wurde der Juridisch-politische Leseverein auch zur Geburtszelle einer neuen rechtswissenschaftlichen Strömung, nämlich der Historischen Schule[9].

II. Die neue juristische Methodik

Um das Jahr 1845 begann die jüngere Juristengeneration die Rechtswissenschaft „als die Frucht eines geschichtlichen Prozesses" anzusehen, womit man sich gegen die bisherige Methode wandte, Gesetzesrecht nach bestimmten Regeln der „Anwendung", sogar festgelegt in den §§ 6 und 7 ABGB, zu erläutern. Johann Perthaler schrieb 1842 an seinen Vater, nun „studiere ich Rechtsgeschichte" und ergänzte: „Allen anderen Plunder, vor Allem die mir verhassten Erläuterungen habe ich dem Kuckuck übergeben"[10]. Im Jahr darauf erschien Perthalers Buch „Recht und Geschichte. Zur enzyklopädischen Einleitung in das Studium der juridisch-politischen Wissenschaften". Auch Österreichs erster Dozent für Rechtsgeschichte und hier einer der ersten Vertreter der Historischen Rechtsschule, Emil Franz Rössler, gehörte dem erwähnten Leseverein an, weiters der Rechtshistoriker August Chabert[11]. Rössler stellte ausdrücklich fest, er folge der von dem Mitbegründer der Historischen Rechtsschule „Savigny neu eingeschlagenen Bahn" wie ähnlich auch der Strafrechtslehrer Josef Würth[12]. Vereinsmitglieder waren ferner die späteren Minister Alexander Bach und Leo Thun-Hohenstein. Dieser förderte die Historische Rechtsschule durch Berufungen wie u. a. eines jüngeren Lesevereinsmitglieds, nämlich Josef Unger[13]. Die Berufungspolitik ging mit der juristischen Studienreform Hand in Hand, die rechtshistorischen Fächern großen Raum gab. Dazu gesellte sich die rechtswissenschaftliche Produktion beispielsweise der neuberufenen Professoren im

9 Brauneder, Leseverein und Rechtskultur, 110, 136 f, 154 f.

10 Brauneder, Leseverein und Rechtskultur, 154.

11 Zu ihnen und den Folgenden in diesem Zusammenhang Brauneder, Leseverein und Rechtskultur, 104 (Chabert), 105 f. (Rössler), 106 (Würth), 110 (Bach), 203 f. (Thun).

12 Ebda 154 f.

13 Lentze, Universitätsreform des Ministers Graf Leo Thun-Hohenstein, 138; Brauneder, Leseverein und Rechtskultur, d. ö.

Zeichen der Historischen Rechtsschule: Sie wurde ab 1850 zur tonangebenden juristischen Methode.

Die Historische Rechtsschule pflegt üblicherweise in der Privatrechtsgeschichte behandelt und betont zu werden[14]. Ihr Programm erstreckte sich jedoch auf die Rechtskultur insgesamt und damit auch auf das Staats- und Verfassungsrecht, hier versehen mit dem Etikett „Historisches Staatsrecht". Nur jenes Recht sei „richtig", welches aus der historischen Entwicklung gewonnen und für die jeweilige Gegenwart modifiziert werde: Selbst nannte sich diese Richtung sehr typisch und charakteristisch Historisch-systematische Rechtsschule. Denn es ging ihr eben nicht um die Wiederherstellung historischer Formen, sondern um deren Weiterentwicklung zu einem der modernen Gegenwart angepassten System. „Richtig" sei daher auch nur ein ohne Brüche, ohne revolutionäre Unterbrechung historisch herangewachsenes Verfassungsrecht, das somit organisch den Staat konstituiere. Als einer dieser Brüche galt die Revolution von 1848. Ihr verfassungsrechtliches Ergebnis, die konstitutionelle Monarchie, sei eine Konstruktion auf logischer Basis, also nicht herangereift und damit dem aus der Entwicklung herrührenden Organismus des jeweiligen Staates schädlich. Als weiterer Bruch galt auch der Absolutismus zufolge der Entmachtung der historischen Landstände.

Die Historische Rechtsschule kam daher insbesondere jenen politisch gelegen, welche die Revolution von 1848 mit ihren Ergebnissen ablehnten, aber auch solchen, welche in der ständischen Tradition standen. So versteht sich beispielsweise ihre Verwendung durch die Minister Thun-Hohenstein, aber auch Alexander Bach.

III. Historische Rechtsschule und Verfassungsgestaltung

A. Die ersten Spuren

Die[15] oktroyierte Verfassung 1849 behielt als Regierungssystem die konstitutionelle Monarchie bei, doch kündigte sich mit dem Unterbleiben der Realisierung des Parlaments, des Reichstags, sowie in der Umgestaltung des Reichsrats zu einem Kronrat, ebenbürtig dem Ministerrat, ab 1850 die Abkehr davon an. Schließlich wurde die Verfassung 1849 mit zwei Patenten vom 31. Dezember 1851, den „Silvesterpatenten", so gut wie gänzlich aufgehoben und zusätzlich mit einem Kabinettschreiben dem Ministerpräsidenten die Durchführung neuer Verfassungsgrundsätze aufgetragen.

---

14 Vgl. z. B. Schlosser, Grundzüge der Neueren Privatrechtsgeschichte, 143 ff.

15 Zum Folgenden Brauneder, Verfassungsentwicklung in Österreich 1848 bis 1918, 125 ff., 135 ff.

Diese Verfassungsgrundsätze 1852[16] zeigen deutliche Spuren des Historischen Staatsrechts. Sie nennen sich „Grundsätze für *organische* Einrichtungen in den Kronländern des österreichischen Kaiserstaates“, die mittels einer „*organischen* Gesetzgebung“ durchzuführen waren, für welche der Ministerrat entsprechende Entwürfe vorzulegen hatte: Die „organische“ Sicht war an die Stelle der „konstitutionellen“ getreten. Mehrfach läßt vor allem der Inhalt das Historische Staatsrecht erkennen. So ist etwa die Rede von „den alten historischen oder neuen Titeln“ der Länder (Pkt. 1), von den „üblichen Landesbenennungen“ der Bezirksämter und Kreisbehörden (Pkt. 4, 5), daß die frühere Eigenschaft und besondere Stellung der königlichen und landesfürstlichen Städte zu berücksichtigen (Pkt. 8), daß „der vormals herrschaftliche große Grundbesitz“ wieder herzustellen sei (Pkt. 9), was zu historisch fundierten Bestimmungen überleitet. Beispielsweise sollten „für jedes Land den besonderen Verhältnissen desselben entsprechende Ordnung für die Landgemeinden und für die Städte“ erstellt werden, und zwar so, „daß den überwiegenden Interessen auch ein überwiegender Einfluß“ zugestanden werde, wobei vor allem „dem Grundbesitze“, „dem Gewerbsbetriebe“ und „dem Hausbesitze“ das „entscheidende Übergewicht“ zu sichern wäre (Pkt. 16). Beibehalten war damit das Denken in einer ständischen Gliederung, allerdings nach einer neuen Gewichtung der ausdrücklich genannten „Interessen“. Dies fand seine Fortsetzung darin, daß „eigene Statute“ über den „Erbadel“ zu vorgesehen waren. Diese neuständischen Elemente dienten insbesondere dazu, die „beratenden Ausschüssen“ auf Kreis- und Landesebene zusammenzusetzen, nämlich „aus dem besitzenden Erbadel, dem großen und kleinen Grundbesitze und der Industrie“ (Pkt. 34). Die historische Entwicklung der altständischen Monarchie vor 1848 wurde so ganz im Sinne der historisch-systematischen Rechtsschule in ein neues System, nämlich das der neuständischen Monarchie mit Interessenvertretung übergeführt.

B. Die Durchführung der Verfassungsgrundsätze 1852

Die Durchführung der Verfassungsgrundsätze 1852[17] sollte[18] nach Minister Bach erfolgen „wie sie dem historischen Rechte, aber auch den Verhältnissen der Gegenwart entspreche“ also ganz im Sinne des Historischen Staatsrechts. Mit den Arbeiten war in dem von Bach geleiteten Innenministerium besonders Ministerialrat Bernhard von Meyer betraut, ehemals Gesandter des konservativen

16 Ebda 138 ff.

17 Brauneder, Verfassungsentwicklung in Österreich 1848 bis 1918, 141 ff.

18 Die folgenden Zitate nach Meyer, Erlebnisse des Bernhard Ritter von Meyer I, 352 ff.

Schweizer Kantons Luzern in der Tagsatzung, dem Zentralorgan der Schweizer Eidgenossenschaft. In seinen Worten habe Bach den Beamten seines Ministeriums aufgetragen, es sei nun unter anderem der „Wiederaufbau der alten landständischen Verfassungen der einstigen Kronländern" in Angriff zu nehmen, und zwar ausdrücklich nach „dem Muster" der Ständischen Verfassung von Tirol, also der zuvor erwähnten aus dem Jahr 1816, in der Zusammensetzung „der vier Stände: Clerus, Adel und großer Grundbesitz, Städte, Landbevölkerung" bei einer „Verteilung der Stimmen nach Maßgabe der politischen und sozialen Bedeutung, die der eine oder andere Stand in einem Kronlande habe". Gemäß den Verfassungsgrundsätzen 1852 sollten diese Landtage nur eine beratende Funktion erhalten sowie eine Art kommunaler Selbstverwaltung. Die Verfassungspläne gingen in einem Punkt bereits über die Verfassungsgrundsätze 1852 hinaus, wenngleich noch ohne feste Konturen. Geschaffen werden sollte in den Worten von Ministerialrat Meyer „noch ein Schlußstein, eine Zentralverwaltung für die ganze Monarchie, in deren Bereich die Wahrung der allen einzelnen Teilen gemeinsamen … Landesinteressen zu fallen hatte. Diese Aufgabe war einem Zentralorgan zugedacht, welches aus der Wahl der einzelnen Landesvertretungen mittels Gruppenabstimmung hervorgehen sollte; der Feststellung desselben sollte jedoch eine längere Erfahrung über die Wirksamkeit der vorerst ins Leben zu rufenden Landesvertretungen vorausgehen". Geplant war damit ein schrittweiser Staatsaufbau „von unten": Schaffung der Gemeindestrukturen und Gutsgebiete, durch deren Entsendung die Konstituierung der Landesvertretungen, sodann „eine längere" Phase der „Erfahrung" mit diesen Landesvertretungen, schließlich Bildung eines Zentralorgans als Ausschußlandtag.

Erst mit dem Gemeindegesetz 1859 war die Grundlage für die verschiedenen Gemeindetypen in Kraft getreten. Im selben Jahr erlitt allerdings Österreich in Oberitalien eine entscheidende militärische Niederlage; die Lombardei ging verloren, die Staatsfinanzen waren zerrüttet. Zu ihrer Sanierung bedurfte es der Geldmittel aus dem Ausland, für ihr Aufbringen der dort gewohnten verfassungsrechtlichen Modalitäten der Erstellung und der Kontrolle des Staatshaushalts. Das „Laxenburger Manifest" vom 15. Juli 1859 kündigte insbesondere „zeitgemäße Verbesserungen in Gesetzgebung und Verwaltung" an. Dies bedeutete aber keineswegs eine Abkehr vom 1852 grundgelegten neuständischen Regierungssystem: Vielmehr kam es zu einer Umkehr von dessen Aufbau, er erfolgte nun „von oben"[19]. Als dringend notwendig erwies sich nämlich das „Centralorgan" vor allem für den Staatshaushalt und so wurde nun dieses zuerst geschaffen. Dies geschah durch eine personelle Erweiterung des vorhandenen Reichsrats insbesondere durch Landesvertreter, die aber, mangels Landtage,

19 Brauneder, Verfassungsentwicklung in Österreich 1848 bis 1918, 145 f.

vom Kaiser ernannt wurden. Dieser sogenannte „Verstärkte Reichsrat" besaß insgesamt den Charakter eines provisorischen Ausschußlandtages: Unter seinen Mitgliedern bildeten die neuen Landesvertreter 63 %, ein Anteil, den die ungarischen Mitglieder des „alten" Reichsrat erhöhten, da sie sich bewußt als „nationale Partei", also als Landesvertreter, konstituierten. Vom „alten" Reichsrat, der übrigens weiter fortbestand, unterschied sich der Verstärkte Reichsrat auch durch seinen umfassenden sachlichen Wirkungsbereich, allerdings beschränkt auf „Beratung" und die Abgabe von „Gutachten". Erst im Juli 1860 erhielt er in finanziellen Angelegenheiten das parlamentsgleiche Recht der „Zustimmung", wofür es, diesen Charakter verstärkend, auch ein Notverordnungsrecht des Kaisers gab. In der Verfassungsfrage besaß der Verstärkte Reichsrat keine Kompetenz, äußerte sich dazu aber dennoch. Insgesamt[20] konnte seine Haltung als Zustimmung zum bestehenden Regierungssystem verstanden werden.

C. Der Höhepunkt des Historischen Staatsrechts 1860

Der mit dem Verstärkten Reichsrat erreichte provisorische Zustand wurde mit dem „Kaiserlichen Diplom vom 20. Oktober 1860, zur Regelung der inneren staatsrechtlichen Verhältnisse der Monarchie" höchst feierlich in einen definitiven Zustand übergeführt[21]. In diesem „Oktoberdiplom 1860" erreichte das Historische Staatsrecht seinen Höhepunkt, und zwar in höchst eingestandenem Maße. In der Einleitung zu den inhaltlichen Regelungen wird sein Programm eindeutig ausgesprochen mit der Feststellung: „Nur solche Institutionen und Rechtszustände, welche dem geschichtlichen Rechtsbewußtsein, der bestehenden Verschiedenheit Unserer Königreiche und Länder und den Anforderungen ihres unteilbaren und unzertrennlichen kräftigen Verbandes gleichmäßig entsprechen, können diese Bürgschaft in vollem Maße gewähren".

Diesem theoretischen Bekenntnis entsprechen Form und Inhalt. Zur Form zählt schon das „Kaiserliche Diplom" als solches, die prunkvolle Ausgestaltung des Originals nahezu im Stile mittelalterlicher Urkunden in metallverziertem Ledereinband mit anhängendem Siegel in einer Goldkapsel[22] und seine Bestimmung, daß „die Aufbewahrung dieses Diploms in Unserem Haus-, Hof- und Staatsarchive" wie auch „in den Landesarchiven" zu erfolgen habe. Auch sollten es alle Nachfolger Franz Josefs „mit ihrer kaiserlichen Unterschrift versehen". Insgesamt liegt das Unikat eines geradezu mittelalterlich-historischen Pomps vor in einem überwiegend nüchtern-konstitutionellen Europa!

---

20 Detailierter Brauneder, Verfassungsentwicklung in Österreich 1848 bis 1918, 147.
21 Brauneder, Verfassungsentwicklung in Österreich 1848 bis 1918, 148 ff.
22 Abbildung z. B. in: Das österreichische Parlament, 1984, 28 f.

Im Oktober 1860 wurde aber nicht nur das eben beschriebene Diplom erlassen, sondern weitere Rechtsakte. Auch sie entsprachen keineswegs dem konstitutionellen, sondern dem seit den Verfassungsgrundsätzen 1852 üblichen Stil: Es waren 12 „Allerhöchste Handschreiben", von denen 6 an den ungarischen Hofkanzler Vay, 4 an Ministerpräsident Rechberg, je eines an Staatsminister Goluchowsky und an den Banus von Kroatien-Slawonien Sokčevič ergingen; sie wurden übrigens, offenbar wegen ihres Charakters als Anweisungen für diverse Vorlagen, nicht im Reichsgesetzblatt, sondern in der „Wiener Zeitung" publiziert[23]. Sehr wohl der Fall war dies allerdings mit den ersten Regelungen von Landtagen durch die „Landes-Statute" für Steiermark, Kärnten, Salzburg und Tirol. Auch sie spiegeln deutlich das Historische Staatsrecht wider, denn sie hatten an bestehende Einrichtungen anzuknüpfen, nämlich an die „Rechte und Freiheiten der getreuen Stände", allerdings „nach den Bedürfnissen der Gegenwart" modifiziert[24]. Für Thun hatte das System „der beschränkten Monarchie, wie sie die christliche Monarchie bis zu den wüsten Zeiten des 17. und 18. Jahrhunderts überall war", Kaiser Franz Josef „im Jahre 1860 auf alter Grundlage neu begründen zu wollen feierlich erklärt"[25]. So hielt er denn auch zum Landes-Statut für die Steiermark von 1860 ausdrücklich fest, es entspräche „nicht dem modernen Konstitutionalismus". Nach gleichen Grundsätzen erfolgte auch der Aufbau der zentralen Verwaltungsbehörden[26]: Die neue Ministerkonferenz setzte sich teils aus gesamtstaatlichen Fachministern zusammen wie u. a. für Äußeres, Krieg und Polizei (!), teils aus Mitgliedern mit einem zwar territorial begrenzten, aber sachlich umfassenden Wirkungsbereich wie – nach historischen Mustern – dem cisleithanischen Staatsminister und dem ungarischen Hofkanzler, während jener für Siebenbürgen der Ministerkonferenz nicht angehörte. Diese historischen Rückgriffe verstanden sich als Mittel zu einer auch Ungarn befriedigenden Gesamtstaatskonzeption.

In dieser Verfassungsgestaltung zeigt sich einerseits die völlige Negierung des Konstitutionalismus zufolge des Fehlens einer für ihn typischen „Konstitution", also einer Verfassungsurkunde wie sie zu diesem Zeitpunkt beispielsweise so gut wie alle Staaten des Deutschen Bundes besaßen, andererseits die

---

23 Bernatzik, Die österreichischen Verfassungsgesetze, 228 ff.

24 Brauneder, Verfassungsentwicklung in Österreich 1848 bis 1918, 150.

25 L. Thun, Über die Aussichten der parlamentarischen Regierungsform in Österreich, 215; Brauneder, Leseverein und Rechtskultur, 376. Das Landes-Statut für Kärnten (RGBl. 1860/232) zeigt mit der Wendung, der Landtag habe „den Beirath zu üben", noch die alte Anschauungsweise, die durch eine „Berichtigung" (RGBl. 1860/370) auf „mitwirken" verändert wurde!

26 Im Detail Brauneder, Verfassungsentwicklung in Österreich 1848 bis 1918, 150.

Rücksichtnahme auf historische Strukturen wie etwa in der zentralen Verwaltung durch die Wiederbelebung der Ämter des Staatsministers und der Hofkanzler.

IV. Die Reichsverfassung 1861

A. Eine Verfassung eigener Art

Sämtliche Rechtsakte vom Oktober 1860, insbesondere das Oktoberdiplom, waren auf notwendige Ausführungen und Ergänzungen angewiesen[27]. Die erwähnten „Allerhöchsten Handschreiber“ zeigen dies mit aller Deutlichkeit, denn ihr Zweck bestand ja gerade darin, verfassungsrelevante Vorlagen einzufordern. Es trifft weiters besonders auf das Oktoberdiplom zu, denn beispielsweise war die Zahl der Mitglieder des von ihm vorgesehenen Reichsrats, welche die Landtage entsenden sollten, erst festzusetzen und sodann auf diese zu verteilen. Das Oktoberdiplom allein wollte und konnte gar keine Verfassung darstellen, was etwa die Feststellung, die „Einberufung des Reichsrats unterblieb“, verkennt[28].

Die Ausführungen und Ergänzungen der Oktobererlässe von 1860 erfolgten nach fast genau vier Monaten im Februar 1861. Die Rechtsakte von 1860, an ihrer Spitze das Oktoberdiplom, sowie einer Reihe weiterer Rechtsakte verlieh das Patent vom 26. Februar 1861 normative Kraft und bezeichnete sie allesamt als „Verfassung Unseres Reiches“. Der in der Sekundärliteratur oft gebrauchte Ausdruck „Februarpatent“ für diese Verfassung verkennt dies gründlich, und zwar trotz der Kritik, es sei „der Ausdruck Februarpatent nicht ganz zutreffend“ (Hantsch), sowie des Ausdrucks „sogenanntes Februarpatent“[29]. Auch wurden passendere Bezeichnungen verwendet wie vor allem „Februarverfassung“[30]. Nach der Diktion des Patents selbst bietet sich „Reichsverfassung 1861“[31] an.

---

27 Zum Zusammenhang 1860–1861 besonders deutlich Fellner, Das Februarpatent von 1861, insbes. 555 f., 557.

28 So Lehner, Österreichische Verfassungs- und Verwaltungsgeschichte mit Grundzügen der Wirtschafts- und Sozialgeschichte, 211.

29 Hantsch, Die Geschichte Österreichs II, 363; u. a. K. Benda u. a., Die Geschichte Ungarns, 131.

30 Hauke, Verfassungsgeschichte (1848–1873), 727 (Überschrift); Luschin v. Ebengreuth, Grundriß der österreichischen Reichsgeschichte, 338. Dagegen Fellner, Das Februarpatent von 1861, 554 f., mit dem unrichtigen Argument, dem Ausdruck „Verfassung“ müsse ein bestimmter, nämlich konstitutioneller Inhalt entsprechen. Thun, Über die Aussichten der parlamentarischen Regierungsform in Österreich, 199 ff., spricht von „Februarpatenten“.

31 Redlich, Kaiser Franz Josef von Österreich, 275; Brauneder, Österreichische Verfassungsgeschichte, 141. Der Ausdruck „Februarpatent“ verkennt nicht nur Wesen und

Von Verfassungen des Konstitutionalismus wich die Reichsverfassung 1861 wie bereits das Oktoberdiplom 1860 schon formal erheblich ab: keine zentrale Verfassungsurkunde, sondern ein Konvolut unterschiedlicher Rechtsakt wie durch die Oktobererlässe grundgelegt. Konkretisiert bzw. ergänzt wurden diese nun[32] durch das Reichsratsstatut mit der Bezeichnung „Grundgesetz über die Reichsvertretung" und für Cisleithanien durch die Landesordnungen und Landtagswahlordnungen. Im übrigen blieb noch manches im Stadium des Provisorischen wie der Verfassungszustand Dalmatiens (Pkt. III) und Lombardo-Venetiens (Pkt. V) oder in Schwebe wie die Anordnungen von 1860 bezüglich Ungarn, Kroatien-Slawonien und Siebenbürgen (Pkt. II). So schuf die Reichsverfassung 1861 eine besondere, und zwar gemeinsame Verfassungsgrundlage für den Komplex der cisleithanischen Länder[33].

Die Form der Reichsverfassung 1861 stellte dennoch zeitgenössisch durchaus kein Unikat dar. Die 1860/61 etablierte Verfassungssituation findet anderswo ihre Parallellen[34]. So beruhte etwa zu diesem Zeitpunkt das Verfassungsgefüge Rußlands auf verschiedenen Rechtsakten aus den Jahren ab 1467, jenes von Dänemark stützte sich bis zur Verfassung 1849 auf Rechtsakte insbesondere aus den Jahren 1661 und 1665, bis zu seiner Verfassung 1848 bestimmten die Verfassung Ungarns unterschiedliche, bis in das Mittelalter zurückreichende Rechtsakte. Vor allem weist bis heute die Verfassung Großbritanniens eine Ähnlichkeit mit dem 1860 für Österreich etablierten Verfassungszustand auf, denn sie beruht auf dreierlei Rechtsquellentypen: Acts of Parliament, Statutory Instruments und Orders in Council, etwa aus den Jahren 1707 und 1801[35]. Bei allen diesen Verfassungssituationen handelt es sich, wie leicht erkennbar, um ein historisch gewachsenes Gefüge wie dies die Historische Rechtsschule in der Form des Historischen Staatsrechts als einzig „richtig" ansah. Eben ein solcher Zustand sollte 1860/61 auch in Österreich hergestellt werden. Er wäre in Überwindung der konstitutionellen „Fehlentwicklung" von 1848/49 sozusagen eine Rückkehr zur Normalität gewesen.

Inhalt der Verfassungsgebung 1860/61, sondern auch die spezifische legistische Technik: W. Brauneder, Irrtümer der Rechtsgeschichte – Rechtsgeschichte der Irrtümer, 43 ff.

32 Bernatzik, Die österreichischen Verfassungsgesetze, 259 f.

33 Fellner, Das Februarpatent von 1861, 558.

34 Zum Folgenden Galetti, Allgemeine Weltkunde, 626 f., 568 f.; Ungarn: Tóth, Geschichte Ungarns, 489, 565 ff.

35 Gillespie, The English Legal System, 21 f.

B. Das Historische Staatsrecht 1861

Eine – historisch motivierte – Äußerlichkeit von 1860 fand ausdrücklich ihre Wiederholung. Das „Februar-Patent samt den mittelst desselben verkündeten Staatsgrundgesetzen über die Reichs- und Landesvertretung" war ebenfalls im Haus-, Hof und Staatsarchiv sowie in den Landesarchiven zu hinterlegen. Das prunkvolle Original nach dem Muster des Oktoberdiploms 1860[36] hatten die Nachfolger des Kaisers stets „anzugeloben", und zwar in einem „Manifeste" (Pkt. VI).

Als im Dezember 1860 Anton Schmerling den Schöpfer der Oktobererlässe 1860, Ministerpräsidenten Agenor Goluchowski, ablöste, erwarteten sich manche eine Wendung. Der Dichter Eduard Bauernfeld, der Schmerling aus dem Leseverein kannte, war skeptisch: „Wird Schmerling die Constitution ins Leben rufen können? Er ist ehrlich und verständig, auch staatsmännisch, aber –"[37]. Außer Schmerling spielten nun zwei weitere Lesevereins-Mitgliedern eine entscheidende Rolle: Josef Lasser sowie der schon erwähnte Perthaler. Im Gegensatz zu Finanzminister Plener, der die Verfassung 1849 wieder ins Leben rufen wollte, schlugen Schmerling, Lasser und Perthaler einen anderen Weg ein, und zwar angesichts der konservativen Haltung des Kaisers und von Ministerpräsidenten Rechberg wie auch der antizentralistischen Haltung der Ungarn. In Absprache mit dem Kaiser beließ es Schmerling bei der Durchführung des Oktoberdiploms durch ein notwendiges „Statut für die Reichsvertretung", das schließlich den Namen „Grundgesetz über die Reichsvertretung" erhielt, und „Landesordnungen" samt „Landtags-Wahlordnungen", welche die erwähnten „Landes-Statute" ersetzten. Die wesentliche Neuerung bestand hinsichtlich des Reichsrats wie der Landtage darin, daß beide nicht mehr nur beratend tätig sein sollten, sondern Beschlußrechte erhielten und damit funktional Parlamenten im konstitutionellen Sinn angenähert waren. Neu war weiters, daß die Landtage aus Wahlen hervorgingen, die geringe Zahl an entsandten Mitgliedern – bestimmte Erzbischöfe und Bischöfe sowie Rektoren – fiel nicht ins Gewicht. Ganz im bisherigen Sinne blieben aber sowohl Reichsrat wie Landtage Interessenvertretungen. Der Reichsrat teilte sich zwar in ein Herrenhaus und in ein Abgeordnetenhaus und schien mit diesen Bezeichnungen dem preußischen Landtag zu entsprechen. Ganz anders als dessen Abgeordnetenhaus ging das österreichische aber nicht aus Wahlen hervor, sondern wurde von den Landtagen unter Berücksichtigung ihrer Kurien aus ihrer Mitte beschickt, war somit ein Ausschußlandtag. Vor allem[38] Perthaler, der als „Schmerlings goldene Feder" galt, den wir als einen der

36 In: Das österreichische Parlament, 30 f.

37 Brauneder, Leseverein und Rechtskultur, 377.

38 Zum Folgenden Brauneder, Leseverein und Rechtskultur, 378 f.

Begründer der Historischen Rechtsschule kennengelernt haben, verließ die Basis des Historischen Staatsrechts nicht. In einer anonymen Erläuterung zu der am 27. Februar 1861 in der offiziellen „Wiener Zeitung“ abgedruckten Reichsverfassung suchte er die nicht konstitutionelle Kreation des Abgeordnetenhauses zu kaschieren, indem er das Entsendungsrecht der Landtage als ein „abgeleitetes, durch das Recht der Landtagswähler, im Reichsrat gesetzlich repräsentiert zu sein, bedingtes“ bezeichnete, anstelle der Entsendung also so etwas wie eine indirekte Wahl suggerierte – was in der Folge oft auch wiederholt wurde[39]. Ein weiterer Lesevereinsangehöriger, nämlich Wenzel Lustkandl, lobte in seiner akademischen Antrittsrede 1864 Schmerlings Leistung sogar dahingehend, er habe „die Gedanken des Konstitutionalismus und des repräsentativen Systems mit Klarheit und Entschiedenheit erfaßt“. Mit Schmerling, Perthaler und Lustkandl haben wir eine ganz eigenartige Verschwörung von Lesevereinsangehörigen vor uns, nämlich durch eine Art von Hinters-Licht-Führen verschiedenartiger Gruppen. Einerseits wurde den Liberalen vorgetäuscht, die Reichsverfassung brächte ein „konstitutionell-repräsentatives System“ in den Worten Lustkandls, obwohl es an einem gewählten Parlament und an Grundrechten fehlte, andererseits gerade dieses Manko den Konservativen gegenüber als nicht-konstitutionelles System ausgegeben: So sollten beide Gruppierungen beruhigt sein – die Liberalen mit einem Etikett ohne entsprechenden Inhalt, die Konservativen mit diesem unter falschem Etikett. Die Kritik blieb von beiden Seiten nicht aus, schon im Oktober 1861 meinte Bauernfeld: „Die sogenannte Februar-Verfassung ist eine Komödie, mit welcher sich Schmerling selbst düpiert“.

Am 2. März 1861 hatte die „Augsburger Allgemeine Zeitung“ zwar berichtet, die Reichsverfassung sei in Wien günstig aufgenommen worden, flocht aber doch auch ein, daß mit ihr „der Weg geebnet ist, auf dem das Fehlende erreicht werden kann“. Heinrich Reschauer, gleichfalls aus dem Leseverein, zählte auf, was „die Reichsverfassung noch zu wünschen übrig“ lasse. Der Mängelkatalog enthielt Ministerverantwortlichkeit, Verfassungseid von Monarchen, Beamten und Heer, Unabhängigkeit der Justiz und Unabsetzbarkeit der Richter, Schwurgerichte, Grundrechte – nicht gerade wenig.

Wie sehr sich die Reichsverfassung 1861 von einer konstitutionellen Monarchie unterschied, zeigt deutlich deren Einführung durch die Verfassung 1867. Was bisher fehlte, wurde nachgetragen. Zum Grundgesetz über die Reichsvertretung von 1861 als Regelung der Gesetzgebung traten nun in Komplettierung der verfassungsrechtlichen Regelung der übrigen Staatsgewalten hinzu das Staatsgrundgesetz über die Regierungs- und Vollzugsgewalt sowie jenes

39 Trotz richtiger Beschreibung („entsendet“) „indirekte Wahl“: Hantsch, Die Geschichte Österreichs II, 364; in der Sache schon Ulbrich, Das Staatsrecht der österreichisch-ungarischen Monarchie, 70 f.

über die richterliche Gewalt, ferner der Grundrechtskatalog im Staatgrundgesetz über die allgemeinen Rechte der Staatsbürger und die Verfassunsgerichtsbarkeit im Staatsgrundgesetz über die Einsetzung eines Reichsgerichts, dazu kam noch das Gesetz über die Ministerverantwortlichkeit und das „Delegationsgesetz" betreffend den Ausgleich mit Ungarn[40]. Die Neuerungen von 1861 hatten somit nur eine Staatsfunktion betroffen, nämlich die Gesetzgebung[41]. Gerade auch aus der Sicht der theoretischen Grundlage des Anti-Konstitutionalismus, des Historischen Staatsrechts, bedeutete die Reichsverfassung 1861 „kein Herumwerfen des Steuers um 180 Grad, es war kein Sprung von einem Extrem in ein anderes" (Fellner)[42]. Es galt „vom Neoabsolutismus zu retten, was noch zu retten war" (Sandgruber)[43].

V. Historisches Staatsrecht und Konstitutionalismus

Mit der Verfassung 1867 löste die Regierungsform der konstitutionellen Monarchie jene der im Historischen Staatsrecht wurzelnden neuständischen Monarchie ab: zwei Regierungssysteme, die sich in ihrem Konzept voneinander unterschieden. Nun, aufgrund der Verfassung 1867, gab es entscheidende Verfassungseinrichtungen, die zuvor nicht existiert hatten[44]: Grundrechte, die durch die Rechtsprechung des Reichsgerichts zu subjektiven öffentlichen Rechten wurden; die richterliche Kontrolle der Gesetzmäßigkeit der Verfassung durch das Reichsgericht und die der Verwaltungstätigkeit durch den Verwaltungsgerichtshof; Ministerverantwortlichkeit; Garantie der richterlichen Unabhängigkeit, um die wichtigsten Neuerungen zu nennen. Eines freilich fehlte: Die Wahl zum Abgeordnetenhaus, zu der es erst 1873 kam[45].

Die Verfassungsgestaltung von 1867 hatte den Charakter des Abgeordnetenhauses nicht berührt[46]. Es blieb weiterhin nach zeitgenössischer Terminologie eine „Delegiertenversammlung der Landtage", war insoferne eine Länder- und keine Volkskammer. Dies wurde bewußt in Kauf genommen: Es sei „das unter den gegenwärtigen Verhältnissen einzig Erreichbare", man habe „auf das Vollkommene verzichten [müssen], um nicht das Mindervollkommene zu verlieren", der „Zukunft müssten wir also vieles überlassen", so hieß es in der Debatte im

---

40 Brauneder, Österreichische Verfassungsgeschichte, 155 ff.
41 So auch Fellner, Das Februarpatent von 1861, 559, insbes. 562.
42 Ebda 563.
43 R. Sandgruber, in: Die Zukunft unserer Verfassung.
44 Brauneder, Österreichs Verfassungsgeschichte, 169 ff.; ders., Verfassungsentwicklung in Österreich 1848 bis 1918, 187 ff.
45 Die Weiterentwicklung des Wahlrechts ist hier nicht zu thematisieren.
46 Brauneder, Verfassungsentwicklung in Österreich 1848 bis 1918, 192 ff.

Abgeordnetenhaus[47]. Diese Einsicht beruhte auf den politischen Gegebenheiten: Mit den erwähnten Staatsgrundgesetzen war man inhaltlich zur Verfassung 1849 zurückgekehrt, „Alles 1849" schrieb der Referent des Grundrechte-Staatsgrundgesetzes auf seinen Entwurf[48]. Dies konnte dem sanktionierenden Monarchen zugemutet werden – nicht aber die Rückkehr zu einem gewählten Abgeordnetenhaus wie 1848/49 vom Kaiser negativ miterlebt.

Das eben aus dem Abgeordnetenhaus Zitierte klingt wie dem Programm der Historischen Rechtsschule entnommen: Recht, wie auch das Verfassungsrecht, befindet sich im Fluß, dieser strömt nicht in allen Staaten gleichmäßig, „richtig" und „gut" werde Recht nur dann, wenn, bezogen auf das Parlament, die politische Reife der Wähler gegeben sei. Diese hatte beispielsweise Thun-Hohenstein für England aufgrund der langen parlamentarischen Entwicklung bejaht, für Österreich aber noch verneint[49]. So zeigt sich uns wie jede Phase der Verfassungsentwicklung auch die der Verfassungskonzepte aufgrund des Historischen Staatsrechts von 1852 bis letztlich 1867 in dessen Sinne als ein Durchgangsstadium zu künftig anderer Verfassungsgestaltung.

Literaturverzeichnis

K. Benda u. a., Die Geschichte Ungarns, 2. Aufl., Budapest 1991.

E. Bernatzik, Die österreichischen Verfassungsgesetze, 2. Aufl., Wien 1911.

W. Brauneder, Irrtümer der Rechtsgeschichte – Rechtsgeschichte der Irrtümer, in: Th. Olechowski u. a. (Hrsg.), Grundlagen der österreichischen Rechtskultur, Festschrift Werner Ogris, Wien etc. 2010, 31 ff.

W. Brauneder, Österreichische Verfassungsgeschichte, 11. Aufl., 2009.

W. Brauneder, Die Verfassungsentwicklung Österreichs und Bayerns im Vormärz: Ein Vergleich, in: A. Schmid (Hrsg.), Die bayerische Konstitution von 1808 (= Zeitschrift für Bayerische Landesgeschichte, Beiheft 35), München 2008, 129 ff.

W. Brauneder, Die Verfassungsentwicklung in Österreich 1848 bis 1918, in: H. Rumpler – P. Urbanitsch (Hrsg.), Die Habsburgermonarchie 1848–1918 VII/1, Wien 2000, 69 ff.

W. Brauneder, Leseverein und Rechtskultur, Wien 1992.

W. Brauneder, Die Gesetzgebungsgeschichte der österreichischen Grundrechte, in: R. Machacek – W. P. Pahr – G. Stadler (Hrsg.), Grund- und Menschenrechte in Österreich I, Kehl/Rhein etc. 1991, 189 ff.

47 Brauneder, Verfassungsentwicklung in Österreich 1848 bis 1918, 98 f.

48 Brauneder, Verfassungsentwicklung in Österreich 1848 bis 1918, 182.

49 Thun, Über die Aussichten der parlamentarischen Regierungsform in Österreich, u. a. 203 ff., 210.

F. Fellner, „Das Februarpatent“ von 1861. Entstehung und Bedeutung, in: MIÖG/1955, 549 ff.

E. Fischer – W. Künzel (Hrsg.), Verfassungen deutscher Länder und Staaten, Berlin (Ost) 1989.

J. G. A. Galetti, Allgemeine Weltkunde, 11. Aufl., Pest etc. 1854.

A. A. Gillespie, The English Legal System, 3. Aufl., Oxford 2011.

H. Hantsch, Die Geschichte Österreichs II, 3. Aufl., Graz etc. 1962.

J.-D. Kühne, Die Bundesverfassung der Vereinigten Staaten in der Frankfurter Verfassungsdiskussion, 1848/49, in: W. Brauneder (Hrsg.), Grundlagen transatlantischer Rechtsbeziehungen im 18. und 19. Jahrhundert, Frankfurt/Main etc. 1991, 165 ff.

O. Lehner, Österreichische Verfassungs- und Verwaltungsgeschichte mit Grundzügen der Wirtschafts- und Sozialgeschichte, 4. Aufl., Linz 2007.

H. Lentze, Die Universitätsreform des Ministers Graf Leo Thun-Hohenstein (= Beiträge zur Geschichte der Universität Wien 5), Graz etc. 1962.

A. Luschin v. Ebengreuth, Grundriß der österreichischen Reichsgeschichte, 2. Aufl., Bamberg 1918.

B. v. Meyer, Erlebnisse des Bernhard Ritter von Meyer… I, Wien etc. 1875.

E. Mischler – J. Ulbrich (Hrsg.), Österreichisches Staatswörterbuch II, 2. Aufl., Wien 1909.

J. Redlich, Kaiser Franz Josef von Österreich, Berlin 1929, 275.

R. Regner, Die Verfassungsordnung der Vereinigten Staaten in der österreichischen Verfassungsdiskussion von 1848/49, in: W. Brauneder (Hrsg.), Grundlagen transatlantischer Rechtsbeziehungen im 18. und 19. Jahrhundert, Frankfurt/Main etc. 1991, 189 ff.

R. Sandgruber, in: Die Zukunft unserer Verfassung. 150 Jahre Februarpatent. Expertengespräch auf Schloss Tillysburg, o. J. (2011).

H. Schlosser, Grundzüge der Neueren Privatrechtsgeschichte, 10. Aufl., Heidelberg 2005.

L. Thun, Über die Aussichten der parlamentarischen Regierungsform in Österreich, in: Earl Grey, Die parlamentarische Regierungsform betrachtet im Hinblick auf eine Reform des Parlaments, Prag 1863, 191 ff.

I. G. Tóth (Hrsg.), Geschichte Ungarns, Budapest 2005.

J. Ulbrich, Das Staatsrecht der österreichisch-ungarischen Monarchie, Freiburg/Br. etc. 1884.

Die Habsburgermonarchie: ein mehrsprachiger Rechtsraum

I. Normadressaten und Sprache

Die besten Beispiele für das Funktionieren eines in europäischer Tradition gewachsenen mehrsprachigen Rechtsraums bietet wegen ihrer großen Anzahl an Nationalitäten mit unterschiedlichen Sprachen die Habsburgermonarchie. In jenen Jahren, als die Höhepunkte der Gesetzgebungsentwicklung um 1800, das Allgemeine Bürgerliche Gesetzbuch (ABGB) von 1811 und das Strafgesetz von 1803, übersetzt wurden, umfasste die Habsburgermonarchie nach zeitgenössischer Darstellung folgende Nationalitäten: Deutsche, Slawen, Italiener, Magyaren und Wallachen, dies der Name für die Rumänen, wovon die Slawen nach heutiger Terminologie untergliedert wurden in Polen, Ruthenen (Weißrussen), Tschechen, Slowaken, Slowenen, Kroaten und Serben einschließlich Montenegriner (Galletti 1822, 131).

Grundsätzlich bestimmt sich die Sprache von Anordnungen und Gesetzen nach jenen Personengruppen, an welche sie sich wenden. Mit Beginn einer regen Gesetzgebungstätigkeit ab dem 16. Jahrhundert handelte es sich vorerst praktisch ausschließlich um Behörden. Es bedurfte daher keiner Gesetzblätter. Umfangreiche Gesetze wurden in Buchform publiziert, kurze Anordnungen auf Blätter gedruckt und dies alles an Behörden und Herrschaften verteilt. So etwa besitzt der Verfasser den kleinen Rest der Gesetzessammlung einer niederösterreichischen Grundherrschaft aus dem 18. Jahrhundert bestehend

Aus: E. Bos – K. Bócza (Hg.), Rechtssysteme im Donauraum (= Andrány Studien zur Europaforschung 10), Budapest 2014, 69 ff.

aus den beiden ersten Bänden der Gesetzessammlung des Codex Austriacus (1704) und einer Fülle einzelner Anordnungen, gedruckt auf lose Blätter in unterschiedlichem Format, einfach zusammengebunden mit einer Schnur.

Den Charakter der Rechtstexte bestimmen neben oft komplizierter juristisch-technischer Satzkonstruktionen auch noch lateinische Fachausdrücke.

Dies änderte sich unter dem Einfluß von Aufklärung und Naturrecht. Zwar wurden Behörden und Herrschaften mit Rechtstexten versehen wie bisher, erhielten aber nun ausdrücklich die Anweisung, die wichtigsten davon den Untertanen in verschiedenartiger Weise zur Kenntnis zu bringen. Als Mittel der Kundmachung (das Folgende nach Kopetz 1807, 22 f.) wurde 1782 von Joseph II. angeordnet, sie solle „in den einzelnen Ortschaften ... in der Kirche von der Kanzel geschehen", was allerdings aufgrund einer Beschwerde der Bischöfe sein Nachfolger Leopold II. durch neue Regelungen ersetzte. Sie unterschieden grundsätzlich nach Größe und Eigenschaft der Orte. In „Haupt- und größeren Städten" unter autonomer Verwaltung eines Magistrats hatte dieser „die landesfürstlichen Verordnungen an den öffentlichen Thoren, und an die Kirchthüren" anzuschlagen. Ansonsten sind Gesetze in derartigen Städte ohne Magistratsverfassung sowie „in den Landstädten und Dörfern an die Kirchthüre anzuschlagen". In diesen Orten hatte allerdings der Publikation durch Anschlag eine aufwendige „Kundmachung" voranzugehen, die nur als „Verkündigung" der Existenz neuer Verordnungen diente, nicht aber deren Inhalt mitteilte, den erst der angeschlagene Text anbot. Für diese Kundmachung galt nun Folgendes: „In den Landstädten sollen die Verordnungen von Woche zu Woche, am Sonntage nach dem nachmittägigen Gottesdienste in einer bestimmten Stunde, auf dem Rathhause, in Gegenwart des Pfarrers und Bürgermeisters, von dem Stadtsindicus der versammelten Bürgerschaft kundgemacht werden. In den Dörfern, wo ein Pfarrer ist, soll die Kundmachung in Gegenwart desselben von dem Ortsrichter oder Schulmeister in der Gemeindestube, dort aber, wo ein Seelsorger ist, von dem Schulmeister oder Ortsrichter mit Zuziehung einiger Geschwornen geschehen ..." und ebenso in den größeren Städten ohne Magistratsverfassung. Ausdrücklich untersagt wurde 1791 die Kundmachung durch das „obrigkeitliche Wirtschaftsamt", also die Grundherrschaft: Sie sollte ausschließlich staatliche Angelegenheit sein. Die Kundmachung hatte also möglichst alle Untertanen nachhaltig auf den Erlaß eines neuen Gesetzes hinweisen, dessen Inhalt sie sich durch die davon zu unterscheidende Publikation verschaffen konnten. Dazu erschienen nun auch drei Gesetzespublikationen, in die allerdings Anordnungen von weniger großer Bedeutung nicht aufgenommen wurden, aber doch mehr als nur die wichtigsten Gesetze (Brauneder 2009, 95): Es waren dies ab 1780 die „Justizgesetzsammlung" hauptsächlich für Gesetze, die von Gerichten anzuwenden waren, ab 1792 die „Politische Gesetzsammlung" für Verwaltungsvorschriften und für solche mit eingeschränktem Geltungsbereich meist erst ab

1819 für einzelne Provinzen die „Provinzialgesetzsammlungen", in die freilich auch wichtige Justizgesetze Aufnahme fanden.

Kundmachung bedeutet also ursprünglich nur Verkünden der Existenz des Gesetzes. Das Verstehen der anschließenden Publikation, und zwar nicht mehr nur durch die sachkundigen Behörden mit ihren Juristen, sondern auch seitens des entsprechend gebildeten Teils der Untertanen, erforderte eine entsprechende Sprache. Damit beschäftigte sich im 18. Jahrhundert eine eigene Wissenschaft für alle Rechtsakte, insbesondere für Verträge: die Lehre vom „Geschäftsstyl". In ihrem Rahmen wie auch selbständig entwickelte sich für Gesetze eine eigene Gesetzgebungslehre (Brauneder 1991, 524 ff.). Ihr für unser Thema wichtigstes Anliegen war die Verständlichkeit. Schon Joseph II. war daher dahingehend belehrt worden, Gesetze dürften nicht in einer toten Sprache, müßten vielmehr in einer verständlichen abgefasst werden. Für die Habsburgermonarchie bedeutete dies aber nicht bloß Gesetzespublikation in einer lebenden Sprache schlechthin, sondern ihrer Mehrsprachigkeit wegen in mehreren Sprachen (Brauneder 2013, 1.). Da die Vorarbeiten und Entwürfe zu Gesetzen und sodann ihr erster Erlaß in deutscher Sprache erfolgten, bedeutete dies die Notwendigkeit von Übersetzungen. Grundsätzlich galt vorerst zu den Übersetzungen, es sei nicht alles zu übersetzen, sondern nur Gesetze von einiger Wichtigkeit.

II. Frühe Übersetzungsproblematik

Das wichtigste große Gesetzgebungswerk um 1800 stellte das ABGB dar, da es sämtliche Untertanen betraf, beispielsweise mit seinem Erbrecht. Am ABGB soll nun die Problematik der Übersetzungen beispielhaft dargelegt werden (Brauneder 2013, 5 ff.). Grundsätzlich entsprach es der Forderung nach Verständlichkeit, was es selbst in seinem Kundmachungspatent betonte: In Hinblick auf die seinen Bestimmungen Unterworfenen sei es „in einer ihnen verständlichen Sprache" abgefasst worden. Nach rund dreissig Jahren (1840) galt, es „zeichnet sich durch Klarheit und Kürze aus", freilich mit einer Einschränkung: Es enthalte „jedem *Gebildeten* leicht verständliche Grundsätze" (Springer 1840, § 99). Tatsächlich wendete sich das ABGB nicht an jedermann, sondern an eine bestimmte Schichte der Bevölkerung, nämlich an den „gebildeten Bürger". Damit war eine entsprechende Kategorie in der Bevölkerungshierarchie gemeint. Es waren dies jene Leute, an die sich die Konversationslexika von Brockhaus und Meyer mit dem Zusatz „für die gebildeten Stände" wandten, welche das „Morgenblatt für gebildete Stände" abonniert hatten und Mitglieder in Lesevereinen waren (Brauneder 1992, 20 ff., 33 ff.). Dieser Bevölkerungsschicht widmete sich nach seinem Hauptredaktor Franz v. Zeiller (u. a. Brauneder 1991, 522 ff.) ausdrücklich auch das ABGB in entsprechender, tatsächlich einfacher Sprache. Sein Text wies und weist bis heute nur zwei lateinische Fachausdrücke auf, die offenkundig zur präzisen Erklärung der entsprechenden deutschen Ausdrücke dienten, vor allem diente dem sprachlichen Verständnis sein Sachregister, welches wie ein Lexikon mehr Ausdrücke enthält als der Gesetzestext. Insgesamt sollte so das ABGB auch als ein spezielles Nachschlagewerk, als ein Rechts-Lexikon dem „gebildeten Bürger" zur Belehrung dienen. Was übrigens die Bevölkerungsschichten unterhalb der „gebildeten Bürger" betraf, den „gemeinen Mann", so konnte man der Materie wegen nicht auf seine geringe Sprachkenntniss Rücksicht nehmen. Ihm war der Gesetzestext auf andere Weise nahezubringen wie durch einfache Darstellungen oder mündliche Belehrung.

Nahezu ab Beginn der Arbeiten am ABGB kümmerte man sich auch um entsprechende Übersetzungen [Brauneder 2013, 4 ff.]. Die erste vollständige Kodifikation in diesem Entwicklungsprozeß, das Bürgerliche Gesetzbuch für Galizien 1797, erschien in drei Sprachfassungen: in Polnisch, in Lateinisch und in Deutsch, wovon die Letztere als maßgeblicher Urtext, die anderen als bloße Übersetzungen galten. Vom ABGB lagen schließlich nach seinem Inkrafttreten auch in den ungarischen Ländern 1853 Übersetzungen in den sämtlichen Sprachen der Habsburgermonarchie vor. Schon eine der allerersten Übersetzungen, nämlich in die tschechische Sprache, bewies die Schwierigkeiten, die sich bei Übersetzungen ergaben. Selbst die Übertragung in die juristische Hochsprache des Latein fiel schwer und so folgte auf die erste alsbald eine zweite lateinische Übersetzung. Dies gilt in vermehrtem Maße für das Italienische, von dem mehrere Übersetzungen vorliegen, sogar mehrere „offizielle", da die älteren als ungenügend empfunden wurden. Die Schwierigkeiten der Übersetzungen lagen hauptsächlich in zwei Gründen: So gab es für einen deutschen Fachausdruck in der Übersetzungssprache oft mehrere wie etwa im Italienischen (Brauneder 2013 II) oder es fehlte, sozusagen im Gegenteil, an entsprechenden Wörtern. Dies führte entweder zu einer falschen Wortwahl wie bereits in der Überschrift der ersten tschechischen Übersetzung, wo „bürgerlich" nicht im Sinne von „ius civile" übersetzt wurde, sondern im ständischen Sinne mit „Stadtbürger", „Patrizier". Für die ungarische Übersetzung beispielsweise mußten neue Wörter konstruiert werden.

III. Sprachengleichheit - Sprachenvielfalt

Die bisher beschriebene Situation änderte sich ab der ersten Verfassungsurkunde von 1848. Als Grundrecht war jedem „Volksstamm" insbesondere seine „Sprache gewährleistet" [Brauneder 2009, 123 f.]. Die Vielsprachigkeit machte sich umgehendst bemerkbar, und zwar durch die Verfassung 1848 selbst in dem von ihr grundgelegten ersten österreichischen Parlament, dem Reichstag (Bernatzik 1911, 972 f. Fn. 1). Wohl erstmals trafen hier bei seinem Zusammentreten im Juli 1848 alle Sprachen aus dem Geltungsbereich der Verfassung – also nicht aus den ungarischen Ländern -aufeinander. Die übliche Verkehrssprache der Habsburgermonarchie, Deutsch, verstand ein Viertel der Abgeordneten nicht. Die Angelobungsformel der Abgeordneten wurde deshalb in deutscher, polnischer, ukrainischer, tschechischer, italienischer und slowenischer Sprache verlesen. Bald wurde den Italienern der Gebrauch ihrer Sprache zugestanden, nicht nur in Reden, sondern auch in Verhandlungen und Anträgen. Ab September 1848 wurde auf Verlangen jeder Antrag in jede Landessprache übersetzt. Tatsächlich bediente man sich aber des Deutschen als Verhandlungssprache. So wurde denn auch aus dem Italienischen ins Deutsche übersetzt. In der Regel wurden alle wichtigsten Dokumente übersetzt, eine beachtliche Leistung.

Die Verfassung 1849, welche im März dieses Jahres jene von 1848 ablöste, enthielt gleichfalls das Sprachen-Grundrecht, und bezeichnete nun alle Sprachen ausdrücklich als gleichgestellt. Dem trug sogleich das in Anschluß an die Verfassung 1849 erlassene Gesetz über das Reichsgesetzblatt Rechnung: Es (Bernatzik 1911, 516 ff.) hatte in zehn Landessprachen zu erscheinen – die alle ihrer Gleichrangigkeit wegen als „gleich authentisch" galten! Vorgesehen waren Ausgaben in deutscher, italienischer, magyarischer, böhmischer, polnischer, ruthenischer, slowenischer, serbisch-illyrischer in kyrillischer Schrift, serbisch-illyrischer in lateinischer Schrift und in romanischer, d. h. rumänischer, Sprache. Schon die Zusätze zu einigen dieser Sprachen wiesen auf Problematiken hin. So war zum Böhmischen, d. h. zum Tschechischen, vermerkt „zugleich mährische und slowakische Schriftsprache", zum Slowenischen „zugleich windische und krainische Schriftsprache". Damit neben der offiziellen Hochsprache – Böhmisch bzw. Slowenisch – die Tatsache abweichender Dialekte bewußt angesprochen. Wohl auch in diesem Sinne war zum Rumänischen beigesetzt „moldauische und wallachische" Sprache. Etwas anders stand es mit der „serbisch-illyrischen" Sprache in lateinischer Schrift mit dem Zusatz „zugleich kroatisch": Serbisch und Kroatisch sollten sich also im Wesentlichen nur durch die Schriftzeichen – kyrillisch bzw. lateinisch – unterscheiden wie dies sodann im 20. Jahrhundert im Staat Jugoslawien mit „Serbokroatisch" betont war.

Mit der Abkehr von der konstitutionellen Monarchie durch Aufhebung der Verfassung 1849 zu Silvester 1851 trat auch hinsichtlich des Reichsgesetzblattes eine Änderung ein: Dem verstärkten Zentralismus der nunmehr beginnenden „Bachschen Ära" entsprach es, daß Ende 1852 angeordnet wurde, es sei „künftig der deutsche Text als der alleinige authentische" anzusehen und die Texte in anderen Sprachen als „Übersetzungen" einzustufen (Bernatzik 1911, 518 f.). Dabei blieb es auch nach der jüngeren gesetzlichen Regelung von 1869 (Bernatzik 1911, 512).

Dazu hatte allerdings sehr wesentlich die allein schon, wie zitiert im Text des Gesetzes über das Reichsgesetzblatt von 1849 sichtbare Problematik beigetragen: Vor allem die Übersetzungen in die slawischen Sprachen waren nicht so einfach durchzuführen, so daß ihnen keine authentische Gleichrangigkeit mit dem Deutschen eingeräumt werden konnte. Bereits im Juli 1849 setzte das Justizministerium eine „Commission für slavische juridisch-politische Terminologie“ ein. Eine im Wortstamm für alle slawischen Sprachen gleiche Rechtsterminologie konnte aber nicht erzielt werden. Doch selbst die Teilergebnisse sind beachtlich, nämlich die Wörterbücher „Juridisch-politische Terminologie für die slavischen Sprachen Oesterreichs“ in drei „Separat-Ausgaben“: 1850 Deutsch/Böhmisch, 1851 Deutsch/Ruthenisch, 1853 Deutsch/Kroatisch-Serbisch-Slowenisch in lateinischer und kyrillischer Schrift. Im letztgenannten Fall mußte man sich bei manchen deutschen Ausdrücken damit behelfen, die „slawische“ Entsprechung in Kroatisch, Serbisch, Slowenisch zu differenzieren. Die Übersetzungseuphorie hatte sich zu weite Ziele gesteckt und mußte vor der Realität zurückweichen.

Das gilt auch für das Ungarische: So erschien zwar 1853 als eine Art Wörterbuch zum ABGB „Das Österreichische Bürgerliche Gesetzbuch in alphabetischer Reihenfolge“[1], doch erst 1858 ein den slawischen Wörterbüchern verwandtes Werk „Deutsch-ungarische wissenschaftliche Terminologie“[2].

IV. Arten der Mehrsprachigkeit

Die Mehrsprachigkeit kann in zwei Varianten auftreten: Als authentische Mehrsprachigkeit mit Gleichrangigkeit aller Sprachen oder in der Unterscheidung zwischen einem authentischen Urtext und, wenngleich offiziellen, Übersetzungen. Im ersten Fall der authentischen Mehrsprachigkeit sind bei Anwendung einer Bestimmung deren sämtliche Sprachvarianten heranzuziehen und sozusagen auf einen Nenner zu bringen. Dies wurde beispielsweise ausdrücklich festgehalten für die beiden gleich authentischen Sprachen des Landesgesetzblattes für Böhmen (Bernatzik 1911, 978): „In zweifelhaften Fällen hat die Auslegung … unter Vergleichung beider Texte nach ihrem Wortlaute und Sinn stattzufinden“.

In der Regel kam es zu unterschiedlichen, eher pragmatischen Lösungen[3].

A. Die Sprachen der Landesgesetzblätter

Die einzelnen Landesgesetzblätter (Bernatzik 1911, 976 ff.) trugen den jeweikligen Gegebenheiten Rechnung. Doppelsprachig erschienen jene für Böhmen, Mähren (jeweils Deutsch und Tschechisch), Steiermark, Kärnten, Krain (jeweils

1 István Klék, Az Ausztriai Közönséges Polgáritörvény Betürendben, Pest 1853.
2 Német-Magyar Tudományos Müszótár, Pest 1858.
3 In der Folge sind nur zwei Beispiele herangezogen: die Sprache der Landesgesetzblätter und die in Parlament (Reichsrat) und Landtagen. U. a. zum Schulwesen Bernatzik 1911, 989 ff.; zu Verwaltung und Gerichtsbarkeit: Bernatzik 1911, 978 ff.

Deutsch und Slowenisch), Tirol mit Vorarlberg (Deutsch und Italienisch). Sogar drei Sprachen boten an jene für Schlesien (Deutsch, Tschechisch, Polnisch), das Buchenland (die Bukowina: Deutsch, Ruthenisch, Rumänisch), ebenso für das Küstenland (Litorale: Deutsch, Slowenisch, Italienisch) und Dalmatien (Deutsch, Kroatisch, Italienisch). Sämtliche dieser Sprachen waren gleich authentisch. Anders das Landesgesetzblatt für Galizien: Einzig der polnische Text galt als authentisch, der ruthenische und deutsche als Übersetzung, die übrigens nur bei Bedarf erfolgte. Einzig die Landesgesetzblätter für Niederösterreich (unter der Enns), Oberösterreich (ob der Enns) und Salzburg waren einsprachig (Deutsch).

B. Die Sprachen in Parlament und Landtagen

Ein weiteres Beispiel der pragmatischen, aber auch höchst politisch beeinflußten Mehrsprachigkeit gibt die Sprache in Parlament (Reichsrat) und in den Landtagen ab.

Anders als 1848/49 bestand das mit der Reichsverfassung 1861 eingerichtete Parlament, der Reichsrat, aus zwei Häusern: dem Herrenhaus und dem Abgeordnetenhaus (Brauneder 2009, 141). Über die Verhandlungssprache enthielten die Geschäftsordnungen keine Bestimmungen. So entstanden sogenannte „Konventionsregelungen“, also Gewohnheitsrecht, wie auch ansonsten im parlamentarischen Betrieb. Ihnen zufolge war Deutsch die Sprache des Herrenhauses (Bernatzik 973).

Komplizierter stellte sich die Situation im Abgeordnetenhaus dar, besonders als es ab 1873 nicht mehr von den Landtagen beschickt, sondern gewählt wurde. Im Wesentlichen galt aufgrund der erwähnten Konventionsregeln Folgendes (Bernatzik 1911, 972 ff.): Deutsch war die Sprache der Thronreden, der Vorsitzführung, der Regierungsvertreter, der Regierungsvorlagen, des Verkehrs mit dem Herrenhaus. Die Angelobungen erfolgten in den Sprachen des Reichsgesetzblattes. In ihnen waren auch die Reden zulässig. In diesen Sprachen wurden auch Petitionen angenommen, Interpellationen erst ab 1899. Reden in einer anderen als der deutschen Sprache wurden jedoch nicht stenografisch aufgenommen und erscheinen daher nicht in den Stenografischen Protokollen.

Im Betrieb der Landtage gab es Unterschiede ähnlich den Landesgesetzblättern. Allein Deutsch (Bernatzik 1911, 976, 1014 f.; Rumpler/Urbanitsch 2000, 1710) bestimmte die Landtage von Niederösterreich, Oberösterreich, Salzburg, Vorarlberg, Steiermark und Kärnten. Zweisprachigkeit war zulässig (Bernatzik 1911, 901, 976; Rumpler/Urbanitsch 1748, 1885 f., 1910 f., 1970) in den Landtagen von Böhmen, Mähren (jeweils Deutsch und Tschechisch), Tirol (Deutsch und Italienisch), Krain (Deutsch und Slowenisch), ferner mit oft hartnäckigem Widerstand gegen die slawische Sprache in den Landtagen von Görz-Gradisca, Istrien und Dalmatien (Italienisch und Kroatisch).

Am Landtag von Galizien dominierte Polnisch, Ruthenisch war nur teilweise zugelassen, an dem des Buchenlandes (Bukowina) dominierte Rumänisch neben Deutsch und Ruthenisch (Rumpler/Urbanitsch 2198). Im Landtag von Schlesien konnten die Reden in Deutsch, Polnisch und Tschechisch gehalten werden, aber Deutsch dominierte z. B. dadurch, daß das in dieses Übersetzte als authentisch galt (Rumpler/Urbanitsch 2000, 2114 f.).

V. Folgen der Mehrsprachigkeit

Im Fall der Variante Urtext/Übersetzungen erübrigt sich eine Bedachtnahme auf mehrere Sprachen, maßgebend ist eben nur der allein authentische Urtext. Dennoch blieben offizielle Übersetzungen von der Rechtswissenschaft keineswegs unbeachtet und übten einen über den primären Sinn von Übersetzungen hinausgehenden Einfluß aus. Sie trugen einmal dazu bei, daß die einzelnen Nationalitäten Cisleithaniens, in erster Linie natürlich die juristischen Berufe, die in ihre Sprache übersetzten Gesetzbücher wie vor allem des bürgerlichen Rechts (ABGB) und des Strafrechts nicht als fremde, oktroyierte Rechtsregeln ansahen. Wissenschafter nichtdeutscher Muttersprache bildeten mit ihren zum Teil auch deutschen Publikationen einen selbstverständlichen Bestandteil der österreichischen Rechtswissenschaft (Brauneder 1987, 144 f.). So stammt beispielsweise die erste umfassende Darstellung des Eherechts des ABGB 1813 von dem Slowenen Thomas Dolliner. Ein bis in das 20. Jahrhundert hinein immer wieder fortgeführtes Lehrbuch des Zivilrechts geht auf seinen Landsmann Josef Krainz zurück: Krainz/Pfaff (1885) sodann Krainz/Pfaff/Armin Ehrenzweig (1899), schließlich noch erweitert um Adolf Ehrenzweig (1951) und gegen Ende des 20. Jahrhunderts den jeweiligen Band-Bearbeiter, etwa Fritz Schwind (1984). Sowohl in Deutsch wie in ihrer Muttersprache publizierten die Tschechen wie etwa Anton Randa. Kommentare zum ABGB erschienen außer in Deutsch vor allem auch in Italienisch, weiters in Ungarisch und Polnisch, Fachzeitschriften ebenfalls in diesen Sprachen und auch in Tschechisch (Krainz/Pfaff 1905, 31 ff.).

Neue offizielle Übersetzungen dienten der Privatrechtswissenschaft ähnlich wie authentische Interpretationen fast als Neufassungen des Gesetzestextes und führten zu Ausführungen etwa anhand der neuesten italienischen Übersetzung [Brauneder 2013/II]. Typisch dafür ist etwa Thomas Dolliners „Prüfung der bisherigen drey Auslegungen eines streitigen Satzes im § 1475 des ABGB über den Einfluß der Abwesenheit auf die ordentliche Ersitzung von 30 Jahren", zu der er „die Geschichte der italienischen Übersetzungen" heranzieht (Zeitschr. f. österr. Rechtsgelehrsamkeit 1838/II, 297 ff., insbes. 333 ff.). Auch eine angebliche Lücke im ABGB stellt sich anhand von Übersetzungen doch nicht als solche dar. Während § 301 zwar in verbrauchbare/unverbrauchbare Sachen unterscheidet, sah man die Unterscheidung in vertretbare/unvertretbare Sachen im ABGB nicht geregelt (Krainz/Pfaff 1905, 242). Die lateinische Übersetzung von § 301 kehrt diese Feststellung nahezu um: Die Begriffe verbrauchbare/unverbrauchbare Sachen werden hier mit „res fungibiles/non fungibiles" wiedergegeben, also just mit den Ausdrücken für vertretbare/unvertretbare Sachen! Bewußt hatten die Redaktoren eine gemeinsame Regelung gewählt.

VI. Zusammenfassung

Im Ergebnis läßt sich feststellen, daß die Habsburgermonarchie die Problemfelder der Mehrsprachigkeit einer Rechtsordnung deutlich in Theorie und Praxis erkennen läßt. Ein den Zeitumständen noch des 19. Jahrhunderts entsprechendes Spezifikum wurzelt im unterschiedlichen Entwicklungsstand der jeweiligen Sprachen vor allem in Hinblick auf die Rechtsterminologie. In vielen Fällen erweist sich jedoch, daß die Mehrsprachigkeit zum besseren Verstehen einzelner Bestimmungen zweifelsohne auch von Vorteil war. Vor allem förderte die Mehrsprachigkeit eine übernationale Rechtskultur aufgrund einer gemeinsamen Rechtswissenschaft wie auch, was noch eigener Untersuchungen bedürfte, der Rechtsprechung von Gerichten und Verwaltungsbehörden.

Abgekürzt zitierte Literatur:

Bernatzik = E. Bernatzik, Die österr. Verfassungsgesetze, 2. Aufl., Wien 1911.

Brauneder 1987 = W. Brauneder, Juristen in Österreich, Wien 1987.

Brauneder 1991 = ders., Gesetzeskenntnis und Gesetzessprache in Deutschland von 1750 bis 1850, in: ders., Studien I, Frankfurt/Main etc. 1994, 519 ff. (Erstveröffentlichung 1991).

Brauneder 1992 = ders., Leseverein und Rechtskultur, Wien 1992.

Brauneder 2009 = ders., Österr. Verfassungsgeschichte, 11. Aufl., Wien 2009.

Brauneder 2013 = ders., Die Übersetzung von Gesetzen in der Habsburgermonarchie (= Donau-Institut Working Paper No. 7), Budapest 2013.

Brauneder 2013 II = ders., Übersetzungsprobleme anhand lateinischer und italienischer ABGB-Übertragungen (= Donau-Institut Working Papers No. 10), Budapest 2013.

Galletti 1822 = J. G. A. Galletti, Allgemeine Weltkunde, 5. Aufl., Pest-Wien 1822.

Kopetz = W. G. Kopetz, Österreichische politische Gesetzkunde, oder systematische Darstellung der politischen Verwaltung ...I/1, Wien 1807.

Krainz/Pfaff = I. Krainz/L. Pfaff, System des österr. allg. Privatrechts I, 4. Aufl., Wien 1905.

Rumpler/Urbanitsch = H. Rumpler/P. Urbanitsch, Die Habsburgermonarchie 1848–1918 VII/2, Wien 2000.

Springer = J. Springer, Statistik des österr. Kaiserstaates II, Wien 1840.

Der Grundrechtskatalog für Bosnien-Herzegowina 1910

A. Der institutionelle Rahmen

Die Verfassung des cisleithanisch-ungarischen Kondominiums Bosnien Herzegowina[1] war diesem Status gemäß von den beiden Reichsteilen gemeinsam zu erlassen. In diesem Sinne beschäftigten sich[2] der cisleithanische (österreichische) sowie der ungarische Ministerrat mit einem – offenbar cisleithanischen[3] - Entwurf, der 1910 die Zustimmung des ungarischen Ministerrats fand. Am 12. Februar 1910 bildete „die bosnische Verfassung ... den Gegenstand von Beratungen zwischen den Mitgliedern der gemeinsamen Regierung und den beiden Ministerpräsidenten" Österreichs und Ungarns. In dieser Sitzung des sogenannten „gemeinsamen Ministerrats" kam es zur Einigung in

---

Aus: I. Czeguhn, Recht im Wandel – Wandel des Rechts. Festschrift für Jürgen Weitzel zum 70. Geburtstag, Köln etc. 2014, 591 ff.

1 Dazu N. Wurmbrand, Die rechtliche Stellung Bosniens und der Herzegowina, 1915, 36, 41; L. Classen, Der völkerrechtliche Status von Bosnien-Herzegowina nach dem Berliner Vertrag vom 13.7.1878, in: Rechts- und sozialwissenschaftliche Reihe 32, 2004; V. Heuberger, Politische Institutionen und Verwaltung in Bosnien und der Herzegovina 1878 bis 1918, in: H. Rumpler – P. Urbanitsch (Hrsg.), Die Habsburgermonarchie 1848–1918, Bd. VII/2, 2383 ff.; G. Steinbach, Die bosnische Verfassung, in: Jb. d. öffentl. Rechts d. Gegenwart 1910/4, 483, 485; F. Schmid, Bosnien und Herzegowina, 1914, 28 f; ferner Wiener Zeitung v. 22.2.1910/42, 18.

2 Das Folgende nach „Neue Freie Presse" (NFP) v. 8.2.1910/16331, 2; NFP v. 12.2.1910/16385, Abendblatt, 1, 5; NFP v. 20.2.1910/16343, 6; vgl. noch NFP v. 22.2.1910/16345, 5. – Das einschlägige Archivmaterial wurde nach 1918 nach Jugoslawien verbracht.

3 Vgl. die Bemerkungen, es habe die ungarische Regierung die Verfassungsentwürfe „genau und eingehend studiert", könne nunmehr „nach eigener Überzeugung die Entscheidung treffen" (NFP v. 8.2.1910/16331, 2), sie gebe ihre „Zustimmung zur Inkraftsetzung des Verfassungsentwurfes" (NFP v. 12.2.1910/16335).

der bosnischen Verfassungsfrage, so daß der hiefür zuständige k.u.k. Finanzminister die Entwürfe dem Kaiser zur Sanktion vorlegen konnte, welche er am 17. Februar 1910[4] erteilte. Das „Landesstatut für Bosnien und die Hercegovina" wurde am 20. Februar 1910 „im ganzen Lande" Bosnien-Herzegowina proklamiert[5], am 22. bzw. 23. Februar 1910 erfolgte die Kundmachung dieser Verfassung in den Amtsblättern von Wien bzw. Budapest.

So hatten sich in Bezug auf die Grundrechte dieser Verfassung der cisleithanische (österreichische) Ministerrat und die in Wien beheimateten gemeinsamen k.u.k. Ministerien nach dem Grundrechtskatalog des Staatsgrundgesetzes über die Allgemeinen Rechte der Staatsbürger von 1867[6] noch einmal mit einem solchen zu beschäftigen gehabt, wobei bereits die zeitgenössische Presse annahm, daß diese neue Grundrechtsfestlegung „einer Anregung der österreichischen Regierung ihre Entstehung verdankt"[7].

B. Vorbild 1867

Der cisleithanische Grundrechtskatalog von 1867 diente dem bosnisch-herzegowinischen bewußt als – einziges – Vorbild[8]. Von den 19 Grundrechtsparagraphen des „Landesstatuts"[9] entsprechen 11 zur Gänze oder annähernd Bestimmungen aus dem Grundrechte-Staatsgrundgesetz von 1867, 6 weitere sind solchen nachgebildet, eine (gesetzlicher Richter, richterliche Unabhängigkeit) wiederholt entsprechende Bestimmungen aus dem Gesetz über die persönliche Freiheit von 1862 und dem Staatsgrundgesetz über die richterliche Gewalt 1867; das einzige originäre Grundrecht verbürgt als lex specialis zum Gleichheitssatz die Fortgeltung des Scheriat-Rechts für Mohammedaner (§ 10). Die Grundrechte stellen somit keine Neuschöpfung sondern Adaptionen jener von 1867 dar. Einige Modifikationen verstehen sich bloß aus legistischen Gründen: Die Landesbürgerschaft ist detailliert bestimmt, die anerkannten Religionsgesellschaften sind aufgezählt, an die Stelle der Verweisungen auf Gesetze von 1862 mußten

4 Wiener Zeitung v. 18.2.1910/39, 2.
5 Wiener Zeitung v. 19.2.1910/40, 9.
6 U. a. W. Brauneder, Österreichische Verfassungsgeschichte, 11. Aufl., 2009, 157, 160, 169 mit 123; ders. Quellenbuch zur österreichischen Verfassungsgeschichte 2012, 61 ff. (Text).
7 NFP v. 20.2.1910/16343, 6.
8 Wiener Zeitung v. 22.2.1910/42, 18; NFP v. 20.2.1910/16343, 6.
9 E. Bernatzik, Die österreichischen Verfassungsgesetze mit Erläuterungen, 2. Aufl. 1911, 1037 ff. (§§ 2–20); J. Giegl, Verfassungsgesetze der Länder Bosnien und Hercegovina, 1910, 7; vgl. ferner Steinbach, Verfassung (Fn. 1), 486 f; Wurmbrand, Bosnien (Fn. 1), 4 und L. Geller, Bosnisch-hercegovinische Verfassungs- und Politische Grundgesetze, 1910, 33; Schmid, Bosnien (Fn. 1), 30 f.

Ausführungen treten, das Versammlungs- und das Vereinsrecht sind auf zwei Bestimmungen verteilt.

C. Unterschiede zu 1867

Materiell bedeutsam ist das Fehlen von Grundrechten aus 1867. So entfielen gleiche Ämterfähigkeit, Freizügigkeit und Auswanderungsfreiheit, die Möglichkeit zur Beschränkung des Liegenschaftserwerbs der „toten Hand", wohl wegen des islamischen Vermögens, die Aufhebung des Untertänigkeitsverbandes wegen der brisanten Kneten-Ablösung religiöser Stiftungen (Vakuf), die freie Berufswahl und Sprachenregelungen. Diese gegenüber 1867 nicht unwichtigen inhaltlichen Veränderungen des Grundrechtskatalogs verstanden sich aus spezifischen bosnisch-herzegowinischen Situationen[10].

Von besonderem Interesse sind weiters Modifikationen einzelner Grundrechte aus 1867. So wurde der Nationalitätenschutz nicht „Völkern", sondern „Angehörigen" zuerkannt. Von Bedeutung ist hiebei in erster Linie, daß der Nationalitätenschutz damit auf (vorhandene) Rechtssubjekte bezogen wurde, wie dies auch der Reichsgerichts-Judikatur entsprach, die aber unter den Nationalitäten-Schutz auch juristische Personen stellte[11]. Der Schutz des Hausrechts fand ausdrücklich eine Erweiterung um „die Durchsuchung und Beschlagnahme von Papieren", das Briefgeheimnis eine Ergänzung um ein „Post- und Telegraphengeheimnis". Ein sehr wesentlicher Zusatz bereicherte den Eigentumsschutz, da ausdrücklich – im Gegensatz zu 1867 – zur Enteignung festgehalten wurde, daß sie (unter anderem) nur „gegen angemessene Entschädigung" stattfinden könne.

So waren Unzulänglichkeiten, welche einige Grundrechtsbestimmungen aus 1867 aufwiesen, vermieden bzw. der modernen Entwicklung wie dem Telegraph Rechnung getragen worden. In Cisleithanien hatte es zur Klärung der durch den Nationalitätenschutzartikel Begünstigten, wie eben erwähnt, der Judikatur bedurft. Der Schutz des Fernmeldegeheimnisses wurde in Österreich überhaupt erst 1973 (BGBl. 1974/8) nach dem Briefgeheimnis in das Staatsgrundgesetz eingereiht. Die Aufnahme der „angemessenen Entschädigung" in die Enteignungserlaubnis durch den cisleithanischen Gesetzgeber, wenngleich nicht für Cisleithanien, zeigt, daß er jedenfalls 1908 die Entschädigung als Wesensmerkmal der Enteignung mitgedacht hatte und diese daher zum historischen Enteignungsbegriff, wie schon nach § 365 ABGB, gehört[12]. Als Interpretationshilfe

---

10 Vgl. die Darstellung und Kritik bei K. Lamp, Die Verfassung von Bosnien und der Herzegowina vom 17. Februar 1910, in Jb. d. öffentl. Rechts d. Gegenwart 1911/5, 152.

11 G. Stourzh, Die Gleichberechtigung der Nationalitäten der Verfassung und Verwaltung 1848–1918, 1985, 193.

12 Die Annahme, in Bosnien und der Herzegowina wäre bei Enteignung zu entschädigen, in Cisleithanien jedoch nicht, wirkt paradox.

für die cisleithanischen/österreichischen Grundrechte wurden die bosnisch-herzegowinischen allerdings nie herangezogen.

Ein wesentlicher Unterschied zur Situation in Cisleithanien bestand schließlich hinsichtlich der Änderung und Aufhebung der Grundrechte. Während sie hier der ordentlichen Gesetzgebung des Reichsrats unterlagen, so nicht in Bosnien-Herzegowina jener des Landtags, sondern dem Verordnungsrecht des Kaiser-Königs[13].

D. Einzelne Grundrechtsbeispiele

Insgesamt wurden schon 1910 drei Arten an bosnisch-herzegowinischen Grundrechten unterschieden[14]: Schranken für die Exekutivgewalt, politische Mitwirkung- bzw. Einflußrechte, „promissorische“ Regeln als „Gesetzgebungsprogramm“, nach heutiger Terminologie also Staatszielbestimmungen. Zu diesen zählten u. a. die Gewährleistung der „Wahrung der nationalen Eigenart und Sprache“ und die Vorsorge für öffentliche Schulen (§ 13).

Eine wesentliche Schranke gegenüber der Exekutive stellte der Gleichheitssatz dar (§ 2)[15]. Allerdings modifizierten ihn erheblich Regeln, welche auf die Zughörigkeit zu einer der anerkannten „Religionsgenossenschaften“ (§ 8) Bedacht nahmen. Sie führten nämlich zu unterschiedlichen Rechtsstellungen wie die Aufrechterhaltung des Scheriatrechtes für Mohammedaner in Teilen des Bürgerlichen Rechts (§ 11) und Differenzierungen im Wahlrecht[16]. Dies bewirkte folgende Prognose[17]: Mit „Rücksicht auf den engen staatlichen und wirtschaftlichen Zusammenschluß des Neulandes mit Oesterreich und Ungarn wird sich die in diesen Staaten grundsätzlich ablehnende Haltung des Familien- wie des konfessionellen und des Verwaltungsrechts gegenüber dem Islam auf die Dauer nicht aufrecht erhalten lassen“. Derartige religiöse Differenzierungen im Wahlrecht finden sich in der zeitgleichen Änderung der Landesordnung der Bukowina vom 26. Mai 1910 (LGBl. 26) übrigens trotz verschiedener Bekenntnisse nicht.

E. Wesen und Wirkung

Die Grundrechte für Bosnien-Herzegowina standen zwar als „allgemeine bürgerliche Rechte“ sogleich im Abschnitt I des Landesstatuts, wiesen jedoch zwei gravierende, rückschrittliche Unterschiede zu den cisleithanischen auf: Die parallele Suspensionsbestimmung schränkte nicht wie die von 1867 (Art. 20)

13 Lamp, Verfassung (Fn. 10), 153; Schmid, Bosnien (Fn. 1), 31.
14 So Lamp, Verfassung (Fn. 10), 153.
15 Lamp, Verfassung (Fn. 10), 154.
16 Steinbach, Verfassung (Fn. 1), 493; Schmid, Bosnien (Fn. 1), 33.
17 Lamp, Verfassung (Fn. 10), 157.

auf einige Grundrechte ein, so daß in Bosnien-Herzogowina alle Grundrechte suspendiert werden konnten; ferner war keine Verfassungsgerichtsbarkeit und damit auch keine solche bei Grundrechtsverletzungen vorgesehen, so daß die Grundrechte demnach nicht den Charakter subjektiver Rechte trugen, sondern nur den von Staatszielbestimmungen und Grundsätzen für die Ausübung der Landesgewalt. In diesem Sinne ergingen auch gleichzeitig mit dem Landesstatut ein Vereins- und ein Versammlungsgesetz, übrigens nach österreichischem Vorbild. Auch fehlte ein Verwaltungsgericht, welches das Landesstatut, insbesondere die Grundrechte, als Maßstab wie ein einfaches Gesetz hätte nehmen können.

Diese Abweichungen gegenüber 1867, besonders die von hier nicht aufgenommenen Grundrechtsbestimmungen, erinnern an die Differenzierung der Grundrechte in der Verfassung 1849 mit ihrer vollen Entfaltung nur in den cisleithanischen Ländern durch das für sie erlassene Grundrechtspatent[18]. Während jedoch damals ein Unterschied in den Grundrechten für einzelne Länder im Staat gemacht worden war, bestand ein solcher nunmehr zwischen dem cisleithanischen Staate und einem Kondominium, das jener mit Ungarn verwaltete, welches seinerseits keinen derart entwickelten Grundrechtsschutz wie Cisleithanien kannte.

F. Ergebnisse

An den Grundrechten für Bosnien-Herzegowina wurde kritisiert, man hätte keinen festen Begriff gefunden, schon der für sie verwendete Ausdruck „Allgemeine bürgerliche Rechte“ sei verschwommen, zumal etwa auch von „bürgerlichen und politischen Rechten“ gesprochen wird (§ 8)[19], hätte weiters „auf die Frage der subjektiven öffentlichen Rechte (keine) Rücksicht genommen oder eine begriffliche Unterscheidung gemacht zwischen politischen Rechten der Untertanen, objektiven Garantien gegen Mißbrauch der Exekutivgewalt, Abgrenzung der Rechtsstellung der Einheimischen gegenüber jener der Fremden und bloßen proklamatischen Erklärungen für die Ziele künftiger Gesetzgebung“[20]. Diese Kritik traf aber wegen der unübersehbaren Vorbildhaftigkeit der Grundrechte von 1867 zum Teil auch diese. Kern derartiger Kritiken war die Negation „der Klärung, welche dieser Begriff [der Grundrechte] in der modernen deutschen Rechtswissenschaft erfahren hat“, wobei auf Jellinek, Laband, Hatschek und Bornhak verwiesen wurde[21].

---

18 Brauneder, Verfassungsgeschichte (Fn. 6), 123 f.; ders., Quellenbuch (Fn. 6), 28 f.
19 Lamp, Verfassung (Fn. 10), 160.
20 Lamp, Verfassung (Fn. 10), 153, auch 160; vgl. ferner Wurmbrand, Bosnien (Fn. 1) 43.
21 Lamp, (Fn. 10), 152.

Die Kritiken spiegeln den Fortschritt der Grundrechtsentwicklung in der Wissenschaft wider. Der cisleithanische Gesetzgeber für Bosnien-Herzegowina hatte sich dennoch 43 Jahre nach dem Grundrechtskatalog von 1867 nur zu dessen Adaptierung, nicht aber zu Neuformulierungen entschlossen und damit die inzwischen stattgehabte wissenschaftliche Entwicklung unbeachtet gelassen. Dennoch: Bosnien-Herzegowina erhielt einen Grundrechtskatalog wie ihn nicht alle europäischen Staaten besaßen, beispielsweise nicht das benachbarte Ungarn.

Kirchenstaatspläne 1916/1918: Tirol statt Liechtenstein?

I. „Römische Frage" und Erster Weltkrieg

Mit dem Kriegseintritt Italiens am 23. Mai 1915 erhielt die „Römische Frage" eine neue Dimension[1]. Vom freiwilligen „Gefangenen im Vatikan" wurde Papst Benedikt XV. jedenfalls für die Mittelmächte zu einem unfreiwilligen Gefangenen Italiens. Nicht, daß er dieses verlassen oder man ihn „befreien" wollte: Aber der diplomatische Verkehr mit katholischen Staaten erfuhr empfindliche Behinderungen. Deutlich wurde dies auf mehrfache Weise. Als schon 1916 und dann vor allem mit einem Artikel der russischen Zeitung „Izvestija" vom November 1917 der von den Entente-Mächten Großbritannien, Frankreich und Rußland mit Italien geschlossene Vertrag vom 26. April 1915, der dieses zum Kriegseintritt bewog, allmählich bekannt wurde, hatte man auch Kenntnis von jener Bestimmung (§ 15), nach der sich die genannten Entente-Mächte Italien gegenüber verpflichteten, dieses in seinen Bemühungen zu unterstützen, diplomatische Schritte des Papstes zu einem Friedensschluß und dessen Teilnahme an einem Friedenskongreß zu unterbinden[2]. Dagegen wandte sich besonders energisch in der Nachbarschaft des katholischen Liechtenstein die Zeitung „Neue Zürcher Nachrichten" zu Anfang März 1916[3]: Es zählten, so schon die Überschrift des Leitartikels, zu den „Pflichten der Katholiken aller Nationen" folgende „Hauptpunkte", die in „Einheitlichkeit" zu vertreten wären: Aufhebung

Aus: I. Kroppenberg – N. Löhnig – Dr. Schwab (Hg.), Recht – Religion – Verfassung. Festschrift für Hans-Jürgen Becker zum 70. Geburtstag, Bielefeld 2009, 1–8.

1 A. Werminghoff, Weltkrieg, Papsttum und römische Frage, 1918, 4 ff.

2 Werminghoff, wie Fn. 1, 17; M. Liebmann, Der Papst – Fürst von Liechtenstein, in: Jahrbuch des Historischen Vereins für das Fürstentum Liechtenstein 85, 1985, 233.

3 Neue Zürcher Nachrichten, 4.3.1916 Nr. 63/2. Blatt, sogleich S. 1: „Die Römische Frage und die Pflichten der Katholischen aller Nationen", verfaßt „von besonderer Seite". Dankenswerterweise in Kopie von der Zentralbibliothek Zürich erhalten.

des Garantiegesetzes, weil „absolut ungenügend"; die Römische Frage nicht als „innere Frage Italiens", sondern als „durchaus international" anzusehen; es sei, gegen den dieses negierenden Londoner Vertrag als „neues Attentat [darauf] energisch Stellung" zu nehmen wie vor allem auch gegen den Ausschluß des Papstes von einem Friedenskongreß. Bald nach dem Kriegseintritt Italiens stellten die Mittelmächte in ihrem diplomatischen Verkehr mit dem Vatikan derart gravierender Behinderungen fest, daß Österreich-Ungarn, Bayern und Preußen ihre Gesandten am Heiligen Stuhl aus Rom zurückriefen[4]. Österreichs Gebäude der Gesandtschaft beim Heiligen Stuhl, der Palazzo Venezia, wurde von Italien 1916 beschlagnahmt, was gegen das italienische Garantiegesetz 1871 verstieß[5]. Angesichts dieser Umstände lag der Gedanke nahe, die Wiederherstellung des Kirchenstaates zu einem Kriegsziel der Mittelmächte zu erklären, doch geschah dies aus guten Gründen doch nicht[6]. Aber bestimmend blieb weiterhin in der Diktion des Vatikans vom Frühjahr 1916 die Auffassung, „nur ein wirklicher territorialer Besitz" könne Grundlage für den Papst als „ein wirklicher Souverän" sein[7]. In dieser Situation entstand der nun zu schildernde Plan für die Etablierung eines neuen Kirchenstaates.

II. Kirchenstaat Liechtenstein 1916

Im Frühjahr 1916 erhielt ein auf die Initiative des deutschen Reichstagsabgeordneten für die katholische Zentrumspartei und späteren Staatssekretärs Matthias Erzberger, bekannt als Unterzeichner des Waffenstillstandsvertrages 1918, entstandener Plan Konturen, das souveräne Fürstentum Liechtenstein in einen neuen Kirchenstaat umzuwandeln[8]. Zu Erzbergers Motiven zählte wohl das von den zitierten „Zürcher Nachrichten" im Monat zuvor Eingeforderte, und zwar vor allem die Teilnahme des Papstes an einem Friedenskongreß, was für die Mittelmächte günstige Wirkungen zu zeitigen versprach: Dafür aber mußte der Papst unanfechtbarer Souverän sein. Am 27. März 1816[9], schon drei Wochen also nach dem Artikel in den „Zürcher Nachrichten", verfaßt übrigens von „Besonderer Seite," unterbreitete Erzberger seinen Plan im Vatikan, der bei Papst

4 Werminghoff, wie Fn. 1, 21, 42 f.
5 Werminghoff, wie Fn. 1, 43.
6 Werminghoff, wie Fn. 1, 20 f.
7 Liebmann, wie Fn. 1, 234.
8 *R.* Quaderer, Liechtenstein im Weltkrieg, [im Erscheinen], Abschnitt V; G. Schöpfer, klar und fest. Geschichte des Hauses Liechtenstein, 2. Aufl 1996, 143 f; Liebmann, wie Fn. 1, 234 ff, insbes. 238 ff, 242 f.; R. Bächtold, Der Vatikan in Vaduz, in: Die Weltwoche (Zürich), 2.2.1977, Magazin, 49, 51; vom Archiv „Die Weltwoche" freundlichst zur Verfügung gestellt.
9 Das Folgende nach Bächtold, wie Fn. 8, 49.

Benedikt XV. auf „volle Zufriedenheit" stieß, womit er die Hoffnung verband, Erzberger möge „diese so wichtige Sache durchbringen". Daraufhin ließ dieser am 28. April Kaiser Franz Josef eine entsprechende Denkschrift zukommen und bat um dessen Vermittlung. Der Plan sah in seinem Kern vor, durch die Schenkung von Liechtenstein an den Papst diesen zum Fürsten dieses souveränen Staates und damit zum völkerrechtlich eindeutig begründeten Souverän in der Staatenwelt zu machen. An eine Übersiedlung des Papstes in dieser neuen, zusätzlichen Funktion nach seinem Fürstentum war nicht gedacht, denn es sollte das Haus Liechtenstein als „Reichsverweser", als „Statthalter" des Papstes weiterhin das Fürstentum regieren. Eine Variante dieses Planes sah vor, die Reichsverweser-Lösung zu vermeiden, und zwar durch Teilung des Fürstentums, das ohnedies aus zwei ehemaligen reichsunmittelbaren Herrschaften, Schellenberg und Vaduz, 1719 gebildet worden war[10]. Für den Verlust eines Teils sollten als Entschädigung an das Fürstenhaus dessen ausgedehnte Besitzungen im Norden des damaligen Niederösterreich um Feldsberg und Eisgrub sowie im angrenzenden Südmähren aus dem österreichischen Staatsverband ausgeschieden und dem ihm verbliebenen Rest des Fürstentums zugeschlagen werden. Dieser hätte also auch aus Streubesitzungen in Österreich bestanden wie etwa damals inmitten Preußens das freilich wesentlich größere Braunschweig.

An den Erörterungen zu diesem Projekt waren entsprechend seines Inhalts mehrere, und zwar höchst maßgebliche Personen beteiligt[11]. Auf kirchlicher Seite waren dies für den Heiligen Stuhl Papst Benedikt XV. selbst sowie unter anderem der spätere Papst Pius XII. als Sekretär für außerordentliche kirchliche Angelegenheiten und der Wiener Kardinal Piffl. Für die betroffene Habsburgermonarchie sprachen unter anderem Kaiser Franz Josef, sein künftiger Nachfolger Karl und dessen Gattin Zita, für das Haus Liechtenstein insbesondere der Thronfolger Prinz Alois und der regierende Fürst Johann II. Erzberger besaß wohl „ein Verhandlungsmandat mit detaillierten Richtlinien" des Papstes, jedenfalls war Ende März/Anfang April 1916 „das Projekt Liechtenstein keine Privatidee und Privatangelegenheit Erzbergers mehr"[12]. Keine Kenntnis[13], jedenfalls

10 V. Press, Die Entstehung des Fürstentums Liechtenstein, in: W. Müller (Hrsg.), Das Fürstentum Liechtenstein, ein landeskundliches Portrait, 1981, 63 ff; M. Hörrmann, Fürst Anton Florian von Liechtenstein (1656–1721), in: V. Press – D. Willoweit (Hrsg.), Liechtenstein – Fürstliches Haus und staatliche Ordnung. Geschichtliche Grundlagen und moderne Perspektiven, 1987, 189 ff.; O. Seger, 250 Jahre Liechtenstein, in: Jahrbuch des historischen Vereins für das Fürstentum Liechtenstein 68, 1968, 41 ff.

11 Quaderer, wie Fn. 8; Liebmann, wie Fn. 1, insbes. 236 ff, 240 ff.

12 So Liebmann, wie Fn. 1, 245.

13 Nach Bächtold, wie Fn. 8, 51.

aktenkundlicher Natur, hatte offenbar das österreichische Außenamt, auch nicht die liechtensteinische Landesvertretung in Vaduz sowie die liechtensteinische Hofkanzlei in Wien, welches ja damals als Liechtensteins Residenz und Regierungssitz fungierte. Die wichtigen Gespräche hatten auch mehrfach in Wien stattgefunden, wo Fürst Johann II. mit Erzberger konferierte und man u. a. das erzbischöfliche Palais von Kardinal Piffl benutzte[14].

Die involvierten Personen zeigen deutlich, daß der Plan einer Schenkung mit allenfalls der Teilung eines Staatsgebietes einer patrimonialen Staatsauffassung entsprang und entsprach, wie sie im Zeitalter des Verfassungsstaates, zu welchem Liechtenstein mit seiner Verfassung 1861 und Österreich mit seiner Verfassung 1867 gehörten, längst obsolet geworden war. Der seitens der Kurie „geradezu euphorisch begeistert" aufgenommene Plan scheiterte letztlich am Fürstenhaus, worauf die Kurie von dem Plan Abstand nahm[15].

Im Fürstentum selbst gab es 1916/17 die verschiedensten Gerüchte[16]: Es sei die Burg Vaduz zum Zufluchtsort des Papstes erkoren, Liechtenstein könne Kirchenstaat werden, wozu auch beitrug, daß in Liechtensteins unmittelbarer Umgebung, nämlich im schweizerischen Rheintal, die Bodenpreise plötzlich anstiegen, was den Gerüchten Nahrung gab, es würden sich hier päpstliche Anhänger ankaufen wollen. Wohl waren auch Verhandlungen im damals eher dörflichen Vaduz mit kirchlichen Würdenträgern nicht unbeachtet geblieben. Vaduz als päpstliche Residenz kochte übrigens schon einmal in der Gerüchteküche, da nämlich das „Liechtensteiner Volksblatt" am 14. Dezember 1888[17] berichtete, der Fürst habe für den Fall, daß der Papst Rom verlassen wolle, Vaduz „als Residenz angeboten", wo er für diesen „einen prächtigen Palast und eine Kirche" errichten würde, auch habe er „dem Papst sein ganzes Fürstenthum und eine Summe von 10 Millionen Gulden testamentarisch vermacht, damit die Päpste, falls sie jemals Rom verlassen sollten, einen Wohnsitz haben" – was auf einen neuen Kirchenstaat hinauslief! Der Artikel schloß allerdings damit, es habe „die fürstliche Hofkanzlei in Wien obiges Gerücht als nicht begründet erklärt". Aber die Idee stand nun im Raum.

Nach dem Ersten Weltkrieg scheint das doch lebhaft betriebene Projekt seitens des fürstlichen Hauses auf die Gerüchteebene heruntergespielt worden zu sein[18]. Das Projekt hätte jedenfalls aus mehreren Gründen keine Chance zur Verwirklichung gehabt: Ein Widerstand im Fürstentum selbst war insbesondere von der Opposition im Landtag, die eine Hinwendung zur Schweiz

---

14 Liebmann, wie Fn. 1, 239 f.

15 Liebmann, wie Fn. 1, 238, 243; Bächtold, wie Fn. 8, 51.

16 Quaderer, wie Fn. 8; Bächtold, wie Fn. 8, 51.

17 Nach Bächtold, wie Fn. 8, 49.

18 Liebmann, wie Fn. 1, 241, 246; Bächtold, wie Fn. 8, 51.

anstrebte, zu erwarten gewesen, höchst wahrscheinlich von diesem insgesamt. Soweit Österreich betroffen gewesen wäre, dachte man an eine Gestaltung mittels kaiserlicher Notverordnung[19], die freilich in weiterer Folge das Parlament hätte zum Gesetz erheben müssen, was der Abtretung von Teilen des Staatsgebietes wegen kaum geschehen wäre. Auf internationaler Ebene wäre wohl das Jonglieren mit einem Staat wie mit Privateigentum auf Bedenken gestoßen. Jedenfalls aber war eines ohnedies nicht zu erlangen, nämlich die Zustimmung des fürstlichen Hauses.

III. Kirchenstaat Tirol 1918/19

Die Zusicherung der Brennergrenze an Italien seitens der Entente, d. h. die Teilung des Landes Tirol, im schon erwähnten Vertrag von 1915 wurde allmählich seit 1917, insbesondere sodann im Laufe des Jahres 1918 in weiteren Kreisen bekannt[20]. Mit dem Kriegsende 1918 stand nun diese vertragliche Zusage vor ihrer Realisierung. In Tirol sprossen förmlich in den verschiedensten Gremien Pläne zur Wahrung des ganz vorrangigen Zieles der Erhaltung der Landeseinheit hervor, wovon so gut wie alle die Errichtung eines selbständigen Staates, also die Loslösung von der neu gegründeten Republik Deutschösterreich[21], als Basis hatten. So[22] dachte man an die Gründung einer selbständigen Republik Tirol, gebildet aus Deutschtirol beiderseits des Brenner und den ladinischen Gebieten, und zwar mit neutralem Status. Ambitionierter war die Idee einer selbständigen Alpenrepublik gebildet aus Liechtenstein, Vorarlberg, Tirol im eben erwähnten Umfang, Salzburg, Berchtesgaden, Teilen Kärntens sowie Teilen der Steiermark[23]. Aus diesen Gebieten sollte auch nach dem Plan Michael Mayrs, des späteren Staatssekretärs für Verfassungsfragen und ersten Bundeskanzlers der Republik Österreich, eine „neutrale Republik Tirol" bestehen, allerdings vermehrt um noch einige Gebiete, beispielsweise Teile des Innviertels[24]. Aber es gab weiters die Idee, daß sich Deutschtirol als Kanton der Schweiz anschließen sollte, was gleichfalls auf Tirols Neutralisierung hinauslief, allerdings ohne

19 Liebmann, wie Fn. 1, 244.

20 H. J. W. Kuprian, Der Tiroler Separatismus der Ersten Republik, in: G. M. Dienes – M. Jaroschka (Hrsg.), 1918/1919. Die Bundesländer und die Republik. Protokollband des Symposiums zum 75. Jahrestag der Ausrufung der 1. Republik am 12. und 13. November 1993 im Grazer Stadtmuseum, 1994, 51.

21 W. Brauneder, Deutschösterreich 1918. Die Republik entsteht, 2000, 64 ff.

22 Kuprian, wie Fn. 20, 59; E. Pinzer, Tirol von innen am Ende des Ersten Weltkrieges, in: A. Pelinka – A. Maislinger (Hrsg.), Handbuch zur neueren Geschichte Tirols II: Zeitgeschichte. Teil 1: Politische Geschichte, 1993, 80.

23 Kuprian, wie Fn. 20, 59; Pinzer, wie Fn. 22, 80.

24 Kuprian, wie Fn. 20, 59 ff.

vollsouveräner Staat zu sein; Italien wäre mit dem Kanton Tessin zu entschädigen[25]. Weiters existierten monarchische Pläne. Nahe lag, Ex-Kaiser Karl an die Spitze einer selbstständigen Grafschaft Tirol zurückzurufen[26]. Ein anderer Plan sah als Tiroler Fürsten Albrecht von Thurn und Taxis vor[27].

Schließlich existierte der Plan, Tirol unter der Herrschaft des Papstes zum neuen Kirchenstaat zu machen[28]. Dieser Plan hatte, wie all die vorigen, in erster Linie die Erhaltung der Landeseinheit im Auge. Es ging aber weiters auch, wie es der deutsche Konsularbericht formulierte, um die Erhaltung Tirols als „Hochburg des Katholizismus" verbunden mit der Idee, es könne, abermals in den Worten des Konsularberichts, „vielleicht künftiger Sitz des Papsttums" sein. Dies war keineswegs die erste Erwägung, den Papst aus seiner „Gefangenschaft" hinauszubringen, und zwar nach Tirol[29]. Schon 1874 dachte offenbar Papst Pius IX. selbst daran, nach Brixen zu übersiedeln, dessen Bischof Gasser er als „il modello dei vescovi" besonders schätzte. Sein Nachfolger, Papst Leo XIII., erwog sogar vier Mal, in den Jahren 1881, 1882, 1888 und 1891, in die Habsburgermonarchie auszuweichen. 1888 war, wie oben erwähnt, in Liechtenstein das Gerücht sogar publiziert worden, der Fürst habe dem Papst hier zu residieren angeboten. In Österreich wurde als päpstliche Residenz nach Salzburg vor allem Trient der Vorzug gegeben, nämlich als zwar italienische Stadt, aber außerhalb des Kgr. Italien, eben in Tirol. Diese Ausweichversuche Papst Leos XIII. nach Tirol waren maßgeblichen Kreisen in Österreich deshalb bekannt, weil sich mit ihnen Kaiser Franz Josef und die Wiener Regierungen zu befassen hatten, die sie jedoch aus Rücksicht auf den italienischen Bundesgenossen stets ablehnten. Wie weit man davon in Tirol Kenntnis hatte, und zwar noch 1918, sei dahingestellt.

---

25 Pinzer, wie Fn. 22, 81.

26 H. Jablonka, Waitz, Bischof unter Kaiser und Hitler, 1971, 43; U. Bablik, Vom Londoner Vertrag bis zum Vertrag von Saint Germain. Tirol 1915–1919, Dipl. Arb., Geisteswiss. Fak./Univ. Wien, 2000, 76.

27 Pinzer, wie Fn. 22, 80.

28 Kuprian, wie Fn. 20, 59; Pinzer, wie Fn. 22, 80; A. Pelinka - H. Reischenböck, Das politische System des Bundeslandes Tirol, in: A. Pelinka - A. Maislinger (Hrsg.), Handbuch zur neueren Geschichte Tirols II: Zeitgeschichte. Teil 1: Politische Geschichte, 1993, 135; Konsulatsbericht des Deutschen Konsulates in Innsbruck vom 24.2.1919 [Politisches Archiv des Auswärtigen Amtes, Aktenzeichen IA, Österreich Nr. 103, Bd 11]; J. Riedmann, Tirol, in: E. Weinzierl - K. Skalnik (Hrsg.), Österreich 1918–1938, 1983, 965; *R. Schober*, Staatliche Formierung und politische Entwicklung Tirols vom Zusammenbruch 1918 bis zu den Juli-Ereignissen 1927, in: Geschichte und Gegenwart 3, 1991, 194.

29 Vgl. zum Folgenden H. Kramer, Die Übersiedlungspläne der Römischen Kurie nach Südtirol, in: Der Schlern 27, 1953, 130 f.

IV. Zusammenhang der Kirchenstaatspläne Liechtenstein und Tirol

Die Wahrscheinlichkeit eines Zusammenhangs zwischen dem liechtensteinischen Kirchenstaatsplan von 1916 und jenem in Bezug auf Tirol von 1918/19 beruht einmal auf der zeitlichen und geographischen Nähe. Die oben erwähnten Gerüchte bezüglich Liechtensteins hatten ihren Niederschlag in der „Oberrheinischen Zeitung" in der Schweiz gefunden[30] und damit ihren Weg auch in die Vorarlberger Öffentlichkeit, wohl auch in die Tirols. Dazu gesellt sich, von stärkerer Gewichtigkeit, die Tätigkeit von Institutionen sowie, damit im Zusammenhang, das Handeln bestimmter Personen.

In Bern wurde 1918 das Tiroler Informationsbüro eröffnet, das als „inoffizielle Gesandtschaft" Tirols[31] charakterisiert wird, da die Schweiz ihrer Neutralität wegen vor den Friedenskonferenzen als Boden für alle möglichen internationalen Kontakte genutzt wurde, speziell auch die Schweizer diplomatischen Vertretungen liquidationsmäßig die Geschäfte der österreichisch-ungarischen Auslandsvertretungen übernommen hatten[32]. Das Informationsbüro diente vor allem dazu, die Idee eines selbstständigen Tiroler Staates mit allen Mitteln zu forcieren[33]. Von der republikanischen Regierung in Wien wurde dies alles ungern gesehen und daher eine derartige Propaganda schon Ende 1918 untersagt[34]. Was den Schwerpunkt der Publizitätsaktivitäten der Berner Informationsstelle anlangt, so ist bezeichnend, daß sie alsbald als monarchistisch-restaurativ verdächtigt wurden[35]. Insgesamt jedenfalls stellte die Informationsstelle eine Drehscheibe von vielerlei Aktivitäten dar, welche die Wiener Sicht durchaus als separatistisch einstufen konnte[36]. Eine weitere "Institution" in der Schweiz bildete Ex-Kaiser Karl, der sich hier seit März 1919 im Exil befand. Auf einen kurzen Aufenthalt in der Nähe von Rorschach am Bodensee bis Mai 1919 folgte Prangins am Genfersee bis zu seinem ersten Rückkehrversuch auf den ungarischen Thron im März 1921, sodann Hertenstein am Vierwaldstättersee nächst Luzern bis zu seinem zweiten derartigen Versuch im Oktober 1921[37]. In der

---

30 Quaderer, wie Fn. 8.

31 Pelinka, wie Fn. 28, 134.

32 H. Haas, Südtirol 1919, in: A. Pelinka – A. Maislinger (Hrsg.), Handbuch zur neueren Geschichte Tirols II: Zeitgeschichte. Teil 1: Politische Geschichte, 1993, 128; Kuprian, wie Fn. 20, 56; Bablik, wie Fn. 26, 76 ff.

33 Bablik, wie Fn. 26, 77.

34 Haas, wie Fn. 32, 128.

35 Bablik, wie Fn. 26, 76 f.

36 Pinzer, wie Fn. 22, 72; Haas, wie Fn. 22, 129.

37 U. a. und zum Folgenden A. Collenberg, Die Habsburger in Disentis 1919–1921, 2005.

Schweiz entfaltete er, anders als beispielsweise Ex-Kaiser Wilhelm II. in seinem Exil in den Niederlanden, rege politische Aktivitäten beziehungsweise wurde er in solche, keineswegs unwillig, hineingezogen. „In Prangins hatte mein Vater sehr viel zu tun", erinnerte sich sein Sohn Otto in späteren Jahren[38]. Die beiden vergeblichen Rückkehrversuche nach Ungarn brachten Karl die Kündigung des Exils durch die Schweiz und seine Internierung durch die Entente auf der Atlantikinsel Madeira. Bis zum ersten derartigen Versuch konnte sich der Ex-Kaiser in der Schweiz frei bewegen und tat dies auch, nicht zuletzt aus politischen Gründen. So traf er sich beispielsweise mit dem Tiroler Bischof Waitz mehrmals in Freiburg/Fribourg[39]. Bei seinem Besuch seiner Kinder in Disentis scheint er in einer Tiroler Angelegenheit aktiv geworden zu sein[40].

Zum Umkreis um Ex-Kaiser Karl gehörte der eben erwähnte Bischof Sigismund Waitz. Waitz war vor seiner Ernennung zum Erzbischof von Salzburg 1934 Weihbischof und Generalvikar der Diözese Brixen mit Sitz in Feldkirch. Als ehemaliger Lehrer und weiterhin Vertrauter Kaiser Karls[41] gilt er gerade für die Zeit nach 1918 als „Nachrichtenchef des exilierten Kaisers", denn er „wurde von dem Kaiser über alle Aktivitäten auf dem laufenden gehalten", bei ihm in Feldkirch „liefen viele Fäden zusammen"[42]. Schon im Krieg gab es Kontakte von Feldkirch in die nahe Schweiz, nach seiner Beendigung wurden hier viele Pläne zur Erhaltung des Landeseinheit Tirols erörtert[43]. Dabei besprach Waitz mit Ex-Kaiser Karl auch den „Plan, in Tirol an die Macht zu kommen"[44]. Besonders hervorzuheben ist eine Anfang 1918 in Zürich stattgefundene Konferenz, um eine international-katholische Friedensinitiative vorzubereiten[45]. Neben Waitz nahmen daran teil unter anderem der Initiator des Kirchenstaatsplans Liechtenstein Erzberger und der Wiener Prälat Seipel, ein Exponent der Christlichsozialen Partei und späterhin Bundeskanzler. Waitz hatte natürlich Kontakte zum Vatikan, insbesondere zu Papst Benedikt XV. persönlich[46]. Zu Kaiser Karls engerer Bekanntschaft zählte einer der Leiter des Berner Informationsbüros, Otto von Guggenberg, der als Bürgermeister von Brixen auch mit Bischof Waitz in enger Verbindung stand[47]. Die Beziehungen des Kaisers

38 Collenberg, wie Fn. 37, 72.
39 Jablonka, wie Fn. 26, 37.
40 Collenberg, wie Fn. 37, 34 f.; zu Tirol auch 39.
41 J. Gelmi, Der letzte Kaiser. Karl I: (1887–1922) und Tirol, 2004, 64 ff., 91.
42 Jablonka, wie Fn. 26, 31 f., 35, 36, 42.
43 Jablonka, wie Fn. 26, 40, 42 f.
44 Gelmi, wie Fn. 41, 91.
45 Jablonka, wie Fn. 26, 41.
46 Jablonka, wie Fn. 26, 55 ff.
47 Gelmi, wie Fn. 41, 58, 60 f.

zum Papst schlugen sich in beider Friedensbemühungen nieder. So stand der Großteil jener Personen, welche schon im Projekt Kirchenstaat Liechtenstein eine Rolle gespielt hatten, auch 1918/1919 in einem zum Teil höchst intensiven persönlichen Kontakt miteinander oder jedenfalls über Bischof Waitz: Kaiser Karl, Erzberger, Seipel, nicht zuletzt der Papst. Da sie, letzteren ausgenommen, einerseits mehrfach Pläne zur Einheit des Landes Tirol diskutierten, allesamt streng katholisch gesinnt waren, auch um die völkerrechtlich prekäre Situation des Papstes wußten, andererseits die Idee eines Kirchenstaates Tirol zu den Tatsachen gehört, muß angenommen werden, daß diese Idee in jenen Kreisen entstanden ist[48].

Was nun weitere Personen anlangt, so war, auch im Zusammenhang mit dem eben erwähnten Informationsbüro, jedoch auch unabhängig von diesem, der schon erwähnte Michael Mayr in der Schweiz tätig und verschwieg ja sicherlich nicht seine auf eine Tiroler Eigenstaatlichkeit hinauslaufenden Verfassungspläne[49]. Mayr unterhielt ferner Kontakte zu Bischof Waitz, der selbst zahlreiche Aktivitäten ganz in dessen Sinne entfaltete[50]. Ein besonderer Freund Kaiser Karls war übrigens auch der Bischof von Chur Georgius Schmied von Grüneck[51], zu dessen Diözese Liechtenstein gehörte.

V. Zusammenfassung

Der Plan eines Kirchenstaates Tirol hatte wohl das Projekt eines Kirchenstaates Liechtenstein vor Augen. Allerdings war dieses Projekt wesentlich weiter gediehen, wesentlich kompetentere Personen waren involviert gewesen als im Falle des Andenkens einer derartigen Umformung in Tirol. Vor allem aber unterscheiden sich die beiden Ideen durch ihre Motive. Im Falle Liechtensteins war es um eine Lösung der „Römischen Frage“ gegangen, für Tirol hingegen handelte es sich primär „um ein weltlich Ding“, nämlich die Bewahrung der Landeseinheit.

---

48 Merkwürdigerweise ist bei Jablonka, wie Fn. 26, 42, von den Kirchenstaatsplänen keine Rede, obwohl er bezüglich der Erhaltung der Landeseinheit Tirols auf „abenteuerliche Pläne“, „utopische Pläne“ hinweist.

49 S. o.; Bablik, wie Fn. 26, 76; Haas, wie Fn. 32, 128.

50 Bablik, wie Fn. 26, 76; *Haas*, wie Fn. 32, 128; Jabloncka, wie Fn. 26, 42 ff.

51 Collenberg, wie Fn. 37, 58.

Österreichs Länder vor und nach der Gründung der Republik 1918

I. Allgemeines

Die österreichischen Bundesländer gehen – mit der Ausnahme von Wien und Burgenland – auf mittelalterliche Wurzeln zurück. Im Wesentlichen sind diese Länder mit ihren heutigen Bezeichnungen um 1500 voll ausgebildet, historische Atlanten bezeugen die territoriale Kontinuität, sieht man von zum Teil gravierenden Grenzveränderungen nach dem Ersten Weltkrieg, vor allem in Hinblick auf die Abtrennung Südtirols, ab. Die österreichischen Bundesländer verstehen sich daher auch als wesentlich älter als der sie zusammenfassende Staat.

Dieser geographischen Identität entspricht allerdings keineswegs eine politisch-verfassungsrechtliche Kontinuität. Die große Zäsur in der neuzeitlichen Entwicklung erfolgte mit dem Ende des monarchischen Staates und der Neugründung der Republik Deutschösterreich im Jahre 1918, die sich ab 1919 Republik Österreich nannte.

II. Das Land vor 1918

Die Rechtsgrundlage für die Länder vor 1918 bildeten die Landesordnungen von 1861 mit ihren Durchführungen durch die Landtagswahlordnungen[1]. Beide, vor allem die Landesordnungen, bildeten keine selbständigen Landesverfassungsgesetze, sondern Teile der Reichsverfassung 1861. Signifikant dafür ist auch die

---

Aus: W. Brauneder - I. Szabó (Hg.), Die bundesstaatliche Staatsorganisation (=Tanulmónyok 27), Budapest 2015.

1 W. Brauneder, Österr. Verfassungsgeschichte, 11. Aufl. 2009, 141, 147 ff., 175 ff.

Bezeichnung „Landesordnung“, eine „Verfassung“ sollte nur das „Reich“ besitzen, nur dieses war Staat. Tatsächlich besaßen die Landesordnungen keinen verfassungsgemäßen Inhalt, sondern stellten im Wesentlichen ein Statut für den Landtag und den aus ihm gebildeten Landesausschuß dar. Die Vorläufer von 1860 hießen daher „Statut über die Landesvertretung“, womit der Landtag gemeint war.

Das Land[2] besaß drei Organe, die aber wesentlich miteinander zusammenhingen. Es war dies der aus Wahlen hervorgehende Landtag, der aus ihm gebildete Landesausschuß und der Landeshauptmann, der in diesen Organen den Vorsitz führte, aber vom Kaiser ernannt wurde. Im Wesentlichen entsprach dieses System der Organisation der Ortsgemeinden, dem Landtag der Gemeinderat, dem Landesausschuß der Gemeindevorstand und dem Landeshauptmann der Bürgermeister[3]. So besaß das Land eine Struktur wie sie für die kommunale Selbstverwaltung typisch war, nicht aber einen staatlichen Aufbau. Das Land galt dem zufolge auch als „Kommunalverband höchster Ordnung“.

Dem Landtag oblag die „Landesvertretung“ so wie dem gesamtstaatlichen Parlament, dem Reichsrat, die „Reichsvertretung“. Dabei handelte es sich aber nicht um eine Repräsentation sozusagen nach allen Richtungen im heutigen Sinne, sondern um eine Vertretung gegenüber dem Kaiser. Die Landesvertretung durch den Landtag war damit eine Vertretung der Landesinteressen gegenüber dem Kaiser, nicht etwa gegenüber anderen Ländern. Ein Verkehr der Länder untereinander war daher sogar ausdrücklich verboten. Im Bereich der Landesgesetzgebung wirkte sich dies dahingehend aus, daß die Sanktion des Kaisers – also eines Gesamtstaatsorgans – einem Landtagsbeschluß die normative Kraft eines Gesetzes verlieh. Landesgesetze waren daher partielle Gesamtstaatsgesetze. Es übten die Landtage „nicht Selbstgesetzgebung“, sondern „Mitwirkung bei der vom Kaiser im Namen des Staates geübten … Gesetzgebung“[4]. Als „Äußerung desselben Staatswillens“ konnte ein jüngeres Landesgesetz einem älteren Gesamtstaatsgesetz derogieren[5].

Da nach der Reichsverfassung 1861 das Abgeordnetenhaus des Reichsrats von den Landtagen beschickt wurde, hatten die Länder Anteil an der Gesamtstaatsgesetzgebung. Dieser Zusammensetzung wegen galt das Abgeordnetenhaus als „Delegiertenversammlung der Länder“, als Ausschußlandtag. Dies endete mit der Wahl des Abgeordnetenhauses ab 1873.

---

2 Zum Folgenden im Detail W. Brauneder, Die Verfassungsentwicklung in Österreich 1848 bis 1918, in: H. Rumpler – P. Urbanitsch (Hg.), Die Habsburgermonarchie 1848–1918 Bd. VII/2, 2000, u. a. 213 ff.

3 Brauneder, wie Fn. 1, 151.

4 J. Ulbrich, Das Staatsrecht der österr.-ungar. Monarchie, 1884, 77.

5 Ebda 89.

III. Der Gouvernementsbezirk

Auf mittlerer Ebene stellten allerdings die Länder nicht die einzige Verwaltungsorganisation dar. Die staatliche Hoheitsverwaltung besaß seit etwa 1750 ihre eigene Organisation in den sogenannten Gouvernementsbezirken mit dem Gubernium (auch „Regierung“) an der Spitze[6]. Sie bildeten meist auch den Sprengel eines Appellationsgerichtes. Unerteilt waren die Gouvernementsbezirke in Kreise. So unterstanden beispielsweise dem Gubernium Linz/Donau der Hausruck-, Traun-, Mühl-, Inn- und der Salzburger Kreis. Sie lagen in zwei Ländern, nämlich Österreich ob der Enns und Salzburg. Größere Länder wie etwa Böhmen bildeten gleichzeitig einen Gouvernementsbezirk. Ab 1850 etwa änderte sich dies, sozusagen die geographische Fläche eines Landes stellte in der Regel auch gleichzeitig die eines staatlichen Verwaltungssprengels dar. Dieser und das Land blieben aber weiterhin zwei getrennte Organisationen. Hievon gab es drei Ausnahmen, eine davon im Gebiet des heutigen Österreich: Die Länder Tirol und Vorarlberg bildeten weiterhin einen gemeinsamen staatlichen Verwaltungssprengel unter dem Statthalter in Innsbruck. An der Spitze des Verwaltungssprengels stand der Statthalter, ihm untergeben waren die Bezirkshauptleute als staatliche Verwaltungsbehörde erster Instanz. Neben der Landesorganisation mit dem Landeshauptmann an der Spitze stellte der Statthalter die dominierende Kraft dar. Signifikant ist beispielsweise der Umstand, daß von zwei Schiffen, die 1912 am Attersee in Oberösterreich den Betrieb aufnahmen, das eine nach dem Statthalter „Baron Handel“ benannt wurde, das zweite aber keineswegs nach dem Landeshauptmann, sondern die geographische Bezeichnung „Attergau“ erhielt.

IV. Die Entwicklung gegen 1900

Da in der Regel Land und staatlicher Verwaltungssprengel flächenmäßig identisch waren, sprach man gerne vom „Doppelcharakter“ des Landes[7]: Es war Selbstverwaltungsgebiet und staatlicher Verwaltungssprengel. Landesorgane und staatliche Organe im Land galten als zusammengehörig – paßten jedoch ihrer unterschiedlichen Struktur nach nicht zusammen. Besonders auffallend war der Umstand[8], daß durch die Zunahme der Landeskompetenzen der Landtag immer mehr Gewicht in der Gesetzgebung erhielt, aber die Landesgesetze nicht durch Landesbehörden, sondern durch Statthalter und Bezirkshauptmann vollzogen wurden. Dennoch war der Statthalter dem Landtag dafür nicht verantwortlich, sondern den entsprechenden Ministern. Vorarlberg empfand dies besonders als

6 Brauneder, wie Fn. 2, 75 ff., 131 f., 159 ff., 211.
7 Ebda 212.
8 Zum Folgenden Brauneder, wie Fn. 1, 177.

Mangel, da es keinen „eigenen" Statthalter besaß, sondern dem in Innsbruck, also in Tirol, unterstand. Aber auch die Landesverwaltung nahm zu, beispielsweise durch Sonderbehörden neben dem Landesausschuß. Daher sprach man gegen 1900 zufolge der Landesverwaltung einerseits und der staatlichen Verwaltung „im Land" andererseits von der „Doppelgleisigkeit der Verwaltung", was als Kritik galt. Zu Reformen kam es allerdings nicht. Überdies erwies sich die Struktur der autonomen Landesbehörden zunehmend als ungenügend. Dies führte 1913 in Böhmen dazu, daß hier die Landesangelegenheiten kommissarisch vom Staat verwaltet wurden[9].

V. Die Zäsur von 1918

Die Entwicklung Österreichs im Jahre 1918 unterschied sich beispielsweise vom Deutschen Reich und auch von Ungarn dadurch, daß anstelle des bisherigen Staates neue Staaten entstanden wie insbesondere die Tschechoslowakische Republik und die Republik Deutschösterreich[10].

Deutschösterreich[11] wurde am 30.10.1918 durch die Provisorische Nationalversammlung als demokratische Republik neu gegründet, ohne dies vorerst ausdrücklich zu betonen. Sie besaß als Staatsspitze keinen Monarchen sondern ein Kollegialorgan, den Staatsrat. Damit war die Stellung des Statthalters im Land als Stellvertreter des Kaisers obsolet geworden. Dies war schon zur Zeit der Konstituierung der Provisorischen Nationalversammlung am 21. Oktober 1918 erkannt worden, so daß am Tag darauf, am 22. Oktober, eine Art Ausschußlandtag die Bereitschaft erklärte, die staatliche Verwaltung in den Ländern übernehmen zu wollen. In den folgenden Tagen geschah dies auch: Die Geschäfte des Statthalters gingen auf den Landeshauptmann über. Das Gesetz vom 14. November 1918 betreffen die „Übernahme der Staatsgewalt in den Ländern" sanktionierte dies nachträglich. Auf diese Weise war es übrigens zu keiner Neugliederung der mittleren Verwaltungsebene gekommen: Die bisherigen Länder blieben bestehen, besonders auffallend in Vorarlberg, wo der Landeshauptmann die Amtsgeschäfte für sein Land vom Statthalter in Innsbruck übernommen hatte.

VI. Die Länder nach 1918

In der Verwaltung[12] trat nun an die Stelle des Statthalters ein neues Organ unter dem Namen „Landesregierung", bestehend aus dem Landeshauptmann und zwei seiner Stellvertreter, die aber alle wie bisher auch dem Landesausschuß

9 Brauneder, wie Fn. 2, 205, 212.

10 W. Brauneder – N. Leser (Hg.), Staatsgründungen 1918, 1919.

11 Dazu insbes. W. Brauneder, Deutschösterreich 1918, 2000; ders., wie Fn. 1, 202 ff.

12 Zum Folgenden Brauneder, wie Fn. 1, 206 ff., 226 ff.

anghörten. Damit war die Landesverwaltung mit der staatlichen Verwaltung im Land sozusagen in Personalunion verbunden. Das hatte übrigens die Wirkung, daß die bisher staatlichen Bezirkshauptmannschaften zu Landesbehörden wurden. Mit der – neuen – „Landesregierung" entstand erstmalig in den Ländern eine Art parlamentarisches Regierungssystem, da diese nun dem Landtag verantwortlich war.

Eine wesentliche Änderung trat auch in der Landesgesetzgebung ein. Die normative Kraft der Landesgesetze kam nun nicht mehr von der kaiserlichen Sanktion, sondern wohnte bereits dem Beschluß des Landtags inne. Damit war eine echte, vom Gesamtstaat in ihrer normativen Kraft unabhängige Landesgesetzgebung entstanden. Da allerdings mit diesem Wandel auch eine gesamtstaatliche Aufsicht verloren ging, erhielt der Verfassungsgerichtshof gegenüber Landesgesetzen eine Gesetzprüfungskompetenz, die sich alsbald, um eine Art Gleichgewicht herzustellen, auch auf Gesamtstaatsgesetze erstreckte: Die Normenkontrolle durch den Verfassungsgerichtshof war damit geboren.

Trotz dieser Veränderungen zufolge der Gründung des republikanischen Staates blieb dieser vorerst dezentralisierter Einheitsstaat. Die Länder allerdings hatten fast schon einen teilstaatsähnlichen Rang erreicht. Der Weg zum Bundesstaat bahnte sich an. Besonders deutlich beschritt diesen von Anfang an ein Land, nämlich Vorarlberg. Während die übrigen Länder ihre – modifizierten – Landesordnungen weiterhin in Kraft beließen, schuf Vorarlberg 1919 ein neues Grundgesetz, das es ausdrücklich „Verfassung" nannte (LGBl 22/1919). Vorarlberg bezeichnete sich in ihr als Teil eines „Bundesstaates" (§§ 1, 25, 29), ohne diesen aber zu benennen: Das Land hielt sich damit die Option offen, möglicherweise der Schweiz als Kanton beizutreten[13].

Mit der Bundesverfassung 1920 (BGBl 1) erhielten die Länder eine andere Stellung als bisher: Sie wurden zu Teilstaaten eines Bundesstaates, erhielten formell staatlichen Charakter, waren nicht mehr bloß Kommunalverbände höchster Ordnung.

Der Unterschied zur Landesstruktur vor 1918 wurde aufgrund der jüngsten Entwicklung seit der Staatsgründung neu festgelegt und ausgebaut. Der Landeshauptmann sozusagen als Landesministerpräsident und die Landesräte als Fachminister bildeten die Landesregierung. Sie war dem Landtag als Landesparlament verantwortlich. Der Landesausschuß entfiel. Die Landesgesetze waren, wie schon beschrieben, echte Landesgesetze und nicht mehr wie vor 1918 partielle Gesamtstaatsgesetze. Der Landeshauptmann und seine zwei Stellvertreter führten auch die allgemeine als sogenannte mittelbare Bundesverwaltung. Damit

---

13 D. Witzig, Die Vorarlberger Frage, 2. Aufl. 1974.

und mit der gleichfalls schon erwähnten „Verländerung“ der Bezirkshauptmannschaften oblag die staatliche Verwaltung – von Spezialverwaltungen wie Militär, Zoll, Finanzen abgesehen – in den Händen der Länder, die darauf ein von der Bundesverfassung grantiertes Recht erhielten. Schließlich nahmen die Länder über ein eigenes Organ, den Bundesrat, an der gesamtstaatlichen Gesetzgebung ähnlich dem Reichsrat im Deutschen Reich teil. Da er von den Landtagen beschickt wurde, setzte er sich aus denselben politischen Parteien wie das Bundesparlament, der Nationalrat, zusammen und konnte damit nie eine starke Stellung erringen.

Ebenso auffallend wie diese Neuerungen sind aber auch fortdauernde Elemente der Situation von vor 1918. So wurde die Landesregierung analog zum Landesausschuß als Proporzregierung eingerichtet. Die Struktur der Länder zeichnete die Bundesverfassung 1920 ähnlich wie die Reichsverfassung 1861 detailliert vor bis hin zu Höchstgrenzen für die Landtagsmitglieder. Während Gesetzgebungs- und Verwaltungskompetenzen zwischen Bund und Ländern aufgeteilt wurden, blieb die Rechtsprechung ausschließlich Bundessache: Es gibt bis heute keine Landesgerichtsbarkeit. Sämtliche neuen Landesverfassungen waren nach einer Schablone gearbeitet, eine glich der anderen[14] – mit Ausnahme jener von Vorarlberg. Kein einziges Land, auch nicht Vorarlberg, bezeichnete sich als „Staat“, was schon gar nicht durch die Bundesverfassung 1920 geschehen war: Nach ihr besteht der „Bundesstaat“ aus „selbständigen Ländern“ (Artikel 2). Erst in seiner Landesverfassung von 1923 (LGBl 47) nennt sich Vorarlberg „selbständiger Staat“, dies aber in jenem Artikel 1, in dem es sich auch als „selbständiges Bundesland der demokratischen Republik Österreich“ erklärte. Erst spät folgte das Burgenland 1981 (LGBl 42) mit der Feststellung, es sei „ein demokratischer und sozialer Rechtsstaat“ (Artikel 1). Ansonsten verwenden die Landesverfassungen nur die termini „Land“ oder „Bundesland“ wie die Bundesverfassung auch.

14 Daher fand sich auch in der Landesverfassung für Burgenland die Bestimmung, es sei die autonome und landesfürstliche Verwaltung zusammengelegt, obwohl es diese Zweiteilung in diesem ehemals ungarischen Gebiet nicht gab!

Die Spur des Ersten Weltkriegs in der Österreichischen Verfassungsentwicklung

Der Erste Weltkrieg stellte schon allein durch seine ununterbrochene Dauer von fast fünf Jahren ein elementares Ereignis dar. Vor allem brachte er zufolge der umfassenden Mobilisierung und des Betroffenseins von Front, Etappe und Hinterland bereits während seiner Dauer sowohl politische wie wirtschaftlich und soziale Umstellung von ungeheurem Ausmaß[1]. Dies führte zu einer Zunahme von Staatsaufgaben mit Rückwirkungen auf die Staatsstruktur.

Einige Rechtsinstrumente für den Fall eines Krieges lagen sozusagen traditioneller Weise bereits vor[2]: Notverordnungsrecht des Kaisers auf Initiative der Regierung an Stelle parlamentarischer Gesetzgebung, Suspension der Grundrechte[3], Suspension der Geschworenengerichte – Maßnahmen, die aber auch inneren Unruhen vorbeugen sollten. Kriegsspezifisch hingegen war eine Reihe anderer Gesetze und Verordnungen wie etwa das Kriegsleistungsgesetz 1912 (RGBl. 236). Schon 1914 zählte eine Sammlung der „Ausnahmsgesetze und Verordnungen für den Kriegsfall" deren 40 auf[4]. Aufgrund des eben erwähnten Notverordnungsrechts entstand bereits 1914 ein weiteres Notverordnungsrecht für die Regierung, das 1917 im „Kriegswirtschaftlichen Ermächtigungsgesetz" (KWEG: RGBl 307) eine parlamentsgesetzliche Grundlage erhielt.

Der Erlaß insbesondere von kriegswirtschaftlichen Notverordnungen, die Suspension von Grundrechten und der Geschworenengerichte, deren Ersatz durch die Militärgerichtsbarkeit, die militärische Dienstverpflichtung von Fabriksarbeitern, die Organisation der Kriegswirtschaft und vieles mehr ließen regional das System einer Militärdiktatur entstehen, zumal das Abgeordnetenhaus von 1914 bis 1917 nicht einberufen wurde[5]. Es war offizielle Meinung, daß man vor allem im sozial-wirtschaftlichen Bereich nach Kriegsende nicht mehr zur Situation vor dem Kriegsausbruch werde zurückkehren können[6].

Vortrag: Symposium „Gewalt und andere Moderne", Prag 29. Mai 2014.

1 M. Rauchensteiner, Der Erste Weltkrieg und das Ende der Habsburgermonarchie 1914–1918, Wien etc. 2013.

2 W. Brauneder, Österreichische Verfassungsgeschichte, 11. Aufl., Wien 2011, 163.

3 Ders., Die Gesetzgebungsgeschichte der österreichischen Grundrechte, in: R. Machacek – W. P. Pahr – G. Stadler (Hg.), Grund- und Menschenrechte in Österreich, Kiel/Rhein etc. 1991, 442, 734.

4 Hg. von A. Koller, 1914.

5 Rauchensteiner, wie Fn. 1, 207 ff.

6 W. Brauneder – F. Baltzarck (Hg.), Modell einer neuen Wirtschaftsordnung, Frankfurt/M. etc. 1991, 57 ff., 137 ff.

Tatsächlich wurde beispielsweise das KWEG 1917 nach Kriegsende ausdrücklich in die neuen Verfassungsordnungen übergeleitet[7]. Aufgrund dieser Situation eröffneten sich für die Zukunft zwei gegensätzliche Perspektiven mit gegensätzlichen Positionen. Die, kurz charakterisiert, „demokratische" Position bestand in der Veränderung und künftigen Verhinderung des diktatorischen „Kriegssystems" und forderte eine zum Teil radikale Demokratisierung der Verfassungsstruktur. Dem entgegen stand die, gleichfalls kurz charakterisiert, „autoritäre" Position mit dem Verlangen nach einer straffen Führung des Staates wie sie ähnlich der Krieg vorgegeben hatte.

Vor allem bei der Gründung des neuen Staates der Republik Deutschösterreich, ab Herbst 1919 Republik Österreich, am 30. Oktober 1918[8], dominierte klar die demokratische Position und behauptete sich auch bis hin zur und in der Bundesverfassung 1920[9]. Das Verfassungssystem des neuen Staates wurde etwa durch den späteren Bundespräsidenten Wilhelm Miklas als „rein parlamentarische" Republik charakterisiert[10]: Das oberste Organ des Staates bildete als Träger der Souveränität das Parlament, die Nationalversammlung bzw. der Nationalrat. Von ihm leitete sich die Bundesregierung, da von ihm gewählt, ab, im Wesentlichen auch das Staatsoberhaupt, der Bundespräsident, gleichfalls zufolge seiner Wahl durch Nationalrat und Bundesrat als Bundesversammlung, wobei der Bundesrat etwa nur ein Viertel an Mitgliedern beitrug. Als Ländervertretung stand er mit seinen Kompetenzen im Gesetzgebungsverfahren auch weit hinter dem Nationalrat zurück. Erst die Verfassung 1920 hatte mit dem Bundespräsidenten ein eigenes Staatsoberhaupt geschaffen[11], das vor allem die Sozialdemokraten wegen der Gefahr eines „Cäsarismus" abgelehnt hatten; im Wesentlichen kamen dem Bundespräsidenten nur repräsentative Aufgaben zu. Zwar übernahm man die Grundrechte der Verfassung 1867, ausdrücklich aber nicht deren Suspensionsmöglichkeit. Auch ein Notverordnungsrecht gab es nicht – ausgenommen das des KWEG mit seiner wirtschaftlichen Beschränkung.

Ganz anders als die demokratische Position der Verfassungsordnung gestaltete sich allerding die Realität der innenpolitischen Situation: Sie bot das Bild der autoritären Gegenposition. In Umkehrung des Wortes von Clausewitz stellte

---

7 Brauneder, wie Fn. 2, 211, 232.

8 Dazu W. Brauneder, Deutsch-Österreich: Die Republik entsteht, 2000, 45 ff. 89 ff., 233 ff.; ders., wie Fn. 2, 197 f.

9 Dazu u. a. H. Kelsen, Österreichisches Staatsrecht, 1923; Brauneder, wie Fn. 2, 211 ff., 218 ff.

10 N. Hovorka (Hg.), Der Bundespräsident spricht, 1934, 109.

11 Dazu W. Brauneder, Die Wahl des Staatsoberhaupts in Republiken, in: ders., Studien III, 2002, 235 ff.

sich der „Frieden als Fortsetzung des Krieges in der Innenpolitik" dar. Dies geht zurück auf die sogenannten Wehrverbände der Politischen Parteien[12]. Dem „Republikanischen Schutzbund" der Sozialdemokraten standen die meist regional organisierten „Heimwehren" gegenüber. Diese Formationen verfügten über ein großes Arsenal an Waffen bis hin zu Maschinengewehren, das den Vorrat des Bundesheeres sogar übertraf. So besaß zum Stand Februar 1934 das Bundesheer 450 Maschinengewehre und 34.500 Gewehre, der Republikanische Schutzbund hingegen mindestens 700 Maschinengewehre und mindestens 40.000 Gewehre[13]. Dazu gesellte sich auf beiden Seiten die Bereitschaft zum bewaffneten Aufstand, die sich nahezu permanent in Zusammenstößen dieser Verbände manifestierte. So gab es etwa[14] zwischen 1918 und 1934, dem Bürgerkriegsjahr und dem formalen Beginn des autoritären Systems, jedes Jahr -! – bewaffnete politische Zusammenstöße mit nahezu stets Toten und Schwerverwundeten: besonders wenige an Zahl in den Jahren 1921, 1922, 1924, 1926, 1927 und 1934, besonders viele Zusammenstöße 1919, 1923, vor allem 1928, 1929 und 1932 sowie 1934. Deren Anzahl pro Jahr besagt nicht immer viel: Die meisten Toten und Schwerverwundeten gab es außer 1919, 1932 und 1933 just in dem relativ ruhigen Jahr 1927. Die linke Gewaltbereitschaft demonstrierte besonders in diesem Jahr der Brand des Justizpalastes in Wien mit weiteren Unruhen, die nahezu 100 Tote kosteten, die der Gegenseite der Heimwehrputsch in der Steiermark 1931 (s. sogleich).

Zunehmend steigerte sich auch die Kritik an der Verfassung 1920 und damit an der demokratischen Position: Sie habe keine Demokratie gebracht, sondern einen Parteienstaat; überhaupt sei eine Demokratie nach „westlichem Muster" für Österreich unpassend; man brauche eine Gegenkraft zum Parteien-Parlament, nämlich ein starkes Staatsoberhaupt. Die Heimwehren legten in ihrem „Korneuburger Eid" 1930 sich wie folgt fest: „Wir verwerfen den westlichen demokratischen Parlamentarismus und den Parteienstaat. Wir wollen an seine Stelle die Selbstverwaltung der Stände setzen und eine starke Staatsführung"[15]. Die Heimwehren hatten sich zu einer eigenständigen Kraft neben der Christlichsozialen Partei entwickelt. Nahezu folgerichtig putschte im September 1931 die Heimwehr in der Steiermark – aber auch nur hier – gegen die Bundesregierung. Dagegen mobilisierte der Republikanische Schutzbund und nur die Drohung eines Eingreifens des Bundesheeres brachte den Putsch zum Erliegen[16].

Zufolge der Einsicht in notwendige Korrekturen der Verfassung 1920, allerdings auch auf Druck der Heimwehren, war es 1929 zu einer tiefgehenden

12 U. a. O. Naderer, Der bewaffnete Aufstand, 2004.
13 Naderer, wie Fn. 12, 243.
14 G. Botz, Gewalt in der Politik, 1976, Tabelle.
15 H. Andics, 50 Jahre unseres Lebens, Wien etc. 1968, 187.
16 Andics, wie Fn. 15, 192.

Verfassungsänderung gekommen. Gesetzestechnisch erfolgte sie durch eine Novellierung der Verfassung 1920, denn bei einer Totaländerung wäre eine Volksabstimmung durchzuführen gewesen. Die Verfassung 1920/1929, wie sie seither zitiert wird, war in Wahrheit durch ihre plakative Verlautbarung im Bundesgesetzblatt 1930 sogleich als Nummer 1 eine „Verfassung 1930"[17]. Versucht wurde ein Einklang der demokratischen und der autoritären Position: Es sollte, in den Worten des Bundespräsidenten Miklas, Österreich „aus dem rein parlamentarischen System in eine parlamentarische Präsidentschaftsrepublik umgebildet werden"[18]. Eingestandenes Vorbild gab die Weimarer Reichsverfassung 1919 ab. Gestärkt wurde nun die Stellung des Bundespräsidenten insbesondere mit seinem Recht zur Regierungsernennung und einer stärkeren Legitimation durch die Volkswahl; dazu erhielt er ein Notverordnungsrecht, allerdings in starker Bindung an Bundesregierung und einen Parlamentsausschuß. Diese Neuerungen bedeuteten spiegelbildlich eine Schwächung des Parlaments. Die Einführung einer Grundrechts-Suspension unterblieb[19]. Der Bundesrat sollte sich in einen Länder- und Ständerat umwandeln, wozu es freilich nicht kam.

Das innenpolitische Ziel einer Beruhigung wurde, wie die folgenden Ereignisse erweisen, nicht erzielt. Vor allem „schwoll die Heimwehrbewegung zu einem stürmischen Gewitter an"[20], es nahm die innenpolitische Militarisierung im Sinne der autoritären Position zu. Dazu trug ganz wesentlich eine neue Politikergeneration bei, die „Frontgeneration"[21]: Weltkriegsoffiziere rückten zunehmend in politische Positionen ein und strichen diese ihre Vergangenheit durch das Tragen von Uniformen heraus. Bundeskanzler Engelbert Dollfuß pflegte in der Uniform als ehemaliger Kaiserschützen-Oberleutnant aufzutreten, der zeitweilige Innenminister Fey als Major der Reserve; er galt übrignes als „Maria-Theresien-Ritter", obwohl er den Maria-Theresien-Orden nicht erhalten hatte, aber das Ordenskapitel ihm nach 1918 bescheinigte, er wäre ihm bei Fortdauer des monarchischen Staates wohl verliehen worden[22].

Der autoritären Position verhilft eine Panne im Parlamentsplenum zum Durchbruch[23]. Alle drei Parlamentspräsidenten erklären in einer tumultuarischen Sitzung am 4. März 1933 ihren Rücktritt, was die Bundesregierung

17 Brauneder, wie Fn. 2, 214 f., 220.

18 Hovorka, wie Fn. 10, 109.

19 Brauneder, wie Fn. 3, 326.

20 R. Lorenz, Der Staat wider Willen, 1940, 38.

21 A. Wandruszka, Österreichs politische Struktur, in: H. Benedikt (Hg.), Geschichte der Republik Österreich, 1954, 337 f.

22 G. J. E. Mautner-Markhof, Major Emil Fey, 2004, 49 f.

23 Brauneder, wie Fn. 2, 232 ff.

ausnützt, eine Fortführung der Sitzung verhindert und mit Notverordnungen aufgrund des KWEG regiert. Sie wendet es allerdings in verfassungswidriger Weise auch für andere als wirtschaftliche Maßnahmen an, was die innenpolitische Situation enorm aufheizt. Weitere Maßnahmen der Regierung etwa gegen Verfassungsgerichtshof und Bundesrat verdichten sich zu einem autoritären „Staatsstreich von oben".

Als sich Mitte Februar 1934 der Republikanische Schutzbund in Linz gegen eine Waffensuche mit Waffengewalt wehrt, setzt in einigen österreichischen Städten der Bürgerkrieg ein, der in Wien zum Beschuß von Gemeindebauten durch Bundesheer-Artillerie, wenngleich ohne Sprenggranaten, führt.

Den Schlußstein zum autoritären System setzt die Oktroyierung der „Verfassung 1934". Sie zementiert die autoritäre Verfassungsstruktur[24]: Die Vertretungskörperschaften – Bundestag anstelle des Nationalrats, die Landtage – werden von Organisationen der Berufsstände beschickt, Volkswahlen sind nicht vorgesehen; bewußt gilt der Parlamentarismus als abgeschafft, das „Parlament" an der Wiener Ringstraße wird in „Haus der Gesetzgebung" umbenannt. Zum wichtigsten Organ wird die Bundesregierung unter der Führung des Bundeskanzlers. Grundrechte können nicht nur suspendiert, sondern erheblich durch einfache Gesetze eingeschränkt werden. Die Gesetzgebung erfolgt überwiegend durch Regierungsverordnungen, plebiszitäre Elemente der Verfassung spielen in der Praxis keine Rolle. Politische Parteien existieren nicht, an ihr Stelle tritt die Staatspartei, die den militärisch inspirierten Namen „Vaterländische Front" trägt, unter dem „Frontführer" steht und im Fasching den „Frontball" veranstaltet. Dazu gesellten sich weitere „Fronten" wie etwa die Organisation des Sports in der "Sport-Front". Wie im Krieg an seinen Fronten das Befehlsprinzip herrscht, so nun offen deklariert das „Führer"-Prinzip. Regierungsmitglieder, auch der Wiener Kardinal, gelten als „Österreichs Führer"[25], mit „Heil unserm Dollfuß, dem Führer!" schließt eine Broschüre „Unser Kanzler" aus 1933[26]. Mit „Führerworte" ist eine Broschüre „Unser Staatsprogramm" (Wien 1935)[27] betitelt, der Ausbildung politischer Leiter dient eine „Führerschule", geplant war zu ihrer definitiven Unterbringung der Bau der „Dollfuß-Führerschule in Schönbrunn"[28] und ein „Fronthaus" für die Vaterländische Front neben dem Bundeskanzleramt

24 Zu ihr A. Merkl, Die ständisch-autoritäre Verfassung Österreichs, Wien 1935.

25 Zeitgenössische Postkarte: die Regierungsmitglieder Schuschnigg, Stephan, Starhemberg, Dollfuß, Stockinger, Fey wie auch Kardinal Innitzer.

26 Hg. vom Generalsekretariat der christlichsozialen Partei Österreichs.

27 Ähnlich auch Hovorka, wie Fn. 10; H. Tautscher (Hg.), Schuschnigg spricht, Graz – Wien 1935.

28 Die Pause 3. Jg./Heft 4, 22 ff.

am Ballhausplatz[29]. Für die politischen Gegner unterhielt das Regime Konzentrationslager unter dem Namen „Anhaltelager". Im Juli 1934 brach ein zweiter Bürgerkrieg aus. In weiteren Gebieten als dies im Februar 1934 der Fall gewesen war kam es zu einem Aufstand der NSDAP, der in Wien zum Tod von Kanzler Dollfuß führte und zu teils schweren Kämpfen mit dem Bundesheer.

Besonders festigten das militärische Erscheinungsbild zahlreiche Äußerlichkeiten und Inszenierungen. So tragen „Österreichs Führer" auf der eben erwähnten Postkarte irgendeine Uniform, ausgenommen nur Kardinal Innitzer und Minister Stockinger. Die Regierung Schuschnigg präsentiert sich auf einem Foto sogar ausschließlich aus Trägern von Uniformen unterschiedlichster Herkunft: ehemalige k.u.k. Armee, Bundesheer, Heimwehren, OSS (Ostmärkische Sturmscharen)[30]. Das Bundesheer erhielt 1933 neue Uniformen, nämlich nach dem Vorbild der ehemaligen k.u.k. Armee. Uniformen bestimmten naturgemäß die zahlreichen Aufmärsche und sonstigen Feiern. Sie standen buchstäblich im Zeichen des Kruckenkreuzes als neues, modernes Staatssymbol[31]. Dazu trat historische Symbolik, nämlich der Doppeladler, nachempfunden ausdrücklich jenem des Heiligen Römischen Reiches, das man freilich überwiegend als Wiederkehr des habsburgischen Doppeladlers von vor 1918 verstand. Alle diese Äußerlichkeiten mit ihrem betont militärischen Gepräge entsprechen nahezu aufs Haar solchen der NSDAP ab besonders 1933 oder jenen des faschistischen Italien.

Die autoritäre Position bestimmte nun auch die Außenpolitik. Bis 1937 erfolgte sie in Anlehnung an das faschistische Italien. Mit dem Deutschen Reichen sah man sich in einem ideologischen Kriegszustand, symbolisiert durch Kruckenkreuz gegen Hakenkreuz. Der erwähnte Doppeladler seit 1933 sollte symbolisieren, wo denn eigentlich die Reichsidee zu Hause sei, nämlich im österreichischen Ständestaat und nicht in „Hitlerdeutschland"[32]. Der Deutsche (nicht österreichische!) Katholikentag 1933 in Wien war so auch der deutschen Sendung Österreichs verpflichtet. Das Abkommen mit dem Deutschen Reich von 1936 schien die Spannungen abzubauen, das Reich hob die hohe Visagebühr, die sogenannte „1000-Mark-Sperre", auf, die vertragsmäßige Einbeziehung der NSDAP in Österreichs politische Landschaft hingegen unterblieb[33]. Ein weiterer Versöhnungsversuch durch die Unterredung zwischen Reichskanzler Hitler und Bundeskanzler Schuschnigg im Frühjahr 1938 schlug letztendlich fehl,

---

29 Die Pause 2. Jg./Heft 12, 44 ff.

30 U. a. bei Andics, wie Fn. 15, 266.

31 W. Brauneder, Österreichs Staatssymbolik seit 1918, in: ders., Studien III, 2002, 279 ff.

32 Brauneder, wie Fn. 31, 282, 287.

33 G. Zernatto, Die Wahrheit über Österreich, 1938, 164 f., 176 ff.

denn Schuschnigg kündigte eine diesem Abkommen widersprechende und von der Verfassung 1934 nicht vorgesehene Volksabstimmung über die Selbstständigkeit Österreichs an. Sie stand nahezu als außenpolitische Kampferklärung unter der militärischen Parole „Bis in den Tod Rot – Weiß – Rot". Dies erfüllte sich buchstäblich, aber in einem anderen Sinne: Die Kampfansage endete mit einer Niederlage, denn mit dem Anschluß Österreichs an das Deutsche Reich trat tatsächlich dessen Tod ein.

Die Symbolik der Berufsstände der Verfassung 1934

I. Der Ständestaat

Im Jahre 1934 trat Österreich, proklamiert von den damaligen Machthabern, in eine neue Phase seiner Entwicklung ein, bewußt in ein „Drittes Österreich" nach Kaiserstaat und bisheriger Republik, in ein „Neues Österreich"[34]. Der Tag der Proklamation der neuen Verfassung, der 1. Mai 1934, galt demnach als „Tag des Neuen Österreich"[35]. Ihre Präambel[36] charakterisiert die neuen Grundlagen: „Im Namen Gottes, des Allmächtigen, von dem alles Recht ausgeht, *erhält* das österreichische Volk für seinen *christlichen, deutschen Bundesstaat auf ständischer Grundlage* diese Verfassung". Betont wird damit Folgendes: Die Verfassung gründet sich nicht auf die Idee der Volkssouveränität (*erhält*), sie wurde tatsächlich auch durch Regierungsverordnungen in Kraft gesetzt. Sie beruht auf

---

Aus: Signa Iuris 11, 2013, 239 ff.; ergänzt um Abschnitt III.

34 So K. Schuschnigg, Dreimal Österreich, Wien 1937; bzw. O. Ender, Das neue Österreich, Innsbruck - Wien 1934.

35 U. a. Radiorede von Bundeskanzler Dollfuß zur Einführung der neuen Verfassung: K. Berchtold, Österreichische Parteiprogramme 1868–1966, Wien 1967, 453 ff.; Titelseite „Illustrierte Kronen Zeitung" vom 1. und vom 2. Mai 1934.

36 Zum Folgenden W. Brauneder, Österreichische Verfassungsgeschichte, 11. Aufl., Wien 2009, 233 ff., 237 ff.

christlicher Grundlage, die sich als katholische Grundlage erweist, denn es definierten beispielsweise Funktionäre des Ständestaates wie folgt: „Österreich ist christlich, d. h. nach Geschichte und Volkswillen katholisch von Grund auf und bis in die letzten Äußerungen seines kulturellen Gestaltungswillens II[37]. Das Bekenntnis zum eigenen *deutschen* Staat bedeutet Ablehnung der bisherigen Anschlußbestrebungen. Er ist als *Bundesstaat* aufgebaut, war aber in der Verfassungswirklichkeit dezentralisierter Einheitsstaat. Die repräsentativ-demokratische ist durch eine *ständische Grundlage* ersetzt.

Für das hier abzuhandelnde Thema sind die beiden letzten Charakteristika von Bedeutung, nämlich als Gliederung des Staatsvolks sozusagen im territorialen Sinne nach den einzelnen Ländern sowie im wirtschaftlich-sozialen Sinne nach Berufsständen. Diese Gliederung diente primär zweierlei Zwecken: der Selbstverwaltung durch die autonomen Länder und die autonomen Berufsorganisationen sowie weiters durch beider Teilnahme an der Staatswillensbildung. In einer populären Schrift vor allem für die Jugend tritt dies besonders deutlich hervor[38]. Hier werden zwei Fragengruppen gestellt: einerseits in Bezug auf die Länder „Wie heißen die acht Bundesländer?" sowie „Wie heißen die Hauptstädte der acht Bundesländer?", andererseits „Was ist ein Berufsstand?", „Wie viele Berufsstände haben wir in Österreich?" und „Wie heißen die sieben Berufsstände?"[39]. Wappen und Ständezeichen wurden gemeinsam auch als Bauelemente des „neuen Österreich" visualisiert (Abb. 1).

An der Staatswillensbildung nahmen die Länder durch den „Länderrat" teil, die Berufsstände durch den „Bundeswirtschaftsrat" sowie den „Bundeskulturrat"; zu ihnen gesellte sich noch der „Staatsrat".

Während die Länder als durchaus traditionelle Einrichtungen aus dem bisherigen Verfassungsgefüge übernommen wurden, war dies hinsichtlich der Berufsstände nicht der Fall, sie waren vielmehr völlig neuartige Schöpfungen. Zu ihnen hieß es beispielsweise, „daß die Hauptaufgabe im Neuaufbau des Berufsstandes liegt, nicht nur in der Verfassung"[40], künftig „sollen weite Aufgabenkreise, speziell auf dem Gebiet der Wirtschaft, der autonomen Regelung durch die Stände übertragen werden", es sei „die Autonomie der Stände dazu bestimmt, den Staat von der Fülle seiner Aufgaben zu entlasten"[41], was übrigens historisch begründet wurde: „Auch die Berufsstände waren durch Jahrhunderte die Grundlage

37 B. Adam – J. Hoffmann – K. Lugmayer – G. Zernatto, Verstehen Sie Österreich, in: Die Pause 1935/36, 17.
38 O du mein Österreich, Wien – Leipzig 1935, 66 f.
39 Ein Irrtum: Es waren acht; Wien als „unmittelbare Stadt" galt nicht als Land.
40 Bundeskanzler Dollfuß 1934: Unser Staatsprogramm: Führerworte, Wien 1935, 75.
41 Bundeskanzler Schuschnigg 1935: A. Tautscher, Schuschnigg spricht, Graz – Wien 1935, 89.

der gesellschaftlichen Organisation unseres deutschen Vaterlandes, und kaum irgendwo in der Welt ist die ständische Entwicklung so restlos und durchgreifend zur Grundlage des gesellschaftlichen und staatlichen Aufbaues geworden, wie gerade in den deutschen Rechtsgebieten“[42].

Das „Neue Österreich“ dokumentierte sich äußerlich durch neue Staatssymbole: den Doppeladler des Römisch-Deutschen Reiches vor 1806 sowie das Kruckenkreuz[43]. Was die Länder betraf, so blieben die bisherigen Wappen weiterhin in Verwendung. Für die Berufsstände freilich waren neue Symbole zu schaffen. Deren Ständezeichen gelten ausdrücklich mit dem neuen Staatswappen des Doppeladlers und dem Kruckenkreuz der Staatspartei „Vaterländische Front“ als Teil der „ständestaatlichen Heraldik“.

II. Die Berufsstände und ihre Symbole

Den Symbolen für die neuen Berufsstände widmete man große Sorgfalt. Mit ihren Entwürfen wurde Clemens Holzmeister (1886–1983) betraut, der um diese Zeit bereits einen hervorragenden Namen als Architekt besaß. Zahlreiche Bauten zeugen bis heute von seiner Fertigkeit wie etwa in Salzburg das alte und das neue Festspielhaus, das Regierungsviertel in Ankara, auch zahlreiche Sakralbauten stammen von ihm[44]. Im „Neuen Österreich“ fungierte Holzmeister als einer der ersten Architekten, nahezu als Staatsarchitekt[45], überdies war er auch Mitglied im Staatsrat. All dies macht es verständlich, daß ihm die Schaffung der Ständesymbole anvertraut wurde. Insgesamt schuf Holzmeister sämtliche acht Symbole (Abb. 2). Im einzelnen ist zu ihnen folgendes zu sagen[46].

1. Öffentlicher Dienst

Ein silbernes Richtschwert auf grünem Grund. Daß dieses Symbol Assoziationen mit der Uniform der Polizei hervorrufe bzw. damit im Zusammenhang stünde, ist reine Vermutung Diems, da die flächendeckendere ländliche Sicherheitswache, die Gendarmerie, eine graue Uniform trug.

---

42 Bundeskanzler Dollfuß am 1. Mai 1934: wie Fn. 7, 79 f.

43 W. Brauneder, Österreichs Staatssymbolik seit 1918, in: ders., Studien III, Frankfurt/Main etc. 2002, 279 ff.

44 Zu ihm W. Posch, Clemens Holzmeister. Architekt zwischen Kunst und Politik, Salzburg 2010.

45 Immer wieder berichtete über ihn die Kulturzeitschrift „Die Pause“ z. B. 1935, 35 f., 42 f.; 1936, 44 ff.; 1937, 26 f., 33 (Dollfuß-Denkmal).

46 Zu ihnen etwa P. Diem, Die Symbole Österreichs, Wien 1995, 277 f.: zum Teil höchst oberflächlich und auch aufgrund bloßer Vermutungen zu Details falsch wie in der Folge vermerkt, jedenfalls ohne Nachweise; ihm folgend ohne neue Details H. M. Göbl, Das Staatwappen Österreichs 1934–1938, in: Adler 6/2008, Wien 2008, 294 f.

2. Freie Berufe

Gold auf Schwarz das typische städtische Zeichen von Mauer mit Tor und Türmen, darauf eine Schale mit der Äskulapnatter, darunter eine Waage, womit die Berufe Architekt, Arzt und Rechtsanwalt symbolisiert sein sollen.

3. Geld-, Kredit- und Versicherungswesen

Auf grünem Grund in Gold das chemische Zeichen für das Metall Auripigment = Gelbe Arsenblende = Schwefelarsen = Rauschgold.

4. Gewerbe

Auf Silber in Rot das Richtscheit bzw. Richtholz. Hiebei handelt es sich um ein Dreieck mit einem an der Spitze befestigten Senklot, womit die Waagrechte dann angezeigt wird, wenn es im rechten Winkel auf die Basislinie des Dreiecks trifft. Bezeichnet wird es auch als Schrotwaage, deren Name davon herrührt, daß an dem Senkblei ein „Schrot" hängt, welches den Basisschenkel des Dreiecks dann in die Waagrechte bringt, wenn es durch eine Nut verläuft, die in dessen Mitte angebracht ist.

5. Handel und Verkehr

Auf Silber in Blau das Zeichen von Merkur, des Gottes des Handels.

6. Kulturelles Schaffen

Auf Rot in Gold ein First mit Kreuz (oder eine Kirche?) mit der Weltscheibe kombiniert als Kennzeichen für Kirche, Kunst und Wissenschaft. Symbolisiert wird hier allerdings kein Berufsstand im engeren Sinn, sondern jener Gesamtstand, der im Bundeskulturrat seine Vertretung fand.

7. Landwirtschaft

Auf Schwarz ein grüner Spaten.

8. Industrie und Bergbau

In Schwarz auf Gold sind hier zwei Symbole kombiniert. Das Zahnrad verweist auf die eingesetzte Technik, das Dreibein auf die Muskelkraft. Bei diesem handelt es sich um ein auf die Antike zurückgehendes Symbol, oft auch dargestellt durch drei im Knie abgewinkelte Beine als sogenannter „Dreischenkel" wie etwa im Wappen der britischen Insel Man, die Stilisierung wie im vorliegenden Symbol besitzt lediglich eine graphische Ähnlichkeit mit dem Hakenkreuz, welches das Sonnenrad symbolisiert. In Parallele zum Symbol „Kulturelles Schaffen" handelt es sich um Symbole für die Berufsstände, die im Bundeswirtschaftsrat vertreten waren.

Welche Vorbilder bzw. Gedankengänge Holzmeister zu den Symbolen bewogen haben, harrt noch einer Aufklärung[47]. Im Rahmen von Holzmeisters Gesamtgestaltung der 1.-Mai-Feier im Jahre 1934, also dem Tag des „Neuen Österreich", lagen die „Ständezeichen" bereits vor[48]. Ein dreistündiger „Huldigungszug der Stände", auch „Festzug und Huldigung der Stände", sah die „Stände zum ersten Mal auf dem Plan"[49], und zwar mit ihren über drei Meter hohen Ständesymbolen (Abb. 3).

In ihrer Stilisierung entsprechen die Ständezeichen keineswegs, wie behauptet, der runenhaften Heraldik der Vaterländischen Front, eher den mittelalterlichen Bauhütten- bzw. Steinmetzzeichen und den traditionellen Symbolen für Gewerbe und Landwirtschaft. Einige Symbole erklären sich von selbst. Es sind dies auf jeden Fall der Spaten für die Landwirtschaft, das Richtscheit für das Gewerbe und die Äskulapnatter mit Schale für den Ärztestand, auch das Schwert für den „Öffentlichen Dienst" als Symbol obrigkeitlicher Machtausübung. Überdies hatten einige von ihnen bereits Verwendung gefunden wie etwa die Äskulapnatter für Apotheken. Eine Kombination von Richtscheit und Spaten, nämlich dieser an Stelle des Senkbleis, symbolisierte Siedlerbewegungen[50].

Weniger klar und zu hinterfragen wären Holzmeisters Symbole für „Freie Berufe", das chemische Zeichen Auripigment für das „Geld-, Kredit- und Versicherungswesen" und das Gesamtsymbol für „Kulturelles Schaffen". Wohl schwer erkennbar war für die meisten das Merkurzeichen für „Handel und Verkehr".

Als aufschlußreich erweist sich ein Vergleich mit Symbolen, die der Erfinder der „Wiener Bildstatistik" Otto Neurath (1882–1945/Oxford) verwendet hat. Im Jahre 1930 beispielsweise[51] symbolisierte er „Industrie und Großgewerbe" mit dem Zahnrad, das „Baugewerbe" mit dem Richtscheit wie wir dies auch in den Ständesymbolen finden. Für den „Handel" allerdings steht eine Waage, die Holzmeister, wenngleich er sie stilisiert, in das Gesamtsymbol „Freie Berufe" eingefügt hat. Sie war sicherlich ein sozusagen volkstümlicheres Symbol als Holzmeisters Merkurzeichen für „Handel und Verkehr". Für den Verkehr als „Transport, Telegraph, Telefon" finden wir bei Neurath gleichfalls etwas Einprägsameres, nämlich eine Art des Flügelrades, damals oft das Symbol von Bahnverwaltungen.

---

47 So auch Auskunft von Autor Posch wie Fn. 11.

48 Posch, wie Fn. 11, 394 Nr. 341.

49 So Presseüberschriften am 2. Ami 1934: Neues Wiener Tagblatt 119, 4; Reichspost 119, 4; Das kleine Volksblatt 119, 2.

50 W. Posch, Die Wiener Gartenstadtbewegung, Wien 1981, 56: Abb. Reumann.

51 O. Neurath, From Hieroglyphics to Isotype, London 2010, 110.

Ganz anders symbolisierte Neurath „Kleingewerbe“ und „Landwirtschaft“: ersteres mit einem Hammer, diese mit einer Sichel. Daß diese beiden in der Symbolik des österreichischen Ständestaates fehlen, lenkt den Blick auf dessen Ideologie zurück. Die Organisation der jeweiligen Berufsstände umfasste, wie eingangs zitiert, „Unternehmer wie auch die Angestellten, die Arbeitgeber wie auch die Arbeitnehmer“. „Der Berufsstand ist die Ablehnung klassenmäßiger Zusammenfassung des Volkes“, „der Marxismus wird nur überwunden werden, wenn das Bewußtsein der berufsständischen Zusammengehörigkeit lebendig wird“[52]. Gerade für dieses abgelehnte Denken in Bevölkerungsklassen und damit, jedenfalls indirekt, auch für den Klassenkampf standen die Symbole von Hammer und Sichel. Bewußt hatte das österreichische Staatswappen ab 1918 mit den Attributen seines Adlers die Berufsstände symbolisiert: mit der Sichel in einem Fang den Bauernstand, mit dem Hammer in dem anderen den Arbeiterstand und mit der Mauerkrone auf dem Kopf den Bürgerstand. Gleichfalls bewußt wurden diese Attribute im Adler des neuen Staatswappens fortgelassen[53]. Ein Auftauchen von Hammer und Sichel als berufsständische Symbole verbat sich damit von selbst. Denn: „Der christliche Ständestaat ist die Abkehr vom unnatürlichen Partei- und Klassensystem; er kennt nur organisch gegliedertes Volk“[54]. So schlägt sich in diesem Detail der Symbolwahl auch das „Neue Österreich“ von 1934 nieder[55].

III. Ideologiefreie Ständesymbolik

Überraschend begegnet die Ständesymbolik noch lange nach 1945 und nun fern vom Ständestaat: Eine Außenwand des Landes-Pflegeheims zu Gloggnitz im südlichen Niederösterreich schmückt ein Sgrafitto, das neben den Wappen umliegender Gemeinden auch vier der Ständesymbole zeigt: Handel und Verkehr, Industrie, Gewerbe, Landwirtschaft. Das Sgrafitto charakterisiert eine Region sowohl territorial durch ihre Gemeinden wie durch ihre Berufsstände. Es wurde um 1961 angebracht und so erklärt sich eine Abweichung von den Ständestaatssymbolen: Im Zeichen für Industrie ist der gewinkelte Dreifuß wegen seiner Hakenkreuznähe durch ein Balkenkreuz ersetzt[56].

---

52 Bundeskanzler Dollfuß 1933: wie Fn. 7, 76 f.

53 Brauneder, wie Fn. 10, 276, 280 ff.

54 J. A. Lux, Das goldene Buch der Vaterländischen Geschichte, Wien 1934, 328: bezeichnenderweise endet diese ideologisch ausgerichtete Geschichtsdarstellung wie folgt: „Österreich gehorcht Gott und dem Heiligen Vater und sonst niemanden auf der Welt!“ (ebda 341).

55 Die Ständesymbolik ist daher auch abgebildet bei Lux, wie Fn. 21, 60.

56 Freundliche Auskunft vom Landesarchiv Niederösterreich, Archivdirektor Dr. Wilibald Rosner.

Abb. 1: Ständezeichen und Länderwappen als Symbole der Bauelemente des „Neuen Österreich"; dazu der Doppeladler als neues Staatssymbol

Abb. 2: Die Ständezeichen, vgl. im Text Abschnitt II) 1) bis 8)

Abb. 3: „Kulturelle Gemeinschaft“ im Festzug am 1. Mai 1934

Abb. 4: Ständesymbolik etwa 1961

Die Aufarbeitung der NS-Vergangenheit in Österreich

I. Grundsätzliches

Die Besonderheit der Aufarbeitung der NS-Vergangenheit in Österreich besteht darin, daß es nicht nur um das NS-Unrecht im Staat, sondern am Staat selbst geht. Gemeint ist damit das Ende der österreichischen Staatlichkeit im Jahre 1938 durch den „Anschluß", d. h. die Eingliederung in das Deutsche Reich unter dessen NS-Führung sowie durch die letzte NS-orientierte Bundesregierung Österreichs. Der Anschluß sei, so hieß es nach 1945 unter anderem, durch eine „nazifaschistische Minderheit" im Inneren sowie durch die „hitlersche Aggression" von außen erzwungen worden. Schon die frühe Diskussion unterschied daher als Straftatbestände einerseits in die bloße NSDAP-Mitgliedschaft, andererseits in diese verbunden mit Hochverrat.

Hinsichtlich der Stellung Österreichs in der Zeit ab dem Anschluß bis 1945 wurden zwei staats- und völkerrechtliche Theorien vertreten[1]. Die Annexionstheorie ging davon aus, mit dem Anschluß sei der österreichische Staat eben

Aus: Ch. Amann (Hg.), Transitional Justice, 2015, im Ersch.

1 W. Brauneder, Österreichische Verfassungsgeschichte, 11. Aufl. 2009, 262.

durch Annexion seitens des Deutschen Reiches untergegangen. Tatsächlich gab es keine Exilregierung Österreichs wie etwa solche der tschechoslowakischen Republik oder Polens, die österreichischen Auslandsvertretungen hatten sich der jeweiligen deutschen unterstellt. Die Annexionstheorie bestimmte nach 1938 vorerst die Staatenwelt. Anders die Okkupationstheorie: Sie vertrat die Ansicht, Österreich sei im Jahre 1938 besetzt worden, habe als Staat weiterbestanden, sei allerdings handlungsunfähig gewesen. Diese Handlungsunfähigkeit wäre 1945 weggefallen, Österreich stehe in Kontinuität zu seiner Staatlichkeit vor dem Anschluß, zu jener des Deutschen Reiches aber in Diskontinuität. Die Wahrnehmung der Staatsgewalt oblag schon ab Ende April 1945 der Provisorischen Staatsregierung, ab Herbst 1945 den verfassungsrechtlichen Organen[2].

Die Okkupationstheorie – die zur herrschenden Staatsdoktrin ab 1945 wurde – knüpfte an die Moskauer Erklärung der Alliierten von 1943 an, in der es u. a. hieß: „Österreich, das erste freie Land, daß der Hitlerschen Aggression zum Opfer gefallen ist", werde als souveräner Staat wieder hergestellt werden. Diesen Passus wiederholte die Unabhängigkeitserklärung 1945 (StGBl. 1) der wiederbegründeten Politischen Parteien: Österreichische Volkspartei (ÖVP: ehedem Christlichsoziale Partei), Sozialistische Partei (SPÖ), Kommunistische Partei (KPÖ). Der Anschluß 1938 wurde ausdrücklich als „aufgezwungen" erklärt. Hieran knüpft die sogenannte „Opfertheorie" an: Österreich sei, wie in der Moskauer Erklärung festgehalten, auch ein Opfer des NS-Regimes. Dies festzuhalten ist für das Verständnis der folgenden Ausführungen vor allem zur Wiedergutmachung von grundlegender Bedeutung.

II. Verfassung und Rechtsordnung

Was das Verfassungsrecht betrifft, so konnte 1945 nicht einfach zum Zustand unmittelbar vor dem Anschluß zurückgekehrt werden. Österreichs damals geltende Verfassung 1934 widersprach demokratischen Grundsätzen und hatte tatsächlich, gemeinsam mit anderen Maßnahmen, einen, so die Selbstcharakteristik, autoritären Ständestaat etabliert, auch als Austrofaschismus bezeichnet[3]. Sie kannte keine allgemeinen Volkswahlen und daher keine demokratisch legitimierten Vertretungen. So kam es 1945[4] zur Wiederherstellung des Verfassungszustandes vor dem Erlaß der Verfassung 1934, nämlich, nach einer kurzen Übergangszeit mit einer Vorläufigen Verfassung, zur Wiederherstellung der Verfassung

2 Brauneder, wie Fn. 1, 257 f.; M. Pape, Ungleiche Brüder: Österreich und Deutschland 1945–1965, 2000, 32 ff.

3 Brauneder, wie Fn. 1, 233 ff.

4 Brauneder, wie Fn. 1, 259 ff.

1920/1929. Dies hatte übrigens die Moskauer Erklärung mit dem Hinweis geboten, Österreich sei im Geiste der Verfassung von 1920 wieder herzustellen, vor allem aber die innenpolitische Situation, da die Verfassung 1934 vor allem auf den Widerstand von SPÖ und KPÖ stieß.

Komplizierter war es mit der Herstellung der Rechtsordnung bestellt[5]. Hier konnte man an Gesetzgebungsakten aus der Zeit zwischen 1938 und 1945 nicht vorübergehen, da sie zum Teil einem aufgestauten Modernisierungsbedürfnis entsprochen hatten wie etwa mit der Einführung des Handelsgesetzbuches und vor allem mit dem Ehegesetz 1938. Dieses hatte eine fast einhundertjährige Diskussion zum Abschluß gebracht, nämlich den Ersatz des konfessionsgebundenen Eherechts des ABGB mit insbesondere der Unscheidbarkeit der Katholikenehe durch die Zivilehe. So kam es zu einer teilweisen Kontinuität mit dem einfachgesetzlichen Rechtszustand des Deutschen Reiches. Dafür wurde folgende Formel gewählt: Nicht zu übernehmen war, was typischem NS-Gedankengut entsprach oder dem österreichischen Rechtsempfinden entgegenlief. Im Konkreten konnte die Fortgeltung bzw. die Nicht-Fortgeltung deutschen Rechts durch Verordnungen der Staats- bzw. sodann Bundesregierung festgestellt werden.

Dazu einige Beispiele: Wegen ihres NS-Gehalts wurden die Nürnberger Rassegesetze 1945 ausdrücklich aufgehoben (StGBl. 14); aufgehoben wurde das Testamentsgesetz, weil es dem österreichischen Rechtsempfingen widersprach; übernommen hingegen wurde das Ehegesetz 1938, ausgeschieden allerdings die NS-Bestimmungen im Nichtigkeits- und Scheidungsrecht; übernommen wurde das HGB; die Reichsabgabenordnung wandelte sich zur Bundesabgabenordnung. Festzuhalten ist, daß es sich hiebei ausschließlich um innerösterreichische Rechtsakte handelte, nicht um solche der Alliierten.

III. Weitere Maßnahmen

Hier sind drei Komplexe zu unterscheiden, nämlich: die Entnazifizierung und insbesondere die Kriegsverbrechergesetzgebung, sodann Entschädigungen im weiteren Sinne in drei Formen: Rückstellung und Herausgabe von Kulturgütern, Opferfürsorge, Entschädigung im engeren Sinn.

Was die Chronologie der entsprechenden Gesetzgebungsakte anlangt, so sind insgesamt etwa 60 Gesetze und eine große Anzahl kleinerer Novellen erlassen worden[6]. Davon entfallen in die Jahre 1945 bis 1949 etwa 55 Prozent; ein Drittel

5 Ebda; ders., Europäische Privatrechtsgeschichte, 2014, 162 f.

6 Übersicht bei D. Ch. Kratz, Das österreichische Restitutionsrecht im Rechtsvergleich mit Deutschland unter besonderer Berücksichtigung von Rückstellungen und Entschädigungen seit 1945, Jur. Diss., Wien 2007, 27 ff.

davon nimmt die Anti-NS-Gesetzgebung ein, zwei Drittel die Rückstellungs- und Opferfürsorgegesetzgebung. Ab dem Staatsvertrag von Wien 1955 bis 1962 ergingen weitere etwa 25 Prozent, nun überwiegend Entschädigungen im weiteren Sinne; etwa 10 Prozent fallen in den späten Zeitraum von 1995 bis 2001, wobei es sich nun nur um Entschädigungen im engeren Sinne handelt. Die restlichen 10 Prozent verteilen sich auf Zeiträume dazwischen.

A. Entnazifizierung

Schon[7] die Regierungserklärung 1945 (StGBl. 3) kündigte Maßnahmen gegen NSDAP-Mitglieder an, wobei in Aktivisten und Mitläufer zu unterscheiden wäre. Gegen wilde Vergeltungsmaßnahmen schien ein entsprechendes Gesetz dringlich[8], von dem man vorerst – signifikanterweise – vom „Vergeltungsgesetz“ sprach, das aber später „Verbotsgesetz“ genannt wurde. Ein erster Plan von Vizekanzler Adolf Schärf sah folgende Maßnahmen vor: Registrierung sämtlicher NSDAP-Mitglieder; bedingte (!) ex-lege-Verurteilung der „Illegalen“, d. h. der NSDAP-Mitglieder vor dem Anschluß 1938; in besonders qualifizierten Fällen sollte es zu Anklagen kommen; dabei waren Verschärfungen vorgesehen, aber auch die Möglichkeit von „Nachsichtgesuchen“.

Schon am 8. Mai 1945 wurde das „Verbotsgesetz“ erlassen (StGBl. 13). Es erging als Verfassungsgesetz, erhielt also erhöhte Bestandsgarantie, wobei noch hinzuzufügen ist, daß für ein derartiges Gesetz die ausdrückliche Zustimmung der Alliierten erforderlich war – die also vorlag. Der wesentliche Inhalt bestand in Folgendem: Verbot der NSDAP sowie der „Wehrverbände (SS, SA, NSKK, NSFK)“ sowie „aller nationalsozialistischer Organisationen“; Verbot einer weiteren NS-Tätigkeit, die unter Todesstrafe gestellt wurde; Registrierung aller Mitglieder und auch Anwärter der vorgenannten Organisationen zwischen dem Verbot der NSDAP 1933 und 1945 durch Selbstanzeige; Einstufung aller dieser Mitglieder ab dem 18. Lebensjahr vor dem Anschluß als „Illegale“ und damit Hochverräter gemäß Strafgesetz bei allerdings eingeschränkter Verfolgung, aber „jedenfalls“ bei allgemeinem „Überhandnehmen hochverräterischer Umtriebe“ oder individueller Wiederbetätigung; Verfolgung jedenfalls vom Ortsgruppenleiter aufwärts wie ebenso von Sponsoren („beträchtliche finanzielle Zuwendungen“). Unterlassung der Registrierung galt als Erfüllung des Verbrechenstatbestandes des Betrugs. „Illegalen“ drohten bis zu zehn Jahren schweren Kerker, Funktionsträger und Sponsoren bis zu zwanzig Jahren, Beamte und ihnen Gleichgestellte waren zu entlassen, andere unterlagen Berufsverboten, in

7 Zur Entnazifizierung u. a. D. Stiefel, Entnazifizierung in Österreich, 1981; W. Schuster/ W. Weber (Hg.), Entnazifizierung im regionalen Vergleich, 2004.

8 A. Schärf, Österreichs Wiederaufrichtung im Jahre 1945, 1960, 278 ff.

allen Fällen kam es zum Vermögensverfall und unter Umständen zur Verhängung von Polizeiaufsicht, Zwangsarbeit oder Einweisung in Zwangsarbeitsanstalten. Allerdings gab es zur Entschärfung „den § 27". Demnach konnte auf Antrag von der Registrierung – mit allen ihren Folgen – abgesehen werden, wenn der Antragsteller seine „Stellung niemals mißbraucht hat und aus seinem Verhalten noch vor der Befreiung Österreichs [1945] auf eine positive Einstellung zur unabhängigen Republik Österreich mit Sicherheit geschlossen werden kann". Von etwa 530.000 Registrierten stellten fast 400.000 derartige § 27-Anträge, über die zu entscheiden die Behörden faktisch nicht in der Lage waren[9]. Zur erwähnen ist noch, daß die Länderkonferenz vom Oktober 1945 die Registrierten vom aktiven und passiven Wahlrecht auschloß[10]. Dies bedeutete, daß die Wahlen 1945 ohne Teilnahme der NSDAP-Mitglieder stattfanden.

Das Verbotsgesetz 1945 erschien den Alliierten – trotz ihrer Zustimmung – zu milde, was zum sogenannten „NS-Gesetz 1947" führte, abermals ein Verfassungsgesetz. Obwohl es sich gesetzestechnisch als Novelle zum Verbotsgesetz verstand (StGBl. 25), umfaßte es dennoch über zehn Gesetzblattseiten mit überaus kasuistischen Regelungen insbesondere im Bereich der Berufsverbote. Neu war nun insbesondere: Entfall der Ausnahme von der Registrierungspflicht („§ 27-Anträge"); Ausdehnung des Begriffs „Illegaler" auch auf die Zeit der legal zugelassenen NSDAP; Erweiterung des Hochverräterkreises auf u. a. NS-Offiziersbund, „alte Kämpfer"; vor allem eine Differenzierung der Registrierungspflichtigen in „Belastete" und „Minderbelastete".

Als „Belastete" galten insbesondere Funktionäre und Sponsoren. Ihnen waren sämtliche mittleren und höheren Berufe verschlossen, die penibel aufgelistet wurden von u. a. allen Rechtsberufen bis hin zum Gast- und Schankgewerbe; ausgeschlossen waren sie weiters u. a. von jedem Hochschul-Studium; sie konnten keine Parteimitgliedschaft erwerben; sie unterlagen einer besonderen Sühnepflicht in der Höhe von 20 Prozent ihrer direkten Steuerleistung und einer einmaligen Vermögensabgabe.

Für „Minderbelastete" waren die Folgen ähnlich, möglich allerdings war deren Nachsicht, zulässig auch Parteimitgliedschaft. Über die Nachsicht entschieden entsprechende Kommissionen. Als Beispiel dient das Schicksal des bekannten Burgschauspielers und Lokalhistorikers Fred Hennings[11]. Unmittelbar nach dem Anschluß 1938 hatte er mit zwei weiteren NSDAP-Mitgliedern aus dem Kreis der Burgschauspieler kurz die Leitung des Burgtheaters übernommen. Heimgekehrt in seine Wohnung in Wien bei Kriegsende ließ er sich sofort registrieren

9 U. a. P. Dusek etc., Zeitgeschichte im Aufriß, 3. Aufl. 1988, 240; Schärf, wie Fn. 8.
10 V. Reimann, Die dritte Kraft in Österreich, 1980, 85.
11 F. Hennings, Heimat Burgtheater III, 1974, 12 ff., 76, 78, 95 f.

und wurde zum Arbeitseinsatz verpflichtet. Seiner historischen Kenntnisse wegen bat er bei den Aufräumungsarbeiten im zerstörten Stephansdom eingesetzt zu werden, was so auch geschah. Im Jahr 1947 stufte ihn die zuständige Kommission als Minderbelasteten ein und durch eine Entschließung des Bundespräsidenten konnte er ab 1948 wieder am Burgtheater spielen.

Kritik an der NS-Gesetzgebung gab es zum Teil sehr vehement[12], auch in den Zeitungen[13], diese freilich nur in den Westzonen, nicht in der Sowjetzone. Durchgehend negativ kritisiert wurde die Kollektivschuld, die Ausgrenzung aus dem politischen und sozialen Leben. Der Innsbrucker Staatsrechtslehrer Ernst Kolb schrieb 1947, das Verbotsgesetz sei das „schärfste, jemals in einem besiegten, besetzten oder neutralen Staat beschlossene Gesetz" und der Erzbischof von Salzburg hielt „das neue Nationalsozialistengesetz für einen Irrweg"[14]. Die Bundesregierung verteidigte sich mit Hinweisen auf die Begehren des Alliierten Kontrollrats und die Chance auf einen Staatsvertrag zur Beendigung des Besatzungsregimes. Für die Politischen Parteien – ausgenommen die KPÖ – stellten die politisch ausgegrenzten NSDAP-Mitglieder ein potentielles Wählerreservoir dar, das zunehmend umworben wurde mit etwa gegenseitigen Anschuldigungen von ÖVP und SPÖ bezüglich ihrer Rolle in der NS-Gesetzgebung[15]. Das SPÖ-Aktionsprogramm von 1947 verlangte „Sühne der faschistischen und nationalsozialistischen Verbrechen", aber auch „Eingliederung der früheren Mitläufer der beiden faschistischen Parteien in die Gemeinschaft der Staatsbürger[16]. Die SPÖ stellte also Mitglieder der Ständestaatspartei und der NSDAP gleich. Die Leitsätze der ÖVP von 1945 betrafen hingegen nur die NSDAP: „Ausschaltung" bei „Mitarbeit am Hitlersystem" aus „allen Führungsstellen des öffentlichen und privaten Lebens", „strenge Bestrafung" im Falle „verbrecherischer Handlungen"[17]. Beide Parteien differenzierten jedenfalls.

Dies alles brachte schrittweise Lockerungen. Im Jahre 1948 kam es in einem ersten Schritt zur teilweisen Aufhebung der Sühnefolgen von minderbelasteten Personen unter dreißig Jahren (BGBl 70) und vor allem durch das sogenannte Amnestiegesetz (BGBl 99) zur fast völligen Aufhebung der Sühnefolgen, ausgenommen im Falle der Wiederbetätigung. Von diesen Maßnahmen waren etwa 400.000 Personen betroffen – just jene Zahl, welche die oben

---

12 Reimann, wie Fn. 10, 89 ff.; zeitgenössisch u. a. Th. Veiter, Gesetz als Unrecht, 1949; H. Meinhart, Parteimitglied und Parteianwärter, o. J. (1947).

13 Reimann, wie Fn. 10, 91 f.; H. Dachs, Die Entnazifizierung in der Salzburger Presse, 1999, 231 f.

14 Reimann, wie Fn. 10, 90; G. Steininger, Das dritte Lager, 2007, 18.

15 Schärf, wie Fn. 8, 183 ff.; Reimann, wie Fn. 10, 93 ff.

16 K. Berchtold, Österreichische Parteiprogramme 1868–1966, 1967.

17 Ebda 377.

erwähnten „§ 27-Anträge" gestellt hatten. Im Jahre 1949 folgte die Streichung aller Minderbelasteten aus den Registrierungslisten. Bei der Nationalratswahl im Oktober 1949 waren daher rund 430.000 ehemalige NSDAP-Mitglieder wieder wahlberechtigt[18].

Im Jahre 1952 erfolgte eine Amnestie für Belastete – ausgenommen Kriegsverbrecher –, 1956 kam es zur prinzipiellen Aufhebung des Vermögensverfalls, 1957 zu dem der Registrierungspflicht überhaupt wie auch der Sühnefolgen.

Das Verbotsgesetz/NS-Gesetz wurde 1992 durch einen neuen Tatbestand erweitert (BGBl. 148), nämlich die Leugnung, grobe Verharmlosung, das Gutheißen oder die Rechtfertigung des NS-Völkermords und von NS-Verbrechen bei Herabsetzung des Mindeststrafrahmens.

B. Kriegsverbrechen

Am 26. Juni 1945 (StGBl. 32) erging das „Kriegsverbrechergesetz", das als „Kriegsverbrechergesetz 1947" (BGBl. 25) wiederverlautbart wurde. Es enthielt wie die übrige Anti-NS-Gesetzgebung den Rang eines Verfassungsgesetzes.

Als Kriegsverbrechen galten Handlungen gegen die „natürlichen Anforderungen der Menschlichkeit", gegen die „anerkannten Grundsätze des Völkerrechts oder des Kriegsrechts" in Bezug auf feindliche Truppen oder Zivilpersonen; unter Umständen konnte die Todesstrafe verhängt werden. Als Kriegsverbrecher galten weiters bestimmte Funktionsträger vom Gau-, ab 1947 (BGBl. 25) vom Kreisleiter aufwärts; sie unterlagen jedenfalls der Todesstrafe.

Den weiteren Tatbestand der „Kriegshetzer" erfüllten jene Personen, die eine entsprechende Propaganda getrieben hatten; gegen sie konnte unter Umständen die Todesstrafe verhängt werden. „Quälereien und Mißhandlungen" insbesondere „aus politischer Gehässigkeit" konnten gleichfalls unter Umständen mit der Todesstrafe geahndet werden, handelte es sich hiebei um bestimmte Funktionsträger, war diese jedenfalls zu verhängen. Gleichfalls unter Androhung von unter Umständen der Todesstrafe waren „Verletzungen der Menschlichkeit und der Menschenwürde" „aus politischer Gehässigkeit", „Hochverrat am österreichischen Volk", d. h. Mitwirkung an der Machtergreifung der NSDAP in Österreich 1938, unterlag jedenfalls der Todesstrafe. Als weiterer Tatbestand kam später noch die Vertreibung aus der Heimat hinzu.

Das Kriegsverbrechergesetz 1947 wurde nach zehn Jahren, 1957, aufgehoben. Die Todesstrafe generell verbot 1968 Artikel 85 des Bundes-Verfassungsgesetzes.

---

18 Reimann, wie Fn. 10, 93.

C. Die Sondergerichtsbarkeit der Volksgerichte

Insbesondere zur Ahndung der Kriegsverbrechen, teilweise auch für Fälle der Entnazifizierung, wurde durch das Verbotsgesetz 1945 (StGBl. 13) eine eigene Sondergerichtsbarkeit installiert, nämlich „Volksgerichte“ bei den Landesgerichten am Sitze der vier Oberlandesgerichte Wien, Linz/Donau, Graz, Innsbruck. Sie bestanden aus zwei Berufsrichtern und drei Beisitzern und hatten nach der Strafprozeßordnung vorzugehen, allerdings „mit der Einschränkung“, daß „die Rechtsmittel des Einspruches gegen die Anklageschrift, der Berufung und der Nichtigkeitsbeschwerde sowie der Beschwerde gegen Beschlüsse des Volksgerichtes ausgeschlossen sind“; ausgeschlossen war auch die Anwendung des Außerordentlichen Milderungsrechts, das im ordentlichen Verfahren so gut wie stets zur Anwendung kam; schließlich waren die Strafen „ohne Aufschub zu vollstrecken“. Es gab also insbesondere keine Rechtsmittel gegen den Spruch der Volksgerichte. Bis 1947 erledigten sie 8.850 Verfahren, in 5.659 davon wurden Kerkerstrafen verhängt, in 35 Fällen Todesurteile gefällt[19].

Im Jahre 1955 wurden die Volksgerichte aufgehoben und ihre Zuständigkeit den ordentlichen Gerichten überwiesen.

D. Entschädigungen im weiteren Sinne

1. Rückstellung

Aufgrund der oben erwähnten „Opfertheorie“ ging man davon aus, daß bei widerrechtlichem Vermögensentzug lediglich eine Rückstellung in Frage käme; für eine darüber hinausgehende Entschädigung sei der Rechtsnachfolger des Deutschen Reiches verantwortlich zu machen. Es könne nicht ein Opfer, nämlich Österreich, andere Opfer entschädigen.

Die ersten Maßnahmen im Jahre 1945 (StGBl. 9 und 10) betrafen einerseits die Aufforderung zur Anmeldung durch den „Inhaber“ rechtswidrig entzogenen Vermögens mit der Folge, daß dieser nun mit besonderer Sorgfalt zu verwalten hatte oder allenfalls ein „öffentlicher Verwalter“ bestellt werden konnte, das spätere Ministerium für Vermögenssicherung[20]. Weiters war die „Sicherstellung“ vom Vermögen der Republik Österreich vorzunehmen, das 1938 auf das Deutsche Reich übergegangen war (StGBl. 11).

In den Jahren 1946 bis 1949 ergingen sieben „Rückstellungsgesetze“, zu denen 1951 noch ein Gesetz bezüglich der Ansprüche von Kammern und kirchlichen Unterorganisationen kam[21].

---

19 H. Andics, 50 Jahre unseres Lebens, 1968, 532 f.

20 P. Böhmer, Wer konnte griff zu, 1999, 45 ff.

21 B. Bailer-Gallanda, Die Entstehung der Entschädigungs- und Rückstellungsgesetzgebung, 2003; G. Graf, Die österreichische Rückstellungsgesetzgebung, 2003.

Zu erwähnen ist grundsätzlich das 1. Rückstellungsgesetz 1946 (BGBl. 156)[22]. Es betraf Rückstellungen aus dem Vermögen des Bundes an „geschädigte Eigentümer" sowie in beschränktem Maße auch an deren Erben. Hier findet sich der Grundsatz festgehalten, wonach die Rückstellung zu erfolgen habe „in dem Umstand …, in dem sich [die Sache] befindet" mit allenfalls „Erträgnissen". Die Frist zur Antragstellung war ursprünglich äußerst kurz mit einem Jahr bemessen, wurde allerdings bis schließlich 1954 verlängert. Bis dahin wurden 11.715 Gesuche gestellt, von denen 8.743 stattgegeben worden waren.

Das 3. Rückstellungsgesetz 1947 (BGBl. 54)[23] gilt als das „Generalrückstellungsgesetz"[24]. Es betraf den privaten Vermögenübergang, ausgenommen, wenn dieser „auch unabhängig von der NS-Machtübernahme erfolgt wäre" bzw. der Verkäufer den Käufer freiwillig gewählt und eine angemessene Gegenleistung erhalten hatte. Dem Rückstellungsgegner, dem Käufer, stand der Anspruch auf Rückzahlung des Kaufpreises und allenfalls Ersatz von Aufwendungen zu. Dazu kamen weitere Detailbestimmungen wie etwa die Bedingung, daß bei Unternehmen bzw. deren Räumlichkeiten eine wirtschaftliche Identität des neuen Unternehmens gegeben sein mußte; war die Rückstellung wegen wirtschaftlicher Umgestaltungen „untugendlich", so war der Schätzwert zu vergüten. Die ursprünglich nur kurze Antragsfrist von nur einem Jahr wurde schrittweise bis 1952 verlängert. Bis zum Jahr 1952 lagen 30.221 Anträge vor, 6.687 waren bewilligt, 2.618 abgelehnt worden, der Rest war noch schwebend. Von den erledigten Anträgen waren also 80 Prozent bewilligt, 20 Prozent abgelehnt worden. Im Jahre 1961 (BGBl 100) wurde ergänzend ein Fond zur Abgeltung von Vermögensverlusten z. B. bei Wertpapieren errichtet.

In der Praxis der Rückstellung lassen sich Judikaturphasen unterscheiden[25]. In den Jahren 1947/48 wurde den Interessen der Rückstellungswerber Vorrang eingeräumt, Härten für den Rückstellungsgegner hingenommen. In den Jahren

---

22 Graf, wie Fn. 21, 51 ff.; Kratz wie Fn. 6, 58 ff.

23 Kratz, wie Fn. 6, 63 ff.

24 Die hier nicht behandelten Rückstellungsgesetze (RStG) betrafen folgende Materien: 2. RStG 1947 (BGBl. 53) bestimmte Vermögen im Eigentum der Republik Österreich, 4. RStG 1947 (BGBl. 143) die Wiederherstellung jüdischer Firmenbezeichnungen, 5. RStG 1949 (BGBl. 164) Vermögen juristischer Personen des Wirtschaftslebens, 6. RStG 1949 (BGBl. 199) Patente, Marken- und Musterrechte, 7. RStG 1949 (BGBl. 207) Privatdienstverhältnisse.

25 F.-St. Meissel/Th. Olechowski/Ch. Gnant, Untersuchungen zur Praxis der Verfahren vor den Rückstellungskommissionen, 2004, 31 ff.; auch D. Ellmauer/M. John/R. Thunser, „Arisierungen", beschlagnahmte Vermögen, Rückstellungen und Entschädigungen in Oberösterreich, 2004, 428 ff.; Kratz, wie Fn. 6, 84 ff.

1949 bis 1959 machte sich eine Zurückhaltung gegenüber den Rückstellungswerbern bemerkbar. Dazu ist festzuhalten, daß ab 1952/53 nur mehr sehr komplexe Fälle anstanden und es allein dadurch zu weniger Rückstellungen kam.

Eine gewisse Zäsur brachten der Staatsvertrag 1955 (BGBl. 152) mit seiner Verpflichtung zur Rückstellung sowie der weiteren, falls es zu keiner Rückstellung kommen könne, habe an deren Stelle die Übergabe an Organisationen zur Wiedergutmachung zu treten. Dafür wurden in den Jahren 1957 bis 1962 sogenannte Sammelstellen[26] errichtet und ihnen auch das Recht auf die Erhebung von Rückstellungsansprüchen eingeräumt, soferne es bisher zu Rückstellungen etwa wegen Fristversäumnis nicht gekommen war, schließlich auch das Recht auf Verwertung rückgestellten Vermögens etwa durch Rückgabe an den Geschädigten oder durch Verteilung an NS-Opfer.

Ein besonderes Kapitel stellt die Rückstellung von Kultur- und Kunstgegenständen dar[27]. Der von den Alliierten eingesammelte sogenannte NS-Kunstraub wurde von diesen 1956 der Republik Österreich übertragen. Durch sie erfolgte nun eine Rückgabe aufgrund der Rückstellungsgesetze. Dazu traten aber noch weitere gesetzliche Grundlagen. Das Kunst- und Kulturgüter-Bereinigungsgesetz 1969 (BGBl 294) schuf die Voraussetzung zur Herausgabe von Gegenständen aus dem Bundesdenkmalamt eventuell Zug um Zug gegen bereits geleistete Entschädigungen. Was nicht beansprucht wurde fiel in Bundeseigentum. Dies blieb jedoch nicht unwidersprochen. So wurde 1986 (BGBl 2) die Voraussetzung geschaffen, daß derart in Bundeseigentum stehendes Vermögen vom Finanzminister zugunsten von NS-Opfern versteigert werden könne, 1995 (BGBl. 432) wurde davon das Restvermögen an die Israelitische Kultusgemeinde Österreichs übergeben.

Eine Zäsur stellte 1998 der sogenannte „Schiele-Fall“ dar (u. C/3), der mit zum Kunstrückgabegesetz 1998 (BGBl. I 181) führte. Dieses ermächtigt u. a. den Bundesfinanzminister zur Rückgabe von Kunstgegenständen aus Bundesmuseen an die ursprünglichen Eigentümer. Dem standen bisher insbesondere die Ausfuhrverbotsgesetze 1918/23 entgegen, die nun insoferne aufgehoben waren.

2. *Opferfürsorge*

Auch hiefür steht die „Opfertheorie“ Pate, nämlich insoferne, als sich Österreich nicht zur Leistung von Entschädigungen im engeren Sinn zuständig bzw. verantwortlich dachte, aber doch für Fürsorgeleistungen.

---

26 U. a. Meissel/Olechowski/Gnant, wie Fn. 25, 335 ff.; Kratz wie Fn. 6, 103 ff.

27 Kratz, wie Fn. 6, 42 f.; diverse Beiträge in G. Anderl/A. Caruso (Hg.), NS-Kunstraub in Östereich und die Folgen, 2005; E. Kubin, Sonderauftrag Linz, 1989, 141 ff.; G. Haase, Die Kunstsammlung Adolf Hitler, 2002, 112 f., 140 f.

Den Beginn bilden 1945 Fürsorgeleistungen für Widerstandskämpfer ab dem Jahre 1933 (StGBl 90). Das Jahr 1933 läßt aufhorchen: Es waren also auch die Widerstandskämpfer gegen den Austrofaschismus, ein Anliegen vor allem der Sozialisten, erfaßt[28]. Nicht erfaßt allerdings wurden die sogenannten „passiven Opfer", die Verfolgungen etwa bloß wegen ihrer Abstammung zu erdulden hatten – diese Maßnahmen galten ja im Sinne der „Opfertheorie" als nicht vom österreichischen Staate verursacht, sondern vom Deutschen Reich, das bzw. dessen Rechtsnachfolger man hiefür als zuständig ansah. Erst 1947 (BGBl 183) wurden auch die passiven Opfer einbezogen, nämlich solche aufgrund ihrer Abstammung, Religion oder Nationalität.

Die Fürsorgeleistungen bestanden in Heilfürsorge, Hilfe zur Existenzgründung, Wohnungsvergabe, Kinderfürsorge – in der Regel durch Rentengewährung (Opferrente, Hinterbliebenenrente) oder diverse andere Leistungen. Der Kreis wurde laufend erweitert, in den 60 Jahren bis 2005 erfolgten 68 gesetzliche Änderungen.

1956 (BGBl 25) kam es zur Errichtung eines Hilfsfonds für Berechtigte im Ausland – bisher waren nur Inländer in den Genuß der Opferfürsorge gekommen. 1988 (BGBl 197) wurde der Ehrengabehilfsfond aus Anlaß des 50jährigen Gedenkens an 1938 errichtet: Er ermöglichte einmalige Leistungen an In- und Ausländer.

3. *Entschädigungen im engeren Sinn*

An der „Opfertheorie" wurde weiterhin festgehalten, jedoch ab etwa 1990 um eine neues Argument ergänzt: Zufolge der Verstrickung vieler Österreicher in das NS-Regime gäbe es auch eine moralische Verpflichtung des österreichischen Staates (s. u. IV).

Ein gewichtiger Anstoß kam von außen, und zwar in mehrfacher Weise[29]. 1997 wurden in New York Schiele-Bilder beschlagnahmt, aus 1998 datieren Sammelklagen in den USA gegen österreichische Unternehmen wegen der Beschäftigung von Zwangsarbeitern, gefolgt von gesetzlichen Maßnahmen in zwei US-Bundesstaaten mit der angedrohten Sanktion des Boykotts derartiger Unternehmen. Die Bundesregierung setzte daraufhin eine sogenannte Historikerkommission ein, die bis 2003 in zirka 50 Bänden von 160 Mitarbeitern die einschlägigen Themen bearbeitete. Dies führte zur Schaffung mehrerer Entschädigungsfonds.

---

28 Die Zeit 1933 bis 1938, des „Austrofaschismus" in der Diktion insbesondere der SPÖ, betrafen „Rückgabegesetze" zugunsten u. a. SPÖ, deren Parteiverlag „Vorwärts", KPÖ, Christiliche Gewerkschaften 1947 (StGBl. 55) und 1949 (BGBl. 165).

29 Zum Folgenden z. B. Kratz, wie Fn. 6, 16 ff.

a) Nationalfond der Republik Österreich für Opfer des Nationalsozialismus

In engem Zusammenhang mit dem Parlament (Nationalrat) wurde dieser Fonds 1995 (BGBl. I 432) „bei" diesem errichtet, was insbesondere personelle Verflechtung bedeutet. Z. B. führt im obersten Organ des Fonds, dem Kuratorium, den Vorsitz der jeweilige Präsident des Nationalrats, ihm gehören weiters der zweite und dritte Präsident an sowie zwölf Mitglieder von dessen Hauptausschuß, dazu kommen Regierungsmitglieder. Leistungen werden erbracht an NS-Opfer im weitesten Sinne, auch an sogenannte NS-„Flüchtige", an in Konzentrationslagern oder unter ähnlichen Umständen geborene Kinder. Voraussetzung ist, daß dieser Personenkreis keine oder nur unzureichende Leistungen erhielt und in besonderer Weise hilfsbedürftig ist. Die Entschädigung besteht in einmaligen oder wiederkehrenden Geldleistungen unter Verzicht auf weitere Ansprüche. Ein Rechtsanspruch besteht nicht. Allerdings werden auch Projekte gefördert, die Opfern des Nationalsozialismus zugute kommen. Die Mittel des Fonds erlaubten bis zu drei Auszahlungen[30].

b) Versöhnungsfond 2000

Er wurde im Jahre 2000 (BGBl III 18) errichtet mit einer Laufzeit bis 2005. Entschädigungsberechtigt waren insbesondere Zwangsarbeiter unter besonders schlechten Lebensbedingungen wie etwa bei haftmäßiger Unterbringung sowie „Sklavenarbeiter", d. h. Insassen von Konzentrationslagern, soweit sie nicht bereits Leistungen der Bundesrepublik Deutschland erhalten hatten wie etwa jene des oberösterreichischen Konzentrationslagers Mauthausen. Entrichtet wurde je nach Einstufung eine einmalige Leistung. In den Genuß kamen insgesamt 131.388 Personen[31]. Dennoch ergab sich ein Überschuß, der in den sogenannten „Zukunftsfond" und eine Stipendienstiftung einfloß. Zur staatlichen Leistung kamen noch solche von Unternehmen direkt an Betroffene.

c) Der allgemeine Entschädigungsfonds

Er wurde 2001 (BGBl I 12) errichtet, und zwar aufgrund einer gemeinsamen Erklärung der Republik Österreich, den USA, der Conference on Jewish Material Claims, der Israelitischen Kultusgemeinde in Österreich und diverser Anwälte von Sammelklagen[32]. Diese „Rechtsfriedens-Erklärung" zieht einen Schlußstrich: Gegen die Beistellung von 210 Millionen US-Dollar seitens der Republik Österreich und österreichischer Unternehmen werden alle Sammelklagen

---

30 Kratz, wie Fn. 6, 127 f.

31 Kratz, wie Fn. 6, 134 f.

32 Kratz, wie Fn. 6, 134 ff.

zurückgezogen und ein Anspruchsverzicht ausgesprochen. Leistungen erfolgen subsidiär zu bisherigen Maßnahmen. Auch hier schimmert die „Opfertheorie" durch, insbesondere damit, daß es keinen Rechtsanspruch gibt, zumal die Leistungen wegen der „moralischen Verantwortung für Verluste und Schäden" erfolgen. In den Genuß kamen liquidierte Betriebe, Geschädigte durch Verluste an beweglichem Vermögen, insbesondere auch an Bankkonten, Aktien, Versicherungspolizzen etc.

IV. Haltungsänderungen

Insgesamt lassen sich in der Entwicklung der Aufarbeitung der NS-Vergangenheit in Österreich mehrere Haltungsänderungen feststellen. Was die NS-Betätigung anlangt, so wurde die anfangs offen ausgesprochene „Vergeltung" zunehmend nicht nur anders benannt, sondern auch anders verstanden. Bei den Parlamentswahlen im November 1945 befremdete ein Wahlplakat der SPÖ mit der Parole „Wir fordern den Austausch!", nämlich „Zehntausende Nazi" gegen ebensoviele „Österreicher … in Kriegsgefangenenlager", was zum Ausschluß des Zentralsekretärs Erwin Scharf führte[33]. Die anfänglich scharfen Sühnefolgen, die in nicht wenigen Fällen die totale Existenzvernichtung nach sich zogen, ersetzten punktuelle Strafmaßnahmen. Vieles hielt auch vor dem tatsächlichen historischen Ablauf nicht stand. So war beispielsweise die NSDAP bis 1933 eine legal operierende Partei gewesen, die in zahlreichen Vertretungskörpern – Gemeinderäten, Landtagen, Bundesrat – Mitglieder gestellt hatte. Übrigens sprach sie sich nicht durchgehend für einen Anschluß an das Deutsche Reich aus. Zudem hatte es andere Vorstellungen als die dann realisierte Art des Anschlusses gegeben, – etwa eine „Sonderstellung wie ehemals Bayern"[34]. Der Anschluß an das Deutsche Reich war umgekehrt besehen keineswegs nur ein Anliegen der NSDAP. Er war sogleich nach der Staatsgründung 1918 als Staatsziel verfassungsgesetzlich festgelegt worden (StGBl 5/1918) und trotz des Verbots in den Verträgen von Versailles und St. Germain beschäftigte man sich immer wieder mit ihm wie etwa 1927 Gutachten der prominenten Staatsrechtslehrer Hans Kelsen, Adolf Merkl und Karl Gottfried Hugelmann[35]. Für Kelsen als Anschlußbefürworter gab es übrigens kein Anschlußverbot, denn er fasste die entsprechenden Bestimmungen als Verfahrensregelungen des Anschlusses auf und es erschien ihm

33 F. Olah, Die Erinnerungen, 1995, 121 f.

34 So Reinhard Spitzy (vgl. Fn. 44), zeitweise Sekretär von Außenminister Joachim v. Ribbentrop, an den Verfasser.

35 In W. Brauneder (Hg.), Österreichisch-deutsche Rechtsbeziehungen I, 1996, 315 ff.

dieser als ganz hohes Ziel[36]. Erst parallel zur Machtergreifung der NSDAP in Deutschland 1933 verschwand der Anschluß als Regierungsprogramm, wenngleich sich das ständisch-autoritäre Österreich nach der Präambel der Verfassung 1934 ausdrücklich auch als deutscher Staat verstand. Zahlreiche Zitate der „Führer Österreichs" belegen dies[37]. Die Behandlung vor allem der Minderbelasteten ließ sich daher, wie beschrieben, bald nicht mehr aufrechterhalten, auch nicht, die „Illegalen" wegen ihrer Anschlußtendenz als Hochverräter einzustufen. Signifikant ist in diesem Zusammenhang der Hochverratsprozeß gegen den Staatssekretär des Äußeren von 1938 Guido Schmidt im Jahre 1947[38]: Er wurde vom Vorwurf der Vorbereitungshandlungen für die Machtergreifung der NSDAP 1938 freigesprochen.

Festgehalten wurde hingegen am Verbot der Wiederbetätigung, die in einem weiten Verständnis 1992 gesetzlich neu umschrieben wurde (s. o. III A).

Im Wesentlichen ließ sich auch die Dominanz der „Opfertheorie" nicht halten. Sie hat zweifellos dem Empfinden jener Politikergeneration entsprochen, die ihre oft gemeinsamen Konzentrationslagererfahrungen gemacht hatte: Sie war tatsächlich Opfer gewesen und sah in ihren nunmehrigen öffentlichen Funktionen nicht ein, für andere Opfer Entschädigungen bereitstellen zu müssen, zumal das Ungemach von reichsdeutschen Behörden gekommen war. Damit verbindet sich auch die Okkupationstheorie: Tatsächlich hatte es ja zwischen 1938 und 1945 keinen österreichischen Staat, keine österreichischen Behörden gegeben, die in dieser Zeit politische Maßnahmen wie Verfolgung, Enteignung, Lagerhaft hätten anordnen können. Außerdem sah man sich diesbezüglich im Einklang mit der Auffassung der Alliierten kraft ihrer Moskauer Deklaration von 1943. Zwar hielten sie Österreich nicht nur bis 1955 in nahezu identischem Maße wie Deutschland besetzt, sondern es auch von diesem fern, und zwar noch durch entsprechende Verbote im Staatsvertrag von 1955: der Anschluß von 1938 war in seiner Erscheinung nicht vergessen, auch nicht die klaglose Rekrutierung aus österreichischen Gebieten in die deutsche Wehrmacht und in die Waffen-SS. Die Grundlage der Opfertheorie in der Moskauer Erklärung 1943 – Österreich sei erstes Opfer der „Hitlerschen Aggression" – hatte bereits die dortige Verantwortungsklausel relativiert, „daß es für die Beteiligung am Kriege auf

---

36 H. Kelsen, Österreichisches Staatsrecht, 1923, 238: „stärker als Österreich selbst ist sein Wunsch: aufzugehen im deutschen Vaterland".

37 Broschüre „Führerworte: Unser Staatsprogramm", 1935; Broschüre „Schuschnigg spricht", 1935.

38 Der Hochverratsprozeß gegen Dr. Guido Schmidt vor dem Wiener Volksgericht, Wien 1947: Die Publikation des Prozeßverlaufs unterstützt sehr wesentlich die Opferthese.

seiten Hitlerdeutschlands Verantwortung trägt", was auch Eingang in die Unabhängigkeitserklärung 1945 (StGBl 1) fand. Zur Widerlegung der Verantwortungsklausel diente 1946 das offizielle „Rot-Weiß-Rot-Buch"/I. Teil mit zum Teil geringem Wahrheitsgehalt[39]; ein II. Teil erschien nicht; ähnlich die Publikation des Guido-Schmidt-Prozesses[40]. Tatsächlich strich die Sowjetunion gleich ab 1945 vom „Opfer" Reparationsleistungen ein, vor allem durch die Beschlagnahme der deutschen Vermögenswerte, des sogenannten „Deutschen Eigentums"[41]. Die Verantwortungsklausel strich man erst in letzter Minute aus dem Staatsvertrag von 1955. Zu all dem kamen in den Jahren unmittelbar nach 1945 die geringfügige Wirtschaftskraft, neben Zerstörungen die Demontagen seitens der UdSSR und die Eingliederung ihrer Besatzungszone in das sowjetische Wirtschaftssystem, wodurch Österreich Steuerleistungen verloren gingen, weiters die Aufnahme von Flüchtlingen aus umliegenden Ländern und eine nicht geringe Wohnungsnot. So waren es auch diese Umstände und nicht die Opfertheorie, welche die Westalliierten von Reparationen Abstand nehmen ließen[42].

Alle diese Umstände änderten sich allerdings allmählich. Es kam zum wirtschaftlichen Aufschwung im Zusammenhang mit der Beseitigung der Kriegsfolgen, zur Wiederherstellung zahlreicher Unternehmen insbesondere nach dem Staatsvertrag 1955, zur Integration der Flüchtlinge und es fiel, insbesondere spürbar im Fremdenverkehr, ein Abglanz des bundesdeutschen Wirtschaftswunders auch auf Österreich. Schließlich löste die Politikergeneration von 1945 eine neue ab, die nicht Opfer des Nationalsozialismus gewesen war. Bundeskanzler Franz Vranitzky sprach 1991 von der „moralischen Mitverantwortung", die „zwar nicht Österreich als Staat", so doch „für Taten [seiner] Bürger" zu tragen habe. Konrad Adenauer hatte eine derartige Haltung schon in den 1950er Jahren eingemahnt gehabt[43]. Insbesondere in den USA wurde Österreich nicht mehr – falls überhaupt – als Opfer des Nationalsozialismus betrachtet. Beispielsweise war es ja am Obersalzberg am 12. Februar 1938 das „Merkwürdigste an dieser berühmten Unterredung" zwischen den Kanzlern Österreichs und Deutschlands, daß „die Österreicher vorherrschten. Hitler und Schuschnigg, Guido Schmidt und beide Sekretäre der jeweiligen Außenminister .... waren Österreicher"[44]. Obwohl Okkupationstheorie und Opferthese weiterhin zumindest formalen Bestand bewahrten, wenngleich zunehmend ohne politische Bedeutung, überwog nun doch die Sicht einer moralischen Verantwortung.

39 Kubin, wie Fn. 27, 232 ff.
40 O. Fn. 38.
41 Pape, wie Fn. 2, 26 f.
42 Pape, wie Fn. 2, 269 f.
43 Pape, wie Fn. 2, 28.
44 R. Spitzy, So haben wir das Reich verspielt, 2. Aufl., München – Wien 1986, 227.

Entwicklung des Privatrechts

Landrecht nach österreichischen Rechtsquellen

Eingangs sei hervorgehoben, daß es sich bei dem folgenden Bezug auf Rechtsquellen des heutigen Österreich um keinen Provinzialismus handelt, sondern um eine, letztlich zeit- und raumbedingte, geographische Beschränkung, als Beispiele auch für andere Territorien des Römisch-Deutschen Reiches.

I. „Landrecht“ in Privaturkunden

Der Ausdruck „Landrecht“ begegnet quantitativ besehen wohl am häufigsten in Privaturkunden unterschiedlichster Art. Hier findet sich nach dem konkreten Vertragsinhalt - Kauf, Tausch, Pfandbegründung, letztwillige Verfügung etc. - die Schlussformel „nach Landrecht zu Österreich/Steyr/Salzburg/ek.“[1]. Hierin drückt sich das Bewußtsein aus, einen Vertrag gemäß der Gewohnheitsrechtsordnung eines Landes (im verfassungsrechtlichen Sinn[2]) abgeschlossen zu haben. Gleichzeitig manifestiert sich darin auch der Umstand, daß dieses Landrecht in Verträgen zu Tage tritt. Interessant ist, daß es in manchen Gebieten zu einem Wechsel dieser Schlussformel kam. Beispielsweise trat an Stelle des Hinweises „... nach dem Recht des Marchlandes“ die Formel „... nach dem Recht des Landes ob der Enns“, dem späteren Oberösterreich[3]. Der Inhalt erfuhr jedoch dadurch keinerlei Änderung, das Gewohnheitsrecht, vertraglich bestimmt, dauerte gleichbleibend fort. Darin wird ein weiteres Element dieser Schlussformel sichtbar, nämlich der Hinweis auf die Zugehörigkeit zu einem

Aus: D. Pötschke (Hg.), Das Burger Landrecht und sein historisches Umfeld (= Harz-Forschungen XXX), 2014, 73 ff.

1 Verzeichnis der entsprechenden Urkundenbücher bei W. Brauneder, Die Entwicklung des Ehegüterrechts in Österreich, 1973, 431 ff.; weiters ders.-. G. Jaritz, Die Wiener Stadtbücher I ff., 1989 ff.

2 O. Brunner, Land und Herrschaft, 5. Aufl. 1965.

3 O. Hageneder, Die Rechtsstellung des Machlands im späten Mittelalter, in: Festschrift H. Demelius, 1973, 61. ff.

bestimmten Land als Gemeinschaft gleichen Rechts (unter einem gemeinsamen Landesfürsten und einem gemeinsamen Landtag). Unser Beispiel versteht sich daraus, daß das Marchland ein Teil Oberösterreichs wurde. Eine Änderung des Rechtsinhalts war damit schon deshalb nicht verbunden, weil dieser sich (noch) nicht aus obrigkeitlichen Verfügungen herleitete, sondern eben gewohnheitsrechtlich, d. h. in Beobachtung bisheriger Rechtsgewohnheiten entstand. Mehrfachnennungen in Schlussformeln von Verträgen machen dies besonders deutlich wie etwa im Grenzgebiet Steiermark/Österreich „nach der czwen laut recht ze Osterrich und ze Steyr" (1373)[4] oder sogar nach dem „Landsrecht von Kärtnen, Tirol und Salzburg"[5]. Spezifische Rechte dieser Länder wurden dabei nicht erwähnt, was weiters deutlich macht, daß es zwischen den einzelnen Landrechten keinen bzw. so gut wie keinen Unterschied gab. Wichtig erschien also stets der Hinweis auf das Bewußtsein, dem Recht des Landes oder sogar mehrerer Länder entsprechend gehandelt zu haben: „Gedinge [Vertrag] ist Landrecht"[6].

Mehrfachnennungen finden sich auch besonders häufig in Hinblick auf Land- und Stadtrecht. So erfolgte beispielsweise die Begründung von Rechten an Weingärten außerhalb der Stadt Wien zwischen Wiener Bürgern und Einwohnern umliegender Orte wie etwa auch letztwillige Verfügungen über Grundstückseigentum in der Stadt Wien und im umliegenden Niederösterreich mit der Schlussformel „... nach dem Recht von Österreich und der Stadt Wien"[7]. Auch hier kam es zu keiner Differenzierung nach oder eine Bedachtnahme auf unterschiedliche Rechtsgewohnheiten im Land Österreich und in der Stadt Wien.

Insgesamt läßt sich also festhalten, daß man in derartigen Privaturkunden unter Landrecht die Summe der Rechtsregeln verstand, wie sie im Bewußtsein ihrer Rechtmäßigkeit niedergelegt, vereinbart wurden.

II. Die Landrechtsbücher

Landrecht fand seinen Niederschlag aber auch in mittelalterlichen Rechtsbüchern. Sie waren teils überregionaler Art wie insbesondere der Sachsenspiegel oder das „Kaiserliche Land- und Lehnrechtsbuch", der später sogenannte Schwabenspiegel, der das überregionale Element bereits mit diesem Titel festhält. Dem

---

4 F. v. Krones, Landesfürst, Behörden und Stände des Herzogthums Steier, 1900, 59.

5 A. F. Fuchs, Urkunden und Regesten zur Geschichte des Benedictinerstiftes Göttweig II (= Fontes Rerum Ausriacum II)/52), 1901, Nr. 1415; ähnlich K. Uhlirz, Quellen zur Geschichte der Stadt Wien II/3, 1904, u. a. Nr. 5320, 5414 a.

6 H.-R. Hagemann, Gedinge bricht Landrecht, in: ZRG/GA 87, 1970, 133.

7 Beispiele u. a. H. Demelius, Erhart Haidem, Richter zu Perchtoldsdorf, 1974; ders., Die Nezeuger, in: Jahrb. Verein Geschichte Wien 13, 29 ff.

entsprach durchaus die bekannte weite Verbreitung dieser Rechtsbücher. Dazu traten auch regionale Landrechtsbücher wie etwa das Bayerische Landrecht 1346[8] und solche für das Land Österreich und das Land Steiermark.

Das österreichische Landrecht von etwa 1280[9] besteht, wie andere Rechtsbücher auch, aus einem Landrechts- und einem Lehensrechts-Teil. Es enthält, modern charachterisiert, Verfassungsrecht, Ständerecht, Privatrecht (Sachen-, Familien-, Erbrecht), Strafrecht und Prozessrecht, dies alles allerdings sehr punktuell und keinesfalls systematisch-umfassend. Ähnlich das steiermärkische Landrechtsbuch von etwa 1300[10]. Es enthält nicht nur Landrecht, sondern auch Lehn-, Dienst- und (bäuerliches) Hofrecht und wurde daher als „Aufzeichnung des in Steiermark überhaupt geltenden gebräuchlichen Rechts“ charakterisiert – allerdings ohne Stadtrecht![11] Dieses findet sich in eigenen Stadtrechtsbüchern wie etwa dem für Wien oder dem der salzburgischen Stadt Pettau in der Steiermark (heute Ptuj in Slowenien)[12].

Nahezu in Parallelität zu den Privatrechtsurkunden mit Hinweisen auf das Land- bzw. Stadtrecht verschiedener Territorien bzw. Städte existieren zahlreiche Verbindungen der Rechtsbücher. Handschriften des österreichischen Landrechtsbuchs enthalten auch Teile des Schwabenspiegels, und zwar getrennt nach Landrecht und Lehensrecht, ebenso Handschriften des steiermärkischen Landrechtsbuchs[13]. Das Wiener Stadtrechtsbuch hat Teile des Schwabenspiegels aufgenommen, wobei auffällt, daß die ehegüterrechtlichen Bestimmungen mit dem in Wien vertragsmäßig üblichen Ehegüterrecht nicht übereinstimmen.

Der Zweck der Landrechtsaufzeichnungen bestand in ihrer Verwendung bei Gerichten wie es einige Handschriften der Landrechtsbücher Österreichs und der Steiermark wie auch des Schwabenspiegels deutlich zeigen. So lag das steiermärkische Landrechtsbuch dem obersten Landesgericht, der Landschranne in Graz, vor und es wurde vermutet, sein Verfasser sei wohl ein Schrannenschreiber gewesen[14]. Es war überdies auch in Kärnten und Krain in Verwendung[15].

---

8 I. Schwab, Das Landrecht von 1346 (= Fontes Rerum Austriacarum III /17), 2002.

9 V. Hasenöhrl, Österreichisches Landesrecht im 13. und 14. Jahrhundert, Wien 1867.

10 F. Bischoff, Steiermärkisches Landrecht des Mittelalters, Graz 1875.

11 Ebda 50 f.

12 Wien, u. a. 1278, 1340: J. A. Tomaschek, Die Rechte und Freiheiten der Stadt Wien I, 1877, XV, XXXVII; F. Bischoff, Das Pettauer Stadtrecht vom Jahre 1376 (= SB d. Akad. d. Wissen. Wien 113), 1886, 695.

13 Wie Fn. 10, 51 f.

14 Wie Fn. 10, 53, 64 f.

15 Ebda 49 f.

III. Lokales „Landrecht“

Die Bezeichnung „Landrecht“ finden wir allerdings auch ohne Bezug zu einem Land wie Bayern oder Salzburg, nämlich für das Recht kleiner Gerichtssprengel in einem Land auf der Ebene des Hofrechts, also der meist sogenannten bäuerlichen Weistümer[16].

Hieher zählt beispielsweise das „Rauriser Landrecht“ aus dem Jahre 1565. Es enthält nicht das Recht eines Landes, sondern vielmehr das lokale Hofrecht einer der lokalen Gerichtsgemeinden im Lande Salzburg, nämlich des Gerichtsbezirks Rauris. In diesem Gerichtsbezirk urteilte nicht wie in anderen ein Pfleggericht, sondern ein „Freies Landgericht“ mit einem „Landrichter“. Dies verstand sich daraus, daß es sich um ein Gericht des Landesfürsten, des Erzbischofs von Salzburg, handelte, allerdings, genau genommen, in dessen Funktion als Gerichts- und Grundherr von Rauris. Dies wieder verstand sich aus der wirtschaftlichen Bedeutung des Rauriser Tales mit seinem hoch entwickelten Bergbau, vor allem auf Gold, und seiner Bedeutung für den Alpenübergang nach Süden. Ebenfalls ein „Landrecht“ besaßen die lokalen Gerichtssprengel Altenthan („landrechtsbüchl“ 1437, Kessendorf (ca. 1620), Lungau 1673, Zillertal („landbrief“) 1487 und Hüttenstein 1611, im letzteren Fall auch als „Landrecht und Urbarrecht“ bezeichnet[17]. Diese Formel wie die recht häufige „Lands- und Ehehaft Taiding“ verweist auf den lokalen Bezug[18]. Der Ausdruck „Landsbrauch“, ein Synonym für Landrecht, begegnet auch in den lokalen Gerichtsgemeinden „vor dem Arlberg“, also im späteren Land Vorarlberg. Durch den sukzessiven Ankauf dieser Gerichtsgemeinden durch die Habsburger fungierten diese als Gerichtsherrn ohne Zwischenschaltung eines Grundherrn[19] wie im Salzburgischen. So etwa wurde im Gericht Mittelberg 1569/88 dessen „Landsbrauch“ aufgezeichnet[20], ebenso in der Herrschaft Blumenegg 1609, ähnlich ersetzt er im Montafon die „Brauch und Herkommen“ 1545 im Jahre 1601 die „Land- und Herrschaftsordnung“, während die Grundherrschaft der Propstei St. Gerold keine mit „Land“ bezeichnete Quelle aufwies[21]. In Tirol besaß das ehemals herzogliche Gericht Pillersee ein „lautrecht“[22].

Die Situation entspricht in allen diesen Fällen jener in der Stadt Burg mit ihrem „Landrecht“: Auch hier ist der Gerichtsherr der Erzbischof von Magdeburg

16 Sie sind daher in der Regel auch in deren Sammlungen aufgenommen.

17 H. Siegel – K. Tomaschek (Hg.), Die Salzburger Taidinge, 1870, 13, 32, 233, 317, 167.

18 Ebda u. a. 9, 53, 74, 92, 151, 242.

19 W. Brauneder, Österreichische Verfassungsgeschichte, 11. Aufl., 2009, 29.

20 B. Marquardt, Der Landsbrauch und die Polizeiordnung des Gerichts Mittelberg (1569/88-1806), in: Montfort 52, 2000, 32 ff.

21 K. H. Burmeister (Hg.), Vorarlberger Weistümer I, 1973, 302, 57, 69, 407.

22 I. Zingele – K. Th. Inama-Sternegg (Hg.), Die Tirolischen Weistümer I, 1875, 90.

als Landesfürst, es fehlt an einer mediatisierenden Zwischeninstanz zur Bevölkerung.

IV. Formale Rechtskreise, materielle Identität

Die vorgeführten Rechtsaufzeichnungen zeigen eine Differenzierung nach Rechtskreisen, sei es territorial etwa mit den Ausdrücken „Landrecht" und „Stadtrecht", oder personell-sachlich wie mit dem Ausdruck „Lehnrecht". Inhaltlich sind die so etikettierten Rechte jedoch weitestgehend identisch. Dies zeigen die erwähnten Privaturkunden mit dem Hinweis in ihren Schlussformeln auf mehrere Landrechte oder Landrecht und Stadtrecht ohne inhaltliche Differenzierung. In Hinblick auf die Landrechtsaufzeichnungen war es daher möglich, daß beispielsweise das Steiermärkische Landrechtsbuch auch in den Ländern Kärnten und Krain in Verwendung stand und es wie auch das Österreichs und das Wiener Stadtrechtsbuch Teile des Schwabenspiegels übernahmen[23]. Punktuelle Einzelregelungen ergänzten sich oft wie etwa solche zu den Formen der Erbteilung mit bzw. ohne Verzicht in den Rechtsbüchern des österreichischen, steirischen und Wiener Rechts[24].

V. Zusammenfassung

Versucht man eine Beschreibung dessen, was die mittelalterlichen Zeitgenossen unter „Landrecht" verstanden, so wird man mit diesem Ausdruck in erster Linie auf das Recht eines Landes im verfassungsrechtlichen Sinne verwiesen, nämlich auf das Bewußtsein der Bevölkerung, ihm entsprechend zu leben, insbesondere ihm entsprechend Rechtsgeschäfte abzuschließen – soweit man nicht, wie nahezu die Regel, einem anderen Rechtskreis zugehörte, nämlich dem Stadtrecht oder dem Hofrecht. Letzteres verstand man auch dann als Landrecht, wenn es sich bei dem regionalen Gerichtsherrn um den Landesfürsten handelte, es also an der Mediatisierung durch einen eigenen Grund- und Gerichtsherrn fehlte, in allen diesen Fällen also um einen territorialen Rechtsbezirk.

Die Orientierung am Landesfürsten des mit „Landrecht" bezeichneten, eventuell nur regionalen Rechtskreises dürfte die weitere Entwicklung bestätigen. Der umfassende Charakter des Landrechts wie in den Landrechtsbüchern etwa in Österreich und in der Steiermark, aber auch anderswo, beispielsweise in Bayern, ferner die inhaltlichen Identitäten ermöglichten die Ausweitung des Landrechtskreises zu einer allgemeinen Landesrechtsordnung. Dies zeigen mehrere

23 W. Brauneder, Die Anfänge der Gesetzgebung am Beispiel der Steiermark, in: ders., Studien I, 1994, 414 f., 416.

24 W. Brauneder, Europäische Privatrechtsgeschichte, 2013, Quelle Nr. 28.

Beispiele deutlich. In die zweite Fassung des österreichischen Landrechts, bald nach 1300, schob der Landesfürst neue Bestimmungen ein, die im Gegensatz zu den bisherigen mit „Wir wollen/setzen und gebieten“ beginnen[25]. In den Jahren 1420/21 hob er für Wien eine erbrechtliche Gewohnheit auf, um die Situation dem sonstigen Recht im Land anzugleichen[26]. Derartige Eingriffe verdeutlichen auch Zusätze zum Bayerischen Landrecht 1346 mit ihren Hinweisen „verbessert“ und „neu“ neben „alt“[27]. Der österreichische Landrechtsentwurf 1526 setzte schließlich, wie auch andere Quellen, das Landrecht schlechthin mit dem „bürgerlichen Recht“ gleich[28]. In diesem Sinne nannten sich die „statuta“ für die „sächsische Nation“ in Siebenbürgen in einem Druck von 1583 „Siebenbürger Landrecht“[29]. Diese Entwicklung förderten schließlich die bewußten Landesgrenzen übergreifenden Wahrnehmungen. Das „Allgemeine Landrecht für die preußischen Staaten“ von 1794 schließlich enthielt als Gesetz des Königs nahezu die gesamte Rechtsordnung der preußischen Monarchie, d. h. aller ihrer Länder, „Staaten“ genannt, unter Einschluß der Städte und Grundherrschaften.

25 Hasenöhrl, wie Fn. 4, 16, 263 ff (Text).

26 W. Brauneder, Die Geltung obrigkeitlichen Privatrechts im spätmittelalterlichen Wien, in: ders., Studien I, 1994, 401 ff.

27 Wie Fn. 8.

28 W. Brauneder, Zur Gesetzgebungsgeschichte der niederösterreichischen Länder, in: ders., Studien I, 1994, 456; ders., Landrechtsentwurf für Österreich unter der Enns 1526, 2015, Vorred VII (54).

29 Das Eigen-Landrecht der Siebenbürger Sachsen, 1973.

Landesgrenzen überschreitendes Landrecht

I. Landrecht: Recht eines Landes?

Landrecht zeichnen ausweislich ihres Titels mittelalterliche Rechtsbücher auf wie z. B. das „Steiermärkische Landrechtsbuch“, „Landrecht“ enthalten titelgemäß auch neuzeitliche Gesetze wie etwa das Bayerische Landrecht 1518, das Kurpfälzer Landrecht 1582, das Solmser Landrecht 1571[1]. Hinweise auf „Landrecht“ begegnen immer wieder auch in ganz anderen Rechtsquellen, nämlich in Urkunden über Rechtsgeschäfte in den Formeln „wie es Recht ist des Landes Österreich“, „des Landes Steier“, „des Landes Bayern“. So liegt insgesamt die Vorstellung nahe, Landrecht sei jeweils identisch mit einem bestimmten als Land organisierten Territorium[2].

Zweifel freilich müßten gerade die bekanntesten Rechtsbücher wecken. Auf welches Land bezieht sich – formal – das „Landrecht“ des Sachsenspiegels? Er wendet sich doch an „die Sachsen“ schlechthin! Und der später erst sogenannte Schwabenspiegel will – formal – „kaiserliches“ Landrecht enthalten, also Reichsrecht und nicht das bloß eines Reichsterritoriums.

Die Verwirrung um die Deutung des Ausdrucks Landrecht steigern jene Quellen, die zwar auch dieses Wort in ihrem Titel führen, sich aber auf kleinere territoriale Einheiten in einem Land beziehen, nämlich auf einen von dessen Gerichtsbezirken[3]. In diesem Sinn etwa begegnen im Land Salzburg das Rauriser Landrecht, im Land Vorarlberg das Landrecht des Gerichts Mittelberg und ein Landrecht der Stadt Burg bei Magdeburg. Im Falle der

---

Vortrag: Tagung Harzverein, Wernigerode 6. Dezember 2014.

1 U. a. F. Bischoff, Steiermärkisches Landrecht des Mittelalters, 1875; F. Beyerle (Hg), Quellen zur Neueren Privatrechtsgeschichte Deutschlands I ff., 1936 ff.; W. Brauneder (Hg.), Landrechtsentwurf für Österreich unter der Enns 1526, 2015.

2 O. Brunner, Land und Herrschaft, 5. Aufl., 1965, 165 ff.

3 Vgl. Tagung „Das Burger Landrecht“, Burg bei Magdeburg, 12./ 13.10.2012; W. Brauneder, „Landrecht“ nach österreichischen Rechtsquellen, in: D. Pötschke – G. Lingelbach – B. Feike (Hg.), Das Burger Landrecht und sein rechtshistorisches Umfeld (= Harzforschungen XXX), 2014, 75; vgl. auch nachfolgenden Beitrag.

„Landrechte“ von Gerichtsbezirken gibt es allerdings indirekt einen Bezug zum Land. Es handelt sich um Gerichtsbezirke des Landesfürsten, nicht einer intermediären (Grund-)Herrschaft; das will offenbar betont sein.

Insgesamt jedenfalls steht das Etikett Landrecht in einem mehrfachen territorialen Gebrauch: tatsächlich für das Recht eines Landes, darüber hinausgehend für das eines „Stammes“ wie der Sachsen und sogar das des Reiches, dahinter zurückstehend für lokales Recht im Land. Bezüge zum Wortteil „Land“ drücken also nicht unbedingt Identität mit einem Land-Territorium aus.

II. Mehrere Landrechte – Übereinstimmung

Die „über-territorialen“ Landrechtsteile wie von Sachsen- und Schwabenspiegel erschüttern die Vorstellung, mit Landrecht sei eine sich von anderen Landrechten unterscheidende Rechtsordnung gemeint. Ein inhaltlicher Vergleich verschiedener Landrechtsaufzeichnungen bekräftigt dies zumindest punktuell. So enthalten das Österreichische Landrecht und das Steiermärkische Landrechtsbuch wie überdies das Wiener Stadtrechtsbuch jeweils punktuelle erbrechtliche Teilungsregelungen, die jedoch völlig übereinstimmen und zusammen ein komplettes Bild der Teilungsarten bieten[4].

Diesem Bild materiell übereinstimmender Landrechte widmete Otto Brunner allerdings nur eine Fußnote: Ein Landrecht „kann mit dem Landrecht benachbarter Länder aus geschichtlichen Gründen materiell übereinstimmen“, was aber sicherlich nicht der einzige Grund ist[5]. Dies bestätigt die Vertragspraxis. Rechtsgeschäfte wurden nicht nur mit dem Hinweis auf ein Landrecht (oder ein Stadtrecht) abgeschlossen, sondern enden auch mit Hinweisen „wie es Recht ist des Landes Österreich und der Stadt Wien“ und sogar auf das „Landsrecht von Kärnten, Tirol und Salzburg“[6]. In derartigen Fällen differenziert der Inhalt aber keineswegs nach den Rechten der Schlußformel, vielmehr unterscheidet er sich nicht von dem jener Urkunden, die beispielsweise nur auf das Recht Österreichs oder das der Stadt Wien allein hinweisen. Die Mehrfachnennung von Landrechten und auch Stadtrechten deckt einen einheitlichen Rechtsinhalt.

Was bedeuten dann alle diese Schlußformeln? Länder ohne aufgezeichnetes Recht etwa in Landrechtsbüchern erleichtern die Erklärung. Hier kann es

---

4 W. Brauneder, Europäische Privatrechtsgeschichte, 2013, Quelle Nr. 28.

5 Brunner, wie Fn. 2, 234, Fn. 4.

6 Beispiele u. a. H. Demelius, Erhart Haiden, Richter zu Perchtoldsdorf, 1974; ders., Die Nezeuger, in: Jahrb. Verein Geschichte Wien 13, 29 ff.; K. Uhlirz, Quellen zur Geschichte der Stadt Wien II/3, 1904, u. a. Nr. 5320, 5414 a.; A. F. Fuchs, Urkunden und Regesten zur Geschichte des Benedictinerstiftes Göttweig II (= Fontes Rerum Austriacarum II/52), 1901, Nr. 1415.

sich nur um einen Bezug zum nicht aufgezeichneten Recht handeln, seitens der Vertragsparteien und der Zeugen des Rechtsgeschäfts. Sie alle bestätigen, der Urkundsinhalt entspreche dem Landesgewohnheitsrecht, d. h. den üblichen, tradierten Inhalten nach der Erfahrung etwa der Zeugen aufgrund ihrer Zeugenschaft bei derartigen Rechtsgeschäften in der Vergangenheit: „Gedinge ist Landrecht" in dessen immer wiederkehrender Ausformung[7]. Nicht anders verhält es sich auch im Falle von in Landrechtsbüchern aufgezeichnetem Gewohnheitsrecht, zumal diese dem Großteil der Vertragschließenden bzw. den Erblassern ja an sich oder mangels Lesekundigkeit unbekannt waren. Die in Urkunden über Rechtsgeschäften angeführten Zeugen bestätigen wohl nicht nur, daß der Inhalt einer letztwilligen Verfügung dem Willen des Erblassers entspricht, sondern, daß er dem jeweiligen Gewohnheitsrecht entspricht, so daß, in diesem Beispiel, die Willensvollstrecker entsprechend handeln, die Bedachten getrost erwerben können. Auch Urkundsformeln mit Mehrfachnennungen von Land- und Stadtrechten haben jene Bestätigungsbedeutung der Rechtmäßigkeit. Bei dem nicht unterschiedenem Inhalt derartiger Verträge bedeutet dies aber Bestätigung von Landrecht über Landes- und Stadtgrenzen hinweg: „Gedinge ist grenzüberschreitendes Landrecht".

III. Mehrere Länder - ein Landrecht

Die Identität von Landrecht mehrerer Länder in der Urkundspraxis wie eben vorgeführt schlägt sich auch in Aufzeichnungen objektiven Rechts nieder. Die „Landtsgebräuch in Steyer und Karndten" behandeln das Recht beider Länder gemeinsam[8]. Eine Handschrift des steirischen Landrechtsbuchs für Kärnten gibt sich einfach als „Recht und Gewohnheiten ... in Kärndten" aus, zwei Handschriften es 16. Jahrhunderts erstrecken es ausdrücklich auf Kärnten[9]. Eine Handschrift adaptierte das Wiener Stadtrechtsbuch für die steirische Stadt Judenburg einfach dadurch, daß „Wien" (o. ä.) durch „Judenburg" ersetzt wurde[10]. Vor allem übersprang der sogenannte Schwabenspiegel Landesgrenzen. Fast die gesamte Kurzform-Ordnung Ic, bei weitem umfangreicher als Ia und Ib,[11] fand Verwendung in Steiermark oder Kärnten,

---

7 R. Hagemann, Gedinge bricht Landrecht, in: ZRG/GA 1967.

8 Kärtner Geschichtsverein Sammelhandschrift 3/13 fol 97–116; W. Brauneder, Die Anfänge der Gesetzgebung am Beispiel der Steiermark, in: ders., Studien I, 416.

9 F. Bischoff, Notiz über eine stmk. Landrechtshandschrift, in: Beiträge zur Kunde stmk. Geschichtsquellen 15/1878, 134.

10 G. Sandhaas, Zur Geschichte des Wiener Weichbildrechts, in: SB d. Österr. Akad. D. Wiss./phil.-hist. Kl., 1863, 369, 375.

11 H. Lentze, Die Kurzform des Schwabenspiegels, in: Sitzungsberichte Akad. d. Wiss. Wien, 217, 1938, 84 ff.; K. A. Eckhardt (Hg.), Schwabenspiegel Kurzform, 1974, 9.

wenngleich meist um 1450 in Wien angefertigt wie z. B. für Wiener Neustadt (Hs. e4) und für Aspang (Hs. e6), beide damals steirisch, weiters für Gurk (Hs. e8). Mit diesen Schwabenspiegel-Handschriften kam auch Östereichisches Landrecht und Wiener Stadtrecht nach Steiermark und Kärnten[12].

Der Einfluß anderer Landrechte sowie weiterer Rechtsquellen steigerte sich begreiflicher Weise mit der literarischen Horizonterweiterung durch den Buchdruck. Nur rückten Rechtsquellen sozusagen eng zusammen. Der Verfasser des Landrechtentwurfs für Österreich unter der Enns 1573, Wolfgang Püdler, hat seine Quellen offengelegt[13], wenngleich summarisch: aus dem Gemeinen und Kanonischen Recht Autoren von „60 unterschiedlichen püechern", aus „teutschen püechern" Landes- und Gerichtsordnungen sowie „statutten", Aufzeichnungen über heimische Gerichtspraxis und Gewohnheitsrecht.

Ein weiteres Beispiel stellt ein 1582 vollendetes Rechtsbuch[14] dar, nur handschriftlich überliefert, verfaßt von Christoph Stadler, Gerichtsschreiber des Pfleggerichts Golling im Land Salzburg. Obwohl in diesem lokalen Gericht verfaßt, weist es einen Inhalt auf, welcher folgende Rechtsquellen zum Vorbild hat: Gemeines Recht, das Hessische Landrecht 1497, das Württemberger Landrecht 1567, die Stadtrechtsreformation von Freiburg/Breisgau, das Solmser Landrecht, den Sachsenspiegel, die Kursächsischen Konstitutionen, das Henneberger Landrecht, das Bayerische Lehenrecht, die Stadtrechte von Nürnberg und Frankfurt/Main (dieses aus 1578), Sprüche der Leipziger Schöffen und die Reichspolizeiordnung 1577! Dieses Rechtsbuch war übrigens auch anderswo brauchbar, denn es kam von Golling nach Öblarn und damit vom Land Salzburg nördlich des Alpenhauptkammes in ein anderes Land südlich davon, nämlich in die Steiermark. Ebenso sein Verfasser Christoph Stadler: Er wirkte schließlich als Marktrichter zu Feldkirchen in Kärnten, einer Bambergischen Stadt.

Ein weiteres Beispiel betrifft länderübergreifende Vertragspraxis. Es ist dies ein 1550 abgefaßtes Formularbuch, das sich ausdrücklich auf drei Nachbarländer bezieht: „Formular allerlai gemainer Contractbrief vnd andrer Schrifften, im Stift Salzburg, Land zu Bayrn und Oesterreich gebreichig"[15]. Sein Verfasser,

---

12 U. a. Brauneder, wie Fn. 8, 414 f.

13 Th. Motloch, Bericht des Dr. Wolfgang Püdler, in: ZRG/GA 1900, 235 ff.

14 F. Tremel, Ein bisher unbekanntes Rechtsbuch aus Golling, in: Mitt. d. Ges. f. Salzburger Landesk. 103, 1963, 57 f.

15 So der Titel der wohl einzigen Handschrift: Haus-, Hof- und Staatsarchiv Wien, Weiß 202; dieser leicht abweichend wiedergegeben bei H. Siegel, Das Güterrecht der Ehegatten im Stiftslande Salzburg. Ein Beitrag zur Geschichte des deutschen ehelichen Güterrechtes, 1882, 8 ff, mit einer nicht ganz zutreffenden Beschreibung der Quelle: Sie bietet – vgl. im folgenden – durchaus keine „alphabetisch geordnete"

Johann Neuhofer, war fürsterzbischöflicher Verwalter des Hofurbar- und Landgerichts zu Glan, gelegen zwischen der Stadt Salzburg und der nahen bayerischen Grenze[16]. Als Formularbuch diente es direkt der Rechtspraxis und erscheint daher für unser Thema besonders interessant. Die Grenzen der Länder Salzburg/Bayern/(Ober)Österreich entsprachen zur Zeit der Entstehung des Formularbuchs nicht bzw. erst kurz jenen späterer Epochen: Es lagen durch den damals zu Salzburg gehörenden Rupertiwinkel die bayerische Grenze westlicher, bis zum Erwerb des salzburgischen Mondseelandes durch Österreich 1506 dessen Grenze östlicher als heute. In seiner Anlage kreuzen sich alphabetische und sachlich-assoziative Kriterien. Schon das dem Text vorgeschaltete Register dokumentiert dessen nicht durchgehende alphabetische Gliederung mit unterschiedlichen Seitenangaben zu den jeweiligen Stichwörtern wie z B zu „Heirathsabred" fol 127, 299, 301, 309, zu „Heirathsbrief" fol 155, 293, 302, 312 oder zu „Renndlensheirat" fol 157, 365. Auch folgt auf „Heirats abred vnder denen vom adl" zwar dazu „Alia forma", dann aber „Lehenbrief" samt „Alia forma", darauf jedoch „Gerichtshanndl" (fol 127 ff). Diese alphabetischen Ungereimtheiten verstehen sich zum Teil aus den sachlich-assoziativen Kriterien wohl gerade der Rechtspraxis. Dem Thema Ehegüterrecht ist zuzuschreiben, daß auf zwei Heiratsbrief-Formulare das einer allgemeinen Gütergemeinschaft („Renndelensheirat") folgt, diesem ein „annder Heiratsbrief" und darauf ein „Morgengabprief", diesem ein „Schuldbrief mit weiblicher Verzicht" sowie anschließend „Alia forma sive hypoteca domus" – in den beiden letztgenannten Fällen geht es um den Verzicht der Ehegattin auf ihr Vorzugspfandrecht für ihre Heiratsgaben – und der nachfolgende „Leibgedingbrief" betrifft ein Zweileibgedinge unter Ehegatten: Auch die laut Register voneinander getrennten Formulare für „Heirathsbrief"/„Heirathsabred" auf fol 293–299–301 bilden durch dazwischenliegende Formulare „Alia forma" eine ehegüterrechtliche Kette. Sie allerdings ist von einer weiteren derartigen Kette durch ein Formular „Kaiserlicher beuehl" getrennt und diese (fol 309 ff) nur lose insoferne verknüpft, als zwischen Heiratsabreden (fol 309, 312) Verwandschaftsweisungen stehen. Manche der gleichartigen Formulare

Sammlung, endet nicht mit „Wechselbrief" und was danach noch weiter folgt hat durchaus nicht, so Siegel, anderen Charakter; der nach Siegel, ebda, 34 Fn. 1, „später eingeschaltete Passus" steht von gleicher Hand im fortlaufenden Text; Siegels Transkription ist meist Fehlerhaft.

16 Die Autorenschaft Neuhofers nach Siegel, wie Fn. 15, 9. Sie bekräftigen seine Funktionen, diese nachgewiesen mehrfach für 1557 und einmal für 1562: freundliche Auskunft Salzburger Landesarchiv (Hofkammer Salzburg 1557 D. J, 1559 N; Geheimes Archiv XXXIV/22). Zum Urbar- und Landgericht Glan: H. Dopsch, Salzburg im Hochmittelalter. Die innere Entwicklung, in: Geschichte Salzburgs I/1, 356; ders., Recht und Verwaltung, in: ebda I/2, 920.

finden sich weit entfernt voneinander wie etwa Morgengabbriefe (fol 159–337), Verzichtsbriefe auf „weibliche Freiheit" (fol 159–198) oder Leibgedingsbriefe (fol 160–263). Das erwähnte Register versucht allerdings mit seiner alphabetischen Ordnung das Formularbuch zu strukturieren, dies aber auch, indem unter einem Stichwort auf ein anders benanntes Formular verwiesen wird wie etwa unter „Morgengabe" auf „donatio inter vivos" (fol 222) oder unter „Heiratsbrief" auf „rechtlicher kuntschaftbrief" (fol 311). So ist zwar richtig, daß Neuhofers Formularbuch „jede theoretische Beigabe verschmäht"[17], aber doch nicht eine gewisse sachlich orientierte Aufbereitung für den Benützer.

Eines allerdings fehlt völlig: ein Unterscheiden nach den drei Ländern Salzburg, Bayern und Österreich. Für alle drei Länder zeigt das Formularbuch, daß die Abrede einer allgemeinen Gütergemeinschaft hier überall stark in Übung stand und es beweisen hier auch die zahlreichen Heiratsverträge. Ulrich Tengler beschreibt sie in seinem Laienspiegel allgemein als einen im 16. Jahrhundert durchaus gebräuchlichen Güterstand, übrigens unter der Bezeichnung „Leib an Leib und Gut an Gut" wie die Salzburger Landesordnung 1526 auch[18]! Diesem Rechtsraum verdankt sich die Abfassung des Landrechtsentwurf für Österreich ob der Enns 1609: Die Landstände betrauten damit Dr. Abraham Schwarz, einen Würrtenberger, auch Rat im bayerischen Fürstentum Pfalz-Neuburg[19].

Ein Formular für alle drei Ländern lautet wie folgt:

> und wir vorgemelte 2 chanleut verschreiben uns samentlich und sonderlich hiemit und in kraft dits briefs, diesen heirat also zu volfüern und in allen seinen punctn und articln stät zu halten. wir wollen auch beder seits den gemainen geschribnen rechtn, denen sölh heirat in renndlens weiß hässig oder widerwertig sein möcht, hierinn aus warem wissen renuncirt und unns derselben für unns und unnser erben zu stät begeben haben und uns bederseits alain diser wilkür benüegen lassen [–][20] treu und on geurde.

Die Kernaussage ist somit diese: Die beiden Ehegatten vereinbaren eine allgemeine Gütergemeinschaft, die sogenannte Rendlensheirat („heirat in rendlens weis"), ein Ausdruck, der das Zusammenrinnen, das heißt, das Zusammenfließen der beiderseitigen Vermögen zu einer Vermögensmasse ausdrückt, wofür

17 Siegel, wie Fn. 15, 9.

18 Tengler, Abschnitt „Von gemainer hab der Eeleüt" etwa in den Straßburger Drucken von 1514, 1530, 1536, und 1550; Siegel, wie Fn. 15, 31 ff, der in Abreden „leib an leib und gutt an gutt" einer- und solchen einer „Rendlensheirat" andererseits zwei Arten an Gemeinschaften sieht: Es sind dies jedoch zwei Varianten allgemeiner Gütergemeinschaft: W. Brauneder, Die Entwicklung des Ehegüterrechts in Österreich, 1973, 321 f, 428.

19 U. Floßmann, Abraham Schwarz, in: W. Brauneder (Hg.), Juristen in Österreich, 1987, 42 f.

20 Im ersten Formular steht hier der unten nach Fn. 24 zitierte Einschub.

der synonyme Ausdruck „Randlos-Heirat" das Unbegrenzte, eben die allgmeine Gütergemeinschaft charakterisiert[21].

IV. Mit Gemeinem Recht zur heimischen Praxis

Hiezu interessieren zwei Formulare in Neuhofers Formularbuch: „Renndlens Heirat" und dazu „Alia forma"[22] mit folgenden übereinstimmenden Wortlaut: Das Formular geht davon aus, daß die allgemeine Gütergemeinschaft dem Gemeinen Recht widerspricht. Allerdings wird dieses als dispositives Recht bewertet, welches durch Vertrag („wilkür") aufgehoben werden kann. Diese Aufhebung betont das Formular in besonderer Weise, und zwar dadurch, daß sie bewußt und ausdrücklich erfolgt und als Renuntiation gewertet wird. Dies steht nun in unmittelbarer Nähe der Renuntiation der Ehegattin nach Gemeinen Recht: Dieses verbietet ihr zwar zu ihren Schutz neben ihrem Gatten Bürgin zu sein (Interzessionsverbot), doch könne sie auf diese Rechtswohltat verzichten, allerdings nur nach vorheriger Belehrung durch die Obrigkeit, durch sogenannte Certiorierung[23]. Dieser Grundgedanke ist hier auf den Gütergemeinschaftsvertrag übertragen: Das Gemeine Recht räume mit dem Interzesssionsverbot ebenso wie mit dem Verbot der Gütergemeinschaft der Frau eine Rechtswohltat ein, auf die sie freilich verzichten könne. Das Formular bekräftigt daher einerseits, daß ein Wissen um das Gemeine Recht in salzburgisch-bayerisch-österreichischen Rechtsraum vorhanden war, andererseits, daß man hier doch am bisherigen Rechtszustand gegen das Gemeine Recht festhielt. Bemerkenswert ist an unserem Formular, daß das Wissen um das Gemeine Recht, nämlich die Renuntiationsmöglichkeiten der Ehegattin, eingesetzt wird, um Regeln des Gemeinen Rechts, nämlich das Verbot der Gütergemeinschaft unter Ehegatten, zu überwinden – knapper formuliert: Mit dem Gemeinen Recht über das Gemeine Recht hinweg zur bisherigen Praxis. Diese Technik bestätigt das erste Rendlensheirat-Formular mit einem weiteren Textteil, der nach der Bekräftigung der Rendlensheirat und der „Renuncierung" wie folgt fortfährt[24]:

> Im fal aber, das solhe verschreibung nit kraft haben möcht als ein Renndlens heirat, daß wir vnns doch nit versehen, so sol es zu dem wenigsten kraft vnd würkung haben als ein schankhung der gab von tods wegen, fidej commiß, oder aines annderen lezten willens.

---

21 Zur Rendlensheirat wie Fn. 18; Brauneder, wie Fn. 18, insb. 314, 317, 323, 328 f.

22 Fol 365 ff, sowie anschließend fol 367 f.

23 Angeblicher römischer Senatsbeschluß (senatus consultum) Velleianum; dazu im frühneuzeitlichen Österreich: Brauneder, wie Fn. 18, 276.

24 Er folgt auf den oben zitierten Textteil nach Fn. 19, fol 366'.

Um eine den erwünschten Wirkungen der allgemeinen Gütergemeinschaft doch ähnliche zu erzielen, nämlich eine entsprechende Vermögensaufteilung im Todesfall, wird zum Mittel der Konversion gegriffen. Das gemeinrechtliche Vorbild liegt hier sogar expressis verbis klar zutage: Es ist dies die Kodizillarklausel, wonach ein unwirksames Testament als Fideikommiss gültig bleibt[25]. Wie zuvor der Gedanke der Certiorierung aus dem Bereich der Interzession auf die Gütergemeinschaft übertragen bzw. jener auch auf diese analog zur Gesamtschuld ausgedehnt wird, so geschieht dies hier mit der Konversion aus dem Erbrecht.

Diese Vertragspraxis entspricht übrigens dem Recht im Land Salzburg: Die erbrechtliche Konversion hält die Salzburger Landesordnung 1526 sogar zweimal ausdrücklich fest[26]. Sie bestimmt weiters, es könne die Ehegattin auf den Vorzug ihres Pfandrechts am Mannesvermögen verzichten[27], was weiters auch dem Recht Bayerns wie Oberösterreichs entspricht[28] und wofür Neuhofers Formularbuch ebenfalls ein Muster enthält (fol 160):

> Ich obgemeltes N. sein hausfraw sol vnnd wil auch wider dise verschreibung meines zuegebrachten heiratguts, widerlegung, morgengab, noch der freihaiten, damit das weiblich bild zu rechten begabt, noch nichts (= besonders) erfündlicher gewissen, sonder des und aller behelffe in recht des brieffs zu ganzer stät verzigen sein vnnd bleiben an geuerde.

Diese Beispiele belegen, daß zur identischen Landrechtspraxis beiderseits von Landesgrenzen ab der frühen Neuzeit[29] verstärkend ein neuer Faktor hinzutritt: das Gemeine Recht. Das war schon dem Mittelalter bekannt. So stellte Oswald v. Wolkenstein 1438 in seinem Gedicht „Mich fragt ein Ritter“ fest: „Und mag keinerlei Landrecht sein erdacht / in das nit kaiserlich Recht wurd eingebracht“[30].

25 M. Kaser, Römisches Privatrecht. Ein Studienbuch, 16. Aufl 1992, 319 f.
26 LO/Slzbg 1526, 125 f., 136.
27 LO/Slzbg 1526, 116 Z 10.
28 Brauneder, wie Fn. 18, 276 insbes. Fn. 214.
29 Zur weiteren Entwicklung der Bedeutung von „Landrecht“ vgl. schließlich Preußens ALR 1794 als „Allgemeines Landrecht“.
30 K. K. Klein, Die Lieder Oswalds v. Wolkenstein, 1962, V/231; Übertragung vom Verfasser.

Kombinierte Rechtsbücher

I. Vorbemerkung

In Regel treten uns Rechtsbücher in Editionen, Einzeldarstellungen oder Erwähnungen in der Sekundärliteratur als Einzelwerke entgegen wie etwa „Der Schwabenspiegel"[1], „Der Sachsenspiegel"[2], das „Österreichische Landrecht"[3], „Das Wiener Stadtrechts- oder Weichbildbuch" mit dem Hauptteil „Das Stadtrechtsbuch selbst"[4], und so weiter. Dies geht zurück auf die Suche bzw. Herstellung einer Urfassung, einer Stammfassung, wozu, meist als Beiwerk, ein Verzeichnis diverser Handschriften tritt. Dies ist philologisch verständlich, obwohl das Scheitern der Schwabenspiegel-Ausgabe der Österreichischen Akademie der Wissenschaften nach 1945 trotz erheblichen Vorarbeiten anderes zeigt[5]. An die Stelle dieser bereits gedruckten, aber dann nicht ausgelieferten Ausgabe traten einige Einzelausgaben[6].

Die rechtshistorische Fragestellung sollte allerdings auch eine andere sein. Für das historische Recht stellt sich primär nicht die Frage nach einer Ur- oder Stammfassung, sondern nach jener mit besonders intensiver Verwendung und allgemein nach jenen mit spezifischen Wirkungen. Dies zu untersuchen ist angesichts entsprechender Quellenbelege schwierig und jedenfalls nur mit Indizien zu bewältigen. Zu diesen zählt als weitere Frage die, wie denn die Rechtsbücher den Benützern gegenübertraten: Es sind dies die konkreten einzelnen Handschriften, späterhin unter Umständen Drucke, nicht aber (re)konstruierte Ur- oder Stammfassungen.

Aus: D. Pötschke (Hg.), Das Burger Landrecht und sein historisches Umfeld (= Harz-Forschungen XXX), 2014, 175 ff. – Literaturverzeichnis am Ende des Beitrags.

1 Früh z. B. Lassberg (1840).

2 U. a. Schott (1984).

3 Hasenöhrl (1867).

4 Schuster (1873).

5 Dazu etwa Eckhardt (1974) S. 14 ff.

6 Etwa Eckhardt(1972) S. 5; wie Fn. 5.

Es ist bekannt, daß in Bezug auf diese Frage zwischen den einzelnen Rechtsbücher-Überlieferungen Unterschiede bestehen, insbesondere zwischen Sachsenspiegel[7] und dem (sogenannten) Schwabenspiegel[8]. Der Sachsenspiegel verfügt über eine ziemlich einheitliche Syntax und über einen dialektisch nicht allzu differenzierten Text. Ganz anders der Schwabenspiegel. Das Stemma nach Hans Lentze[9] zeigt eine nahezu ungeheure Vielfalt. Aus dem Deutschenspiegel leitet sich der Urschwabenspiegel ab, von ihm zwei Handschriftengruppen: die eine umfasst diverse Handschriften, die andere gilt als Verkehrsfassung. Sie wieder zerfällt gleichfalls in zwei Gruppen, nämlich die Langformen und die wesentlich häufigeren Kurzformen. Diese gliedern sich in drei Ordnungen, wobei die dritte aus der zweiten abstammt. Allen drei Ordnungen sind unterschiedliche Unter- und diesen weitere Unterordnungen zuzuordnen. Sie unterscheiden sich durch inhaltliche Abweichungen, wovon nur eine besonders auffallende erwähnt werden soll: Zum Teil wird die vierte weltliche Kur dem Herzog von Bayern zuerkannt (L[10] 59, 97, 98, 100), manchmal auch dem Herzog von Kärnten (L 11, 37).

Für die Rechtswirklichkeit erheblich ist der Umstand, daß zahlreiche Rechtsbücher nebeneinander entstanden, existierten und wohl auch Verwendung fanden wie etwa neben den beiden großen Spiegeln verschiedene Landrechtsbücher und Stadtrechtsbücher.

Eine besondere Verbindung stellen „Kombinierte Rechtsbücher" dar[11]. Hiemit sind nicht einfach Sammelhandschriften mit mehreren Rechtstexten gemeint (z. B. L 95, 96), sondern einheitliche Texte von einem Schreiber mit einer An- oder Ineinanderreihung von Rechtsbüchern bzw. erheblichen Teilen derselben.

II. Süddeutschland mit Österreich und Böhmen

In diesem Raum steht besonders häufig der Schwabenspiegel in der Regel Kurzformen, in Kombinationen mit anderen Rechtsbüchern.

Für derartige Kombinationen mit Stadtrechten stehen beispielhaft die folgenden: Landrecht + Lehenrecht + Augsburger Stadtrechtsbuch (L 114), sodann Straßburger Stadtrecht I + Lehenrecht + Straßburger Stadtrecht II (L 131), ferner Landrecht + Lehenrecht + Magdeburger Stadtrecht + Iglauer Bergrecht + Iglauer Statuten (L 68).

Besonders hervorgehoben seien Kombinationen mit dem Wiener Stadtrechtsbuch. Eine einfache Kombination bilden Stadtrechtsbuch + Landrecht +

---

7 Zu ihm mit weiterer Literatur Eberl (HRG).

8 Zu ihm mit weiterer Literatur Trusen (HRG).

9 Eckhardt (1972), S. 29.

10 L = Ausgabe Lassberg (1840).

11 Der Ausdruck verwendet von Bunge (1879), S. 4.

Lehenrecht (L 133). Interessanter sind Kombinationen mit auch äußerer Verbindung. So ist etwa mit „Österreichische Landesordnung“ die Kombination Landrecht + Lehenrecht + diverse städtische Verordnungen + Wiener Stadtrechtsbuch überschrieben (Sch[12] C'c). Der einheitliche Titel „Über kaiserliches Lehens-, Land- und auch Stadt- und Schrannenrecht“ faßt zusammen Lehenrecht + Landrecht + Stadtrechtsbuch + Stadtrecht 1340 + 35 Wiener Verordnungen + Österreichisches Landrecht + 11 Verordnungen für Wiener Neustadt (H 6). Ebenso deutlich als Einheit präsentiert sich „In diesem Buch sind beschrieben Lehenrecht, Kaiserrecht, Stadt Wien Recht und etliche Handfesten und fürstliche Privilegien“ (Sch Ea). Ohne Gesamttitel und in anderer Reihenfolge sind kombiniert Stadtrechtsbuch + diverse Verordnungen + Landrecht + Lehenrecht + weitere Verordnungen (Sch C'd, Db).

Kombinationen des Schwabenspiegels gibt es auch mit dem Österreichischen Landrecht wie etwa Landrecht + Lehenrecht + Österr. Landrecht (Land- und Lehenrecht) (H[13] 2). Interessanter ist die folgende Reihung: Schwabenspiegel/Landrechtsteil + Österr. Landrecht/Landrechtsteil + Schwabenspiegel/Lehenrechtsteil + Österr. Landrecht/Lehenrechtsteil, gefolgt von der Goldenen Bulle 1356 (H 5).

Auch regionale Rechtsbücher finden sich in Kombination wie etwa: diverse Wiener Verordnungen + Wiener Stadtrechtsbuch + Österr. Landrecht (H 3) oder Lehenrecht/Steiermark + Landrecht/Steiermark + „pergkbuch“ (Weinbergrecht)/Steiermark (B[14] 10).

III. Süd- und Norddeutschland

Nieder- und Oberdeutschland verbinden Kombinationen von Schwabenspiegel und Sachsenspiegel. Dazu einige Beispiele. Besonders auffallend ist das „kolonnenweise Nebeneinander“ der beiden Texte (L 58) wie auch deren alphabetische Ordnung unter Einschluß von Sachsenspiegelglossen (L 134). Auffallend auch die Kombination beider Rechtsbücher mit Hildesheimer Dienstrecht und Magdeburger Dienstrecht (L 82).

IV. Östliches Deutschland

Kombinationen des Sachsenspiegels mit insbesondere dem Magdeburger Weichbildrecht sind so bekannt, daß hier zwei Beispiele genügen[15]. Eine Krakauer Handschrift schließt an den Sachsenspiegel das Magdeburger Weichbildrecht an

12 Sch = Ausgabe Schuster (1873).
13 H = Ausgabe Hasenöhrl (1867).
14 B = Ausgabe Bischoff (1875).
15 Bischoff (1865), S. 5 ff., 11 ff.

und weist gegen Schluß auf einen advocatus summi iuris theutonici hin. Eine Handschrift aus Lemberg in Latein bietet die umgekehrte Reihenfolge: Auf einen Teil des Weichbildrechts folgen insbesondere Teile des Sachsenspiegels in der versio Vratislaviensis, anschließend Iglauer Stadtrecht (statuta Iclavie civitatis) und schließlich etwa einhundertzwanzig Magdeburger Schöffenssprüche; gegen Schluß steht die Bezeichnung libri iuris Mendeburigensis et Saxonum.

Der „Spiegel Landrecht und Lehenrecht“ für Livland (Livländischer Spiegel)[16] aus dem 14. Jahrhundert kombiniert einen gekürzten und bearbeiteten Sachsenspiegel mit einheimischen Quellen. Hier steht am Beginn der Einleitung die Vorrede des Sachsenspiegels, gefolgt allerdings sogleich von einigen lehensrechtlichen Bestimmungen. Im anschließenden I. Buch entstammen von dessen 82 Artikeln 43 dem Landrecht des Sachsenspiegels. Das „Wiek-Oeselsche Lehenrecht“ fügt an den Livländischen Spiegel noch an das Oeselsche Bauernrecht (Leiherechte) und das älteste Livländische Ritterrecht. Das Bauernrecht ist als das der einheimischen Bevölkerung als „undeutsch“ bezeichnet, die übrigen Teile als „deutsch“. Auch hier begegnen also Kombinationen auf regionaler Ebene. Das „Mittlere livländische Ritterrecht“ etwa verbindet seinen eigenen Text mit dem lokaler Rechtsbücher in neuer Ordnung.

V. Folgerungen

Die große Verbreitung von Sachsenspiegel und Schwabenspiegel ist bekannt. Im Falle der kombinierten Rechtsbücher treffen wir im Prinzip auf dasselbe Phänomen, aber in Verbindung der großen Spiegeln mit lokalen Rechtsbüchern in einer Handschrift in ebenfalls diesen weiten Räumen von der Adria bis zur Ostsee. Dies unterstreicht auch der Ort der Produktion. Ein noch zu erwähnendes „Corpus legis“ (L 101) entstand im Fürstentum Eichstätt, aber bereits aufgrund einer Vorlage, ein gleiches Exemplar findet sich in Konstanz. Die Kombination Schwabenspiegel mit Straßburger Stadtrecht wurde nachweislich in Nürnberg verfasst, aber eben nicht für diese Stadt, sondern das ferne Straßburg (L 131).

Von hohem Interesse ist natürlich die Art der jeweiligen Verbindungen. Es sind dies, wie vorgeführt, nicht nur bloße Aneinanderreihungen, sondern insbesondere auch Kombinationen, geleitet von einem systematisierenden Bedürfnis. Schon das bloße Aneinanderreihen erweist ein spezifisches Denken, nämlich von Zusammengehörigkeit, dies besonders die Verschachtelungen von Rechtsbüchern untereinander und eventuell mit anderen Quellen: auffallend etwa die Reihung Landrecht Schwabenspiegel + Landrecht Österreich gefolgt von Lehenrecht Schwabenspiegel + Lehenrecht Österreich (H 5) oder das Hinzufügen

16 Bunge (1879), S. 18 ff., 26 ff.

von Hildesheimer und Magdeburger Dienstrecht zur Kombination Schwabenspiegel + Sachsenspiegel als Ergänzung von deren Land- und Lehenrecht um einen weiteren Rechtskreis, nämlich das Dienstrecht (L 82). Die Kombination von Landrecht mit Stadtrechtsbüchern gemahnt an eine solche von allgemeinem mit speziellem Recht. Das Hinzufügen einzelner städtischer Verordnungen verstärkt diesen Eindruck. Anders ausgedrückt: Es manifestiert dies ein Denken in Rechtskreisen: „Kaiserliches Recht" – Landrecht – Stadtrecht – Ergänzung durch Einzelregelungen. Alle diese Zusammengehörigkeiten unterstreichen die erwähnten Titel für manche Kombinationen. Noch umfassender erschienen den mittelalterlichen Zeitgenossen beispielsweise die Kombination Sachsenspiegel und Magdeburger Stadtrecht als „ius teutonicum" und der frühneuzeitlichen Wissenschaft schließlich die heimischen Rechte insgesamt als „Deutsches Recht"[17]. Weiters lassen sich pseudo-wissenschaftliche Ambitionen nicht leugnen. Dies erhärten ähnliche Kombinationen, zwar auch von Rechtsbüchern, aber mit anderen Rechtstexten, nämlich mit den „Gelehrten Rechten". Hiezu zählen Kombinationen des Schwabenspiegels mit Römischem Recht + Kanonischem Recht in Kompilationsform (L 74) oder sogar unter einem gemeinsamen Titel: „Corpus legis et iuris et canonis" bzw. „Gerichtsbuch nach roh alphabetischer Ordnung der Materien zusammengetragen sowohl aus anderen älteren deutschen Rechten, namentlich dem Sachsenspiegel und dessen Glossen, als auch aus Römischem und Kanonischem Recht" (L 101).

Weiters läßt sich auf eine Eignung, wohl auch Verwendung in der Praxis schließen wie insbesondere durch die Aufnahme zahlreicher städtischer Einzelverordnungen. Tatsächlich ist von manchen Kombinationen „lebhafter Gebrauch" überliefert (L 133). Der erwähnte Spiegel für Livland zielte wohl ebenfalls auf die Praxis ab, da jene Teile des Sachsenspiegels fortgelassen wurden, die Historisches enthalten, sich auf die Reichsverfassung beziehen, auf Sachsen, Schwaben und Juden sowie auf vor Ort unbekannte Standesverhältnisse[18].

Damit aber nicht genug. Offenkundig gab es auch so etwas wie ein schöngeistiges Bedürfnis. Dies erweist die Schwabenspiegelhandschrift eines „Ottmar von Gossow" nächst St. Gallen aus 1462 (L 110): Sie fügt dem Rechtsbuch u. a. eine Chronik Zürichs von 1267 bis 1446 an, weiters Traktate über Fechtkunst, „Von Habicht und dessen Pflege", über Aderlass und Diät etc. Was könnte der Zweck dieser Handschrift gewesen sein? Eventuell diente sie dem Unterricht und wenn dem so ist, dann auch unter Einschluß des Rechts.

---

17 BRAUNEDER (2013), S. 80.
18 BUNGE (1879), S. 19 f.

Literatur

BISCHOFF (1865) – F. Bischoff: Beiträge zur Geschichte des Magdeburger Rechts, Wien 1865.

BISCHOFF (1875) – F. Bischoff: Steiermärkisches Landrecht des Mittelalters, Graz 1875.

BRAUNEDER (2014) – Wilhelm Brauneder: Europäische Privatrechtsgeschichte, Wien – Köln – Weimar 2014.

BUNGE – F. G. v. Bunge: Altlivlands Rechtsbücher, Leipzig 1879.

EBEL (HRG) – F. Ebel: Sachsenspiegel, in: HRG IV, S. 1229 ff.

ECKHARDT (1972) – K. A. Eckhardt (Hg.): Schwabenspiegel Kurzform III: Fassung Kt, Aalen 1972.

ECKHARDT (1974) – K. A. Eckhardt (Hg.): Schwabenspiegel Kurzform, 2. Aufl., Hannover 1974.

HASENÖHRL (1867) – V. Hasenöhrl: Das österreichische Landrecht, Wien 1867.

LASSBERG (1840) – F. L. A. Lassberg: Der Schwabenspiegel, Tübingen 1840.

SCHLOSSER/SCHWAB (2000) – H. Schlosser, I. Schwab: Oberbayerisches Landrecht Kaiser Ludwigs des Bayern von 1346, Köln-Weimar-Wien 2000.

SCHOTT (1984) – C. Schott: Der Sachsenspiegel, Zürich 1984.

SCHUSTER (1873) – H. M. Schuster: Das Wiener Stadtrechts- oder Weichbildbuch, Wien 1873.

TRUSEN (HRG) – W. Trusen: Schwabenspiegel: in: HRG IV, 1547 ff.

Wein und Recht: Vom Anbau bis zum Trinken

I. Grundsätzliches

Im Jahre 1775 warteten Weinbauern des Rheingaus auf den Reiter, der den Befehl ihres Grundherrn, des Bischofs von Fulda, zum Beginn der Weinernte (Lese) überbringen sollte. Dieser verspätete sich erheblich, überdies wurde das sonnige Wetter der Lesezeit von Schlechtwetter verdrängt und die Weinbauern fanden sich bereits damit ab, daß das nasse Wetter einen Großteil der Trauben verdorben hätte. Dann kam der Bote aus Fulda doch noch angeritten und, mit erheblicher Verspätung, begann die Lese. Zu einem nicht unerheblichen Teil waren aber die Weintrauben bereits angefault. Dennoch wurde gepresst und schließlich gab es – vorzüglichen Wein. Die Spätlese war erfunden, Dank des „Spätlesereiters“. An dieser Geschichte zeigt sich der wohltätige Einfluß des Rechts auf den Wein: Die mangelnde Erlaubnis des Grundherrn hatte die Lese aufgeschoben und sein verspäteter Befehl zur Weinernte Einfluß auf die Weinqualität genommen.

Tatsächlich war der gesamte Ablauf vom Weinanbau bis zum Weintrinken stets rechtlich geregelt, und zwar in einem intensiven und auch besonderen Maße[1]. Im sozialen und wirtschaftlichen Leben spielte Wein eine besondere

---

Aus: B. Mezey etc. (Hg.), Bor és jogtörténet, Budapest – Bratislava 2011, 7 ff.: in ungarischer Sprache; hier erstmals in Deutsch.

1 Vgl. u. a. O. Gönnenwein, Zur Geschichte des Weinbaurechts, in: ZRG (GA), 80 (1963), 157 ff.; Weinbau, in: A. Erler etc. (Hg.), Handwörterbuch zur Deutschen

Rolle. In der Kirche war er für die Messliturgie notwendig, die Medizin bediente sich seiner und vor allem diente er natürlich als Getränk vom täglichen Leben bis hin zu hohen Festlichkeiten. Weinbau rief ein umfangreiches und spezialisiertes Folgehandwerk hervor wie vor allem den Faßbinder, aber auch die Herstellung von Weinstecken und von entsprechenden Wagen zum Transport der Weinfässer. Die Weinwirtschaft bildete einen eigenen Arbeitsmarkt neben der sonstigen Landwirtschaft, und zwar vor allem dadurch, daß spezielle Fertigkeiten erforderlich waren. Mit dem allem war Weinwirtschaft aber auch kapitalintensiver als die sonstige Landwirtschaft. Diesem Aufwand stand positiv gegenüber, daß bereits kleine Weingärten gute Erträgnisse erbringen konnten, die sich daher hervorragend zur Geldanlage eigneten, weil sie sozusagen gute Zinsen abwarfen. Weingartenerträge dienten auch als Zahlungsmittel und zur Bemessung von Abgaben, und zwar in der Vorform des Weines, dem Most, weil dieser im Unterschied zum Wein transportierte und vor allem gelagert werden konnte. Abgaben in Most wurden auch dort festgelegt, wo dieser nicht als Ertrag abfiel, weil dadurch eine von Geldschwankungen unabhängige Wertbeständigkeit festgelegt werden konnte[2]. Weinanbau rentierte sich deshalb, weil die Nachfrage nach Wein nahezu ungebrochen blieb. Es lohnte sich, Wein anzubauen und zu exportieren. Im niederösterreichischen Weinort Perchtoldsdorf[3] knapp südlich von Wien lagerten beispielsweise im Jahre 1480 rund 13 500 Hektoliter, um exportiert zu werden[4], und zwar nach zahlreichen Orten in Salzburg und Bayern. Die Quellen sprechen zwar in der Regel vom Wein, doch gemeint ist der Most, da (vergorener) Wein beim Transport „bricht", d. h. ungenießbar wird. Vergoren wurde der Most erst am Ziel unter Aufsicht der Kellermeister. Ein Exportrückgang und schließlich ein vorläufiges Ende kam erst gegen 1700 unter anderem auch wegen zunehmender und hoher Zölle[5]. Wein war übrigens wegen seines Wertes zu einem besonderen Steuerobjekt geworden[6].

Aus den vorgenannten Gründen entwickelten sich in Bezug auf die Weinwirtschaft besondere rechtliche Formen und ein besonderer rechtlicher Schutz.

Rechtsgeschichte V, 1998, 1226 ff; zu Niederösterreich: H. Feigl, Die niederösterreichische Grundherrschaft, 2. Aufl. 1998, 115 ff.

2 Feigl, wie Fn. 1, 121.

3 S. Petrin, Geschichte des Marktes Perchtoldsdorf I, 1983, 79 ff; G. Ostrawsky, Geschichte des Marktes Perchtoldsdorf II, 1983, 86 ff.

4 S. Petrin – E. Witzmann, Perchtoldsdorfs Weinbau in Vergangenheit und Gegenwart, in: Museum Perchtoldsdorf (Hg.), Marktgemeinde Perchtoldsdorf, 1973, 59, 63.

5 Ostrawsky, wie Fn. 3, 88 ff.; Feigl, wie Fn. 1, 122 f.

6 Petrin, wie Fn. 3, 84 f.; E. Mischler – J. Ulbrich (Hg.), Österr. Staatswörterbuch II, 2. Aufl. 1906, 56 ff.

II. Besitzformen

Als Anreiz zum Weinanbau und wegen der mit ihm verbundenen Kapitalnotwendigkeit wurden Weinproduktionsflächen in besonders günstigen Leiheformen ausgegeben[7]. Die regelmäßige Leiheform war die der Erbpacht, die dem Pachtnehmer den Status eines Untereigentümers in der Form des Geteilten Eigentums vermittelte. Dieser hatte jährlich einen Zins an den Pachtgeber, den Obereigentümer, zu entrichten, der in der Regel in Most bestand oder in Most und Geld oder nur in Geld; auch Teilpacht – also die Ablieferung eines bestimmten Teils der Weinernte an den Obereigentümer – war üblich. Es handelte sich in der Regel um eine freie Leihe, mit der Eingehung des Pachtverhältnisses war keine persönliche Abhängigkeit verbunden. Die entsprechende Besitzform nennt der Sachsenspiegel wohl deshalb sogar „Lehenrecht". Die ansonsten meist „Bergrecht" genannte Pacht entsprach somit der gleichfalls freien städtischen Leihe, dem „Burgrecht", und war, so wie dieses, auch Patriziern zugänglich, die den Erwerb eines „Bergrechts" zur Kapitalanlage nutzten. Streitigkeiten um die – hochwertigen – Weingärtenabgaben waren daher recht häufig[8]. Im 18. Jahrhundert entwickelte sich das Bergrecht zum Teil zum zinspflichtigen Volleigentum: Eigentümer des Weingartens war nun allein der Pächter, jedoch mit der Verpflichtung, dem ehemaligen Obereigentümer eine Rente zu bezahlen, die als Reallast auf der betreffenden Liegenschaft lastete.

Die derart gepachteten Weingärten bildeten keinen rechtlichen Bestandteil eines bäuerlichen Hofes, sondern führten ihr eigenes rechtliches Schicksal auch dann, wenn der Weingartenpächter Untertan einer Grundherrschaft war. Der Obereigentümer der Weingärten mußte daher nicht der Obereigentümer des bäuerlichen Hofes sein. Wie erwähnt, konnte der Weingartenpächter überhaupt nicht dem bäuerlichen Stand angehören, sondern beispielsweise Stadtbürger sein, der den Weingarten durch eine geeignete Person – den Weinhauer – pflegen ließ[9].

Weingärten standen auch wesentlich stärker im Rechtsverkehr als andere ländliche Grundstücke, eben weil sie als Wertanlagen dienten[10]. Leiheobjekte waren daher nicht nur ganze Weingärten, sondern Weingartenanteile. Dafür unterlagen Weingärten meist einer strengeren rechtlichen Reglementierung als andere ländliche Grundstücke. Da eben auch schon kleine Flächen ertragreich

7 Vgl. z. B. Feigl, wie Fn. 1, 116 f.; Petrin, wie Fn. 3, 74 ff.; Petrin – Witzmann, wie Fn. 4, 59; Ostrawsky, wie Fn. 3, 32 ff.; A. Mell, Grundriß der Verfassungs- und Verwaltungsgeschichte des Landes Steiermark, 1929, 63.

8 Vgl. L. Dörner, Chronik und naturwissenschaftliche Beschreibung von Perchtoldsdorf I, 1936, 163 ff.

9 Ostrawsky, wie Fn. 3, 92 f.

10 Das Folgende Dörner, wie Fn. 8, 106, 120, 108.

waren, bewirkte dies den Hang zur Teilung insbesondere unter mehreren Erben. Deshalb unterlagen Weingärten oft einer eigenen Nachfolgeregelung mit Teilungsverboten. Untersagt war auch eine Änderung der Nutzung als Weingarten, um deren Bestand zu sichern. Schon bei geringen Versäumnissen in der Weingartenpflege kam es auch zum Verfall, d. h. zur Beendigung des Pachtverhältnisses. Insgesamt fielen Weingärten aus der ländlichen Agrarverfassung heraus und waren der – freieren – städtischen Situation angenähert.

III. Arbeitsverhältnisse

Der Weinbau erforderte verschiedene qualifizierte Arbeiten[11]. Dazu zählte einmal die Pflege des Weingartens an sich durch mehrmaliges „Hauen", also durch Auflockern des Bodens. Vor allem bedurfte es der Pflege der Weinreben durch gleichfalls mehrmaliges „Schneiden" der Weinstöcke. Schließlich erforderte die Weinlese eine besondere Sorgfalt. Aufwendig und an Spezialisten gebunden war schließlich die Weinproduktion.

Im Gegensatz zum sonstigen landwirtschaftlichen Betrieb wurden alle diese Arbeiten nur selten als Frondienste ausgeführt, sondern vielmehr durch angemietete Lohnarbeiter. Meistens standen diese als Pauschallöhner für die ganze Saison in einem Angestelltenverhältnis. Die Neuzeit[12] kannte schließlich feste Lohnregelungen, was zu Lohnkämpfen führen konnte wie beispielsweise zu einem sehr heftigen Aufstand in den Weinorten südlich Wiens im Jahre 1597[13].

Der Arbeitsablauf unterlag einer strengen Reglementierung. Hauen, Schneiden und Lesen waren strikt geregelt[14]. Die Lese fand nur mit Zustimmung der Obrigkeit statt wie z. B. nach der Landesordnung für Württemberg 1621[15] und eingangs am Beispiel des Spätlesereiters gezeigt, und zwar zum Teil im 19. Jahrhundert[16].

IV. Anbauregelungen

Im Spätmittelalter wurden wegen der großen Nachfrage oftmals Äcker in Weingärten umgewandelt, zumal sie auch höheren Ertrag als jene abwarfen[17]. Als

11 Ostrawsky, wie Fn. 3, 94 ff; Petrin – Witzmann, wie Fn. 4, 60.
12 Petrin – Witzmann, wie Fn. 4, 63.
13 Petrin – Witzmann, wie Fn. 4, 63; J. Hagenauer, 850 Jahre Gumpoldskirchen, 1990, 159 f.
14 W. Kunkel etc. (Hg.), Quellen zur Neueren Privatrechtsgeschichte Deutschlands II/1, 445 f.
15 Ebda 445 f.
16 Mischler – Ulbrich (Hg.), wie Fn. 6, 9.
17 Petrin – Witzmann, wie Fn. 4, 58.

Pfarrer von Perchtolsdorf regte der bekannte Kanonist Thomas Ebendorfer von Haselbach derartige Umwandlungen an, um so als Obereigentümer die Zehentabgaben zu steigern[18]. Gegen derartige Umwandlungen traten ab der frühen Neuzeit zahlreiche Verbote in Kraft, etwa für das Land Österreich mit dem Tractatus de iuribus incorporalibus 1697[19]. Sie sollten die Umwandlung von guten Ackerböden und auch von Weideland verhindern, Weinanbau sollte nur auf dafür zu schlechten Böden betrieben werden, zur konkreten Steuerung waren Umwandlungen an Bewilligungen gebunden[20].

Die Anbauregelungen erfaßten auch die Rebsorten. Durch Abgabensenkung sollte das Aussetzen von besseren Rebsorten gefördert werden wie zum Beispiel in Würzburg 1726 zum Schutz des guten Frankenweins gegen „Weißrheinisch" und „Schlecht-Österreicher"[21].

V. Produktionsregelungen

Schon früh richteten sich gesetzliche Maßnahmen gegen die Verfälschung von Wein[22]. Eines der ersten Reichsgesetze bildete daher die Reichsweinordnung 1487, die 1595 erneuert wurde. Entsprechende Regelungen enthielten auch die Reichspolizeiordnungen von 1548 bis 1577 sowie eine ganze Reihe an Landesgesetzen[23]. Neben[24] der Sauberkeit des Weins galt die Sorge der Reinheit der Sorten wie zum Beispiel des Malvasiers, Bedacht genommen wurde darauf, daß möglichst keine Zusätze in Verwendung kamen, etwa nur wenig Schwefel, ausdrücklich erlaubt wurde Wermuth als „Süßwein". Untersagt waren selbstverständlich die Verwässerung sowie gesundheitsschädliche Beimengungen von Edelmetallen. Verstöße gegen die Produktionsregeln wurden nicht nur mit Konfiskation geahndet, sondern auch mit hohen Strafen belegt.

Weinverfälschung konnte auch als eine Art Steuerdelikt gelten, nämlich dort, wo Abgaben in natura, eben Most, zu entrichten waren.

18 Petrin – Witzmann, wie Fn. 4, 65.

19 Petrin – Witzmann, wie Fn. 4, 58 f.

20 Kunkel, wie Fn. 14, II/1, 445 f.

21 Kunkel, wie Fn. 14, II/2, 248 f.

22 Weinfälschung, in: Erler etc., wie Fn. 1, 1231 ff.

23 G. Freund, Die Reichspolizeiordnung des 16. Jahrhunderts und das Delikt der Weinverfälschung, in: ZNR 1989, 1 ff.

24 Das Folgende insbes. Reichsweinordnung 1487 bzw. 1595: Kunkel, wie Fn. 14, 82 f.; auch Baden 1495: ebda, 155 f.; Reichspolizeiordnungen 1548 und 1577 XVI. Titel: ebda 61 f.

VI. Verkaufsregelungen

Hierher zählen einmal Preisregelungen wie nach der bayerischen Landesordnung 1553[25]. Die Sächsisch-Gothaische-Landesordnung 1666[26] verbot prinzipiell den Ausschank in Pfarrhäusern und erlaubte nur ein geringes „Anschreiben", das heißt einen Weinausschank gegen Stundung des Kaufpreises. Die Hohenzollersche Landesordnung 1698[27] setzte eine Sperrstunde fest. In Jülich-Berg wurden 1558[28] das Aufzeichnen von Weinbeständen angeordnet, sozusagen ihre Registrierung, auch die Anzeige eines beabsichtigten Ausschanks. In Perchtoldsdorf durfte der Ausschank nur in bestimmten Bürgerhäusern, in Spitälern und in Zunftgebäuden stattfinden, erst seit einem Privileg Kaiser Josefs II. durch jeden Produzenten - aber auch nur durch diesen[29]. Untersagt war auch oft der Import, es sollte nur der Eigenbau der Region zum Ausschank kommen.

VII. Weinrechtsordnung

Nach der preußischen Landesordnung 1577[30] war den Obrigkeiten eigens aufgetragen, den Weinbau nicht nur zu beaufsichtigen, sondern auch „zu ordnen". Aber schon im Mittelalter entstanden für den Weinbau eigene Teilrechtsordnungen wie es diese auch für andere Bereiche mit Handwerksordnungen, Vormundschaftsordnungen, Waldordnungen und Bergwerksordnungen gab[31]. Die Entwicklung setzt im Spätmittelalter ein, und zwar mit einer zunehmenden Fülle an den Weinbau betreffenden Vorschriften in den örtlichen Ordnungen, darunter spezielle „Bergtaidinge", zusammenfassend mit anderen lokalen Quellen meist Weistümer genannt[32]. Perchtoldsdorf beispielsweise besaß ein eigenes „Bann- und Bergtaiding"[33]. Übrigens ist in diesem Zusammenhang unter dem Wörtchen „Berg" stets der „Weinberg", also die Summe von Weingärten, zu verstehen. Auf Landesebene enthielten die Landesordnungen oft eigene Abschnitte mit „Weinordnung" überschrieben wie etwa jene Badens 1495 oder der speziellere Tractatus

---

25 Kunkel, wie Fn. 14, 214.

26 Ebda 587, 622.

27 Ebda 728.

28 Ebda 339 f.

29 Petrin-Witzmann, wie Fn. 13, 68.

30 Kunkel, wie Fn. 14, 400 f.

31 W. Brauneder, Frühneuzeitliche Gesetzgebung: Einzelaktion oder Wahrung einer Gesamtrechtsordnung, in: ders., Studien III, 2005, 379 ff.

32 Vgl. etwa die große Zahl derartiger Regelungen in den von der Österr. Akademie der Wissenschaften herausgegebenen „Österreichischen Weistümer" nach dem Sachregister.

33 In: G. Winter, Niederösterreichische Weistümer I, 1886, 585 ff.; auch in: Perchtoldsdorfer Heimatbuch, 1958, 149 ff.

de iuribus incorporalibus von 1679 für insbesondere das Land Österreich: „Von Bergrecht und Weingartenbau"[34]. Aber es gab auch eigene Weinordnungen wie vor allem die schon erwähnte Reichsweinordnung 1487. Für ganz Niederösterreich war 1527 eine Einschränkung des Weinanbaus angeordnet worden, 1534 folgte die umfangreiche niederösterreichische Weingartenordnung[35]. Die letztgenannten Beispiele stehen auch dafür, daß die Teilrechtsordnungen mit Geltung für ein Land einen überregionalen Geltungsbereich hatten. Aber auch auf der örtlichen Stufe griff schon früh Rechtsvereinheitlichung um sich. So besaßen seit 1450 die benachbarten Weinorte Gumpoldskirchen, Pfaffstätten und Traiskirchen südlich Wiens ein einheitliches Weinrecht[36]. Mit dem „Steyerischen Bergbüchel" 1543 galt im gesamten Land Steiermark eine einheitliche Weinrechtsordnung[37].

VIII. Weinwirtschaftsverwaltung

Die Reichsweinordnung 1487 ordnete an, es seien für die Weinwirtschaft eigene Behörden einzurichten. Die Herrschaften in Städten und am Land hatten eigene Amtsleute zu bestellen, denen von allen im Weinbau und im Weinhandel tätigen Personen ein spezieller Eid zur Einhaltung der sie betreffenden Vorschriften zu leisten war[38]. In Jülich-Berg hatten die Städte eigene „Kuiermeister" zu bestellen; der Zugang zu den Weinlagern war nur mit einem eigens bestellten Weinmeister möglich[39]. Stets bestanden eigene Organe zur Überprüfung der Weingartenarbeit wie auch zur Überwachung der Weingärten besonders in der Lesezeit. Diese „Hüter" der Weingärten waren oftmals leicht bewaffnet, an sie erinnert beispielsweise in Perchtoldsdorf bis heute der Brauch des „Hütereinzuges" als Wein-Erntedankfest[40].

---

34 Kunkel, wie Fn. 14, 155; u. a. J. v. Mösle (Hg.), Tractatus de Juribus incorporalibus, 1807, XL.

35 Hagenauer, wie Fn. 13, 157 ff.; ebda 111.

36 G. Winter, Niederösterreichische Weistümer I, 1886, 521 f.

37 Mell, wie Fn. 7, 408 ff.; ders., Das Steierische Weinbergrecht, 1928.

38 Wie Fn. 24.

39 Kunkel, wie Fn. 14, II/1, 339, 9 f.

40 Petrin, wie Fn. 3, 81; H. Schempf, Hüterbaum und Trägerstutzten, in: Acta Ethnographica Hungarica 58/2, 440; H. Stephan, Weinlese und Hütereinzug in Perchtoldsdorf, in: Perchtoldsdorfer Heimatbuch, 1958, 340 f.; u. a. auch in Gumpoldskirchen: Hagenauer, wie Fn. 13, 175.

IX. Rechtsbezirk „Weinberg"

Die erwähnten Teilrechtsordnungen und das Einsetzen eigener Organe für die Weinwirtschaft verweisen auf die Existenz eines eigenen Rechtsbezirkes neben den allgemeinen örtlichen Herrschaften[41]. Ersichtlich gemacht ist dieser Rechtsbezirk in der Regel durch eine Einzäunung der entsprechenden Liegenschaften, der Weingärten, besonders zur Erntezeit[42]. Innerhalb dieser Einzäunung galt, abweichend von der allgemeinen Agrarverfassung, eine eigene Flurverfassung. Während jene der Drei- bzw. Vier-Felder-Wirtschaft mit einem Fruchtwechsel folgte, blieb die Eigenschaft eines Weingartens stets erhalten. Weinberge unterlagen auch nicht dem Jagdrecht, zum Teil stellten sie sogar einen eigenen Asylbezirk dar. Der Rechtsbezirk „Weinberg" besaß mit dem „Bergrecht" ein eigenes Gericht, eine Art eigene Untertanenschaft mit der „Berggemeinde", die nicht mit der Ortsgemeinde oder der Gerichtsgemeinde der Grundherrschaft identisch war. Sie bestand vielmehr nur aus den Weingartenbesitzern und umfaßte oft solche aus mehreren Ortsgemeinden und Grundherrschaften.

X. Ergebnis

Die Teilrechtsordnung des Weinbergrechts mit ihrem eigenen Rechtsbezirk zufolge einer eigenen Rechtsordnung eigener Organe und einer eigenen Gemeinde erinnert an die nahezu identische Erscheinung im Bergbaubereich wie ähnlich auch an die Situation im Kaufmannsstand. So läßt sich resümierend in Abwandlung des Goethe-Zitats mit dem Hinweis schließen: „Wein ist ein besonderer Saft", gerade in der historischen Rechtsordnung.

41 Mell, wie Fn. 7, 64, 408; Feigl, wie Fn. 1, 119 f. insbes. in 28.
42 Petrin – Witzmann, wie Fn. 4, 65; Schmepf, wie Fn. 40, 442.

Eine Pfandherrschaft Kaiser Maximilians I. im 20. Jahrhundert

I. Ein „historischer" Grundbucheintrag

Im Grundbuch (Hauptbuch) der Katastralgemeinde Sankt Pangraz im Gerichtsberzirk Meran in Südtirol, angelegt um 1900, finden wir eine Eintragung, die auf das Jahr 1492 zurückgreift. In der Einlagezahl 29/I „Eschenlohe (Geschlossener Hof)" finden wir im Lastenblatt (C-Blatt) Eintragung: „Infolge der Urkunde vom 10. Februar 1492 inseriert im Schatzarchiv [vom 12. Februar 1492 Zl. 930] ist der Eigentümer dieses Grundbuchkörpers nach Massgabe der bezeichneten Urkunde zu Gunsten des Gotthard Grafen Trapp und dessen Erben in der Verfügung über diesen Grundbuchskörper beschränkt. (Grundbuchanlegungsakt, Protokoll N. 42)". Der in eckige Klammer gesetzte Passus beruht offensichtlich auf einem SchreibFehler und hat richtig zu lauten „.... vom 13. Februar 1492 Zl. 983 ....“[1].

Zwei in ihrem rechtlichen Gehalt korrespondierende Urkunden 1492 II 10 (inseriert in das nachfolgend genannte Instrument) und 1492 II 13[2] beinhalten einen Vergleich, abgeschlossen zwischen König (seit 1508 Kaiser) Maximilian I. als Landesfürsten der Gefürsteten Grafschaft Tirol einerseits und den Brüdern Jörg, Jakob und Karl von Trapp andererseits. Die Letztgenannten verzichten für sich und ihre Erben auf alle Rechte, welche ihnen bezüglich Schloß und Herrschaft „Yfan" zustehen zugunsten König Maximilians I., der dafür eine Summe von 15.000 fl.rh. (= Gulden rheinisch) zu leisten verspricht. Im Einvernehmen der Vertragspartner wird jedoch weiters festgesetzt, daß diese Geldsumme nicht sofort und in bar zu entrichten ist, sondern zu einem Zeitpunkt, der, unter Einhaltung der Kündigungstermine 1. Fastensonntag,

---

Aus: A. Kiehnle - B. Mertens - G. Schiemann (Hg.) Festschrift für Jan Schröder zum 70. Geburtstag, Tübingen 2013, 249 ff; ergänzt um Zwischenüberschriften.

1 „Besonderer Grundbuchsauszug" Nr. 3733/73 des Grundbuchamtes Meran vom 21.9.1973.

2 Transkription der Urkunde 1492 II 13 des Schatzarchivs/Innsbruck Nr. 983.

Pfingstsonntag, 14. September und 13. Dezember (= „Quatember"), im Belieben des Schuldners (König Maximilian I.) bzw. seiner Erben steht. Zur Wahrung der Rechte der Gläubiger (von Trapp) bzw. ihrer Erben werden diesen seitens des Schuldners Schloß und Veste Eschenlohe samt Amt und Gericht Ulten als „Für- und Underphandt eingesetzt und verphenndt".

II. Eine „ältere Satzung"

Die Rechtstellung der Pfandgläubiger wird im zitierten Instrument ausdrücklich beschrieben: „Also daz bemelte drei Brüeder und all ir Erben nufürohin vorgenant Sloss, Gericht und Ambt Ulten mit allen und yeden seinen Rechten und Gerechtigkaiten, Dienstperkaiten, Obrigkaiten und Herrligkaiten, Rännten, Zynnsen, Nützen, Gülten, Vällen, Pennen, Pussen gelassen, hohen und nidern Gerichten, Wünn, Wayden, Giaiden, Vischentzen und allem anndern, so von Recht, Gewonhait oder sunst darzu gehörn, oder in ainich Wege gehörn mügen ... ynnhaben, nutzen und niesen sullen und mügen ... als dann solicher Satz und Phandtrecht ist ...".

Daß prinzipiell das gesamte Pfandobjekt mit seinen körperlichen wie unkörperlichen Sachen (vor allem auch Rechte) vom Pfandvertrag erfaßt wird, geht aus der Generalklausel „mit allen und yeden seinen Rechten und Gerechtigkaiten ... so von Recht, Gewonhait oder sunst darzu gehörn, oder in ainich Wege gehörn mügen ..." hervor; die Aufzählung von „Diennstperkaiten" bis „Vischentzen" hat bloß demonstrativen Charakter. Ausdrücklich nicht dem rechtlichen Zugriff des Pfandgläubigers überlassen werden „Schätzperchwerch, Glait, geistlich und weltlich Lehenschafft, Lanndstewer, Lanndsraysen, gezog, so wir unns als Herrn und Regierennden Lanndsfürsten, auch die Öffnung unnserselbs (= des Landesfürsten) Kost und on iren mercklichen Schaden vorbehalten".

Der Inhalt der Berechtigung der Pfandgläubiger ist durch den Passus „ynnhaben, nutzen und niessen ... als dann solicher Satz und Phandrecht ist" bestimmt. Es handelt sich somit um eine sogenannte „ältere Satzung", ein Besitz- und Nutzungspfand[3]. Im Unterschied zur „jüngeren Satzung" und der Hypothek des Gemeinen Rechts steht dem Pfandgläubiger das Recht auf Besitz sowie jegliche Nutzung an der Pfandsache zu. Diese Nutzung kann direkt, etwa durch Ziehen natürlicher Früchte, oder auch indirekt, etwa durch Vermietung oder Verpachtung gegen Entgelt, erfolgen.

---

3 U. a. H. Mitteis – H. Lieberich, Deutsches Privatrecht, 9. Aufl. 1981, S. 111 ff.; zur Anwendung u. a. H. Demelius, Aus dem Stadtbuch von Mautern an der Donau, Wien 1972, d. ö.; W. Brauneder, Die Entwicklung des Ehegüterrechts in Österreich, Salzburg-München 1973, S. 76 ff., 176 ff.; R. Palme, Das Messingwerk Mühlau bei Innsbruck, Hall/Tirol 2000, d. ö.

Die Rechtseinrichtung der „älteren Satzung“ ist dem modernen Recht fremd. Wie schon erwähnt, gehen die Rechte des Pfandgläubigers eines derartigen „Satzes“ (= Pfand) über die eines heutigen Hypothekargläubigers hinaus. Dies deshalb, weil ein solcher „Satz“ nicht bloß Sicherungsfunktion, sondern vor allem auch Nutzungsfunktion hat. Es ist nicht bloß Absicht einer derartigen Pfandbestellung, für den Fall einer künftigen Nichtentrichtung der geschuldeten Summe eine Befriedigungsmöglichkeit zu schaffen, sondern, dem Pfandgläubiger anstelle der geschuldeten Summe sofort „ein anderes Vermögensobjekt des Schuldners zu verschaffen“[4].

Bei Hingabe einer Summe Geldes gegen Bestellung einer „älteren Satzung“ stand in vielen Fällen gar nicht sosehr die künftige Rückzahlung der hingegebenen Summe im Vordergrund, sondern der Erwerb des Pfandgegenstandes zumindest auf Zeit. Dabei war es meist Schuldner wie Gläubiger klar, daß eine Darlehensrückzahlung und damit Rückerstattung der Pfandsache unwahrscheinlich sein werde.

Aus diesen Gründen ist allgemein, wie auch im gegenständlichen Fall, die Auslösung des Pfandgegenstandes keine Pflicht, sondern ein Recht des Schuldners, dessen Ausübung ihm überlassen bleibt; der Gläubiger konnte nicht auf Rückzahlung des von ihm hingegebenen Geldes dringen. Landwehr folgert daher, daß eine derartige Pfandbestellung kein Haftungsgeschäft, sondern ein Lösungsgeschäft sei, und das Pfand „nur den Charakter eines Erfüllungssurrogates“ habe; weiters: Der Gläubiger sei nicht berechtigt, vom Schuldner die hingegebene Summe zu fordern, sondern dieser könne vielmehr durch Zahlung derselben die Pfandsache wieder an sich bringen, was aber ganz in seinem Belieben stehe[5].

Mit anderen Worten: Die Bestellung einer „älteren Satzung“ diente in den meisten Fällen dem dauernden Erwerb der Pfandsache. Typisch dafür ist die Reichspfandschaft Egerland. Dieses wurde von den deutschen Königen dem König von Böhmen als „ältere Satzung“ erstmals 1322 verpfändet, aber nie ausgelöst, so daß sie schließlich zu einem Bestandteil des Landes Böhmens und schließlich des tschechoslowakischen Staates wurde.

Für die Zeit bis zur bloß eventuellen Lösung kommt daher dem Pfandgläubiger eine Rechtsstellung zu, die materiell fast jener eines Eigentümers entspricht, während sich dessen Rechtsstellung in der Möglichkeit erschöpft, die Pfandsache wieder an sich bringen zu können.

Diese Feststellungen treffen vollinhaltlich auf den vorliegenden Fall zu: Daß seitens der Erwerber (Trapp) an einen dauernden Erwerb gedacht war, zeigt

---

4 G. Landwehr, Die Verpfändung der deutschen Reichsstädte im Mittelalter, Köln-Graz 1967, S. 375; überhaupt hier S. 374 ff. („Pfandzweck“).

5 Wie Fn. 4.

das Fehlen einer Bestimmung, wonach dieser das „Darlehensverhältnis“ kündigen und somit die 15.000 fl. rh. fordern konnte; seitens des Pfandschuldners wurde tatsächlich nie die Lösung, d. h. die Rückerwerbung der Pfandsache betrieben.

III. Neues Rechtsdenken: Hypothek

Das Rechtsinstitut der „älteren Satzung“ wird etwa im 16. Jahrhundert durch die „jüngere Satzung“, die heutige besitz- und nutzungslose Hyposthek, verdrängt[6]. Weiterhin können, wie damals die Rechtslehre festhielt, Objekte „sollicher massen verpfent und verschriben (werden, daß man sie) ... innhaben, nutzen und niessen mag“, wobei letzterer Passus als „Clausl“, als Nebenabrede, verstanden wurde[7]. Pfandbestellungen ohne derartige Klausel galten als solche einer „jüngeren Satzung“. Also blieb eine Neubegründung von Verhältnissen im Sinne der „älteren Satzung“ möglich, wenngleich als Pfandbestellung mit Nebenaberede. Daher blieben die bisherigen Rechtszustände aufgrund eines Pfandvertrages im Sinne der „älteren Satzung“ weiterhin aufrecht. Der gemeinrechtliche Einfluß schied die dinglichen Rechte in das Eigentum als Vollrecht einer- von den beschränkten dinglichen Rechten an fremder Sache andererseits; zu letzteren zählte nunmehr das Pfandrecht, das so das Eigentum als belastbares Vollrecht voraussetzte. Für die Rechtsverhältnisse aufgrund „älterer Satzungen“ bedeutete dies, daß die Lösungsbefugnis des Pfandschuldners überdeckt wurde durch die Zuordnung seiner Position zu der eines (bloß formellen) Eigentümers. Damit erfuhr die materiell bedeutsamere Stellung des Pfandgläubigers nicht die entsprechende Würdigung, da er als Inhaber eines – vom Eigentum abhängigen – bloß beschränkten dinglichen Rechts, mit überdies der Betonung „an fremder Sache“, eingestuft war.

Die somit einer späteren Entwicklung bzw. dem modernen Recht entnommenen Termini „Eigentümer“ und „Pfandgläubiger“ vermögen die oben geschilderte Rechtslage nur unvollkommen zu erfassen und bereiten die Schwierigkeit einer adäquaten Einordnung in das moderne Recht vor. Die Rechtslage wird deutlicher, wenn man vom „Lösungsberechtigen“ statt vom „Eigentümer“ und vom „Inhaber der Pfandsache“ statt vom „Pfandgläubiger“ spricht. Denn das Eigentum ist bei einer „älteren Satzung“ keinesfalls ein dingliches Vollrecht; die Rechte des Pfandinhabers hinwider gehen über die eines (modernen) Pfandgläubigers weit hinaus.

---

6 U. a. Mitteis-Lieberich, wie Fn. 2, 112 ff.

7 B. Walther, Traktat über die Abfertigung der Witwe ca. 1550 (mit anderen hg. M. Rintelen, Leipzig 1937), cap. 1/1, S. 14; N. Beckmann, Idea juris statutarii et consvetudinarii ..., Graz 1688, S. 560.

Eine Anpassung an neues Rechtsdenken erforderte insbesondere das Allgemeine Bürgerliche Gesetzbuch (ABGB) aus dem Jahre 1811, das im Gerichtssprengel Meran am 1. Oktober 1815 in Geltung gesetzt wurde. Damit entsteht das Problem, daß das ABGB, wie andere moderne Zivilgesetzbücher auch, nur das besitzlose Grundpfand, die Hypothek, kennt. Dies bedeutete für den vorliegenden Fall, daß alle Nutzungsrechte am Geschlossenen Hof „Eschenlohe" nicht mehr mit dem Begriff „Pfand" erfaßt werden konnten, sondern anderen Rechtsinstituten zuzuordnen waren. Als solche sind vor allem die beschränkten dinglichen Rechte an fremder Sache wie Servituten und Reallasten heranzuziehen. Grundsätzlich ist jedoch festzuhalten, daß das Inkrafttreten des ABGB keinerlei Rechtsverlust zu Lasten des „Pfandinhabers" bringen konnte. Gemäß Absatz 5 des Kundmachungspatentes des ABGB wird diesem jegliche rückwirkende Kraft aberkannt: „Bereits erworbene Rechte", ausdrücklich solche aus „zweiseitig verbindlichen Rechtsgeschäften" wie im vorliegenden Fall, bleiben aufrecht, selbst dann, wenn sie gegen Bestimmungen des neuen Gesetzbuches verstoßen würden.

IV. Der Niederschlag im Grundbuch

Letztgenannter Ansicht folgte das etwa um 1900 angelegte Grundbuch. Der eben unter V skizzierten Entwicklung folgend, weist das Eigentumsblatt (B-Blatt) das „Eigentumsrecht" dem „k.k. Ärar" zu, allerdings unter Hinweis auf die „Verfügungsbeschränkung" im Lastenblatt. „Auf Grund Ersitzung" ist als Erwerbsgrund angegeben. Im Lastenblatt sind die Rechte des, wie es hier ausdrücklich heißt, „Pfandinhaber" als Belastungen einverleibt. Dabei machte es sich die das Grundbuch um 1900 anlegende Behörde leicht: Sie hat, wie eingangs zitiert, einfach auf die „Urkunde vom 10. Februar 1492" verwiesen, somit eine vierhundert Jahre alte Rechtsgestaltung in ihre Gegenwart verpflanzt. Einer Anpassung an die Begrifflichkeit bzw. die Rechtsinstitute um 1900 war man aus dem Wege gegangen. Auch das Eigentumsrecht fand eine pragmatische grundbücherliche Behandlung: Subjekt das „k.k. Aerar", also der Staat als Fiskus[8], Erwerbgrund einfach die Ersitzung. Insgesamt werden an den sich aus den eingangs erwähnten Urkunden ergebenden Berechtigungen keinerlei Änderungen vorgenommen. Ein weiteres Indiz dafür ist dem Eintrag im Lastenblatt vom 20. November 1914 zu entnehmen: Erstens trifft die zugunsten der „Denkmalbehörde" einverleibte Servitut den „jeweiligen Pfandinhaber" und nicht, wie man üblicherweise annehmen müßte, den Eigentümer. Zweitens ist Begünstigter dieser Belastung ausdrücklich nicht ein Dritter kraft eines dinglichen Rechtes an fremder Sache

8 Vgl. u. a. J. Ulbrich, Das Staatsrecht der österreichisch-ungarischen Monarchie, 1884, S. 106.

(Servitut), sondern das „k.k. Aerar“, also der Eigentümer – so daß, streng formell, ein beschränktes dingliches Recht an eigener Sache vorliegt. Diese ausdrückliche Begünstigung des Eigentümers ergibt sich eben aus dem Umstand, daß sein Eigentumsrecht, wie bereits hinsichtlich der Entwicklung erwähnt, ein rein formales, inhaltlich ausgehöhltes ist, da nach wie vor alle Berechtigungen, die üblicherweise aus der Eigentümerstellung erfließen, ihm zugunsten des „Pfandinhabers“ entzogen sind. Einzelne Befugnisse muß er sich daher über den Umweg einer Beschränkung der Rechte des „Pfandinhabers“ sozusagen zurückholen. Schließlich ist letztgenanntem Eintrag die grundlegende Rechtsansicht des Jahres 1914 zu entnehmen: Der Eintrag spricht vom „Pfandinhaber“ der „Pfandherrschaft“. Würde es sich um ein Pfand im zeitgenössischen Sinn, also eine Hypothek handeln, wäre dies entsprechend hervorgekehrt worden. Der damalige Grundbuchsführer vermeidet aber bewußt Wortbildungen mit „Hypothek“, weil er sehen muß, daß es sich um keine solche handelt.

Eheschließung ohne Trauung: Das Naturrechtskonzept des ABGB und was daraus wurde

I. Das ABGB als Naturrechtskodifikation

Herkömmlicherweise zählt das ABGB[1] zu den naturrechtlichen Kodifikationen, dies in Hinblick auf sein Grundkonzept sowie der Auswahl seines Inhalts und vor allem auch wegen desselben zu Recht. Es sei bloß darauf verwiesen, daß sein Inhalt wesentlich auf zwei Naturrechtslehrer zurückgeht: Karl Anton von Martini und Franz von Zeiller. Besonders deutlich zeigt sich das Naturrechtskonzept in § 17: „Was den angeborenen natürlichen Rechten angemessen ist, dieses wird so lange als bestehend angenommen, als die gesetzmäßig Beschränkung dieser Rechte nicht bewiesen wird“. Daraus versteht sich beispielsweise auch die Regelung über die Lückenfüllung in § 7, wonach letztendlich „nach den natürlichen Rechtsgrundsätzen entschieden werden“ soll, weil es eben kein beschränkendes Gesetz gibt.

Aus: J. Eisfeld – M. Otto – L. Pahlow – M. Zwanziger (Hg.), Naturrecht und Staat in der Neuzeit, Diethelm Klippel zum 70. Geburtstag, Tübingen 2013, 409 ff; ergänzt um „Exkurs: Die Eheschließung Erzherzog Johanns 1823/29“.

1 U. a. W. Brauneder, Österreichs Allgemeines Bürgerliches Gesetzbuch: eine europäische Privatrechtskodifikation I, 2014.

Auch das Eherecht des ABGB[2] beruht prinzipiell auf einer dem Naturrecht verbundenen Legistik. Es enthält gemeinsame Regelungen für mehrere Konfessionen, berücksichtigt aber in einigen Punkten deren Besonderheiten unterschieden nach Katholiken, Protestanten und Juden. Der wichtigste Unterschied, bis zur Veränderung dieses Zustandes durch das Ehegesetz 1938, nach dem Anschluß Österreichs an das Deutsche Reich erlassen, bestand darin, daß Gründe, die bei Protestanten und Juden zur Scheidung mit der Möglichkeit der Wiederverheiratung führen konnten, bei Katholiken lediglich eine Trennung von Tisch und Bett ohne Aufhebung des Ehebandes ermöglichten. Damit war beispielsweise bei Ehebruch eines der Ehegatten Scheidung möglich, nicht jedoch für Katholiken, so daß geschiedene Protestanten und Juden sich wiederverheiraten konnten, getrennte Katholiken aber nicht.

II. Eheschließung von Katholiken

1. Das Konzept des ABGB

Für die „Schließung der Ehe" (§ 45) verlangte das ABGB die „feierliche Erklärung der Einwilligung" (§§ 75, 76) vor dem „Seelsorger", es sei dies, „nach Verschiedenheit der Religionen", der „Pfarrer, Pastor oder wie sonst immer", und vor zwei Zeugen. Die Gültigkeit der „Schließung der Ehe", so der nahezu durchgängige terminus technicus[3], erforderte demnach „nur die Erklärung vor dem Seelsorger" und wie dies Zeiller in seinem Kommentar eigens festhielt, „nicht auch die Trauung"[4]. Unter Trauung verstand man hiebei die kirchliche Zeremonie, bei Katholiken nach den entsprechenden Vorschriften des Kanonischen Rechts[5].

Dieses Konzept hatte das ABGB von seinen Vorläufern übernommen, dem Teil-ABGB 1786 und dieses vom Ehepatent 1783[6]. Es stellt sich so ganz als Teilaspekt der Josephinischen Sicht bezüglich der Stellung der Kirchen dar, die, wie etwa hier im Eherecht, staatlichen Zwecken nutzbar gemacht wurden.

---

2 Zeitgenössisch F. v. Zeiller, Commentar über das allgemeine bürgerliche Gesetzbuch I, 1811, 164 ff.; ders., Abhandlung über die Prinzipien des allgemeinen bürgerlichen Gesetzbuches, hg. von W. Brauneder, 2. Aufl., 2011, 37 ff.

3 Vgl. z. B. §§ 81, 82, 84, 88, 111, 124; jedoch dafür auch „Trauung" §§ 78, 79, 104, insbes. bei Juden-Ehen: §§ 127, 128, 130.

4 Dazwischen lag noch das Ehepatent für Salzburg 1808 sozusagen als vorweg gewonnener Teil des ABGB: Ofner II, 336 ff in Fn; Zeiller, Gesetzkunde II, 94 ff.

5 U. a. I. Helfert, Darstellung der Rechte, welche in Ansehung der heiligen Handlungen … Statt finden, Prag 1843, 80 ff.

6 F. v. Zeiller, wie Fn. 2, 229.

2. Die Praxis

Im Jahre nach dem Inkrafttreten des ABGB, also 1813, wurde die „Praxis" der Verehelichung wie folgt beschrieben[7]: Konsenserklärung und Trauung, „obschon an sich sehr verschiedene Handlungen, verrichtet ein Priester, in der Kirche, vor dem Altar, mit dem Chor-Rocke angethan, mit der Stole am Arme, mit dem Römischen Ritual-Buche in der Hand. Beyde gehen rasch hinter einander, ohne mindeste Unterbrechung, vor sich. Zuerst wird, mittelst zweyer ganz kurzer Fragen und noch kürzerer Antworten die erklärte Einwilligung der Brautleuten in die Ehe von dem Pfarrer aufgenommen, und dann, ohne den geringsten Absatz zu machen, die priesterliche Einsegnung etwas weitläufiger ertheil" und hinzugefügt: „Ein großer Theil des Volkes glaubte keine gültige Ehe geschlossen zu haben, wenn er nicht alles uebliche beobachtet sähe. Er steht in dem Wahne, daß nicht der eingegangene Ehevertrag, sondern die priesterliche Einsegnung oder das empfangene Sakrament das Recht zum ehelichen Beyschlafe gebe".

Die Praxis der Eheschließung folgte also keineswegs dem ABGB: Sowohl die gesamte Eheschließungszeremonie umfaßte auch die kirchliche Trauung und dies galt in weiten Teilen des Volkes als die alleingültige Form der Eheschließung. Im Zusammenhang damit wurde übrigens auf den eingangs zitierte § 17 ABGB ausdrücklich hingewiesen. Dabei ging es aber nicht um die Fortdauer des Naturrechts, sondern um die „Lehre vieler angesehener Canonisten", wonach die Brautleute sich das Ehesakrament „schon durch die in Gegenwart des Seelsorgers gültig erklärte Einwilligung in die Ehe einander selbst mitgetheilet haben"! Noch eindringlicher hören wir von der Praxis 1837 in Bezug auf das Kronland Galizien[8]: Hier war offenkundig alles auf die kirchliche Trauung abgestellt, denn es habe oft „der trauende Geistliche die Einwilligung beider Brautleute und vorzüglich jene der Braut mit Sicherheit und Deutlichkeit nicht vernommen", so daß den kirchlichen Behörden von der Landesregierung eingeschärft wurde, Priester dürften „ohne deutlich vernommene Einwilligung beider Brautleute keine Trauung vornehmen" und sie haben auf die Einwilligungserklärung als „wesentliche Feierlichkeit bei Schließung der Ehe ein wachsames Augenmerk" zu richten. Das kirchliche Zusammengeben der Brauleute schien offenbar wichtiger als die Einwilligungserklärung der Brautleute.

7 Th. Dolliner, Handbuch des in Oesterreich geltenden Eherechts I, 1813, 363 f.

8 Nach A. Th. Michel, Handbuch des Allgemeinen Privatrechtes I, Wien – Olmütz 1856, 150.

III. „Staatsklugheit“ und Verordnungspraxis

Im Jahre 1822 schrieb Zeiller, die „meisten Bestimmungen über die Ehe bleiben der Moral, der Religion und der Staatsklugheit vorbehalten“[9]. Die Verwirklichung dieser „Staatsklugheit“ oblag auch der Gesetzgebung. So ergingen beispielsweise zum ABGB eine ganze Fülle an Nachtragsverordnungen und an authentischen Interpretationen[10]. Als zufolge des Wiener Kongresses ab 1815 Provinzen, die in der napoleonischen Zeit von Österreich abgetrennt worden waren, wieder an dieses zurückkehrten, löste in einigen von ihnen das ABGB den Code Civil ab[11]. Dies war der Fall in den „Illyrischen Provinzen“, welche direkt dem Kaisertum Frankreich zugehörig gewesen waren, wozu unter anderem neben etwa Dalmatien auch Teile Kärntens und Tirols zählten. Von diesem hatte der südliche Teil zum Königreich Italien gehört, wo gleichfalls der Code Civil in Geltung gestanden war. Im April bzw. November 1815 wurde für diese Gebiete festgesetzt, daß die Ziviltrauungen gemäß Code Civil vor dem Bürgermeister „als gültig anerkannt“ werden, doch erwarte man, daß die Eheleute „auch die Pflichten der Religion und des Gewissens entweder schon erfüllet haben oder die Erfüllung nachzuhohlen nicht vernachlässigen werden“[12]. Der staatliche Gesetzgeber wollte also, daß die – kirchliche – Trauung nachgeholt werde.

Gesetzförmig tritt uns die ganze Eherechtspraxis deutlich 1829 in einer Vorschrift vor Augen, die den Fall regelt, daß ein katholischer Priester „Akatholiken, bey denen der betreffende Pastor nicht funktionieren kann“, als Trauungsorgan auftritt[13]. Ausdrücklich festgehalten wird, daß der „katholische Priester nicht als Ausspender des Sacramentes und Diener seiner Kirche fungiert, sondern nur als der zur Aufnahme der beyderseitigen Einwilligung der Brautleute von dem Staate ermächtige Beamte erscheint“ mit der Folge, es „soll eine dergleichen Trauung von ihm weder in der katholischen Kirche noch unter Verrichtung der priesterlichen Einsegnung und aller anderen bey Trauungen der Katholiken vorgeschriebenen, in den Diözesan-Ritualen enthaltenen Zeremonien, noch im Roquet und in der Stolle, sondern lediglich dem Pfarrhofe oder anderem schicklichen Orte … vorgenommen werden“. Spiegelbildlich ist also davon auszugehen,

9 Zeiller, wie Fn. 2, 38.

10 W. Brauneder, Österreichs ABGB – Vom Zentrum an den Rand der Privatrechtsordnung?, in: C. Peterson (Red.), Die Kodifikation und die Juristen (= Rättshistoriska Studier 23), 2008, 81 ff.; H. Gruber, Authentische Interpretationen und Novellen zum ABGB 1811, Juristische Dissertation, Wien 1993.

11 W. Brauneder, Zum Code Civil in Österreich, in: B. Dölemeyer – H. Mohnhaupt – A. Somma (Hrsg.), Richterliche Anwendung des Code civil in seinen europäischen Geltungsbereichen außerhalb Frankreichs, 2006, 413 ff.

12 Justizgesetzsammlung 1143 bzw. 1189/1815.

13 Politische Gesetzsammlung 145/1829.

daß, wie schon 1813 in der Sekundärliteratur zu lesen, bei Katholikenehen von Gesetzes wegen der „katholische Priester“ sehr wohl „als Ausspender des Sacramentes und Diener seiner Kirche fungiert“, eine Trauung im katholischen Kirchengebäude einschließlich der priesterlichen Einsegnung und aller anderen bei Trauungen der Katholiken in den Diözesan-Ritualen enthaltenen Zeremonien im Priesterornat („Roquet und in der Stolle“) abzuhalten hatte.

Damit war die Eheschließungsform des ABGB – ohne kirchliche Trauung – auf Nicht-Katholiken reduziert. Bei Katholiken hingegen war die Einbeziehung der kirchlichen Trauung in die Eheschließungszeremonie erst staatlich gewünscht und schließlich auch sanktioniert worden. Der Sekundärliteratur galt daher 1831 die gesamte Eheschließungszeremonie, Konsenserklärung und kirchliche Trauung, einheitlich als „Trauung“ schlechthin[14].

Exkurs: Die Eheschließung Erzherzog Johanns 1823/29

Die Duplizität der ABGB-Konstruktion von „Schließung der Ehe“ durch Konsens-„Erklärung vor dem Seelsorger“ einerseits und allenfalls kirchlicher „Trauung“ andererseits (s. o. II/1) scheint die Eheschließung Ehz. Johanns widerzuspiegeln. Daß sie nach ABGB erfolgen mußte, versteht sich aus dessen grundsätzlicher Verbindlichkeit für alle Stände, auch für den Adel und ausdrücklich für das „Oberhaupt des Staats“ (§ 20). Darstellungen von Historikern vernachlässigen oftmals diesen Aspekt, wenngleich sie die Beziehung Ehz. Johanns zu seiner künftigen Gattin, Anna Plochl, ausführlich beleuchten. Im Zentrum unserer Betrachtung stehen folgende Ereignisse[15]: Die oberste Zensurbehörde, die Polizeihofstelle, wußte im Sommer 1822, Ehz. Johann trage sich in Bezug auf Anna Plochl „mit dem Vorhaben, sie zu ehelichen“; am 9. August 1822 gab es offenbar ein Einverständnis, sich als Brautleute zu betrachten; am 5. Februar 1823 erfolgte die Zustimmung des Familienoberhaupts Kaiser Franz I.; der geplante Heiratstermin im Mai 1823 zu Ostern verstrich jedoch, denn am 9. Mai sowie am 2. oder 3. September sagte der Erzherzog dem Kaiser zu, diesen zu verschieben; am 20. September 1823 allerdings zog Anna in den Haushalt Ehz. Johanns in Vordernberg ein. Es entstand sogleich das Gerücht einer heimlichen Eheschließung, sowohl von kirchlicher Seite wie auch von der des Kaisers gab es keinerlei negative Reaktionen. In den folgenden Jahren wohnten der Erzherzog und Anna öffentlichen Ereignissen bei, 1825 der Krönung der vierten Gattin des Kaisers

---

14 J. Winiwarter, Das oesterreichische bürgerliche Recht I: Das Personen-Recht, Wien 1831, 221 ff.

15 H. Magenschab, Erzherzog Johann, Graz 1981, 261 ff., 272 ff., insbes. 264 f., 267, 270 f., 273, 275 ff.

Karoline-Auguste zur Königin von Ungarn in Pressburg, 1828 der Fronleichnamsprozession in Laxenburg – Anna freilich getrennt von den Mitgliedern des Erzhauses und somit von ihrem Gatten. In Briefen verwendete Anna die vertrauliche Anrede „Lieber M. …" für „Mann". Am 6. Februar 1829 forderte der Kaiser seinen Erzherzog-Bruder auf, dem bisherigen Zustand durch „des Priesters Segen ein Ende zu machen"; am 18. Februar 1829 nachts um 23.00 Uhr erfolgte nur im Beisein des Priesters und zweier Zeugen die priesterliche Trauung. Im Zusammenleben änderte sich nichts. Ehz. Johann hielt ausdrücklich fest: Er brachte „sein Weib bis zu ihrer Zimmerthüre, und von ihr Abschied nehmend, ging er auf seine Stube"[16]!

Kaiser Franz I., dessen Wahlspruch „iustitia regnorum fundamentum" lautete, hätte wohl nicht zugelassen, daß das von ihm durch Sanktion mit Jahresbeginn 1812 in Kraft getretene ABGB gerade von seinem Bruder nicht beachtet worden wäre. Und diesem war allgemein „die Erhaltung der Rechts- und der Redlichkeitsgrundsätze" wichtig, auch etwa im konkreten Fall der „Schlichtung der Ablösung grundherrlicher Rechte"[17]. Man wird schon allein daher, vorbehaltlich näherer Forschungen, davon ausgehen können, daß am oder um den 20. September 1823 die Schließung der Ehe gemäß ABGB noch ohne kirchliche Trauung erfolgte: Nun entstand ja das Gerücht der heimlichen Eheschließung, die Kirche schwieg, der Kaiser auch. Der Maler Schnorr von Carolsfeld malte 1825 in gewisser Weise diese Eheschließung mit dem bezeichnenden Titel „Der Bund hinter dem Vorhang": zwischen zwei geteilten Vorhangteilen steht ein Engel im Chorhemd, aber ohne Stola, die Hände zweier durch die Vorhangteile unsichtbarer Menschen berühren sich, die Hände deuten den Konsens an. Eine bloße Liaison wäre wohl kaum so festgehalten worden, eine legale Konsens-Ehe als „Bund" aber doch wohl. Viktor Theiss schließt vor allem wegen der „Volksüberlieferung" nicht aus, daß schon „am 3. September 1823, dem ursprünglich für die Trauung festgesetzten Tage, im Beisein von zwei Zeugen am Brandhofe die Trauung oder vielleicht auch nur ein feierliches Eheversprechen stattgefunden habe"[18]. Als 1829 die kirchliche Trauung folgte, hielt diese Schnorr von Carolsfeld abermals in einem Bild fest: „Der Vorhang ist gefallen" heißt es nun auf diesem Bild, Johann und Anna verbirgt kein Vorhang mehr, der Engel trägt nun eine Stola als Kennzeichen des – kirchlichen – Trauungsorgans. Erst 1823 bei der Konsenserklärung ohne Stola, dann 1829 bei der Trauung mit Stola – es entspricht genau entsprechenden Vorschriften (o. III)!

Ein gewichtiges Indiz für die Konsens-Eheschließung im Jahre 1823 gibt eine wichtige Erklärung aus diesem Jahr ab. Bei seiner Aussprache am 5. Februar

16 Der Trauschein ist bekannt: V. Theiss, Erzherzog Johann, 2. Aufl., 1981, 187 Fn. 29.
17 Theiss, wie Fn. 16, 179, 175.
18 Theiss, wie Fn. 16, 80.

1823 legte Ehz. Johann dem Kaiser dazu einen Entwurf vor, den dieser billigte. Danach erteilte er seine „Zustimmung" zur „ehelichen Verbindung", der Erzherzog hingegen erklärt, daß für seine Gattin und den Kindern aus dieser Ehe kein „Anspruch von was immer für eine Art auf [seinen] Namen, Stand und Versorgung von seiten des österreichischen Staates und von seiten unseres Hauses erwachsen dürfe". Man wird wohl davon ausgehen können, daß es dazu juristischen Rat gab. Dieser Verzicht war deshalb notwendig, weil das ABGB (§ 92) festsetzte, die „Gattin erhält den Namen des Mannes und genießt die Rechte seines Standes" wie ferner, die „Kinder erlangen den Namen ihres Vaters, sein Wappen und alle übrigen nicht bloß persönlichen Rechte seiner Familie und seines Standes" (§ 146). Das eigene Rechtsinstitut der morganatischen Ehe „oder Heiraten zur linken Hand, in welchen die Frau schon durch das Gesetz bei den Standesvorzügen oder anderen Rechten einer Frau ausgeschlossen würde, sind unserer Gesetzgebung fremd", hielt Zeiller in seinem Kommentar ausdrücklich fest[19] und fügte hinzu „nicht eben so" dem ALR. Dieses enthält tatsächlich einen eigenen Abschnitt „Von der Ehe zur linken Hand" (II/1/9), wonach die Ehegattin schon von Gesetzes wegen „nicht alle Standes- und Familienrechte erlangt" (§ 835). Nach ABGB hingegen bedurfte es entsprechender Verzichtserklärungen. Fast 80 Jahre nach jener Ehz. Johanns folgte ein ähnlicher Verzicht eines Erzherzogs, nämlich 1900 durch Ehz. Franz-Ferdinand, aber wesentlich spektakulärer, denn hier ging es um die künftige Thronfolge.

Bei Einbeziehung der rechtlichen Situation, von Historikern wie erwähnt zum Schaden der Sache oftmals unterlassen, erübrigen sich zahlreiche Hilfskonstruktionen. Dazu zählt etwa die Eheschließung als „Sache seines Gewissens", als „Hochzeit des Gemütes"[20], denn, auch dies wohl den kaiserlichen Brüdern und ihren Ratgebern bekannt, „sogenannte Gewissensehen, welche ohne diese wesentliche Form [Pfarrer, zwei Zeugen] geschlossen wurden, sind also bei uns ungültig" in der Diktion Zeillers[21]. So erweisen sich denn Hinweise auf vorgebliche Parallelen als überflüssig wie auf „Gewissensehen" von langer Dauer: Rousseau mit Therese 20 Jahre, Goethe mit Christine Vulpius 18 Jahre bis zur Eheschließung, Heinrich Heine mit Mathilde 7 Jahre; auch die Ausflucht in das Kanonische Recht ist überflüssig[22].

19 Zeiller, Commentar I (wie Fn. 2), 254 f.

20 Magenschab, wie Fn. 15, 271, 273.

21 Wie Fn. 2, 228 in Fn. *.

22 G. Nenning, Erzherzog Johanns Wiederkehr, 1990, 151.

IV. Die „Katholisierung“ des ABGB-Eherechts

Die skizzierte Entwicklung der Eheschließung von Katholiken in Abweichung vom ABGB steht in einem weiteren Katholisierungs-Zusammenhang. Dazu zählt vor allem auch die Schaffung eines neuen Ehehindernisses für Katholiken im Wege der authentischen Interpretation[23]. § 119 ABGB gestattet ausdrücklich die Wiederverheiratung geschiedener Eheleute; konfessionelle Schranken erwähnt die Bestimmung nicht. Allerdings konnte nur die Ehe von Nichtkatholiken geschieden werden (§ 115). Schon 1814 erklärte eine authentische Interpretation, daß eine Wiederverheiratung eines geschiedenen, also nichtkatholischen Ehegatten (§ 119) bei Lebzeiten des anderen nur mit einem Nichtkatholiken erfolgen könne – was dem Wortlaut des § 119 aber nicht entsprach und übrigens auch nicht § 116, der eine Scheidung sogar dann zuließ, wenn ein Ehegatte während der Ehe zum Katholizismus übergetreten war, wenngleich nun nicht mehr auf dessen Antrag. Im Gegensatz dazu war man 1814 von folgender Überlegung ausgegangen: Da es für einen Katholiken keine Scheidung gab (§ 115), wirkte sozusagen ihm gegenüber die Scheidung von nichtkatholischen Christen nicht, für ihn hatten sie weiterhin als verheiratet zu gelten so wie er als Katholik sich auch nicht scheiden lassen konnte. Damit wurde § 119 auf den Kreis von Nichtkatholiken beschränkt. Da nun geschiedene Nichtkatholiken keinen Katholiken heiraten durften, wirkte die Erklärung von 1814 wie ein Ehehindernis: Ein Katholik durfte keinen geschiedenen Nichtkatholiken – zu Lebzeiten von dessen geschiedenem Ehegatten – heiraten. Dies wurde 1835 (JGS 61) durch eine weitere authentische Interpretation ausdrücklich festgehalten, überdies auch noch ausgedehnt, und zwar auf einen nach der Scheidung zum Katholizismus Übergetretenen, so daß dieser bei Lebzeiten seines geschiedenen Ehegatten überhaupt nicht heiraten konnte. Diese Regelungen wurden als „impedimentum katholicismi“, als Ehehindernis des Katholizismus, bezeichnet. In diesem „katholischen“ Umfeld steht auch der beschriebene Wandel der Eheschließung von Katholiken.

V. Die Problematik der ABGB-Regelungen nach neuem Verständnis

Die nach dem Vorbild des Ehepatents 1783 geschaffene Eherechtssituation des ABGB war bei dessen Inkrafttreten natürlich bekannt. Daß der katholische Pfarrer sowohl als Priester wie auch als Staatsdiener fungierte sei kein Problem, so lesen wir schon 1813[24], „wenn die pfarrliche Assistenz [als Staatsdiener] und die priesterliche Einsegnung in der Ausübung gehörig von einander

23 Zum Folgenden Gruber, wie Fn. 10, 100 ff.

24 Dolliner, wie Fn. 7, 362.

geschieden" wären. Dies aber war, wie gezeigt, in der Praxis und sodann auch aufgrund gesetzlicher Regelungen, eben nicht der Fall.

Dies führte zu der Problematik des Zwiespalts eines Pfarrers, der als Priester die konkrete Eheschließung anders denn als Staatsdiener sah. Die Literatur behandelte diese Frage zwar, aber doch eher auf theoretisch-spekulative Weise. Schon 1813[25] wurde der Verweigerung der Eheschließung durch einen „Seelsorger" gedacht sogar für den Fall, daß er den „von der politischen Obrigkeit gemachten Auftrag nicht befolgt" und darin „wohl gar von seinem Bischof bestärkt wird". Es bestünde „kein Zweifel", daß der Staat einen derartigen Seelsorger zur „Aufnahme" der Einwilligungserklärung zwingen könne, denn sie sei „ein bloß bürgerlicher Amtsact, ein eigentliches Notariats-Geschäft". Sogar die „priesterliche Einsegnung" könne erzwungen werden, da „der bürgerliche Regent" verpflichtet sei „jedem Mitglied" einer von „ihm gebilligten Gesellschaft" – wie hier die Kirche – „zum Genusse der gesellschaftlichen Rechte" zu verhelfen. Diese josephinische Sicht verblaßte im Laufe der folgenden Jahre. So wurden etwa 1831[26] für den Fall, daß der Priester trotz einer von der Landesregierung erteilten „Belehrung wegen Gewissens-Skrupel [die Trauung] vorzunehmen sich nicht getraut hätte", folgende Ratschläge erteilt: Eheschließung „vor einem andern Seelsorger"; Dispens seitens der Landesregierung „von der priesterlichen Trauung" mit Anordnung, „wie die feierliche Erklärung der Einwilligung auf eine andere angemessene Art vorzunehmen sey". Zu diesem „äußersten Mittel" werde man aber wohl nicht schreiten müssen, da auch „die geistliche Behörde durch Nachsicht die Bedenken [des Priesters] aus dem Wege räumen kann" und der entsprechend „unterrichtete Seelsorger" „die Funktion", die ihm vom Staat „bei der Eingehung der Ehe aufgetragen ist", also die bloße Entgegennahme der Konsenserklärung, dann auch vornehmen dürfte. Und schließlich könne man auch „durch gehörige Belehrung" auf die Brautleute einwirken. Dies alles klingt hypothetisch-spekulativ. Die Problematik, in die sich die Situation sozusagen hineinmanövriert hatte, war aber evident und der Literatur bewußt.

VI. Lösungsmöglichkeiten

Zwei Lösungsmöglichkeiten boten sich an und wurden auch diskutiert bzw. wahrgenommen.

Die eine Lösungsmöglichkeit bestand in der Einführung der Zivilehe. Dies bedeutete sozusagen ein „zurück zum ABGB" mit seiner Eheschließung ohne Trauung. Zufolge der erwähnten Geltung des Code Civil in einigen Teilen Österreichs hatte man mit der Zivilehe Erfahrungen, und zwar galten sie als gut.

---

25 Dolliner, wie Fn. 7, 362, 365.
26 Winiwarter, wie Fn. 7, 224 f.

Im Grundrechte-Ausschuß des österreichischen Reichstags erinnerte sich 1848 ein Abgeordneter daran, er habe als Bezirkskommissär in Kärnten erlebt, daß vor Einführung des Code Civil die „gemischten Ehen" zwischen Katholiken und Protestanten „viele Differenzen verursacht" haben, nach Einführung der Zivilehe hingegen waren diese „behoben und die katholischen Pfarrer haben sich gehütet, einer abgeschlossenen Zivilehe die Einsegnung zu verweigern"[27]. Der Grundrechtsentwurf des österreichischen Reichstags von 1848/49 schrieb daher die Zivilehe fest und trennte davon die „kirchliche Trauung" (§ 17). Dies tat auch ein Privatentwurf mit der lapidaren, an Zeiller gemahnenden Feststellung, zur „bürgerlichen Gültigkeit der Ehe ist eine kirchliche Trauung nicht notwendig"[28]. Hiebei folgte man den Grundrechten der Frankfurter Paulskirche[29].

In Österreich schlug das Pendel aber in eine andere Richtung. Aufgrund des Konkordats 1855, welches die katholische Kirche als eine der Stützen des neoabsolutistischen Regimes etablierte[30], trat 1856 ein eigenes Ehegesetz für Katholiken in Kraft[31]. Die dazu ergangene „Anweisung" hielt fest: „Es gebührt sich, daß die Brautleute, bevor sie im Angesichte der Kirche den lebenslänglichen Bund schließen, ihr Gewissen durch das Heilige Sakrament der Buße läutern und den Leib des Herrn andächtig empfangen. Bevor sie den priesterlichen Segen im Gotteshause erhalten haben, sollen sie im selben Hause nicht beisammen wohnen. Hierüber und über alles, was sonst noch beitragen kann, damit die Ehe in Gottes Furcht und mit christlichem Anstande eingegangen werde, sind die Anordnungen und löblichen Gewohnheiten jedes Kirchensprengels getreu zu beobachten" (§ 75). Der katholische Priester geriet nun nicht mehr in den Zwiespalt, einerseits Diener der Kirche und andererseits Funktionär des Staates aufgrund dort des Kanonischen Rechts und hier des staatlichen Rechts zu sein: Er war nur mehr der Kirche verpflichtet.

VII. Ausblick

Bei der eben beschriebenen Situation für Katholiken blieb es allerdings nicht. Als Österreich mit der Verfassung 1867 wieder in den Kreis der konstitutionellen Staaten zurückkehrte, hatte dies Auswirkungen auch auf das Eherecht: Katholiken wurden wieder dem Eherecht des ABGB unterstellt, damit allerdings die konfessionsunabhängige Ziviltrauung nicht eingeführt, aber immerhin 1868

---

27 A. Fischel, Die Protokolle des Verfassungsausschusses über die Grundrechte 1848, 1912, 128.

28 E. v. Mühlfeld – F. Egger, Entwurf einer Verfassungs-Urkunde für den Kaiserstaat Österreich, 1849, 20 (§ 81).

29 Th. Mommsen, Die Grundrechte des deutschen Volkes, 1969, 42 (§ 20).

30 E. Weinzierl, Die Österreichischen Konkordate von 1855 und 1933, 1960.

31 RGBl 185/1856.

als Neuheit die Notzivilehe vor der staatlichen Verwaltungsbehörde erster Instanz[32]. Die erwähnte Problematik aufgrund der Doppelfunktion des Seelsorgers als einerseits Religionsdiener und andererseits staatlicher Funktionär war damit entschärft: Für die Brautleute gab es den Ausweg der Notzivilehe. Vermutlich hielt sich „in der Kirche" noch ein kanonischer Rest, nämlich das Erfordernis des „Beichtzettels", der Bescheinigung der abgelegten Beichte, auch für ABGB-Ehen; Brautleute befürchteten dies. Jedenfalls wurden für die rein kirchliche Eheschließung – schon neben der erst 1938 eingeführten standesamtlichen – „die Brautbeichtzettel praktisch bis zum II. Vatikanischen Konzil verlangt"[33].

Das System der Notzivilehe wurde 1870 für Konfessionslose und Angehörige staatlich nicht anerkannter Religionsgesellschaften zur normalen Eheschließungsform[34]. Für unser Thema ist dies und die Notzivilehe lediglich – in Fortführung der bisherigen Entwicklung – wegen der Verschiebung des Blickwinkels interessant, der sich allein schon in der Terminologie niederschlug. Unter dem Ausdruck „Civiltrauung" oder „civilrechtliche Eheschließung" verstand man nun die Notzivilehe bzw. die – in der Quantität völlig unbedeutende – Ziviltrauung für den Personenkreis von 1870[35]. Unter „kirchliche Trauung" subsumierte man oftmals die – an sich durchaus weltliche – Eheschließung vor dem jeweiligen Religionsdiener, wenngleich nach ABGB-Recht[36]. Die Einwilligungserklärung wurde dabei zum Teil als „Trauung" oder präziser „Trauung im juristischen Sinne" in Abhebung von der „Einsegnung" bzw. als „Trauung im Sinne des Gesetzes" verstanden und als „nicht identisch weder mit der Trauung im vulgären noch im kirchlichen Sinne" erklärt[37] – obwohl das ABGB den Ausdruck „Trauung" tunlichst vermieden hatte[38]. Die erwähnten Eheschließungsformen von 1868 und 1870 – die Notzivilehe und die auf bestimmte Personen beschränkte Zivilehe – zeigen sehr deutlich, da außerhalb des ABGB geregelt, daß sich der naturrechtliche Gehalt der „Eheschließung ohne Trauung" buchstäblich aus dem ABGB verflüchtigt hatte.

---

32 RGBl 47 und 80/1868.

33 R. Kittl, Der Beichtzettel im Wandel der Zeit, 1999, 64.

34 RGBl 51/1870.

35 U. a. E. Rittner, Oesterreichisches Eherecht, 1876, 238; M. v. Stubenrauch – N. Schuster – K. Schreiber, Commentar zum Österreichischen Allgemeinen Gesetzbuche I, 5. Aufl., 1887, 156; J. v. Anders, Das Familienrecht, 1887, 44; R. v. Neumann – Ettenreich, Das österreichische Eherecht, 1913, 18.

36 U. a. Stubenrauch – Schuster – Schreiber, wie Fn. 35, 152; Anders, wie Fn. 35, § 13.

37 P. Harum, Der Entwurf eines Civilehegesetzes, 1869, 4; I. Krainz – L. Pfaff – A. Ehrenzweig, System des österreichischen allgemeinen Privatrechts II, 4. Aufl., 1907, 427; bzw. Anders, wie Fn. 35, 40 mit Fn. 20.

38 Vgl. o. Fn. 3.

Die eheliche Gütergemeinschaft im ABGB: ein Nachtrag

I. Legistik

Im rechtshistorischen Verständnis – also nicht nach späterer Auslegung – regelte das ABGB drei Gütersysteme[1]: das Heiratsgabensystem (insbesondere Heiratsgut, Widerlage, Witwengehalt: §§ 1218–1232, 1242, 1245), das in letzter Minute eingefügte polnische Advitalitätsrecht (§§ 1255–1258) und die Gütergemeinschaft (§§ 1233–1236). Die unterschiedliche Regelungsdichte ist auffallend: Heiratsgabensystem 17 Paragraphe, Gütergemeinschaft lediglich 4 Paragraphe.

Eine grundsätzliche Erklärung für dieses Verhältnis bietet die legistische Entwicklung[2]. Dies einmal dahingehend, daß letztlich die eheliche Gütergemeinschaft als ein Sonderfall des vorgehenden 27. Hauptstücks „Vertrag über eine Gemeinschaft der Güter" galt, was beispielsweise Zeiller durch das von ihm verfasst ursprünglich amtliche Register verdeutlichte: Hier verweist „Gütergemeinschaft" primär sowohl auf „Gemeinschaft des Eigentums" (16. Hauptstück) und „Gemeinschaft der Güter" (27. Hauptstück) und erst sodann auf die Bestimmungen im 28. Hauptstück über die Ehepakte. Die Bestimmungen des 27. und 28. Hauptstücks sind bekanntlich durch Verweisungen verklammert: § 1180 im 27. Hauptstück verweist bezüglich der allgemeinen Gütergemeinschaft, die „gewöhnlich nur von Ehegatten errichtet zu werden pflegt", auf das Ehepakt-Hauptstück – was aber falsch ist -, dieses in § 1233 auf die §§ 1177 f. des 27. Hauptstücks. Eine vom Codex Theresianus andauernde, zum Teil wechselnde Konstruktion fand hier ihren Niederschlag. Dazu tritt eine weitere Erklärung. Das Heiratsgabensystem stand seit dem 16. Jahrhundert stets im Vordergrund wissenschaftlicher Erörterungen und gesetzlicher Regelungen; es gehörte hier zum ausgefeilten Standard. Dazu kam weiters, daß es den aus Adel und Bürgertum stammenden Mitgliedern der Gesetzgebungskommission als in diesen

Aus: Kunst und Recht 2013/1, 69 f.

1 Fritz Schwind (†) sei in lebhafter Erinnerung für sein stets wohlwollendes Interesse an meinen Arbeiten gedankt, insbesondere für seine Ratschläge zu meiner Habilitationsschrift: Die Entwicklung des Ehegüterrechts in Österreich, 1973.

2 Insbes. W. Brauneder, Gesellschaft – Gemeinschaft – Gütergemeinschaft, in: ders., Studien II, 1994, 229 ff.

Ständen gebräuchlichem Gütersystem wohl auch aus eigenen Vereinbarungen bekannt war. Solchen folgte das Ehepakt-Hauptstück in der ursprünglichen Gestaltung in auffallender Weise[3].

II. Vertragspraxis

Diese Erklärungen können durch zwei weitere Beobachtungen ergänzt werden. Die eine betrifft die zeitgenössische Vertragspraxis. Ganz im Gegensatz zum Heiratsgabensystem bot sich als legistisches Vorbild kein allgemeiner, grundsätzlicher Vertragstyp der Gütergemeinschaft an. Im Gegenteil: Bestimmungen in Ehepakten des Heiratsgabensystems über eine diese ergänzende Errungenschaftsgemeinschaft, sodann weitere Formen der partiellen wie auch solche der allgemeinen Gütergemeinschaft wurden meist je nach örtlicher Tradition in höchst abweichenden Ehepakten vereinbart[4]. Dabei wurde auch die Terminologie „Heiratsgut“ und „Widerlage“ ganz anders als im ABGB für das Einbringen in die Gütergemeinschaft verwendet, was seinen Niederschlag schon in der zeitgenössischen Literatur fand[5]. Detaillierte gesetzliche Regelungen „der“ Gütergemeinschaft anhand der Vertragspraxis wie im Falle des Heiratsgabensystems konnten daher nicht erfolgen.

So blieb die Möglichkeit einer Konstruktion, und zwar nur in Grundzügen und in Anlehnung an allgemeine Rechtsinstitute wie Rechtsgemeinschaft und Gesellschaft. Diese zweite Beobachtung entspricht durchaus einem Grundcharakter des ABGB, den die Zeitgenossen mit unter anderem „Fundamentalgesetz“, „Grundgesetz“, auch mit „Verfassung“ im älteren, ursprünglichen Sinn bezeichneten[6]. Gemeint war damit auch, daß das ABGB zum Teil ergänzungsbedürftige Grundregeln enthalte. Dies zeigt das ABGB selbst durch seine zahlreichen Verweisungen[7]. Diese, aber auch andere Bestimmungen, erzeugten eine Fülle an Regelungen, die zwingend zum ABGB hinzutraten. Als das ABGB auch

3 W. Brauneder, Zu Auslegung und Reform des 28. Hauptstückes des ABGB, in: Studien II, 1994, 267 ff., insbes. Tabelle ABGB/Ehepakte 270.

4 U. a. Sammlung von Ehepakten des Verf.; K. Tragauer, Rechtssachen des Ehegüterrechts in Niederösterreich im 19. Jahrhundert, Jur. Diss., Wien 2013.

5 Z. B. L. A. Dierl, Civilrechtliche Untersuchung über die Vereinbarkeit des Heiratsgutes und der Widerlage mit der allgemeinen Gütergemeinschaft, in: Der Jurist II, 1841, 296 ff. Dazu weiters: W. Brauneder, Normenautorität und grundherrschaftliche Vertragspraxis, in: ders., Studien II, 1994, 109 ff.

6 W. Brauneder, Österreichs Allgemeines Bürgerliches Gesetzbuch (ABGB) I, 2014, 197 ff.

7 W. Brauneder, Über die Geschlossenheit der Kodifikation: Die Verweisungen im ABGB, in: P. Caroni – E. Dezza (Hg.), L'ABGB et la Codificazione Asburgica in Italia et in Europa, Padua 2006, 1 ff.

in Ungarn und seinen ehemaligen Nebenländern, nun selbständige Kronländer, 1853 in Kraft trat enthielten die - amtlichen - Textausgaben in einem Anhang zum Teil 83, zum Teil 86 „nachträgliche Verordnungen". Tatsächlich aber wurden bereits 1837 gute 1000 zusätzliche Bestimmungen aufgelistet[8].

Zu derartigen notwendigen Ergänzungen zählte aber auch die Vertragspraxis eben dort, wo das ABGB als „Fundamentalgesetz" nur grundlegende, ergänzungsbedürftige Regeln enthält - wie im Fall der ehelichen Gütergemeinschaft[9].

---

8 A. Visini, Handbuch der Gesetze und Verordnungen ..., Wien 1837.

9 Hier zeigt sich der Unterschied zum jüngeren BGB: Zur allgemeinen Gütergemeinschaft, zur Errungenschaftsgemeinschaft und zur Fahrnisgemeinschaft enthält es knapp 120 Paragraphe mehr (§§ 1437–1557)!

Österreichs Baurechtsgesetz 1912: Rechtsreform als Sozialreform

I. Wohnreform und Wohnreformer

Der im Jahre 1887 in London erschienene Kriminalroman “The Mystery of a Hansom Cab” des Australiers Fergus W. Hume (1859–1932) erzielte einen überaus sensationellen Verkaufserfolg. Dies führte dazu, daß er 1895 mit dem Titel „Das Geheimnis des Fiakers“ in Deutsch vorlag. Der Roman verstand sich auch, so der englische Untertitel, als “A story of Melbourne social life” und spiegelt tatsächlich etwa den Kontrast zwischen Slums und Villenviertel wider. Die deutsche Fassung, eine modifizierende Nacherzählung, verpflanzt das Geschehen von Melbourne, der Titel verrät es schon, nach – Wien, und dies offensichtlich auch der sozialen Unterschiede wegen, die sich unter anderem in baulich-topographischen Kontrasten niederschlagen[1]. Einerseits lesen wir, die „Wiener Ringstraße bietet, zumal an sonnenhellen Frühlingstagen, ein ungemein freundliches, schönes Bild. Von den Gartenanlagen her weht ein süßer Wohlgeruch über die breite Straße ... und wie im Dunst getaucht ist alles: die prächtigen Paläste, die herrlichen Monumentalbauten und die fröhliche Menschenmenge ... Elegante Wagen rollen unablässig vorüber, ... zwischen den meist hell gekleideten

Aus: L’attualità della riforma processuale e sociale di Franz Klein, Trient im Ersch.

1 Zitiert in der Folge nach F. W. Hume, Das Geheimnis des Fiakers, Berlin/Ost 1984, 46 (Ringstraße), 76 f. (Kontrastviertel). Der Text dieser Ausgabe folgt gemäß dem „Nachwort“ von Hainer Plaul der siebenten Auflage der deutschen Übersetzung von 1895 aus dem Jahr 1915 und wurde wohl auch von Plaul bearbeitet. Der ursprüngliche Übersetzer schien seinerzeit nicht auf und wird auch von Plaul nicht genannt. Mehrere Indizien sprechen dafür, daß es sich um einen guten Wienkenner handeln muß.

Damen sieht man die Uniformen der österreichischen Offiziere; aber die bürgerliche Tracht herrscht vor". Dazu als Kontrast: Häuser, gekennzeichnet durch „weite, schmutzige Höfe", gelegen an „schlecht beleuchteten Gässchen, ... kleine einstöckige Häuser mit abbröckelndem Mauerwerk, an dessen Wiederherstellung niemand dachte, mit schmalen dunklen Treppenaufgängen von der Gasse aus, statt der Fensterscheiben angeklebte Fetzen Papier ..."; hier begegnet man einem „schmalen, mit allerlei Gerümpel angefüllten Hof ..."; die „Wände starrten von Schmutz und Feuchtigkeit; der Plafond war bedeckt mit einer Unmenge von verstaubten Spinnengeweben, von denen lange Fäden herabhängen".

Der Ersatz Melbournes durch Wien kam nicht von ungefähr: Wien, Berlin und Budapest zählten gegen Ende des 19. Jahrhunderts zu den europäischen Städten mit den schlechtesten Wohnverhältnissen. Die Haupt- und Residenzstadt Wien war gegen 1900 nicht nur durch die Prachtgebäude an der Ringstraße, sondern, im Gegensatz dazu, auch durch eine hohe Wohnungsnot gekennzeichnet[2]. Es gab viele, zum Teil sehr gravierende Mängel. Wohnraum an sich war nicht in ausreichendem Maße vorhanden. Dadurch kam es zu massiven Überbelegungen von Wohnungen, wobei sogar Betten sukzessive von mehreren Personen, sogenannten „Bettgehern", benützt wurden. Bauliche Mängel führten u. a. zu feuchten Räumen und zu sanitären Unzulänglichkeiten. Eine Toilette für mehrere Wohnungen war in Zinshäusern der Regelfall. All dies rief Krankheiten hervor wie besonders eine überaus große Zahl an Tuberkulosefällen.

Den Kampf gegen diese Wohnungssituation charakterisierte der Ruf nach „Licht, Luft und Sonne". Hiebei standen sich zwei Modelle gegenüber. Die Baupraxis der Gründerzeit[3], gekennzeichnet durch Grundrisse nach Pariser Vorbild mit sich rechtwinkelig kreuzenden Straßenzügen, verbaut mit mehrstöckigen Miethäusern oder sogenannten Mietkasernen. Einer der Vertreter dieses Systems war der bekannte Architekt Otto Wagner[4]. Das Gegenmodell bestand in der Gartenstadt mit der Grundregel „eine Familie = ein Reihenhaus" mit einer entsprechenden Fläche als Nutzgarten für Obst und Gemüse, dazu Bebauungspläne mit raumkünstlerischen Qualitäten im Sinne des Stadtplaners Camillo Sitte. Die Gartenstadtbewegung wurde vom englischen Städtebau- und

---

2 Zum Folgenden: H. Bobek – E. Lichtenberger, Wien: Bauliche Gestalt und Entwicklung seit der Mitte des 19. Jahrhunderts, Wien 1966, S. 31, 60.

3 E. Howard, A Peaceful Path to Real Reform, London 1898; ab der 3. Auflage 1902 unter dem berühmten Titel: Garden Cities of Tomorrow; S. Muthesius, Das englische Reihenhaus. Die Entwicklung einer modernen Wohnform, Königstein 1990.

4 O. Wagner, Die Großstadt. Eine Studie über diese, Wien 1911, S. 7, 3.

Wohnungsreformer Ebenezer Howard begründet und hatte Englands alte Reihenhauskultur als Vorbild[5].

Etliche Vereinigungen suchten Wege zu neuen Wohnformen zu finden und zu fördern. Dazu zählten in Mitteleuropa die „Deutsche Gartenstadt-Gesellschaft" von 1902 und die 1907 gegründete „Zentralstelle für Wohnungsreform in Österreich"[6], getragen von Bodenreformern und der Gartenstadtbewegung. Die Hauptziele bestanden in der „Dezentralisierung des Siedlungswesens" mit dem Ziel einer Weiträumigkeit der Stadtanlage unter dem Motto „Näher an die Natur, billigeres Bauen". Auch das Schlagwort von der „Landindustrie" kennzeichnet diese Dezentralisierung. Wo möglich sollten Industriebetriebe auf das Land, etwa näher an die Ressourcen, verlagert werden. Die Vernetzung dieser Dezentralisierung hatten Schienenwege und Wasserstraßen herzustellen.

Als weitere Organisation ist der „Österreichische Werkbund" zu nennen[7], gegründet 1912 nach dem Vorbild des Deutschen Werkbunds. Sein globales Ziel war die Erneuerung der Qualitätsarbeit „vom Sofakissen bis zum Städtebau". Auch er vertrat die Idee der Gartenstadt. Tatsächlich wurde sie da und dort verwirklicht wie etwa in Hellerau bei Dresden oder mit der Werkbundsiedlung in Wien-Hietzing[8].

Mitglieder in diesen Vereinigungen waren Personen unterschiedlicher Berufe und unterschiedlicher Parteizugehörigkeit. Drei Beispiele seien genannt. Als erstes Eugen Philippovich[9], ab 1893 Professor der Nationalökonomie in Wien, dem insbesondere Untersuchungen zu den Wiener Wohnverhältnissen zu danken sind. Als Mitglied der Sozialpolitischen Partei gehörte er dem niederösterreichischen Landtag und dem Herrenhaus des Parlaments an, auch der Wiener Gesellschaft der Fabier, einem Ableger der englischen Fabian Society. Zweites Beispiel: Gustav Scheu[10]. Er war Rechtsanwalt in Wien, ein Vertreter der Gartenstadtbewegung, Mitglied der Sozialdemokratischen Partei. Drittes Beispiel: Richard Weißkirchner, Jurist und Bürgermeister Wiens von 1912 bis 1919, der u. a. das städtische Wohnungsamt errichtete, das Schrebergartenwesen förderte und im Stadtteil Schmelz eine Gartenstadtsiedlung initiierte. Ihre Häuser

---

5 C. Sitte, Der Städtebau nach seinen künstlerischen Grundsätzen, Wien 1889.

6 K. Hartmann, Deutsche Gartenstadtbewegung. Kulturpolitik und Gesellschaftsreform, München 1976; W. Posch, Die Wiener Gartenstadtbewegung. Reformversuch zwischen erster und zweiter Gründerzeit, Wien 1981, S. 30.

7 W. Posch, Die Österr. Werkkundbewegung 1907–1929, in: I. Ackerl – R. Neck (Hg.), Geistiges Leben im Österreich der Ersten Republik, Wien 1936, S. 279 ff.; ders., wie Fn. 6, S. 30.

8 Posch, wie Fn. 6, S. 51, Verzeichnis der Gartensiedlungen.

9 Posch, wie Fn. 6, S. 33 f.

10 Posch, wie Fn. 6, S. 34.

nahmen allerdings acht Familien auf, besaßen aber entsprechende Nutzgärten[11]. Weißkirchner war Mitglied der Christlichsozialen Partei. Sodann taucht immer wieder ein weiterer Name auf, beispielsweise als Vorsitzender bei den Wohnungskonferenzen veranstaltet von der „Zentralstelle" in Wien 1911, 1912 und 1913, auch als Leiter der juridisch-politischen Kommission des „Werkbunds". Für Architekten, Stadtplaner etc. steht dieser Name für einen der großen Wohnungsreformer neben u. a. den zuvor Erwähnten: Es ist dies der Name Franz Klein[12]. Neben den großen Namen der Rechts- und Staatswissenschaften wie Josef Unger, Lorenz v. Stein, Edmund Bernatzik finden wir gleichfalls einen Franz Klein[13]: Der Name steht da wie dort für ein und dieselbe Person.

So wurde denn auch Franz Klein zu seinem 70. Geburtstag gewürdigt als eine „geniale Persönlichkeit", vor allem als „universaler Geist"[14]. Was allein den Rechtsbereich anlangt, so trug dazu bei, daß er, was hier auch betont wurde, „alle juristischen Berufe gelebt" habe. Im Zusammenhang damit ist an seine universitäre Ausbildung zu denken, nämlich an die juristische Studienordnung wie sie von etwa 1850 über einhundertfünfzig Jahre bis 1976 in Geltung stand[15]. Neben den Fächern des positiven Rechts sah sie auch gewichtig Rechtsgeschichte und Rechtsphilosophie vor, neben Staatsrecht und Verwaltungsrecht auch Staatslehre und Verwaltungslehre, darüber hinaus noch in starkem Maße Volkswirtschaftslehre und Volkswirtschaftspolitik. Es waren dies eben nicht nur positivisch-juristische Unterrichtungen, sondern „Rechts- und Staatswissenschaftliche Studien".

Aus diesem Fundament ergeben sich die vielfältigen Facetten im Wirken von Franz Klein und vor allem seine Symbiose als Rechts- und Sozialreformer. Beispielhaft zeigt uns diese Symbiose das Baurechtsgesetz 1912.

II. Franz Klein und das Baurechtsgesetz 1912

Kleins Ausgangspunkt für alle seine sozialreformatorischen Anliegen, und zwar insbesondere auch in Hinblick auf die Wohnungsfrage, war der sich ausdehnende Mittelstand vom Privatangestellten bis zum Staatsbeamten, gekennzeichnet

11 Posch, wie Fn. 6, S. 35 f.

12 Zu ihm als Wohnungsreformer: Posch, wie Fn. 6, S. 33.

13 Zu ihm als Rechtsreformer u. a. R. Sprung, Der Lebensweg Franz Kleins (24. April 1854 bis 6. April 1926), in: H. Hofmeister (Hrsg.), Forschungsband Franz Klein (1854–1926). Leben und Wirken, Wien 1988, S. 13–78.

14 Geleitwort, Festnummer zum 24. April 1924, aus Anlaß des 70. Geburtstages von Franz Klein, in: Gerichts-Zeitung, 75. Jahrgang, Sondernummer, Wien 1924, S. 1.

15 S. Ferz, Ewige Universitätsreform. Das Organisationsrecht der österreichischen Universitäten von den theresianischen Reformen bis zum UOG 1993, Frankfurt/Wien 2000, S. 251, 265, 425 ff.

durch Lohnabhängigkeit[16]. Sie alle hatten kaum Chancen, ihr Wohnbedürfnis durch Eigentumserwerb zu erfüllen. Sie sahen sich in die unbefriedigende Rolle des Mieters gedrängt, der nicht nur in rechtlicher Abhängigkeit vom Vermieter stand, sondern auch ausgeliefert war an dessen Sorglosigkeit in baulicher und hygienischer Hinsicht.

Im Zusammenhang mit dem Baurechtsgesetz sind nun drei Punkte hervorzuheben: Erstens die Verwendung des Rechts als Gestaltungsmittel des sozialen Lebens, zweitens eine neue Sicht auf Rechtsinstitute und drittens das Verhältnis von Kodifikation und Einzelgesetz.

1. Recht als Reform-„Arsenal"

In die Hauptversammlung der „Zentralstelle" im Jahre 1912 sprach Klein davon[17], durch das Baurechtsgesetz werde das „Arsenal der Wohnungsreform eine wertvolle Bereicherung erfahren", es könne der „Wohnungsnot [und ähnlichen Missständen] nun auf einem neuen Wege entgegengearbeitet" werden. Ganz im Sinne des erstgenannten Punktes – Recht als soziales Gestaltungsmittel – zählte das Baurechtsgesetz also zu einem „Arsenal", zu einem Vorrat an Instrumenten zur Erreichung eines Zieles, nämlich die Behebung insbesondere der Wohnungsnot. Demgemäß beurteilte Klein das neue Gesetz von „drei Seiten". Am knappsten davon fiel die zivilrechtliche Beurteilung aus. Knapp ist auch die wirtschaftliche Würdigung. Am ausführlichsten jedoch sind die sozialpolitischen Erwägungen. In Hinblick darauf sei, so Klein, das „Gesetz sehr arm" und daher insgesamt ein „Torso" geblieben. Aber nicht nur das Gesetz (über das Baurecht), sondern auch weitere rechtliche Maßnahmen sah Klein als Gestaltungsmittel des sozialen Lebens an. So bedürfe es entsprechender Muster für die Baurechtsverträge, also einer geeigneten Lenkung im Bereiche der Vertragsfreiheit. Weiters nannte er rechtliche Maßnahmen zur Kreditbeschaffung durch die entsprechenden Institutionen. Mit dieser wirtschaftlich-sozialen Problematik befaßte er sich übrigens kurz darauf eingehendst in einem Referat am Deutschen Juristentag im September 1912[18]. Schließlich sei es notwendig, daß nun Regierung, öffentliche Fonds, Gemeinden und Kirchen Grundstücke zum Zwecke der Baurechtsnutzung zur Verfügung stellten. Wohl zufolge dieser offenen sozialpolitischen Fragen sah er das Baurechtsgesetz als unzureichend, eben als „Torso" an.

---

16 H. Hofmeister, Franz Klein als Sozialpolitiker auf dem Gebiet des Privatrechts, in: ders. (Hrsg.), wie Fn. 13, S. 205–207.

17 F. Klein, Die Einführung des Erbbaurechts. Bericht aus der Hauptversammlung der Zentralstelle für Wohnungsreform, in: Allgemeine österreichische Gerichts-Zeitung, 63. Jahrgang, Nr. 18, Wien 1912, S. 209.

18 F. Klein, Die Belehnung von Erbbaurechten, in: Allgemeine österreichische Gerichts-Zeitung, 63. Jahrgang, Nr. 30–36, Wien 1912, S. 304.

2. Konstruktion neuer Rechtsinstitute

Was die neue Sicht auf Rechtsinstitute anlangt, so ist daran zu erinnern, daß die Privatrechtswissenschaft in der zweiten Hälfte des 19. Jahrhunderts weitgehend von der Historischen Rechtsschule dominiert war, die ihre Methode als „historisch-systematisch" verstand[19]. Das aufgrund der historischen Entwicklung systematisch gewonnene Recht galt als richtiges Recht. Dazu zählte für ihren dem Römischen Recht verpflichteten Zweig, der Pandektistik, beispielsweise der Satz superficies solo cedit. Noch 1879 war er insoweit als „richtig" angesehen worden, daß – wohl entgegen der Intention des ABGB – er mit zum Verbot der Neubegründung von Stockwerkseigentum führte[20]. Ein anderes Dogma bildete der Satz „Kauf bricht Miete" wie er sich noch in den ersten Entwürfen zum BGB findet. Gegen diese vermeintlich „richtigen" Rechtsgrundsätze wandte sich unter anderem der erwähnte Bürgermeister Weißkirchner, ein Jurist, und ebenso auch Franz Klein. Dies geschah gleichfalls aufgrund der Historischen Rechtsschule, aber des dem heimischen Recht verpflichteten Zweigs der Germanistik mit Hinweisen[21] auf die verschiedenen Formen der Bodenleihe nach dem historischen Deutschen Recht mit insbesondere Erbpacht und Geteiltem Eigentum[22]. Argumentiert wurde auch mit dem ähnlichen leasehold des Common Law[23]. Allerdings scheute man die Wiederbelebung der deutschrechtlichen Formen, obwohl sie das ABGB kannte (§§ 1122–1150), wegen ihrer Verwurzelung in feudalen Strukturen, insbesondere in der Grundherrschaft. Vielmehr schuf man das Erbbaurecht bzw. Baurecht[24] als neue Konstruktion, nämlich als eigenes dingliches Recht an einem Bauwerk einschließlich allenfalls Bodennutzung auf fremdem Grund für dreißig bis achtzig Jahre. So hatte man ganz im Sinne der historisch-systematischen Rechtsschule aus dem historischen Material von Erbpacht und Geteiltem Eigentum in einer modernen Systematik ein neues Rechtsinstitut entwickelt. Auffallend daran ist unter anderem, daß man mit der zeitlichen Beschränkung nicht dauernd zweierlei Eigentum in Bezug auf ein Grundstück schaffen wollte. Dazu kam eine Sicherung des öffentlichen Interesses an einer

---

19 G. Wesenberg – G. Wesener, Neuere deutsche Privatrechtsgeschichte, 4. Aufl., Wien – Köln – Graz 1985, S. 170 ff.

20 G. Kohl, Stockwerkseigentum. Geschichte, Theorie und Praxis der materiellen Gebäudeteilung unter besonderer Berücksichtigung von Rechtstatsachen aus Österreich, Wien 2007, S. 489 f.

21 Z. B. R. Weiskirchner, Städtische Wohnungspolitik, Wien 1917, S. 6 ff.

22 Wesenberg – Wesener, wie Fn. 19, S. 13 f, 43 f, 190.

23 Wesenberg – Wesener, wie Fn. 19, S. 227 ff.

24 Der Ausdruck „Baurecht" statt „Erbaurecht" wurde gewählt wegen der zeitlichen Beschränkung auf maximal 80 Jahre.

Wohnraumpolitik zufolge der Lenkung durch die in der Regel öffentlichen Eigentümer der Baurechts-Grundstücke.

3. Nebengesetz und Kodifikation

Das Baurechtsgesetz verstärkte eine legistische Frage, die sich gegen 1900 zunehmend stellte: Wieso traten nun immer wieder zur Zivilrechtskodifikation des ABGB Einzelgesetze hinzu[25]? Dies war der Fall etwa mit dem Stockwerkeigentumsgesetz 1879 oder dem Ratengesetz 1896. Die Wissenschaft war hellhörig geworden und widmete sich diesem Problem. Man konstatierte, die Legistik schaffe mit Nebengesetzen über die „materiellen Rechtssätze" hinaus „womöglich auch ein eigenes Verfahren mit besonderen Behörden und besonderen Strafsanktionen"[26]. Diese Ansicht bestätigt das Baurechtsgesetz 1912 zwar nicht als erstes, aber doch wohl als erstes größeres Nebengesetz zum ABGB. Es vereinigt materielles Zivilrecht mit Verfahrensrecht und sogar Steuerrecht. Derartige Komplettregelungen wurden typisch für weitere Nebengesetze bis in das 21. Jahrhundert. Die allgemeine Frage zur Entstehung von Nebengesetzen stellt sich zum Baurechtsgesetz insbesondere auch deshalb, weil BGB und ZGB das Erbbaurecht sehr wohl selbst regelten und das Baurecht ursprünglich einen Teil der umfassenden ABGB-Reform gebildet hatte[27]. Die Frage beantwortet generell der Charakter einer Komplettregelung. Für Franz Klein lag weiters einer der Gründe für ein Nebengesetz speziell darin, daß sich das Baurechtsgesetz erst in der Praxis zu bewähren hätte und man sozusagen mit einer zweiten Auflage rechnen müsse. Dazu kam gerade für ihn das eben erwähnte Moment der Komplettregelung, die ihm ja insoferne noch zu wenig war, als er vom sozialpolitischen Standpunkt das Gesetz als „Torso" betrachtete.

Beides – die noch nicht endgültige Regelung sowie die Aufnahme nicht bloß von Zivilrecht – stand allgemein im Gegensatz zum ABGB. Als Kodifikation wollte dieses nur richtiges und daher unveränderliches Recht aufnehmen und überdies nur Zivilrecht[28]. Der Inhalt des Baurechtsgesetzes hatte bei diesem Verständnis tatsächlich keinen Platz im ABGB.

---

25 Vgl. dazu auch in Bezug auf Franz Klein H. Demelius, Drei Pandektisten über das österreichische ABGB, in: Festheft Schönbauer, Neapel 1965, S. 14; allgemein W. Brauneder, Geschlossenheit der Kodifikation? Die Verweisungen im ABGB, in: P. Caroni (Hrsg.), L'ABGB e la codificazione asburgica in Italia e in Europa. Pubblicazioni della università di Pavia, facoltà di giurisprudenza, Nr. 112, Pavia 2002, S. 9–16.

26 Menzel, Das Recht des Nothweges II, in: Jurist. Blätter 1896, 229.

27 Vgl. K. Forchheimer, Das Baurecht: Zur Einführung des Erbaurechtes in die österr. Praxis, Wien 1913, S. 78.

28 U. a. W. Brauneder, Das Allgemeine Bürgerliche Gesetzbuch für die gesamten Deutschen Erbländer der österreichischen Monarchie von 1811, in: Gutenberg-Jahrbuch 1987, S. 218 f.

III. Rechtsvergleichendes: BGB und ZGB

Dem österreichischen Baurecht entsprechen - zeitgleich - das Erbbaurecht des BGB (§§ 1012–1017) bzw. die Bestimmungen der Erbbaurechtsverordnung von 1919 und in etwa das Baurecht des ZGB (Art. 779 ff.). Die Gesetzeschronologie lautet BGB - Baurechtsgesetz/Österreich - ZGB - Erbbaurechtsverordnung/ Deutsches Reich. Schon dieses zeitliche Naheverhältnisses bewegt zur Frage nach den jeweiligen Motivationen.

Das Erbbaurecht geriet ohne große Begeisterung in das BGB: Es existiere mit Modifikationen in etlichen Gebieten Deutschlands[29], allerdings mache man „von dieser Rechtsform nur ausnahmsweise Gebrauch"[30]. Diese Situation änderte sich jedoch. Schon 1905 war festzuhalten, es suche „die moderne Volkswirtschaft das Institut gerade heute wieder in breiterer Weise zu verwerthen"[31]. Und 1907 galt: „Es wurde über Nacht populär und galt als das soziale Zukunftsinstitut"[32]: Die deutschen Bodenreformer hatten es entdeckt, verbreitet durch entsprechende Vereinigungen mit etwa Johannes v. Miquel an der Spitze und beeinflußt von England als Vorbild, was übrigens im Verhältnis zum BGB zur größeren Regelungsdichte der Erbbaurechtsverordnung 1919 führte[33]. Rückblickend diente das deutsche Erbbaurecht als „Mittel städtischer Bodenpolitik", dem konkret ermöglicht es „ein Eigenheim ohne Grunderwerb"[34].

Ähnlich die Schweiz. Abgesehen von der teils unterschiedlichen rechtlichen Konstruktion des Baurechts[35] - es ist stets Dienstbarkeit - zielten hier die Motive vorerst eher auf den ländlichen Bereich ab. Die „Botschaft" an das Parlament, die Bundesversammlung, nennt besonders „Keller", „Wirtschaftsgebäude",

---

29 Motive zu dem Entwurfe eines Bürgerlichen Gesetzbuches für das Deutsche Reich III, Berlin - Leipzig 1888, S. 466; H. Erman, Erbbaurecht und Kleinwohnungsbau, Münster 1907, S. 19 f; Ingenstau - Schnitzler, Kommentar zur Erbbaurechts-Verordnung, Düsseldorf 1955, S. (10); J. v. Gierke, Das Sachenrecht des bürgerlichen Rechts, 4. Aufl., Berlin - Frankfurt 1959, S. 134.

30 Erman und Gierke, wie Fn. 29; *J.* Krech, Die Rechte an Grundstücken nach dem Entwurfe eines Bürgerlichen Gesetzbuches für das Deutsche Reich, Berlin 1889, S. 93.

31 C. Crome, System des Deutschen Bürgerlichen Rechts III, Tübingen 1905, 467, mit Verweis auf Oertmann - Sohm-Eschenbach, Die soziale Bedeutung des Erblagerechts, in: A. Wagner, Wohnungsnot und städtische Bodenfrage, 1901. Ingenstau - Schnitzler, wie Fn. 29, S. (10).

32 Erman, wie Fn. 29, 20.

33 Gierke, wie Fn. 29, S. 134; Erman, wie Fn. 29, S. 21 ff.

34 H. Mitteis - H. Lieberich, Deutsches Privatrecht, 9. Aufl., München 1981, S. 106.

35 Z. B. „Baseler Kommentar": Zivilgesetzbuch II, 2. Aufl., Basel - Genf - München 2003, S. 1459 ff.

„Quellenfassung"[36]. Mittlerweile wurde es auch hier „als ein geeignetes Instrument für die kommende Boden- und Wohnungspolitik erkannt und propagiert", was, wie in Deutschland, zu einer Verdichtung der Regelungen führte, aber erst 1965, und u. a. auch für „Hotels, Spitäler, Schulen, Einkaufszentren" genutzt wird[37].

War also in Österreich das Baurecht in engstem Zusammenhang mit der Wohnbaureformbewegung entstanden, so fehlte dieser vorerst in Deutschland. Die BGB-Regelungen fielen daher auch dürftig aus. Erst mit der Erbbaurechtsverordnung zog die deutsche mit der österreichischen Entwicklung gleich und dies nun wie hier unter dem Einfluß der Wohnbaureformbewegung. Anders als in Österreich und Deutschland fehlte in der Schweiz der dort auffallende Bezug zur Wohnbaureformbewegung.

IV. Reformziel: die Gartenstadt

Zurück zur Symbiose von Wohnungsreform und Rechtsreform in der Person Franz Kleins. Mit dem Baurechtsgesetz hatte man sich vom Grundsatz superficies solo cedit gelöst wie übrigens auch die 3. Teilnovelle zum ABGB 1916 mit dem Maschineneigentum (§ 297a ABGB). Damit war der rechtstheoretische Grund für das Verbot des Stockwerkseigentums obsolet geworden. Der Weg wäre also frei gewesen, das Verbot der Neubegründung von Stockwerkseigentum aufzuheben oder dieses in eine moderne Form zu überführen. Aber dies geschah nicht. Das „Arsenal" der Wohnungsreform wurde nicht um ein Mittel zum Bau von Stockwerken, d. h. mehrstöckiger Häuser erweitert, sondern um ein solches für die Errichtung einzelner Häuser – „Wohnhaus", „Kleinwohnungshäuser" eventuell samt Nutzgarten: „Kolonie mit Einfamilienhäuser"[38]. Dies bedeutet eine klare Ablehnung von mehrstöckigen Wohnhäusern zugunsten einer Bevorzugung von Siedlungen im Sinne der Gartenstadtbewegung. Dies unterstreicht auch die Zielrichtung „Eigenheim" im Deutschen Reich wie die ausdrückliche Bestimmung des BGB (§ 1014), daß die „Beschränkung des Erbbaurechts" auf „insbesondere ein Stockwerk" unzulässig sei. Und man hielt ausdrücklich fest: Von „fundamentaler Bedeutung" werde das Baurecht für „Gartenstädte oder Gartenvorstädte" sein[39]. Deutsche Gemeinden und Staaten

36 Botschaft des Bundesrates an die Bundesversammlung zum Bundesgesetz enthaltend das schweizerische Zivilgesetzbuch, 1904, 64 f.
37 „Baseler Kommentar", wie Fn. 35, S. 1459 f.
38 Forchheimer, wie Fn. 27, S. 15, 74.
39 Forchheimer, wie Fn. 27, S. 76.

nutzten es ganz in diesem Sinn für „mittlere und kleine Eigenhäuser für den Mittelstand und Arbeiter", aber auch für „Villenkolonien"[40]. Das österreichische Baurechtsgesetz 1912 kann daher als Kind der Gartenstadtbewegung bzw. als Mittel zu ihrer Verwirklichung gesehen werden.

40 Gierke, wie Fn. 29, 134; Krech, wie Fn. 30, S. 93.

Die Wahrnehmung von FGB und ZGB/DDR im Rahmen des DDR-Rechts in Österreich

I. Einleitung

Im Jahre 1915 befand der österreichische Oberste Gerichtshof[1], daß eine bestimmte, das Internationale Privatrecht betreffende Frage im ABGB nicht geregelt sei, eine echte Gesetzeslücke vorliege und diese gemäß § 7 ABGB nach den natürlichen Rechtsgrundsätzen geschlossen werden müsse. Zur näheren Präzisierung dieser vielgesichtigen Formel verwies der OGH auf Art. 1 ZGB / Schweiz, denn es „wird in einem Falle, wie der vorliegende, in welchem es sich um eine von der Rechtswissenschaft zu lösende Frage handelt, auch bei uns der Richter nach der Anweisung des zweiten Absatzes dieses Artikels vorzugehen haben, welcher bestimmt: ‚Er folgt hierbei bewährter Lehre und Überlieferung'. Und in der Sache: „Die auch für unser Rechtsbewußtsein maßgebende deutsche Rechtswissenschaft hat nun in unserem Falle im Art. 21 EGBGB ihren Niederschlag gefunden …"; „Dieser Rechtsgrundsatz wird daher im allgemeinen auch bei uns anzuwenden sein"! In dieser Entscheidung hatte der OGH die Ansicht zweier ausländischer Zivilrechtskodifikationen zur seinigen gemacht: Mit dem ZGB hat er § 7 ABGB interpretiert und aufgrund dieser Interpretation

---

Aus: J. Eckert – H. Hattenhauer (Hg.), Das Zivilgesetzbuch der DDR vom 19. Juni 1975, Goldbach 1995, 191–202. – Zitiert gleich nach 1978 erschienene Literatur. Meinem ehemaligen Assistenten Dr. Gerald Kohl, nun ao. Univ. Prof., danke ich für wertvolle Vorarbeiten.

1 GIUNF Sammlung von zivilrechtlichen Entscheidungen des kk Obersten Gerichtshofes, Neue Folge; begonnen von Glaser und Unger) 1915, Nr. 7335.

einen Gedankengang des BGB dem österreichischen Recht inkorporiert, beides aus der Überlegung, in diesen Zivilgesetzbüchern habe die mitteleuropäische Privatrechtswissenschaft ihren jüngsten Entwicklungsstand erreicht. Sähe sich die österreichische Privatrechtswissenschaft noch immer in dieser Tradition stehend an, müßte man erwarten, sie habe dem ZGB/DDR, möglicherweise auch schon dem FGB, große Aufmerksamkeit geschenkt, da doch immerhin das ZGB/DDR die jüngste deutschsprachige Privatrechtskodifikation darstellte bzw. das FGB eine Familienrechtsreform vornahm, bevor diese in Österreich durchgeführt wurde. Tatsächlich dauert eine gemeinsame mitteleuropäische Rechtstradition weiter fort. Sie zeigt sich im laufenden Wissenschaftsbetrieb, hier deutlich in gemeinsamen Vereinigungen wie etwa der „Deutschen Staatsrechtslehrertagung", der „Vereinigung für Verfassungsgeschichte" oder den Wechselbeziehungen zwischen dem „Deutschen Juristentag" und dem „Österreichischen Juristentag". Nicht untypisch für die Arbeitsweise der österreichischen Privatrechtswissenschaft ist etwa folgende Bemerkung – „Die bisherigen Ausführungen sollten die Entstehung von Vollmacht durch Kundgabe dogmatisch begründen. Die dabei verwendeten Argumente sind zum Großteil nicht neu, sondern in der Diskussion zum deutschen Recht wiederholt aufgetaucht ..."[2]. Daß derartige Gemeinsamkeiten über die Wissenschaft hinausgehen, zeigt ein Schreiben des österreichischen Bundeskanzlers Bruno Kreisky vom 20. Oktober 1982 an die Mitglieder der österreichischen Bundesregierung[3]. Hier heißt es in der Einleitung: „Das Bundesverfassungsgericht in Karlsruhe hat sich in seinem Urteil des 2. Senates vom 2. März 1977 grundsätzlich zur Öffentlichkeitsarbeit der Bundesregierung und ihren Grenzen geäußert", welches nun referiert und sodann in Adresse an die einzelnen Bundesminister mit folgendem Schluß versehen wird: „Ich darf Dich bitten, im Rahmen der von Dir bewirkten Öffentlichkeitsarbeit auf diese Grundsätze Bedacht zu nehmen". Den österreichischen Bundesministern werden hier also „Grundsätze" des deutschen Bundesverfassungsgerichts eingeschärft. Wenig überraschen mag somit im Hinblick auf das ZGB/DDR folgende Parallele: Hier heißt es in § 52 Abs. 3 letzter Satz: „Verträge zur Befriedigung täglicher Lebensbedürfnisse über einen unbedeutenden Wert sind wirksam, wenn die Verpflichtungen daraus beiderseits sofort erfüllt werden." Seit 1989 lautet die Parallelbestimmung in § 151 Abs. 3 ABGB wie folgt: „Schließt ein minderjähriges Kind ein Rechtsgeschäft, das von Minderjährigen seines Alters üblicherweise geschlossen wird und eine geringfügige Angelegenheit des täglichen Lebens betrifft, so wird dieses Rechtsgeschäft ... mit der Erfüllung der das Kind treffenden Pflichten rückwirkend rechtswirksam." Freilich steht zu alldem

2 R. Welser, Äußerer Tatbestand, Duldung und Anschein im Vollmachtsrecht, in: Juristische Blätter 5979, S. 10.
3 Wiener Zeitung vom 26.1.1983.

in Kontrast, daß man in Österreich unter der Sigle ZGB das Zivilgesetzbuch der Schweiz versteht[4].

Insgesamt stellt sich daher aus rechtshistorischer, rechtsvergleichender und schlechthin rechtswissenschaftlicher Sicht die Frage, inwiefern man in Österreich vom ZGB/DDR im Rahmen des Rechts der DDR Kenntnis genommen hat.

II. Bibliotheksbestände in Wien

In der Rechtswissenschaftlichen Fakultätsbibliothek der Universität Wien dienten der Basisinformation über das DDR-Zivilrecht und verwandte Gebiete das „Gesetzblatt der DDR", sodann Textausgaben bzw. Kommentare der wichtigsten Gesetze wie insbesondere des FGB[5] und des ZGB[6].

Vorhanden sind ferner die ausdrücklich mit „Lehrbuch" versehenen Darstellungen „Familienrecht" (2. Auflage 1976), „Strafrecht Allgemeiner Teil" (z. Auflage 1978), „Zivilprozeßrecht" (1980), „Zivilrecht Teil 1" und „— Teil 2" (beide 1981), „LPG-Recht" (2. Auflage 1984), „Arbeitsrecht" (3. Auflage 1986) und „Verwaltungsrecht" (2. Auflage 1988) sowie selbst eine populäre, mit Zeichnungen versehene Darstellung wie A. Grandkes „Junge Leute in der Ehe" (1977).

Zu diesen Büchern aus dem Ursprungsland DDR kommen aus der BRD insbesondere die von D. Müller-Römer begründete Loseblatt-Ausgabe „DDR-Gesetze", dann Monographien wie etwa aus der Reihe „Osteuropa-Institut an der Freien Universität Berlin — Rechtswissenschaftliche Veröffentlichungen": H. Voss, Das Erbrecht des nichtehelichen Kindes in beiden Teilen Deutschlands (1974); H.-H. Arnold, Art und Umfang der elterlichen Rechte in der Deutschen Demokratischen Republik (1975); K. Westen (Hg.), Das neue Zivilrecht der DDR nach dem Zivilgesetzbuch von 1975 (1977) sowie K. Westen/J. Schleider, Zivilrecht im Systemvergleich. Das Zivilrecht der Deutschen Demokratischen Republik und der Bundesrepublik Deutschland (1984). Auch außerhalb dieser Reihe erschienene Titel sind zu finden, so z. B. J. Tömp, Bankrechtliche Bestimmungen im Zivilgesetzbuch der DDR (1981), selbst Dissertationen wie A. K. Freytag, Das neue Erbrecht der DDR aus der Sicht des BGB (Freiburg 1981).

---

4 So z. B. F. Gschnitzer/Ch. Faistenberger, Österreichisches Sachenrecht, 2. Auflage 1985; dieselben, Österreichisches Schuldrecht, Besonderer Teil, 2. Auflage 1988; H. Koziol/R. Welser, Grundriß des bürgerl. Rechts II, 5. Auflage 1979; jeweils in den Abkürzungsverzeichnissen.

5 Ministerium der Justiz (Hg.), Das Familienrecht der DDR. Kommentar zum Familiengesetzbuch, 4. Auflage Berlin 1973; Ministerium der Justiz (Hg.), Familiengesetzbuch sowie angrenzende Gesetze und Bestimmungen. Textausgabe, 6. Auflage Berlin 1982.

6 Ministerium der Justiz (Hg.), Zivilgesetzbuch sowie angrenzende Gesetze und Bestimmungen. Textausgabe, 2. Auflage Berlin 1980, 5. Auflage Berlin 1988.

In Österreich erschienen ist nur ein Titel der Fakultätsbibliothek, nämlich Koppe, Unternehmungsgründung und Unternehmensbeteiligung in der DDR. Rechtsvorschriften und Hinweise (1990). Bei näherer Betrachtung entpuppt sich selbst dieses Buch als „Sonderausgabe für Österreich" eines Münchener Verlages. Erwähnenswert ist schließlich noch eine italienische Ausgabe des ZGB /DDR, „Il Codice Civile della Repubblica Democratica Tedesca", erschienen 1976 in Mailand.

Von den mit „Lehrbuch" bezeichneten Werken fehlt allerdings das „Bodenrecht" (1. Auflage 1976), die zweite, wesentlich knappere Auflage von 1989 wurde nicht mehr erworben. Zu erwähnen ist aber auch noch, daß die „Lehrbuch"-Reihe nebst einigen anderen Büchern aus der DDR erst nach einem Forschungsaufenthalt des Verfassers dieses Beitrages im Jahre 1984 angeschafft wurde. Bis dahin konnte man sich an der Wiener Juristen-Fakultät über das ZGB/DDR nur anhand des Gesetzestextes im Gesetzblatt informieren sowie anhand des Vorläufers des „Zivilrecht-Lehrbuchs", nämlich dem „Grundriß Zivilrecht", von dessen 10 Heften 7 vorhanden sind[7].

An Fachzeitschriften gab es in der Fakultätsbibliothek aus der DDR die „Neue Justiz" und „Staat und Recht" sowie über die DDR seit 1990 die „Deutsch-Deutsche Rechts-Zeitschrift".

Diese Bestände der rechtswissenschaftlichen Fakultätsbibliothek vermehren die der Universitätsbibliothek um nicht viel. Neben Einzelbänden wie beispielsweise von R. Arlt und G. Stiller, Entwicklung der sozialistischen Rechtsordnung in der DDR (1973), oder der Publikation „Bürger im sozialistischen Recht" der Universität Jena (1983) sind hier auch mehrere Jahrgänge der „Abhandlungen der Akademie der Wissenschaften der DDR" vorhanden. Einige der darin enthaltenen Beiträge informierten auch über das Zivilrecht der DDR und seine Nebengebiete[8].

---

7 Vorhanden die Hefte (Grundfragen des sozialistischen Zivilrechts, 3. Auflage 1979), 4 (Miete, 1977), 5 (Kauf, 1977), 6 (Dienstleistungen, Gemeinschaften von Bürgern, Gegenseitige Hilfe und Schenkung, 2. Auflage 1979), 7 (Konto-, Sparkonto-, Kredit- und Darlehnsverträge, Versicherungen, 2. Auflage 1979), 8 (Schutz des Lebens, der Gesundheit und des Eigentums vor Schadenszufügung, 3. Auflage 1979) und 10 (Zivilrechtsverhältnisse mit Auslandsberührung, 3. Auflage 1979).

8 Z. B. J. Göhring, Die Hilfe des sowjetischen Zivilrechts und der Zivilrechtswissenschaft im Prozeß der Herausbildung eines sozialistischen Zivilrechts in der DDR, in: Der 40. Jahrestag der Befreiung — Vier Jahrzehnte Entwicklung einer marxistisch-leninistischen Staats- und Rechtswissenschaft der DDR (= Abhandlungen der Akademie der Wissenschaften der DDR, Abteilung Veröffentlichung der Wissenschaftlichen Räte, Jahrgang 1987, Nr. W 1), Berlin 1987, S. 51 ff.; A. Grandke, Zur Entwicklung des Familienrechts in der DDR, ebd., S. 56 ff.; G. Bley / G. Lübchen, Zur Gestaltung der zivilrechtlichen Verantwortlichkeit, in: Zur rechtlichen Verantwortlichkeit

Die Nationalbibliothek zu Wien enthält gleichfalls einige Titel, welche über die rechtswissenschaftliche Fakultätsbibliothek hinausgehen, nämlich weitere Gesetzesausgaben z. B. von handelsrechtlichen Gesetzen, Jugend-, Schul- und Rundfunkgesetzen, aber auch zahlreiche Monographien wie z. B. „Die Rechtsbereinigung als eine Methode zum planmäßigen Ausbau der sozialistischen Rechtsordnung in der DDR“ (1976), aber auch zu ausgefallenen Problemstellungen wie zum „Schlichtungsverfahren nach der Neuererverordnung“ (1964)[9]. Schließlich findet sich in der Nationalbibliothek auch eine „Bibliographie rechtswissenschaftlicher Literatur der DDR“ aus dem Jahre 1975.

In allen Bibliotheken vorhanden ist übrigens G. Brunners „Einführung in das Recht der DDR“, sowohl in 1. als auch in 2. Auflage (1974 bzw. 1979).

III. Wahrnehmungen von ZGB/DDR und FGB in der österreichischen Literatur

Das ZGB/DDR stellte die neueste deutschsprachige Zivilrechtskodifikation dar. Zumindest vom Standpunkt der Rechtssprache, d. h. wegen modernerer Formulierungen als in den noch unveränderten Teilen von BGB und ZGB sowie gar ABGB hätte es Aufmerksamkeit erregen müssen. Solche schenkte man 1990 dem niederländischen Zivilgesetzbuch durch eine eigene Tagung, 1991 wurden die dort gehaltenen Referate in einer in Österreich erscheinenden Reihe publiziert[10].

Die beiden nach 1975 erschienenen ABGB-Kommentare, nämlich von den Herausgebern Rummel und Schwimann[11], erwähnen das ZGB/DDR im Gegensatz etwa zum Schweizer ZGB nicht. Gleiches trifft auf das gängigste Lehrbuch des Privatrechts zu, nämlich den „Grundriß des bürgerlichen Rechts“ von Koziol/Welser[12], ferner auf das fünfbändige „Lehrbuch des Bürgerlichen Rechts“ von Gschitzer/Faistenberger, das unter ZGB das Schweizer Zivilgesetzbuch versteht. Von den drei in dritter Auflage erschienenen Bänden von Ehrenzweigs „System des österreichischen allgemeinen Privatrechts“ erwähnt bloß Mayrhofer im

(= Abhandlungen der Akademie der Wissenschaften der DDR, Abteilung Veröffentlichung der Wissenschaftlichen Räte, Jahrgang 1987, Nr. W 3), Berlin 1987, S. 10 ff.

9 Bemerkenswert ist, daß so gut wie alle in der Nationalbibliothek vorhandenen Monographien zum DDR-Recht in den Jahren vor 1980 erschienen sind, was wohl Rückschlüsse auf die Erwerbspolitik erlaubt.

10 F. Bydlinski/T. Mayer-Maly /J. W. Pichler (Hg.), Renaissance der Idee der Kodifikation (= Schriften zur Rechtspolitik 5), Wien/Köln/Weimar 1991.

11 P. Rummel (Hg.), Kommentar zum ABGB I und II, I. Auflage 1983/84; M. Schwimann (Hg.), Praxiskommentar zum ABGB I–V, 1987–1992.

12 H. Koziol/R. Welser, Grundriß des bürgerlichen Rechts I und II, 4. Auflage 1976/78.

Schuldrechts-Band das ZGB/DDR in einer Fußnote[13]. Von den hier gleichfalls zitierten Kodifikationen Code civil, BGB, OR und Codice Civile hebt sich das ZGB/DDR dadurch ab, daß es an die eben genannten angereiht wird mit einem eigenen Satz „Vgl. auch §§ 323, 333 ZGB /DDR (1975)!

Nun wird man sich von Darstellungen und Kommentaren des bzw. zum österreichischen Privatrecht kein Eingehen auf das ZGB/DDR erwarten können. Aber immerhin fällt auf, daß, wie bemerkt, das Schweizer ZGB bzw. OR gar nicht so selten erwähnt sind, dagegen wesentlich öfter das BGB. Auffällig ist dies etwa in Koziols „Haftpflichtrecht", in dessen beiden Bänden insgesamt sechzigmal auf das BGB und immerhin dreimal auf das Schweizer OR verwiesen wird[14]. Zudem findet sich im Schrifttumsverzeichnis des bereits genannten Lehrbuchs von Koziol / Welser ein eigener Abschnitt „Systematische Darstellungen zum deutschen Recht". Hierbei handelt es sich allein um BRD-Recht[15].

IV. Fachzeitschriften

Das Inkrafttreten des ZGB /DDR 1976 fand in der Tagespresse keinerlei Niederschlag, aber dies war bereits 10 Jahre zuvor dem FGB ebenso widerfahren. Selbst die „Volksstimme", das „Zentralorgan der kommunistischen Partei Österreichs", hatte keines dieser beiden DDR-Gesetzbücher beachtet. Anfang 1966[16] hatte sie in einem Artikel über die „Furcht vor der gleichberechtigten Frau" zwar das ABGB zitiert und kritisiert, nicht aber die Möglichkeit genützt, durch einen Verweis auf das FGB (§ 9 Abs. 1: „Die Ehegatten sind gleichberechtigt.") auf die Fortschrittlichkeit des „sozialistischen Rechts" hinzuweisen. Um den Jahreswechsel 1975/76 berichtete die „Volksstimme" dann über die „Neue Verfassung in Kuba" und „in Kambodscha" sowie über „Grundprinzipien aus der Verfassung der Volksrepublik Angola"[17]. Im Februar 1976[18] beschäftigte sie sich mehrfach mit dem neuen Programm der SED und deren neuem Parteistatut, sogar mit einer „Direktive für die Entwicklung der Volkswirtschaft bis 1980". An das ZGB hatte in der „Volksstimme" wohl niemand gedacht bei der Feststellung: „In der DDR (...) hat sich die Herrschaft des Volkes in stetigem, krisenfreiem Aufstieg beispielgebend verwirklicht. Ihre Zeugnisse und Erfolge verdienen unsere besondere Beachtung."

---

13 Seite 293, Fn. 2.

14 H. Koziol, Österreichisches Haftpflichtrecht I und II, 2. Auflage 1980 bzw. 1984 (Paragraphenregister).

15 Koziol /Welser, wie Anm. I2 (jeweils vor Seite 1).

16 Volksstimme, 15.1.1966.

17 Volksstimme, 23.12.1975, 6.1.1976, 22.1.1976.

18 Volksstimme, 5.2.1976, 14.2.1976.

Auch die juristischen Fachzeitschriften Österreichs berichteten nichts vom Inkrafttreten des FGB und ZGB/DDR. Im folgenden wird nun dargelegt, inwiefern und in welchem Ausmaß in Zeitschriften, die sich hauptsächlich oder doch sehr gewichtig dem Privatrecht widmen, auf DDR-Recht Bezug genommen und dieses dem Leser vermittelt wurde, wobei besonders auf das ZGB/DDR und FGB eingegangen ist. Durchgesehen wurden die Jahrgänge ab 1965 — FGB! — bis einschließlich 1990. Die für das Privatrecht besonders wichtigen „Juristischen Blätter" haben dem DDR-Recht nie Aufmerksamkeit geschenkt; das gilt ebenso für die „Österreichische Notariatszeitung" sowie die „Zeitschrift für Verkehrsrecht".

In der „Österreichischen Richterzeitung" (RiZ) beschäftigte sich 1973 ein Bericht mit der „Unterbrechung der Schwangerschaft in der DDR"[19], 1977 gab es in der Rezension von V. Petev, Sozialistisches Zivilrecht (1975), einen ganz knappen Hinweis auf eine ZGB-Bestimmung[20].

Ebenso wenig bot das „Anwaltsblatt" seinen Lesern. In nur einem Jahr gab es zwei Beiträge zum DDR-Recht, nämlich 1977 „Zu strafrechtlichen Problemen bei Rechtsfragen im Zusammenhang mit dem Straßenverkehr nach dem Recht der DDR"[21] sowie „Das Recht des Kraftfahrunfalles in der DDR"[22]. An den beiden Beiträgen fällt die nahezu identische Thematik auf. Der Jahrgang 1989 berichtet zwar nicht über das Recht der DDR, jedoch über „Rechtsanwälte aus der DDR in Wien und Niederösterreich"[23], und dies war ebenso selten wie ersteres.

Ergiebigeres zum DDR-Recht konnte man der „Österreichischen Juristen-Zeitung" (ÖJZ) entnehmen. Innerstaatliches DDR-Recht berührten hier allerdings nur Rezensionen. Hiervon wiesen, von der Sache her plausibel, die Besprechungen zu B. Graefrath, Wirtschaftliche, soziale und kulturelle Menschenrechte in der DDR (1970)[24], sowie zu H. Roggemann (Hg.), Strafgesetzbuch und Strafprozeßordnung der DDR (1978)[25], keine Bezüge zum DDR-Zivilrecht auf. Nur ganz kurz war dies der Fall in der Besprechung von G. Beitzke/ A. Grandke, Das Eherecht der europäischen und außereuropäischen Staaten, 8. Lieferung: Bundesrepublik Deutschland, Deutsche Demokratische Republik (1970), durch einen bloßen Hinweis auf das FGB[26]. Die weitere

19 RiZ 1973, S. 132–134.
20 Rezension von G. Ertl: RiZ 1977, S. 112.
21 E. Witt, in: AnwBl 1977, S. 160–163.
22 W. Haase, in: AnwBl 1977, S. 282–284.
23 P. Wrabetz, in: AnwBl 1989, S. 549 f.
24 Rezension von K. Marschall, in: ÖJZ 1974 S. 475 f.
25 Rezension von H. Steininger, in: ÖJZ 1978, S. 503.
26 Rezension von H. Ent, in ÖJZ 1972, S. 559 f.

Besprechung zu G. Brümmer, Die Entwicklung des elterlichen Sorge- und Erziehungsrechts in der DDR (1980), informierte wesentlich ausführlicher[27]. Die DDR betrafen ferner zwei Artikel, sie aber beschäftigten sich mit bilateralen Abkommen, nämlich 1989 „Der Umweltschutzvertrag zwischen der Republik Österreich und der Deutschen Demokratischen Republik" sowie 1990 „Das Strahlenschutzabkommen zwischen Österreich und der Deutschen Demokratischen Republik"[28]. Der Stellenwert der Wahrnehmung von DDR-Recht und insbesondere des ZGB/DDR in der „Juristen-Zeitung" wird durch einen Vergleich deutlich: 1987 wurde die 36. Auflage und 1989 die 37. Auflage der Schweizerischen ZGB mit OR besprochen, 1987 M. Ferid / H. J. Sonnenberger, Das französische Zivilrecht (1986), sowie 1988 eine Ausgabe des italienischen Zivilgesetzbuches[29].

Am ergiebigsten erweist sich, vom Programm her verständlich, die „Zeitschrift für Rechtsvergleichung". In den Jahren von einschließlich 1969 bis einschließlich 1985 sind hier immerhin 15 Beiträge oder Besprechungen mit Bezügen zum DDR-Recht publiziert worden. Was den Informationswert dieser Ausführungen anlangt, so ist er in manchen Rezensionen oft höher als in den Beiträgen.

Je einmal wurden in Beiträgen bzw. Rezensionen 1969 und 1970 die ZPO[30], das Strafgesetz[31] sowie das Verfassungsrecht der DDR[32] abgehandelt, dann 1983 und 1984 die Rechtshilfe in Zivilsachen zwischen Österreich und der DDR[33] sowie das IPR der DDR[34] berührt.

Die zivilrechtlich einschlägigen Beiträge haben im Hinblick auf unsere Thematik einen überaus unterschiedlichen und zum Teil sehr bescheidenen Stellenwert. Beitzke[35] wies 1972 bloß in einer Fußnote auf das FGB hin, ebenso

27 Rezension von H. Ent, ÖJZ 1981, S. 447 f.

28 B. Moser in: ÖJZ 1989, S. 257–259 bzw. ders. in: ÖJZ 1990, S. 49–51.

29 ÖJZ 1987, S. 126; ÖJZ 1989, S. 640; ÖJZ 1987, S. 350; ÖJZ 1988, S. 573.

30 M. Mora, Der Gegenstand der Feststellungsklage und das Feststellungsinteresse nach ungarischem Recht, in: ZfRVgl 10/1969, S. 184 ff., insbes. S. 1–4, 192.

31 V. Liebscher, Strafrecht im Umbruch. Dogmatische Betrachtungen anläßlich der Besprechung von Jeschecks Lehrbuch, in: ZfRVgl 1/1970, S. 181 ff., insbes. 192, Anm. 41.

32 P.-C. Buren, Politisches Systemmodell der DDR, in: ZfRVgl 24/1983, S. 153 ff.

33 Rezension zu: E.-M. Bajons, Zwischenstaatliches Justizrecht, in: ZfRVgl 25/1984.

34 A. F. Schnitzer, Die Kodifikationen des internationalen Privatrechts, in: ZfRVgl 25/1984, S. 276 ff.

35 G. Beitzke, Zur deutschen Scheidungsrechtsreform, in: ZfRVgl 13/1972, 1 ff., insbes. S. 17, Fn. 60.

1981 mit einer anschließend knappen Erläuterung[36]. Bei Cendon[37] fand das FGB kurz im Text Erwähnung, ebenso das FGB und mit einer knappen Charakteristik auch das ZGB/DDR bei Heldrich 1978[38]. Rudolph[39] erwähnte letzteres 1977 kurz im Text und in einer Fußnote, ähnlich Zemen[40] 1976, aber immerhin mit einer globalen materiellen Charakteristik. Den Beiträgen konnte man also höchstens wenig mehr als Hinweise auf die bloße Existenz von FGB und ZGB /DDR entnehmen.

Interessanterweise stehen dazu einige Rezensionen in auffallendem Kontrast. Hoyer beschrieb 1978 in der Besprechung[41] von H. Roggemann (Hg.), Zivilgesetzbuch und Zivilprozeßordnung der DDR mit Nebengesetzen (1976), diese beiden Kodifikationen im Rahmen der Rechtsentwicklung der DDR seit 1974. Noch ausführlicher war dann 1982 Mell in seiner Besprechung[42] zu dem schon zur „Österreichischen Juristen-Zeitung" erwähnten Buch von G. Brümmer, Die Entwicklung des elterlichen Sorge- und Erziehungsrechts in der DDR (1980). 1985 machte eine weniger umfangreiche Rezension mit dem zweibändigen „Zivilrecht"-Lehrbuch (1981) vertraut[43].

Zur Wissensvermittlung durch österreichische Fachzeitschriften ist also insgesamt festzuhalten, daß diese höchst sporadisch und dann oft nur am Rande das ZGB oder seine Regelungen vorstellten. Am ehesten hatte noch die „Zeitschrift für Rechtsvergleichung" über das Zivilrecht der DDR, FGB und ZGB/ DDR, informiert.

V. Das vermittelte Wissen über ZGB/DDR und FBG

In den Jahren 1976, 1977 und 1978 galt die DDR-Zivilrechtskodifikation als das „neue ZGB", vereinzelt sogar noch 1986[44]. Diese Betonung des Neuen weckte

36 G. Beitzke, Familienrechtliches Kollisionsrecht in Mitteleuropa, in: ZfRVgl 22/1981, S. 115 (Fn. 32).

37 P. Cendon, Veräußerung von Fahrnis aus der Gütergemeinschaft, in: ZfRVgl 20/1979, S. 143.

38 A. Heldrich, Innerdeutsches Kollisionsrecht, in: ZfRVgl 19/1978, S. 294, 295.

39 H. Rudolph, Zur Neuregelung der internationalen Wirtschaftsverträge in der DDR, in: ZfRVgl 18/1977, S. 48 (Fn. 2 und Fn. 3), S. so (Fn. 12).

40 H. Zemen, Gesetzliche Erbfolge aus unehelicher Verwandtschaft in Österreich und Deutschland, in: ZfRVgl 17/1976, S. 286 (Fn. 6).

41 In: ZfRVgl 19/1978, S. 79.

42 In: ZfRVgl 23/1982, S. 68 ff.

43 Rezension von P. Holeschofsky in: ZfRVgl 26/1985, S. 31r f.

44 1976: Zemen, wie Anm. 40; 1977: Rudolph, wie Anm. 39; Ertl, wie Anm. 20; 1978; Heldrich, wie Anm. 38; 1986: T. Mayer-Maly, Die Erblosigkeit der Schätze, in: Festschrift für Winfried Kralik, Wien 1986, S. 485 ff., insbes. Fn. 1.

aber nicht Neugierde. Nur fragmentarisch kam man auf das ZGB/DDR zu sprechen. Da gab es beispielsweise einige knappe Charakteristiken. 1976 wies Zemen hin auf das dem BGB „strukturell weiterhin eng verwandte Recht der gesetzlichen Erbfolge der DDR" im ZGB/DDR[45]. Mayer-Maly sah 1986 in den Regelungen des Schatzfundes in BGB, ZGB/ Schweiz, Code civil und Codice Civile wie eben auch im ZGB/DDR im wesentlichen den Schatzbegriff des Spätklassikers Paulus[46]. Heldrich aber hielt 1978 das ZGB/DDR insgesamt für den „Schlußakkord in der Entstehung einer eigenständigen Rechtsordnung" der DDR, womit er das Auseinanderwachsen der Rechtsordnungen „hüben und drüben", das „zahlreiche koilisionsrechtliche Probleme" erzeuge, unterstrich[47].

Hoyer hingegen meinte im gleichen Jahr u. a. auch zum ZGB/DDR, es zeige sich, „daß auch Ideologien kulturelles Erbe zwar etwas färben, andere Ziele als bisher vorgeben können, jedoch nicht grundsätzliche Konzeptionsänderungen zu bewirken vermögen. Überrascht wird der Leser in Einleitung und Gesetzestext immer wieder merken, daß vergleichbare Probleme auch zu vergleichbaren Lösungen tendieren"[48].

Einer Besprechung des Lehrbuchs „Zivilrecht" konnte 1985 anhand von Beispielen aus dem ZGB/DDR das Wesen des „sozialistischen Zivilrechts" und dessen Verständnis der Privatautonomie entnommen werden, wobei besonders das Resümee hierzu den Kontrast zu westeuropäischen Zivilrechtsvorstellungen deutlich machte: „Aber nicht nur an die Bürger und ihre gesellschaftlichen Beziehungen wendet sich das Zivilrecht, sondern an die Betriebe, die die ihnen obliegenden staatlichen Aufgaben zur planmäßigen Versorgung der Bevölkerung mit hoher gesellschaftlicher Effektivität mitzuerfüllen haben[49]."

Die Informationen über Einzelregelungen des ZGB/DDR fielen praktisch nicht ins Gewicht. Da war zum Haftungselement Verschulden des ABGB zu erfahren, es gelte „Ähnliches" auch nach BGB, OR, Code civil, Codice civile und ZGB /DDR (§§ 323, 333)[50]. In Hinblick auf mehrere „Ostblock"-Kodifikationen wurde mit „Entschiedenheit" dem „Gerüchte" entgegengetreten, jene kennten „kein Schmerzensgeld", und hierzu § 338 Abs. 3 ZGB/DDR angeführt[51].

Zur Haftung für Kraftfahrzeugschäden wurde eine ganze Paragraphenreihe des ZGB/DDR zitiert: §§ 330 bis 333, 336, 337, 343 Abs. 2 sowie 474 Abs. 1[52].

---

45 Zemen, wie Anm. 40.
46 Mayer-Maly, wie Anm. 44.
47 Heldrich, wie Anm. 38, S. 294.
48 Hoyer, wie Anm. 41.
49 Holeschofsky, wie Anm. 43.
50 Mayrhofer, wie Anm. 13.
51 Ertl, wie Anm. 20.
52 Haase, wie Anm. 22.

Man sieht, die Informationen waren nicht nur punktuell, sie blieben auch im Hinblick auf Grundregelungen wie beispielsweise Eigentum oder Vertragsfreiheit unergiebig.

Zum FGB lesen wir — erst — 1972 die Charakteristik, es sei „von den Grundsätzen der Gleichberechtigung der Geschlechter, des Schutzes des sittlichen Wertes der Ehe und der Familie als der kleinsten auch staatspolitisch bedeutsamen Zelle der ‚sozialistischen' Gesellschaft und der Sicherung eines gedeihlichen Heranwachsens der Kinder getragen"[53]. Insgesamt, so 1978, erfolgte eine „Umgestaltung des Ehe- und Kindschaftsrechts"[54].

Eingehend erörterte Mell 1982 das Sorge- und Erziehungsrecht anhand des Buches von G. Brümmer vor allem auch durch das Heranziehen des Lehrbuchs „Familienrecht" sowie des FGB-Kommentars (1970); sein Ergebnis: „Die Praxis familiären Zusammenlebens stellt ähnliche Probleme, wir begegnen sogar parallelen Tendenzen, und doch ist der Endzweck, ist die grundlegende Konzeption, mag sich dies auch nur in Akzentverschiebungen äußern, verschieden, das ganze Recht erscheint in einem anderen Licht." Mit der Verfasserin fällt auch ihm auf, daß die vom FGB „vor Jahren getroffenen Regelungen" in der BRD und in Österreich erst allmählich, zum Teil gegen „erheblichen Widerstand", wie er sagt, „nachvollzogen" wurden[55]. H. Ent unterstrich 1981 zum selben Buch, daß er einen Vergleich zwischen „sozialistischem" und „kapitalistischem" Recht für sinnvoll halte, denn es seien die „Regelungsbereiche unter sozialistischen und kapitalistischen Gesellschaftsverhältnissen identisch und beträfen ähnliche Problemstellungen". Da Ent als hoher Ministerialbeamter maßgeblich an der Familienrechtsreform beteiligt war, interessiert seine folgende Feststellung zur DDR-Tendenz, die „Gesellschaft und deren öffentliche Einrichtungen hätten bei der (Erziehung) den Eltern Hilfe zu leisten, und zwar grundsätzlich unabhängig vom Vorliegen einer schuldhaften Pflichtverletzung der Eltern": „Ich vermerke, daß diese grundsätzliche Einstellung auch das neue österreichische Kindschaftsrecht beherrscht (vgl. besonders § 176 ABGB,[56] das neue Jugendwohlfahrtsrecht

53 Ent, wie Anm. 26, S. 559.

54 Heldrich, wie Anm. 38, S. 295.

55 Mell, wie Anm. 42, S. 69.

56 Dieser lautet: „(1) Gefährden die Eltern durch ihr Verhalten das Wohl des minderjährigen Kindes, so hat das Gericht, von wem immer es angerufen wird, die zur Sicherung des Wohles des Kindes nötigen Verfügungen zu treffen; eine solche Verfügung kann auf Antrag eines Elternteils auch ergehen, wenn die Eltern in einer wichtigen Angelegenheit des Kindes kein Einvernehmen erzielen. Besonders darf das Gericht die Obsorge für das Kind ganz oder teilweise, auch gesetzlich vorgesehene Einwilligungs- oder Zustimmungsrechte, entziehen. Im Einzelfall hat das Gericht auch eine gesetzlich erforderliche Einwilligung oder Zustimmung eines Elternteils zu ersetzen, wenn keine gerechtfertigten Gründe für die Weigerung vorliegen.

wird diese Tendenz weiter verstärken)"[57]! Im Zusammenhang damit wendet sich Ent übrigens dagegen, es könne bei obiger Tendenz „nicht, wie es in der Bundesrepublik Deutschland bisweilen so scharf formuliert wird, von einem Eingriff in das (subjektive) Elternrecht, das nur bei einer schweren und schuldhaften Pflichtverletzung der Eltern zulässig sei, gesprochen werden".

Schließlich gibt es noch einige knappe Hinweise zum FGB, nämlich 1972 hinsichtlich des Familiennamens auf § 7 FGB,[58] 1979 über die Veräußerung bei Gütergemeinschaft auf § 15 FGB (eher inhaltsleer)[59] sowie 1981 auf die auch am FGB „zu beobachtende Tendenz, mit der rückwirkenden Ehevernichtung aufzuräumen und Fehlerhafte Ehen höchstens mit der Scheidungsklage zu beseitigen", was hier konkret als fortführung des Ehegesetzes 1938 angesehen wurde[60].

Gerade im Hinblick auf das FGB fällt auf, daß es trotz der sich in Österreich lange hinziehenden Familienrechtsreform keine wesentliche wissenschaftliche Erörterung fand.

Insgesamt vermittelten die skizzierten Ausführungen ein unterschiedliches Bild vom ZGB /DDR und FGB. Bloß punktuelle Betrachtungen wie bei Zemen und noch enger bei Mayer-Maly glaubten eher auf Kontinuitäten hinweisen zu können, während erst die Autoren der umfassenderen Abhandlungen wie etwa Ent und Mell ihren Lesern das Neuartige von FGB und ZGB /DDR erschlossen haben.

VI. Wahrnehmungen des DDR-Rechts in Legistik und Rechtssprechung

Die eingangs erwähnte verblüffende Parallele zwischen § 15 Abs. 3 ZGB/DDR und § 151 Abs. 3 ABGB erweist sich als Einzelfall. Im Zuge der Familienrechtsreform in Österreich gab es zwar zahlreiche rechtsvergleichende Vorbereitungen und entsprechend fundierte Abhandlungen, doch fand das DDR-Recht keine besondere Beachtung.[61] Im Bereiche des Ehegüterrechts beobachtete die

(2) Die Entziehung der Pflege und Erziehung oder der Verwaltung des Vermögens des Kindes schließt die Entziehung der gesetzlichen Vertretung in dem jeweiligen Bereich mit ein; die gesetzliche Vertretung kann für sich allein entzogen werden, wenn der betroffene Elternteil seine übrigen Pflichten erfüllt".

57 Ent, wie Anm 27, S. 448.

58 Beitzke, wie Anm. 35.

59 Cendon, wie Anm. 37.

60 Beitzke, wie Anm. 36.

61 Ausführlich zu den verschiedensten Aspekten der Familienrechtsreform H. Ent, Die Reform des Familienrechts, in: Österreichische Juristenzeitung 1963, S. 589 ff. und 622 ff., sowie die Beiträge in R. Ostheim (Hg.), Schwerpunkte der

Reformbestrebung lange die Zugewinngemeinschaft des BGB, erst in der parlamentarischen Behandlung kam es zur Ausformung des jetzigen, hiervon abweichenden gesetzlichen Güterstandes[62]. Höhere Ministerialbeamte können sich erinnern, daß im Rahmen der Familienrechtsreform eine rechtsvergleichende Darstellung vorgelegen habe. Das Recht der DDR sei aber nicht als Modell herangezogen worden.

Die Rechtsprechung des OGH beschäftigte, und zwar ausschließlich in Familiensachen, die Frage nach der Geltung der (Reichs-)ZPO im Gebiet der DDR. 1964 stellte er etwa fest[63], sie gelte auch „im Gebiet der sowjetischen Besatzungszone („Deutsche Demokratische Republik), wie sich aus der ZPO-Ausgabe des Deutschen Zentralverlages, Berlin 1960“ ergäbe. 1967 befand er[64], es müsse das Untergericht „allenfalls durch eine Anfrage an das (österreichische) Bundesministerium für Justiz zu klären haben, ob der § 328 DZPO in der DDR noch uneingeschränkt ... gilt oder ob er etwa durch eine dem § 606a DZPO ähnliche Bestimmung eingeschränkt wurde“.

Die Kenntnisnahme von DDR-Recht durch die Legistik, wo man es hätte erwarten können, und durch die Rechtsprechung, wo es freilich auf die besonders gelagerten Fälle ankommt, blieb somit eindeutig gering.

VII. Wissenschaft

Von Legistik und Rechtsprechung konnte Österreichs Wissenschaft nach dem eben Gesagten nicht inspiriert werden sich mit DDR-Recht zu beschäftigen. Dies war ihrer eigenen Initiative überlassen, die wieder dadurch gebremst wurde, daß es gerade im juristischen Bereich nicht leicht war, wissenschaftliche Kontakte mit Fachkollegen aus der DDR anzuknüpfen und zu pflegen. Dafür gab es im wesentlichen nur zwei Möglichkeiten: Die Zusammenkunft auf Tagungen, und zwar vornehmlich im damals sogenannten „sozialistischen“ Ausland, was den Wissenschaftern aus dem neutralen Österreich leichter fiel als solchen aus

---

Familienrechtsreform 1977/78. Entscheidungshilfen für die Praxis, Wien 1979. Eine rechtsvergleichende Darstellung ohne Berücksichtigung des Rechts der DDR findet sich z. B. in der Regierungsvorlage zum Bundesgesetz über die Neuordnung der persönlichen Rechtswirkungen der Ehe, Nr. 851 der Beilagen zu den stenographischen Protokollen des Nationalrats (XIII. Gesetzgebungsperiode), S. 6 ff.

62 Vgl. dazu A. Fenyves, Zur Abgeltung der Mitwirkung eines Ehegatten im Erwerb des anderen nach § 98 ABGB, in: Ostheim, wie Anm. 61, S. 141 ff.; H. Honsell, Die Aufteilung des Vermögens bei der Scheidung, in: Ostheim, wie Anm. 61, S. 169 ff.; jeweils m. w. N.

63 EFSlg (= Ehe- und familienrechtliche Entscheidungen) 3140.

64 EFSlg 8854.

NATO-Staaten. Bei den hierfür besonders typischen „Rechtshistorischen Konferenzen“ hörten die wenigen Teilnehmer aus „nicht-sozialistischen“ Staaten nur 1988 im Rahmen der „Großen Kodifikationen“ etwas vom ZGB/DDR[65]. Ein direkter Kontakt vor Ort in der DDR bzw. in Österreich spielte sich im wesentlichen nur aufgrund entsprechender Abkommen ab. Ein wissenschaftliches Gespräch in toto wie mit Kollegen aus westeuropäischen Staaten, vor allem der BRD, konnte aber auf diese Weise nicht im entferntesten zustande kommen. Österreich hatte 1972 die DDR als Staat anerkannt[66], ab 1978 folgten kulturell-wissenschaftliche Kooperationsabkommen[67], 1984 ein solches zwischen der Universität Wien und der Humboldt-Universität in Berlin[68]. Mit alldem war eine leichte Verbesserung, aber doch keine Wende eingetreten. Insgesamt blieb das DDR-Recht in Österreich nahezu unbekannt. Aber auch das „andere“ ZGB, nämlich das der Schweiz, mit seiner Wissenschaft stand ja und steht in der Beachtung hinter dem BGB und seiner Behandlung weit zurück[69].

Weniger eine unterschiedliche ideologische Position verhinderte also eine größere Wahrnehmung von DDR-Recht, zumal im Bereich des Zivilrechts, sondern eine auf die eben genannten Tatsachen zurückzuführende geringe Information. Als nach der „Wende“ die Kontaktnahme sich zum Besseren zu wenden begann, war das Ende des DDR-Rechts bereits abzusehen.

---

65 G. Baranowski, Vom BGB zum ZGB der DDR, in: M. Dolezal/V. Urfus (Hg.), Velke Kodifikace II, Prag 1989, S. 139 ff.

66 W. Kleindel, Österreich. Daten zur Geschichte und Kultur, Wien 1978, S. 447.

67 Bundesgesetzblatt Nr. 215/1978, 237/1979, 404/1982, 310/1985, 311/1988.

68 Auskunft des Auslandsbüros der Universität Wien.

69 Koziol, bei Anm. 14. Zum Verhältnis BGB—ZGB/Schweiz vgl. auch F. Gschnitzer/Ch. Faistenberger/H. Barta, Allgemeiner Teil des bürgerlichen Rechts, 2. Auflage 1992, wo im Paragraphenregister 64mal auf das BGB und 19mal auf das ZGB/Schweiz verwiesen wird.

Geschichte

Eisenbahn in Deutschland und Österreich: Erst seit 175 Jahren?

Zum dritten Mal gab es 2014 ein 175-Jahre-Eisenbahn-Jubiläum: „175 Jahre Ferneisenbahn Leipzig-Dresden". Schon im Jahr 2010 feierte Deutschland eine spezielle Eisenbahnerinnerung: „175 Jahre Eisenbahn in Deutschland". Zwei Jahre darauf, 2012, folgte Österreich: „175 Jahre Eisenbahn für Österreich" – wir finden das „logo" noch immer da und dort. Aber im Jahr 2011 würdigte die österreichische Postverwaltung gleichfalls ein 175-Jahre-Bahnjubiläum: den durchgehenden Verkehr auf der „Pferdeeisenbahn" Gmunden/Traunsee – Linz/Donau – Budweis ab 1836. Wie passen diese „175er" zusammen?

Das Etikett „175 Jahre Eisenbahn in Deutschland" und vor allem die so benannte Ausstellung im DB-Museum zu Nürnberg dokumentieren die Relativität der Geschichte. Was hätte man wohl, falls es sie noch gäbe, 2010 in der DDR gefeiert? Jene Strecke, auf der vor 175 Jahren die erste Dampflokomotive Deutschlands dahinfuhr, läge ja „drüben" in der BRD! Die DDR würdigte deshalb ein anderes Bahnereignis, nämlich „die erste Fernbahn Deutschlands" (u. a. G. Schlegel, Panorama der Eisenbahn zwischen Leipzig und Dresden / Beiheft, Berlin/Ost 1989), auf sächsischem Boden von Leipzig nach Dresden, eröffnet 1839. Ganz einfach aber präsentierte sich die Nürnberger Ausstellung nicht immer. Da gibt es z. B. eine Karte „Eisenbahnstrecken in Deutschland im Jahre 1845" mit dem ausdrücklichen Vermerk „Grenze von 1871"! Das waren aber nicht die Grenzen von 1845, denn damals zählte beispielsweise Elsaß-Lothringen nicht zum politischen Deutschland, dem Deutschen Bund, sehr wohl aber zahlreiche Länder des Kaisertums Österreich. Und dies rückte in Nürnberg eine „Deutschlandkarte" ausdrücklich mit dem Hinweis „vor 1848" auch sehr wohl ins Bewußtsein.

Tatsächlich fuhr die erste Eisenbahn im Deutschen Bund und somit gemäß dem damaligen Deutschland-Begriff nicht von Nürnberg nach Fürth und nicht erst 1835 und in Österreich die erste Eisenbahn nicht erst 1836. Die Strecke der ersten kommerziell betriebenen Eisenbahn Kontinentaleuropas überhaupt verlief von Linz/Donau nach Budweis in Böhmen, war 1832 in Betrieb genommen worden und mit einer Länge von immerhin 129 km im damaligen Deutschland Originalbeitrag und natürlich auch in Österreich bereits die erste Fernbahn. Jene von Leipzig nach Dresden 7 Jahre danach durcheilte „nur" 116 Kilometer. Österreichs – angeblich – erste Eisenbahn, an die das Jubiläum von 2012 anknüpfte, verlief von Wien nach Deutsch-Wagram auf nur 13 Kilometern als erste Etappe der Nordbahn, später weiter über Mähren nach Böhmen bzw. Schlesien. An der Strecke Linz – Budweis, im oberösterreichischen Kerschbaum etwa in

Streckenmitte, entstand übrigens das erste Bahnhofsrestaurant Europas. Freilich: Betrieben wurde diese Bahn nicht mit Dampflokomotiven, sondern mit Pferden, wenngleich Dampfbetrieb sehr wohl erwogen wurde. Wer Eisenbahn mit Dampfbahn gleichsetzt, dem sei entgegengehalten, daß auf der Eisenbahn Nürnberg – Fürth anfangs der Pferdebetrieb überwog, Dampfbetrieb war die Ausnahme! Und dennoch Deutschlands erste Eisenbahn? Als Eisenbahn galten beispielsweise auch Schmalspurstrecken der Oberschlesischen Eisenbahn im oberschlesischen Industriegebiet trotz ihres Pferdebetriebs und nicht erst ab 1855, als man ihn durch Dampflokomotiven aus Wiener Neustadt ersetzte, und natürlich weiterhin als man wegen des zu leichten Oberbaus zum Pferdebetrieb zurückkehrte (A. Holter, Österr.-deutsche Beziehungen in der ältesten Eisenbahngechichte, in: Österr. Volkskalender 1955, Linz 1954, 56 ff.). Generell galt für diese „schmalspurigen Zwerg*eisenbahnen*", daß sie „theils mit Locomitiven theils mit Pferden befahren werden" (G. Herzfeld, Eisenbahn-Atlas, 1880, 23): Unterschiedslos sind sie „Eisenbahnen". Ungarn läßt seine Eisenbahngeschichte daher richtig mit Pferdebahnen beginnen. Sie entstanden übrigens als bewußte Alternativen zur Dampfbahn: Auf eine kurzlebige Probestrecke mit nur zwei Monaten Dauer von Pest nach Köbánya 1827 folgte die erste dauerhafte Linie von Preßburg (Poszony) nach Tyrnau (Nagyszombat). Trotz der Eröffnung im Jahre 1840 fuhr der erste Zug erst 1846. Und bis 1872 dienten Pferde als Zugmittel. Dennoch: Ungarns erste Eisenbahn! So ist denn auch Österreichs erste Eisenbahn nicht die von Wien nach Deutsch-Wagram, sondern jene von Budweis nach Linz/Donau: Nicht „175 Jahre Eisenbahn für Österreich" galt es zu feiern, denn sie gab es zu diesem Zeitpunkt schon seit 1832. Und nach dem damaligen Verständnis von Deutschland war es auch dessen erste Eisenbahn.

Die Pferdeeisenbahn als vollwertige Eisenbahn zu begreifen ist nicht nur nach dem eben Gesagten geboten. Eine wegen ihrer Pedanterie berühmt gewordene Definition der Eisenbahn durch das Reichsgericht zu Leipzig aus dem Jahre 1879 belegt dies klar und deutlich: Hier ist unter anderem zu den „zur Erzeugung der Transportbewegung benutzten Naturkräfte" die Rede von „Dampf, Elektricität, thierischer und menschlicher Muskeltätigkeit". Auch eine Pferdebahn galt demnach als Eisenbahn. Ein bißchen relativierend lesen wir denn auch im „Kurzführer DB-Museum" in Bezug auf Nürnberg – Fürth von „der ersten deutschen Eisenbahn mit Dampfkraft". Aber unrichtig sind jedenfalls Wendungen wie diese: „1835 begann im fränkischen Nürnberg das Zeitalter der Mobilität für jedermann", diese vielmehr schon drei Jahre früher im böhmischen Budweis bzw. im oberösterreichischen Linz sowohl mit Personentransport wie vor allem Gütertransport. Im DB-Museum selbst finden sich auch ein paar Spuren dieser ersten zeitgenössisch-deutschen Eisenbahn. So etwa das Modell eines Personenwagens Typ „Hannibal 1841". Und in der neugestalteten Lokhalle II zeigt ein Film zu Linz/Donau just jene Donaubrücke, über welche die Pferdeeisenbahn in die Stadt hinein und ab 1836 weiter nach Gmunden am Traunsee führte. Bezeichnet ist dieses Bild allerdings mit „Westbahn bei Linz“, welche man jenseits der Stadt aber kaum erkennen kann.

An 1835 hatte übrigens auch das Einhundertjahr-Jubiläum der Deutschen Reichsbahn 1935 angeknüpft. Und so trabte bei der Nürnberger Eisenbahnparade an dem Reichskanzler und ehemaligen Linzer Realschüler Adolf Hitler, der seinen Altersitz in Linz aufschlagen wollte, kein Linzer Pferdebahnzug vorbei, sondern es schnaufte eine Nachbildung der ersten Dampflok dahin.

Das Bergwerk: Mutter der Eisenbahn

I. „Eisenbahn"

Frägt man danach, was denn eigentlich eine Eisenbahn sei, so erhält man eine umfassende juristische Definition durch eine Entscheidung des deutschen Reichsgerichts aus dem Jahre 1880[1]. Demnach ist eine Eisenbahn ein „Unternehmen, gerichtet auf wiederholte Fortbewegung von Personen oder Sachen über nicht ganz unbedeutende Raumstrecken auf metallener Grundlage, welche durch ihre Konsistenz, Konstruktion und Glätte den Transport großer Gewichtsmassen bzw. die Erzielung einer verhältnismäßig bedeutenden Schnelligkeit der Transportbewegung zu ermöglichen bestimmt ist, und durch diese Eigenart in Verbindung mit den außerdem zu Erzeugung der Transportbewegung benutzen Naturkräften (Dampf, Elektricität, thierischer und menschlicher Muskelthätigkeit, bei geneigter Ebene der Bahn auch schon der eigenen Schwere der Transportgefäße und deren Ladung u. s. w.) bei dem Betriebe des Unternehmens auf derselben eine verhältnismäßig gewaltige … Wirkung zu erzeugen fähig ist".

II. Schiene – Räder - Antrieb

Gemäß dieser Definition seien vorerst drei essentielle Momente untersucht: Als erwähnte „Grundlage" die Schiene, im Zusammenhang damit als weitere „Konstruktion" die Räder und sodann für die „Erzeugung der Transportbewegung" der Antrieb. Schon um 1530 beschreibt Agricola in „de re metallica" Buch VI als Transportmittel im Bergwerksstollen Hunde auf Schienen; diese sind allerdings aus Holz gefertigt. Diese Betriebsart brachten deutsche Bergleute in der zweiten Hälfte des 16. Jahrhunderts nach England[2]. Die Schienen wurden hier

Aus: W. Ingenhaeff – J. Bair (Hg.), Bergbau und Kunst III, Innsbruck 2013, 15 ff.

1 Entscheidungen des deutschen Reichsgerichts in Civilsachen 1, 1880, 251 f.

2 A. Fürst, Die 100jährige Eisenbahn, Berlin 1925, 170 ff.

von den Bergwerken zu den nächstgelegenen Flusshäfen verlängert. Ein erstes großes Schienennetz entstand so in Newcastle–upon-Tyne[3]. Um 1630 wurden in Northumbrian die Holzschienen mit Eisen beschlagen und mit Querhölzern verbunden: das Gleis war entstanden[4]. Der Ausbau dieser Gleisstrecken schritt stetig voran, um 1750 existierte in Newcastle – Parkmoor ein ausgedehnter Gleiskörper mit Tunnel, Dämmen und Brücken, auf dem ein Pferd 2,25 Tonnen fortbewegen konnte[5]. In Coalbrookdale waren 1767 Gußeisenschienen verlegt worden, womit die Reichsgerichts-Definition erreicht war[6]. Noch lag das Schwergewicht für den Ferngüterverkehr beim Kanalbau, der sich allerdings insbesondere bei der Notwendigkeit von Schleusenanlagen als kostspielig erwies. Die Schienen-Bahn wurde daher als Zubringer favorisiert, sie war billiger und vom Betrieb her gewinnbringender wie z. B. in Südwales von Brynmawre zum Brecon-Kanal bei Govilon[7]. Nicht nur entsprechende Gleisanlagen entstanden, sondern beispielsweise auch Verladeeinrichtungen, um von der Bahn auf das Schiff durch das Kippen der Waggons direkt verladen zu können[8].

Was die Räder anlangt, galt es, dafür zu sorgen, daß sie auf den Schienen die Spur einhielten. Agricola berichtet daher von einem sogenannten Spurnagel der Hunde, der in eine Mittelschiene mit Rille eingriff, um die Spur zu halten; die Räder waren glatt, d. h. ohne Spurkranz, um die Wagen auch auf der Straße verwenden zu können[9]. Dieses Erfordernis galt auch für die ersten Bergwerksbahnen in Wales, doch behalf man sich hier mit der sogenannten Plattenschiene, ein eigentlich nicht zutreffender Ausdruck[10]: Die glatte Schiene besaß an ihren Außenrändern Erhöhungen wie ein Winkeleisen, so daß die Achsen zwischen diesen auf den Schienen gehalten wurden. Allmählich setzte sich allerdings, unter Fortfall dieser Ränder, der Spurkranz auf der Innenseite der Räder durch, teils vorerst auch als Doppelspurkranz auf Innen- und Außenseite[11]. Da die Räder lose auf den Achsen saßen, sich also auf dieser verschieben konnten, mußten die Schienen nicht exakt verlegt werden, allerdings wiesen die Weichen eine komplizierte Konstruktion auf.

Was nun ein weiteres Hauptmoment, nämlich den Antrieb, betraf, so diente vorerst menschliche Muskelkraft der Fortbewegung, bald ersetzt durch Pferde.

---

3 J. B. Snell, Frühe Eisenbahnen, Stuttgart o. J., 8.
4 Fürst 174.
5 Snell 8.
6 Fürst 176 ff., Snell 9.
7 Snell 10.
8 Snell 9.
9 Fürst 170.
10 Snell 10.
11 Snell 11.

Die Dampfmaschine war zwar bereits bekannt, wurde allerdings als feste Anlage in Bergwerken zum Pumpen verwendet[12]. Die erste selbstfahrende Dampflokomotive stellte Richard Trevithick 1802 in Coalbrookdale in Dienst: Es war dies zugleich die erste Schienenlokomotive[13]. Die Entwicklung lief nun nahezu rasant fort: Die Strecke von Merthyr-Tydol nach Cardiff führte ab 1803/04 zu diesem Seehafen[14]; eine verbesserte Trevithick-Lokomotive wurde 1805 in Gatesheard eingesetzt. Eine neue Technik fand auf der Middleton-Kohlenbahn 1811/12 Verwendung, nämlich Lokomotiven mit Außenzahnrad, das in eine Zahnschiene unmittelbar neben einer der Schienen eingriff[15]. Eine andere Technik kam gleichfalls 1812 in der Heaton-Zeche zur Anwendung, hier lief die Lokomotive entlang einer zwischen den Schienen verlegten Eisenkette[16] ähnlich der späteren Kettenschifffahrt auf zahlreichen Flüssen. Im Jahr darauf, 1813, kehrte man allerdings auf der Bahn Newcastel – Wylan zum reinen Adhäsionsbetrieb zurück[17]. Abermals ein Jahr darauf lief, gleichfalls in reinem Adhäsionsbetrieb, in Killingworth höchst erfolgreich die Lokomotive „Mylord“, umgetauft in „Blücher“, gebaut von George Stevenson[18].

Im Umkreis der Hetton-Grube in Durham kam 1820 eine Art gemischter Betrieb zur Anwendung: In der Ebene zog die Waggons eine Schienenlokomotive, Steigungen wurden durch Hochziehen der Züge mit ortsfesten Dampfmaschinen überwunden[19]. Schließlich folgte 1825 die Strecke von der Kohlengrube in Darlington zum Hafen Stockton, sozusagen die erste richtige Eisenbahn, da es auch Personenverkehr gab[20].

III. Die Entwicklung am europäischen Kontinent

Auch der erste deutsche Lokomotivbau verdankt sich einem Bergwerk: 1815 baute Friedrich Krigar in Berlin zum Zwecke des Kohlentransports in Königshütte in Oberschlesien eine Lokomotive, die zwar Schaufahrten in Berlin absolvierte, aber in Oberschlesien wegen falscher Spurweite nicht zum Einsatz kam und schließlich verschollen blieb[21].

---

12 Snell 12.
13 Snell 13.
14 Fürst 77.
15 Snell 15.
16 Snell 16.
17 Ebda.
18 Fürst 104 ff.
19 Fürst 111.
20 Snell 17, Fürst 117.
21 Fürst 91 f.

Die erste Eisenbahn im damaligen Deutschland, nämlich im Gebiet des Deutschen Bundes, steht gleichfalls mit dem Bergbau im Zusammenhang: dem Abbau von Salz im Salzkammergut. Traditionellerweise erfolgte dessen Transport auf dem Wasserweg Traunfluß – Traunsee – Traunfluß – Donau bzw. von dieser bei Linz mit Pferdefuhrwerk nach Budweis an die Moldau und weiter auf ihr zur Elbe. Nach diversen Kanalprojekten, die unrealisiert blieben, kam es zum Bahnbau zwischen Linz/Donau und Budweis[22]. Der Frachtverkehr begann 1832, die Personenbeförderung 1834, also vor Eröffnung der Strecke von Nürnberg nach Fürth 1835, die somit zu Unrecht als erste deutsche Eisenbahn gilt[23]. Die Strecke Linz – Budweis entspricht vollkommen der Eisenbahndefinition des Reichsgerichts, auch wenn sie schließlich nur mit Pferden betrieben wurde, Dampfbetrieb war freilich ursprünglich geplant gewesen. Die Strecke Nürnberg – Fürth wurde zwar mit Dampf betrieben, aber durchaus nicht ausschließlich, sondern auch mit Pferden[24]. Die Strecke Linz – Budweis wurde durch die Verlängerung von Linz nach Gmunden 1836 zur ersten deutschen Fernbahn mit 196 Kilometern. Die meist als solche bezeichnete Strecke Leipzig – Dresden folgte erst 1839 mit zirka 120 Kilometern. Im Salzkammergut ging die Verlagerung des Salztransports auf die Bahn zügig weiter: Eine Pferdebahn sollte Steeg am Hallstättersee mit Ebensee am Traunsee verbinden, über die genannten Seen wären die Waggons mit einem Trajekt befördert worden und hätten in Gmunden die Bahn nach Budweis erreicht. Diesen Plan überholte jedoch schließlich die durchgehende Bahn von Schärding über Gmunden und Ebensee nach Steinach-Irdning im Ennstal 1874, die Salzkammergutbahn, welche auch den Transport über die Seen überflüssig machte[25]. Zu erwähnen ist eine weitere Bergwerks-Bahn, nämlich am steirischen Erzberg. Von 1835/47 lief hier eine Pferdebahn von Wismath zur Passhöhe am Prebichl und hinab zu den Hüttenwerken in Vordernberg[26]. Die Bedeutung dieser Bahn ermißt man daran, daß die spätere Vollbahnstrecke mit einer Zahnstange versehen war.

Einen Zusammenhang mit dem Bergbau weist auch die üblicherweise als erste österreichische Eisenbahn eingestufte Teilstrecke der Nordbahn von Wien nach Wagram 1837/38 insoferne auf, als diese Bahn auf einen Plan von 1829 zurückgeht, und zwar für den Kohlen- bzw. Salztransport von Schlesien und Galizien nach Wien[27].

---

22 F. Pfeffer – G. Kleinhanns, Budweis – Linz – Gmunden, 1982, 12 ff.

23 U. a.: 175 Jahre deutsche Eisenbahn, 2010; immer wieder in div. Broschüren.

24 Ebda 18.

25 Pfeffer – Kleinhanns, wie Fn. 22, 54.

26 Ebda 19.

27 Ebda 52; U. Schefold, 150 Jahre Eisenbahn in Österreich, 1986, 23.

Etwa zu dieser Zeit, 1841, entwickelte Friedrich List seine Bahnprojekte für Deutschland zum Zwecke der wirtschaftlichen Einigung. Dazu inspirierte ihn während seines USA-Aufenthalts die Bergwerksgründung nächst Reading in Pennsylvanien mit dem Bau einer Eisenbahn vom Bergwerk Tamaqua nach Port Clinton am Schylkill-Schiffskanal. Auf dieser Länge von 34 Kilometern kam es in rascher Folge zu mehreren Städtegründungen. Angesichts dieses wirtschaftlichen Aufschwungs und des rasanten Bahnbaus in den USA „träumte mir von einem deutschen Eisenbahnsystem“ wie List späterhin zugab[28].

IV. Besondere Einzelbeispiele

Beispielhaft sei auf weitere Zusammenhänge zwischen Bergbau und Bahnbau verwiesen.

Der zunehmende Bedarf an Holz für den Betrieb des Sudwerks in Ebensee am Traunsee veranlasste zum Holztransport über immer weitere Strecken. So wurde beispielsweise Holz vom Attergau westlich des Attersees nahezu über dessen gesamte Länge zu seinem Südufer geflößt, von wo es galt, das Holz durch das Weißenbachtal über eine Wasserscheide in das Tal der Traun zu transportieren, auf dem es nach Ebensee geflößt wurde. Die Wasserscheide im Weißenbachtal wurde teils mit einer Eisenbahn überwunden, nämlich mit einem Schrägaufzug[29]. Dieser bestand aus einem hangaufwärtsführenden Doppelgleis, auf dem durch Wasserkraft Wagen hochgezogen wurden. In der Talstation verlud man auf diese Ploche, d. h. zerschnittene Holzstämme, die Wagen beförderten diese hangaufwärts, wo sie in einem künstlichen Kanal in Hochlage über die Wasserscheide hinweg zum inneren Weißenbach geschwemmt wurden und dann diesen abwärts zur Traun. Es war dies ein Vorläufer späterer Standseilbahnen.

Im westlichen Oberösterreich, dem Hausruckviertel[30], begann 1785 der Abbau von Braunkohle. Mit stark steigendem Kohlebedarf etwa für Linz und Wels wie auch für die von der Holzfeuerung abgehenden Sudpfannen im Salzkammergut genügte der Straßen- und Flußtransport auf der Traun bald nicht mehr. So entstand zwischen 1847 und 1849 eine Pferdebahn von Thomasreuth nach Attnang und 1854 östlich davon eine solche von Kohlgrube (Wolfsegg) nach Breitenschützing, beides Orte an der Fernstraße Wien – Salzburg. Eine Verlängerung beider Bahnen hätte in Lambach Anschluß an die Budweis-Gmundener-Bahn herstellen sollen. Der Bau unterblieb, denn diese Verbindung übernahm

---

28 Fürst 254 ff., 256; E. Rehbein – G. Fabiunke – H. Wehner, Friedrich List. Leben Und Werk, 1989, 55.

29 E. Bitterlich, Der Hallholz-Aufzug im Weissenbachtal Gemeinde Steinbach am Attersee, o. J. (1988).

30 Zum Folgenden Pfeffer-Kleinhanns, wie Fn. 22, 53 ff., 184.; Holzleithen an der Kohlebahn, in: Modellbahnwelt 2/2015, 27 ff.

schließlich ab 1860 die Westbahn. Ab 1871 begann auf den Kohlenbahnen der Dampflokbetrieb. Zur weiteren Erschließung der Kohlenreviere im Hausruck, der Salinen und auch der Holzwirtschaft im Salzkammergut entstand schließlich der Plan einer Vollbahn Passau – Ried – Attnang-Puchheim mit Fortsetzung in der Salzkammergutbahn über Ischl nach Stainach-Irdning. 1875 begannen die Bauarbeiten, wobei man von Attnang-Puchheim bis nächst Hofstätten die Trasse der alten Kohlebahn benutzte, bis etwa Kreith eine Parallelltrasse, um dann in das Wolfsegger Kohlenrevier nach Osten abzubiegen. Thomasreuth erhielt eine Stichbahn. Übrigens benützte die Salzkammergutbahn zwischen Bad Ischl und Ebensee zum Teil die unvollendete Trasse jener Pferdebahn, die dem Salztransport zum Traunsee hätte dienen sollen.

Die heutige Salzburger S-Bahn-Linie 11 geht gleichfalls auf einen Bergbau zurück, das Braunkohlengebiet um Ostermiething-Trimmelkam[31]. Es verursachte einen der wenigen Bahn-Neubauten bald nach dem Zweiten Weltkrieg, nämlich von 1949 bis 1951, um von Trimmelkam in Bürmoos die Lokalbahn Lamprechtshausen – Salzburg zu erreichen. Über diese fuhren die Kohlenzüge zur Westbahn in Salzburg und auf dieser weiter. Ab 1952 stand der Zubringer Trimmelkam – Bürmoos auch dem Personenverkehr zur Verfügung. Seit Dezember 2014 reicht die Bahn von Trimmelkam über eine Neubaustrecke weiter bis Ostermiething; eine Verlängerung bis Tittmoning in Bayern ist angedacht[31a]. Heute fährt die S 11 gemeinsam mit der S 1 von Salzburg/Lokalbahn ab, jene bis Ostermiething, diese bis Lamprechtshausen.

Auch die „Badener Bahn“, eine Überlandstraßenbahn von der Ringstraße in Wien, also dessen Zentrum, in das der Kurstadt Baden, geht auf einen Bergbau besonderer Art zurück: den Abbau von Tonerde zur Ziegelherstellung. Die „Neue Wiener Tramway-Gesellschaft“ von 1886 mit Dampfbetrieb vom damaligen Stadtrand Wiens bei Gaudenzdorf nach Wiener Neudorf diente „vorwiegend für den Transport von Ziegeln“. Im Jahre 1895 wurde sie bis Guntramsdorf, 1899 bis Leesdorf verlängert, wo sie Anschluß an die Badener Straßenbahn erhielt, 1907 erfolgte der durchgehende elektrische Betrieb auf der Gesamtstrecke.

V. Übersee

Hiezu sei nur ein einziges Beispiel erwähnt, nämlich die Otavi-Bahn in der ehemals deutschen Kolonie Südwestafrika, dem heutigen Namibia[32]. Der Beginn des

---

31 A. Mueller, Die Eisenbahnen Salzburgs, 1976, 104 f.; A. Fuchs, Salzburgs Nahverkehr, 1986, 111 f.

31a Regionale Schiene 1/2015, 18.

32 H. Rautenberg, Das alte Swakopmund, 1967, 157 f.; U. Kaulich, Die Geschichte der ehem. Kolonie Deutsch-Südwestafrika 1848–1914, 2001, 443 ff.

Kupfer-Bergbaus in Tsumeb im Osten Südwestafrikas erforderte einen Bahnanschluß zum Hafen Swakopmund. Eine einfache Anbindung in Karibib an die bestehende Staatsbahn von Windhuk nach Swakopmund schloß die geringe Leistungsfähigkeit dieser Schmalspurstrecke wegen ihres schwachen Oberbaus aus. So initiierte der Bergbau in Tsumeb den Bau einer völlig neuen Bahnstrecke von hier nach Swakopmund über Otavi, daher Otavi-Bahn genannt. Im Jahre 1906 erfolgte die Betriebsaufnahme. Schon 1907/08 kam es zu einer Erweiterung mit der Zweigbahn von Otavi nach Grootfontein. Das Bahnnetz mit allerdings nur 600 mm Spurweite[33] besaß damit eine Gesamtlänge von 672 Kilometern. Die Otavi-Bahn ersetze schließlich ab 1910 die alte Staatsbahn und wurde auf die 1067 Millimeter-Kap-Spur des mittlerweile entstandenen übrigen Bahnnetzes umgespurt. Die Bahn trug wesentlich zum Aufschwung verschiedener Orte und auch von Farmen im Binnenland bei.

33 Österreichs Schmalspur beträgt oft 760 Millimeter, in der Regel 1000 Millimeter.

Nordamerikaauswanderung: Realität und Vision

I. Transatlantische Kulturbeziehungen

„Transatlantische Reiseskizzen" nannte der Mährer Karl Postl, zeitlebens bekannt als „Charles Sealsfield, Bürger der Vereinigten Staaten von Amerika", wie es auch auf seinem Grabstein im schweizerischen Solothurn steht, seine „Reise- oder vielmehr Stationen-Skizzen zugleich Roman" von 1834[1]. „Transatlantische Landschaften" betitelte 1986 Rolf Günter Renner seine Studie „zum Bild der Neuen Welt bei Charles Sealsfield"[2]. „Der Freistaat Texas" wurde 1846 anonym für Auswanderer „beschrieben von einem transatlantischen Reisenden", mit „Transatlantische Federzeichnungen" ist 1853 eine Amerikakritik benannt, 1855 spricht Ferdinand Kürnberger in seinem Roman „Der Amerikamüde" freilich auch von „transatlantischer Entartung", 1822 werden „Nordamerikanische Kulturbilder" konkret „aus der Transatlantischen Gesellschaft" abgeleitet, die Erforschung von „transatlantic cultural developments" gilt noch immer als ein Desiderat[3]. Das Etikett „Transatlantische Kulturbeziehungen" entspricht

---

Aus: H. Kuße (Hg.), Karl Mays Friedenswege, Bamberg-Radebeul 2013, 266 ff.; ergänzt um Abschnitt I.

1 Transatlantische Reiseskizzen und Christophorus Bärenhäuter I u. II, Zürich 1834: Charakteristik ebda I, VI; Grabinschrift: E. Castle., Der große Unbekannte, Wien-München 1952, 639; E. Grabovski, Zwischen Kutte und Maske, Wien 2005.

2 R.C. Renner, Transatlantische Landschaften: Zum Bild der Neuen Welt bei Charles Sealsfield, in: Schriftenreihe der Charles-Sealsfield-Gesellschaft 1/1987, 7 ff.

3 Der Freistaat Texas, geographisch-statistisch-naturhistorisch und in Rticksicht auf Auswanderer beschrieben von einem transatlantischen Reisenden, Clausthal 1846; Eduard Pelz, Transatlantische Federzeichnungen, Rudolstadt 1853: zu diesen beiden Titel vgl. H. Mayer, Nord-Amerika im Urteil des Deutschen Schriftturns bis zur Mitte des 19. Jahrhunderts, Hamburg 1929, 61, 151; Kürnberger zit. nach ebda 120 Fn. 2; K. Knortz, Aus der transatlantischen Gesellschaft. Nordamerikanische Kulturbilder, Leipzig 1882; A.G. Roeber, In German Ways?, in: The Williams and Mary

also sowohl dem Sprachgebrauch und den Intentionen der Zeitgenossen wie auch gegenwärtigen Reflexionen hierüber und schließlich gegenwärtigen Beziehungen. Den Begriffsinhalt dieses „Transatlantischen" hat von den Zeitgenossen Sealsfield 1839/40 mit einem anderen Roman als „Die deutsch-americanischen Wahlverwandtschaften" definiert und beispielsweise Gustav Struve, der Republikaner und badische Revolutionär von 1848/49, von 1851 bis 1863 in den USA wohnhaft und gleichfalls deren „Bürger", mit Titel und Inhalt seines Buchs „Diesseits und Jenseits des Oceans" als Versuch einer Wissens-„Vermittlung zwischen Deutschland und Amerika" umschrieben, hiebei jenes zu dieser Zeit, 1863, als die Staaten des Deutschen Bundes mit seinem österreichischen Anteil verstanden[4].

Diese Beziehungen trug „die historische Dimension der translantischen Völkerwanderung"[5], nämlich die Auswanderung nach Nordamerika, die lange ein wechselseitiges Beziehungsgeflecht nach sich zog. So prägte denn auch ein gleichsam transatlantischer Charakter viele Einzelschicksale. Er spiegelt sich bereits in Memoirentiteln wider wie 1853 in jenem des Eigentümers eines Großhandlungshauses in New Orleans Viktor Nolte „Fünfzig jahre in beiden Hemisphären" oder 1881 in Heinrich Börnsteins „Fünfundsiebzig Jahre in der Alten und Neuen Welt"[6].

Friedrich Münch, „Bürger des Staates Missouri", sah das Verhältnis „der einen Seite das „Atlantischen Oceans" zur anderen sehr spezifisch, nämlich so: „Die alte Welt und die neue Welt — Ich habe sie beide gesehen; Wenn's Dir in der einen nimmer gefällt, Mag'st in die andere Du gehen"[7]. Das taten denn auch viele wenngleich mit unterschiedlichem Erfolg. Nikolaus Lenau beispielsweise kehrte schon nach eineinhalb Jahren Amerika-Aufenthalt wieder nach Österreich zurück[8]: Mitte 1832 war er veranlaßt wohl auch durch politischen Druck, getragen aber von einer allgemeinen Amerika-Euphorie von den Niederlanden

---

Quarterly 3d Series, Vol. XLIV, October 1987, 773 Fn. 39; bei M. Knapp (Hrsg.), Transatlantische Beziehungen, Stuttgart 1990, sind diese im Untertitel präzisiert als: „Die USA und Europa zwischen gemeinsamen Interessen und Konflikt".

4 G. Struve, Diesseits und Jenseits des Oceans, Coburg 1863, Vorwort; zu G. Struve die quellenfundierte Biographie von M. Kunze, Der Freiheit eine Gasse. Traum und Leben eines deutschen Revolutionärs, München 1990.

5 So M. Durzak, Das Amerika-Bild in der deutschen Gegenwartsliteratur (= Sprache und Literatur 105), Stuttgart-Berlin-Köln-Mainz 1979, 31.

6 V. Nolte, Fünfzig Jahre in beiden Hermsphären I u. II, Hamburg 1853; H. Börnstein, Fünfundsiebzig Jahre in der Alten und Neuen Welt I u. II, Leipzig 1881.

7 F. Münch, Die Zukunft von Nordamerika und Blicke aus der neuen Welt in die alte, Bremen 1860, Titelblatt, 3, 30.

8 Zu Lenau E. Castle, Amerikamüde. Lenau und Kürnberger, in: Jahrbuch der Grillparzer-Gesellschaft 12, Wien 1902, 15 ff.; Durzak, wie Fn. 5, 38 ff.; F. Seltzmann,

abgesegelt in der Annahme „unendlich bereichert zurück(zu)kehren in mein geliebtes Österreich", was nicht eintraf. Tiefe Enttäuschung bewog ihn zur Rückkehr, schon Mitte 1833 war er wieder in Europa: In Amerika „sind tückische Lüfte, schleichender Tod"[9]. Nun war dies freilich ein ganz subjektives und vielleicht von der kommenden Geisteskrankheit überschattetes Empfinden, aber es fand literarische Verbreitung[10]: Die Titelperson von Kürnbergers Roman „Der Amerikamüde" orientierte sich leicht erkennbar an Lenaus negativer Amerikaerfahrung. Allerdings stellte dieses Buch auch eine Reaktion dar, und zwar schon vom Titel her: 1838 war just der gegenteilige Roman erschienen, nämlich von Ernst Willkomm „Die Europamüden". An solchen gab es überaus viele, den Zeittrend charakterisiert dieser Roman daher besser als jener von Kürnberger: In Deutschland erschienen zwischen 1815 und 1850 an die fünfzig begeisternde Reiseberichte über Nordamerika[11]. Die davon mitbestimmte Neigung zur Auswanderung spiegelt beispielsweise auch ein Theaterstück von Adolf Bäuerle wider, das zwischen 1826 und 1830 im Leopoldstädter-Theater zu Wien mit Ferdinand Raimund in der Hauptrolle aufgeführt wurde und sich gegen jene Tendenz wandte, freilich mit der im damaligen Vormärz wohl nicht von jedermann nachvollziehbaren Alternative im Titel: „Glück in Wien"[12].

Im 19. Jahrhundert war Nordamerika ein Einwanderungsland für die Bevölkerung der deutschen Staaten und Österreichs, der „Onkel aus Amerika" wenn nicht Realität so doch wenigstens Wunsch. Sogar in der Trivialliteratur spielten diese Kontakte eine oftmals tragende Rolle und blieben dadurch vielen lebendig[13]. Für den meistgelesensten dieser Autoren, Karl May, gab das „Diesseits und Jenseits des Oceans" von Struves Buchtitel nicht nur essentielle Handlungsgrundlage zahlreicher „Reiseerzählungen" durch den in Deutschland wie im Wilden Westen gleich hei mischen Haupthelden ab, es produzierte auch Reflexionen über deutschamerikanische Geschichte[14]: „Ein Deutscher, ein Studierter, ein namhafter Gelehrter, und nun ein richtiger Apache ...", zu diesem wurde Winnetous Lehrer, und das gab es aus *Mays* sächsischer Heimat tatsächlich in

Über die Hintergründe von Nikolaus Lenaus Amerikafahrt, in: Lenau-Forum 11, Wien 1979, 40 ff.

9 Seltzmann, wie Fn. 8, 43; Castle, wie Fn. 8, 23.

10 Zum Folgenden: Castle und Durzak wie Fn. 8; ferner u. a. R. Steinlein, Ferdinand Kürnbergers „Der Amerikamüde", in: H. Denckler — W. Malsch (Hrsg.), Amerika in der deutschen Literatur, Stuttgart 1975, 154 ff.

11 Durzak, wie Fn. 5, 62.

12 Castle, wie Fn. 1, 17 Fn. 1.

13 J. Mikoletzky, Die deutsche Amerika-Auswanderung des 19. Jahrhunderts in der zeitgenössichen fiktionalen Literatur, Tübingen 1988.

14 C. May, Winnetou, Freiburg/Breisgau 1897, 128 f; zu Priber: E. Koch, Karl Mays Väter, Husum 1982, 83 f.

der Person des Anwalts Dr. iur. Christian Gottlieb Priber aus Zittau, der sich 1736 den Cherokeesen assimilierte, für ihre Sprache eine Grammatik und ein Wörterbuch sowie für ihr Zusammenleben ein Gesetzbuch schrieb. Mit Winnetous Lehrer bot May vor allem ein Stück deutschamerikanischer Zeitgeschichte: „Mein größter Stolz bestand darin, Freigeist zu sein … Ich war ein guter Redner und riß meine Hörer hin … Dann kam die Zeit der Revolution [von 1848] … Ich trat öffentlich als Führer der Unzufriedenen auf … Sie stürmten in Scharen zusammen und griffen zu den Waffen … Ich verließ das Vaterland … Am Tage, bevor ich die schützende Grenze erreichte, wurde ich von der Polizei gehetzt. Ich irrte hier [in den USA] aus einem Staate in den anderen …" — das Schicksal eines 1848ers wie etwa das Struves. Auch gab persönliche Verstrickung ein Auswanderungsmotiv ab wie etwa bei dem österreichischen Adeligen Nikolaus Nimbsch von Strehlenau alias Lenau. May hat auch ein solches seinen Lesern, diesen wohl fast klischeehaft bekannt, in der österreichischen Adeligenfamilie v. Hiller vorgeführt[15]: „Es war ihnen ein großes Unrecht geschehen, dem sie wehrlos gegenübergestanden hatten. Man hatte eine, wie es schien, sehr schwere Schuld auf sie geworfen, deren Folgen, also der Bestrafung zu entgehen, sie geflüchtet waren. Die Ehre der Familie war verlorengegangen, und sie schienen bis heut ihr ganzes Bestreben darauf gerichtet zu haben, diese Ehre wiederherzustellen, um in die Heimat zurückkehren zu können". Freilich muß v. Hiller bemerken: „… ich wütete gegen das Gesetz, gegen die Behörde; die Folge war, daß ich mich nur durch die Flucht den schlimmeren Folgen entziehen konnte; ich entkam nach Amerika. Mein Weib folgte mir mit unserem Kinde …". Dies allerdings erst drei Jahre nach seiner Flucht, nachdem er „gearbeitet und gespart (hatte), bis er (ihnen) die Schiffskarten schicken konnte", die „von einem New-Yorker Agenten des damals erst ein Jahr bestehenden Bremer-Lloyd ausgestellt" worden waren, worauf die Zurückgebliebenen „alles, was (sie) besaßen, verkauft" hatten. „Zu seinem und der Seinen Glück war Hiller ein guter Jäger gewesen, und es gelang ihm, bei einer der großen Pelzfirmen Engagement zu finden. Er arbeitete sich mit der Zeit in diesem Fache so empor, daß er ein seinen Absichten genügendes Einkommen erzielte". Konkret pflegte Hiller „für eine bedeutende Firma in St. Louis jährlich eine Gesellschaft von Jägern und Fallenstellern anzuwerben, deren Master er in jeder Beziehung" war – durchaus kein Einzelschicksal. Mittlerweile hatte sein Sohn „auf den Lawyer studiert, nimmt aber keine Stelle an, sondern sitzt zu Hause bei einer Menge von Büchern", „die sich meist auf die in Österreich geltenden Rechte bezogen", da er sich ausschließlich darauf verlegt hatte, „die einschlägigen Gesetze seines Vaterlandes zu studieren", um dereinst die Rehabilitierung der Familie betreiben

15 C. May, Weihnacht, Fehsenfeld, Freiburg/Breisgau 1897, 43, 108, 150 f., 153, 168, 199, 611.

zu können. Dieser aber bedarf es dann doch nicht: „Die Unschuld ist erwiesen! Dei Täter wurde entdeckt und hat alles gestanden! Sie dürfen offen zurückkehren!“ — so lautet eine mit „treuer Nachbar“ unterfertigte Zeitungsanzeige; sie enthält „der noch jetzt bestehende, in St. Louis erscheinende ‚Anzeiger des Westens‘, welcher allen deutschen Lesern warm empfohlen werden kann“! Hiermit gibt May Realität wider: Den „Anzeiger des Westens“ gab heraus und redigierte Heinrich Börenstein. Fiktionale gehen so in tatsachliche Beziehungen über. In der Tasche eines toten Tramps läßt May ein „Stück Papier“ finden, nämlich ein „Stück Zeitung“, mit dem Bericht darüber, daß die US-Regierung vergessen habe, das heute „Panhandle“ genannte westliche Stück Oklahomas einem Staate zuzuteilen, so daß „Gesetz, Recht und Steuern ... dort unbekannte Dinge (sind)“[16]. „Gesetz und Recht — und Steuern sind darin unbekannte Begriffe“, so las es sich tatsächlich in Kansas im Jahrgang 1881 der deutschsprachigen Zeitung „Die Germania“[17]!

Dem Interesse Mitteleuropas an der Neuen Welt entsprach in Nordamerika ein solches an der alten Heimat. Anzeigen in den deutschen Zeitungen von Kansas beispielsweise enthielten zu Heilmitteln den Hinweis, daß diese in „Österreich, Deutschland und der Schweiz im allgemeinen Gebrauch“ stünden, warben für einen „Wiener Kräuter-Thee“ und einen „Dr. Carl Neumann, Deutscher Arzt, graduirt in Wien den 28. Juli 1851“, was damals noch als Empfehlung galt, aber — falsch ist: Weder am 28. Juli 1851 noch überhaupt irgendwann zwischen 1849 und 1854 promovierte in Wien ein Dr. Carl Neumann. Vor allem gab es immer wieder Berichte bis hin zum Detail, daß am 23. Juli 1883 in Hütteldorf bei Wien die Brücke über den Halterbach eingestürzt sei[18]. Auch kam es zu Reminiszenzen an 1848 etwa durch die Nachricht, es sei der 1848er Dr. Schütte aus dem Gefängnis Wien-Josefstadt entflohen, oder, die zu Beginn der Revolution 1848 aus München vertriebene Mätresse des Bayern-Königs Lola Montez werde in Buffalo drei Vorlesungen unter anderem über Demokratie halten[19].

---

16 C. May, Der Schatz im Silbersee, in: Der Gute Kamerad, 1890/91, 199 f. (Reprint der Karl-May-Gesellschaft 1987, S. 108 f.).

17 Die Germania. Gewidmet den Interessen des deutschen Publikums von Lawrence und Umgebung, Jg. 4 Nr. 23, 10.2.1881: „Ein vergessenes Land“. - Diese und die Zeitungen in Fn. 18 uwd 19 im Archiv der “Historical Society” Topeka, Kansas.

18 Die Germania (wie Fn. 17) 1880 d.ö. (Anzeigen), 1883 Nr. 26 und 31 (Dr. Neumann), Nr. 50 (Halterbach); Dr. Carl Neumann: Universitätsarchiv Wien/Medizinisches Promotionsprotokoll.

19 Kansas Zeitung, Atchinson: 1857 Nr. 6. Mit der Durchführung der „Americanization“ im 1. Weltkrieg, der staatlich organisierten “assimilation, the harmonization of alien with native elements into a homogeneous socio-political unit” (so nach Encyclopedia Britannica 1, Chicago-London-Toronto 1950, 776 f.), erlosch Derartiges fast abrupt:

Diese transatlantischen Beziehungen brachte von den Autoren des 19. Jahrhunderts neben Friedrich Gerstäcker am nachhaltigsten Karl May dem Lesepublikum nahe. Was wäre der Winnetou-Roman ohne Winnetous sächsischem Lehrer Klekih-petra, was der Llano Estacado ohne Helmer's Home, was die Ölprinz-Erzählung ohne einem kompletten Auswandererzug? Zufolge der zahlreichen deutschen Auswanderer, die Old Shatterhand nahezu permanent über den Weg laufen, entzündete sich abfällige Kritik: May habe den Wilden Westen mit Deutschen, überwiegend sogar Sachsen, bevölkert, womit in die Ferne transportierter übersteigerter Patriotismus unterstellt wird. Derartige Feststellungen verkennen allerdings einerseits die Realität der deutschen Auswanderung nach Nordamerika, andererseits Mays Vision von einem Erfolgsraum für die Auswanderer, Erfolg freilich nicht in erster Linie im materiellen Sinne gemeint.

II. Die Realität der deutschen Auswanderung

Zur Zeit der Handlung bzw. der Abfassung von Mays Nordamerika-Erzählungen zählte die Auswanderung insbesondere nach Nordamerika zu einem allbekannten Fixpunkt im kulturellen, wirtschaftlichen und politischen Szenarium der deutschen Länder. Ihre Verfassungen enthielten meist das „Recht der freien Auswanderung" als Grundrecht wie beispielsweise Kurhessen 1831 (§ 41), Österreich 1848 (§ 23), Preußen 1850 (Art. 11) wie auch die Reichsverfassung der „Paulskirche" 1849 (§ 36)[20]. Details regelten zahlreiche Gesetze und Verordnungen[21]. Die Auswanderung zeitigte unterschiedliche wirtschaftliche Folgen: Entlastung dort, wo die Bevölkerungsdichte zum Problem geworden war, unerwünscht

So berichtete denn auch die "Lawrence Germania" 1918,19 Nr. 4 (24.5.1918) über Namensänderungen wie etwa „Hofbräu" in "The States Cafe" oder "The Heidelberg Inn" in "Columbia Inn" oder etwa, daß das „Deutsche Haus" in Spokane, Washington, „seine Türen geschlossen und sein Schild abgenommen (hat)". In bezug auf den Rang der deutschen Literatur in den USA bedeutete dies einen „Rückschlag: Die radikale Wende kam während des Ersten Weltkriegs, als es der Propagandamaschinerie Präsident Wilsons sowie der amerikanischen Presse gelang, die Deutschen als so unmenschliche und kulturlose Barbaren hinzustellen, daß eingewanderte Deutsche es nicht mehr wagten, in der Öffentlichkeit ihre Muttersprache zu benutzen. Und von dieser antideutschen Wende mit seiner Auswirkung auch auf die Popularität der deutschen Literatur haben sich die Vereinigten Staaten bis heute nicht gelöst": so Cornelius Schnauber, University of Southern California, Los Angeles, 300 Jahre deutsche Literatur in den USA. Ein Nachtrag zu den 300-Jahr-Feiern der ersten deutschen Einwanderung, in: Neue Züricher Zeitung, Fernausgabe 97/1984 (27.4.1984), 38.

20 E. Fischer-W. Künzel, Verfassungen deutscher Länder und Staaten, 1989; W. Brauneder, Quellenbuch zur österreichischen Verfassungsgeschichte, 2012.

21 B. Dölemeyer, Auswanderung, in: Handwörterbuch zur deutschen Rechtsgeschichte, 2. Aufl., 2008, 389 ff.

dann, wenn es an Arbeitskräften mangelte. Literatur unterschiedlicher Art hatte das Thema Auswanderung in den Kulturbetrieb eingeführt, zum unterschiedlich auszulegenden Flügelwort wurde der „Onkel in/aus Amerika".

Zur Zeit der Handlung bzw. der Abfassung von Mays Werken erreichte die Auswanderung aus Deutschland beachtliche Zahlen. Im Zeitraum von 1850 bis 1860 gab es eine Million deutscher Einwanderer in den Vereinigten Staaten, 1854 etwa waren es 215.000, im Jahre 1860 lebten in den USA 1,3 Millionen in Deutschland Geborene. Bis zum Jahr 1890 stieg die Zahl der Auswanderer auf 2,8 Millionen an. Dies schlug sich in den Vereinigten Staaten unter anderem darin nieder, daß es im Jahre 1860 etwa 200 deutsche Periodika gab, im Jahre 1890 bereits deren 800. „German settlements in Kansas" lassen, eingetragen auf eine Karte, diese wie einen Himmel übersät mit Sternen in unterschiedlicher Dichte erscheinen, darunter zufolge besonderer Anhäufung etliche Sonnen[22]. Von den 105 countys von Kansas weisen lediglich 17 keine deutsche Siedlung auf, 29 einige, 12 mehrfache und 10 auffallend viele. Die Romanfigur Old Shatterhand hätte daher bei seinen durch Kansas führenden Reisewegen – Winnetou II, Old Surehand II, Schatz im Silbersee – auf zahlreiche deutsche Ansiedlungen stoßen können.

Die Auswanderung war, gerade in Sachsen, mehrfach organisiert. Sogar schon bis 1848 gab es in sächsichen Städten zahlreiche Auswanderervereine wie unter anderem in Dresden, Chemnitz, Freiberg[23]. Beispielsweise schickte der „Zentralauswanderungsverein" in Leipzig im Juni 1849 16 Auswanderer nach New York[24]. Erstaunlich ist daher, daß im Juni 1854 aus Ernstthal und Hohenstein sogar etwa 90 Einwohner auswanderten: An den Vorbereitungen hiezu nahm – May teil[25]! Eine „Zunahme der Auswanderung und der Auswanderungslust" läßt sich für 1848 festhalten, und zwar aus wirtschaftlichen Gründen wie Mißernte 1847 und zunehmende Labilität der Hausindustrie einerseits, andererseits wegen übertriebener Vorstellungen von Chancen in Amerika[26]. Neben den erwähnten Auswanderervereinen, also organisierten Vereinigungen, existierten auch bloße Auswanderergesellschaften, wobei allerdings nach 1851 nur mehr vier Vereine existierten: in Chemnitz, Zwickau, Auerbach und

22 I.N. Carman, Foreign-language units of Kansas I, 1962, Anhang.

23 H. Rosenthal, Die Auswanderung aus Sachsen im 19. Jahrhundert (1815–1871), 1931, 57 f.

24 Ebda 58.

25 D. Sudhoff - H.D. Steinmetz, Karl-May-Chronik I, 2005, 56.

26 L. Pohle, Auswanderungswesen und Auswanderungspolitik im Königreich Sachsen, in: E. V. Philippovich, Auswanderung und Auswanderungspolitik in Deutschland, 1892, 369.

Hohnstein (nicht Hohenstein!)[27]. Teils auf Initiative der Auswanderervereine beschäftigten sich ab 1848 zahlreiche Initiativen und Maßnahmen des sächsischen Landtags oder der sächsischen Regierung mit diesen Vereinen, mit der Regelung der Auswanderungsagenturgeschäfte wie 1853, 1858 kam es zu einem Antrag in der Bundesversammlung des Deutschen Bundes auf Zulassung der Auswanderung[28].

Die Auswanderungslust war am größten im Vogtland und insbesondere im Erzgebirge, hier entstanden übrigens die ersten Auswanderervereine[29]. Auch in Mays Geburtsort Hohenstein existierte ein Auswandererverein[30]. Von den vier Kreisdirektionen des Königreichs Sachsen[31] stand die Kreisdirektion Zwickau, der auch Hohenstein und Ernstthal unterstanden, meist an der Spitze der Auswanderungsquote noch vor der Kreisdirektion Leipzig wie etwa 1853/55 mit 1776 Auswanderern (Leipzig 1032) und 1859/61 mit 997 Auswanderern (Leipzig 786)[32]. Das Auswanderungsthema hielten auch die Medien stets präsent. So gab es eigene Auswanderer-Zeitungen, die Briefe aus den Vereinigten Staaten und Reisenachrichten abdruckten[33]. Sodann fanden sich die Abfahrtszeiten der Dampfer des Norddeutschen Lloyd „in jeder größeren Zeitung annonciert", auch wurde bekannt, daß die Auswanderung immer mehr mit „prepaidtikets" von Verwandten in der Neuen Welt finanziert wurde[34].

Die gegenseitige Wahrnehmung deutscher und nordamerikanischer Gegebenheiten gestaltete sich im 19. Jahrhundert in mehrfacher Weise höchst intensiv[35]. Beiderseits des Atlantik hielten zahlreiche Periodika, Zeitungen vor allem, das am anderen Atlantikufer ablaufende Geschehen bis in Details fest. So etwa berichteten in Kansas die deutschen Zeitungen wie u. a. „Die Germania. Gewidmet den Interessen des deutschen Publikums von Lawrence und Umgebung", ferner die „Kansas-Zeitung", die „Leavenworth Freie Presse" Noie oben I) emëhnt unglaublich detailliert über die alte Heimat: Es sei in Hütteldorf bei Wien die Brücke über den Halterbach eingestürzt, der Revolutionär von 1848 Dr. Schütte sei aus dem Gefängnis entflohen, die durch die Revolution 1848 aus München vertriebene

27 Ebda 370, 376.

28 Ebda 370 ff., 380 f., 383.

29 Pohle, wie Fn. 26, 370.

30 Rosenthal wie Fn. 23, 57 f.

31 K. Blaschke, Königreich Sachsen und thüringische Staaten, in: K. G. A. Jeserich – H. Pohl – G.-Ch. V. Unruh, Deutsche Verwaltungsgeschichte II, 1983, 615.

32 Pohle, wie Fn. 26, 376.

33 Bretting – Bickelmann, Auswanderungsagenturen und Auswanderungsvereine im 19. und 20. Jahrhundert, 1991, 144.

34 Wie Fn. 33, 85.

35 U. a. W. Brauneder (Hg.), Grundlagen transatlantischer Rechtsbeziehungen im 18. u. 19. Jahrhundert, 1991, mit zahlreichen Details zu den folgenden Ausführungen.

Maitresse des bayrischen Königs Lola Montez werde in Buffalo drei Vorlesungen unter anderem über Demokratie halten[36]. Umgekehrt las man in Deutschland Details auch über den fernen Westen wie etwa in der „Gartenlaube", sah in der „Illustrierten Zeitung" aus Leipzig im Jahrgang 1856 in der Reproduktion des Ölgemäldes von Theodore Kaufmann „Westward the Star of Empire" indianische „Railtroubers" vor einem herannahenden Zug, das eine Illustration zu derartigen von May geschilderten Szenen hätte sein können. Eine andere deutsche Zeitung – noch unbekannt – brachte einen Artikel aus der eben erwähnten Zeitung „Germania", Jahrgang 1881, betitelt „Ein vergessenes Land", den wortwörtlich May im „Schatz" in der Satteltasche eines Tramps finden läßt[37].

Nicht nur dieses allgemeine Amerika- und speziell Auswanderungsszenarium umgab May, sondern auch sehr Konkretes in seiner Heimat Hohenstein-Ernstthal. Der Auswandererverein in Hohenstein ist bereits erwähnt worden. Dazu kam die Bekanntschaft mit einem Auswanderer 1854, im Jahr 1864 fand sich in einer Lokalzeitung Hohenstein-Ernstthals die Anzeige eines Ferdinand Pfefferkorn: Er gäbe Auskunft über die US-Auswanderung auf Grund eigener Erfahrung und seiner zwei in den USA verheirateten Töchter. Im Jahre 1897 war May, als er „Weihnacht" schrieb, Stammkunde im Zigarrenladen eines Herrn Spielner in Radebeul, der von 1869 bis 1877 in St. Louis gewesen war. Mays Schwager Julius Ferdinand Schöne besaß als zurückgekehrter Auswanderer ebenfalls Nordamerika-Erfahrung[38]. Schließlich ist noch Mays Pate Christian Friedrich Weißpflog zu erwähnen, der ebenfalls Amerika-Erfahrungen besaß.

May schöpfte seine Kenntnisse über Auswanderer bzw. Auswanderung natürlich auch aus literarischen Quellen. Ein früher Beleg dafür findet sich im „Repertorium C. May", angelegt wohl während der Haftzeit in Schloß Osterstein: Die Notiz unter Punkt 106 „Die Vigilanten" bezieht sich nach der hiezu gesetzten Quellenangabe auf den Artikel „Volksväme in Amerika" in Gartenlaube Nummer 40/1867. Aber auch den Jahrgang 1862 hat May benützt, nämlich die hier abgedruckte Erzählung von Otto Rupius „Bill Hammer", der er nicht nur den „Roten Cornell" für den „Schatz im Silbersee" entnahm, sondern auch „Missouri-Deutsche"[39]. Zum Kreis der von May benützten Auswanderungsliteratur zählt besonders ein Buchtitel, „geschildert mit besonderer Rücksicht auf deutsche Einwanderung", nämlich von Friedrich Münch „Der Staat Missouri" in der ersten Auflage von 1859. In „Weihnacht" finden sich ganze Passagen zum

36 Wie eben, 15 f.

37 W. Brauneder, „Ist das wahr, ist das möglich?", in: Mitteilungen der Karl-May-Gesellschaft (MKMG) 107/1996, S. 34 ff.

38 Karl-May-Chronik I, 167.

39 W. Brauneder, Der „Rote Cornell": Otto Rupius als Vorbild, in: MKMG 118/1998, 14 ff.

Einwanderungsthema nahezu wortwörtlich: Der „in St. Louis erscheinende Anzeiger des Westens ... war das erste auf der Westseite des Mississippi herausgegebene deutsche Blatt, wurde stets in vorzüglicher Weise redigiert ..." („Weihnacht" GWF XXIV, 125)/„der in St. Louis erscheinende Anzeiger des Westens war das erste deutsche Blatt auf der Westseite des Mississippi und befand sich von Anfang bis jetzt in geschickten Händen" (Münch 167); die Stadt Weston, „deren Einwohner zum dritten Teile Deutsche waren, liegt in einer kulturell sehr reichen Gegend und hatte sich durch die Emigrantenzüge sehr gehoben. Sie besaß damals, so glaube ich, fünf Kirchen, darunter zwei deutsche. Die Deutschen befanden sich in den besten Verhältnissen und hatten mehrere Vereine, sogar eine Jägerkompanie gegründet" (GWF XXIV, 298)/„Weston ... mit 2700 Einwohnern, worunter 1/3 Deutsche in einer überaus reichen Landschaft, hob sich schnell durch die westlichen Emigrantenzüge .... Hier sind 5 Kirchen (worunter 2 Deuttsche) ... Arme gibt es hier nicht ... Die Deutschen, in deren Händen sich mehrere der wichtigsten Geschäfte befinden, haben einen Musik-, einen Unterstützungs-, einen Turn-Verein, und eine Jägercompanie gestiftet" (Münch 206). Weitere Beispiele liefern andere Autoren.

III. Auswanderermotive

Die von May[40] erwähnten oder referierten Auswandererschicksale in Nordamerika lassen sich in mehrere Gruppen gliedern[41]. Da ist einmal jene, die Personen[42] umfaßt, zu denen keine besonderen Gründe für die Auswanderung erwähnt werden wie etwa zu Sam Hawkins (Samuel Falke), Tante Droll (Sebastian Melchior Pampel), dem Dicken Jemmy (David Pfefferkorn), den Snuffels (Jim und Tim Hofmann), den diversen Timpes sozusagen der ersten Generation oder Adolf Horn.

Bei der zweiten Gruppe werden zum Drang über den Atlantik Gründe genannt, die in der deutschen Heimat liegen. „Unerquickliche Verhältnisse in der Heimat"[43] hatten Mays Wild-West-Ich (Old Shatterhand) nach Amerika vertrieben, wo es vorerst, je nach Erzählung, als Detektiv oder Hauslehrer eine Anstellung fand. Emil Reiters Auswanderung geht auf eine unverträgliche Mutter zurück. Aber wir hören auch Konkreteres. Hobble Frank hielt es nach einem Streit mit seinem Dienstherrn nicht mehr in Sachsen, ebenso das

---

40 GW = Gesammelte Reiseromane bzw. Reiseerzählungen, F = Freiburg bzw. R = Radebeul als leicht erreichbare Leseausgabe.

41 Vgl. auch E. Gohrbrandt, Auswanderer und Siedler in Karl Mays Nordamerikaerzählungen, in: JbKMG 1995, 165 ff.

42 Zu diesen stets B. Kosciuszko (Hg.), Großes Karl May Figurenlexikon, 1991.

43 GWF VII, 9 bzw. ebde/Reprint KMV 1982, Anhang 3.5.

„Scout"-Ich und John Helmers. Ein Zwist mit seinem Bruder Johannes Daniel trieb Rehabeam Zacharias Timpe über den Ocean. Rechtliche Gründe, auch Flucht für Inhaftierung, veranlassten zur Auswanderung wie etwa Max v. Schönburg-Wildauen oder v. Hiller aus Österreich oder Alfred Winter (Desierto) aus Holstein. Es sind nur vermeintliche Rechtsbrecher, ihre Unschuld stellt sich schließlich heraus. Speziell die Politik, nämlich die Verwicklung in die Revolution von 1848/49, nötigte zur Flucht aus Deutschland wie besonders drastisch dargestellt zum weißen Lehrer Winnetous, Klehki-petra, und kurz, aber pointiert erwähnt zu einem anderen Winter, nämlich Old Firehand wie zu seinem Vorgänger Sam Fire-Gun.

Bei einer weiteren Gruppe liegen die Gründe der Auswanderung in Chancen, welche die USA boten oder zu bieten schienen. So konnte Hermann Rost in Deutschland nicht Medizin studieren, in den USA aber sehr wohl und schloss er hier das Studium ab. Baumann senior trieb die Möglichkeit, Farmer zu werden über den Ozean, ebenso „Josefs Vater", der allerdings zum Goldsucher überwechselte. Als solcher versuchte sich sogleich Eduard Horn, Carpio ging als Gehilfe zu seinem Geldgeschäfte betreibenden Onkel nach den USA, Adolf Wolf als Erbe seines Onkels, Baumgarten ist als Buchhalter eines Bankiers tätig, Olbert senior als solcher in New York erfolgreich.

Neben diesen individuellen hören wir auch von kollektiven Auswandererschicksalen. So schleppt sich ein Ochsenwagenzug durch die Wüste des Llano Estacado westwärts, es sind dies „meist Deutsche aus Böhmen und Hessen"[44]. Eine Gruppe von Steinschneidern aus dem bayerischen Fichtelgebirge, die sich in Chicago zusammengefunden hatten, läßt sich schließlich in Helldorf als Farmer nieder, die aber weiter Ausschau nach Halbedelsteinen halten[45]. Bei einer anderen Gesellschaft von Auswanderern war es nicht so sehr die Not, die sie aus ihrer sächsischen Heimat vertrieb, sondern sozusagen der Nachzug einer Familie mit ihren Nachbarn zu ihrem kinderlosen Verwandten, einem reichen Farmer in der Neuen Welt[46].

Schließlich zieht sich durch die bisherigen noch eine weitere Gruppe, nämlich gebildet aus jenen Personen, die ein Bedarf in Übersee zur Auswanderung verlockte, jedoch unter Vorspiegelung einer günstigen Situation in der künftigen Heimat, die sich aber an Ort und Stelle ins Gegenteil verkehrt. Zu diesem Themenkreis zählt besonders das „Auswandererschicksal Bergwerk" im Roman „Satan und Ischariot" von 1891/92[47]. Durch einen Agenten waren Auswanderer

---

44 GWR XXXV, 459; B. Kosciuszko, Der Geist des Llano estakado (= Reclam 8235), 1984, 123, 177, 270.

45 GWF IX, 419.

46 GWR XXXVII, 94 ff.

47 GW XX, 32, 42, 44, 46.

aus „Kobelyn", einer „Stadt" in der Nähe des damals preußischen Posen angeheuert worden. Die Auswanderung dieser Gruppe führte auf eine große Hacienda im nordmexikanischen Staat Sonora. Old Shatterhand, der auf diese Auswanderergruppe stößt, hält den Vertrag[48] für „nicht nur ehrlich, sondern sogar sehr anständig". Das Schicksal der Auswanderer gestaltet sich jedoch ganz anders: Sie werden zur Zwangsarbeit in ein Quecksilberbergwerk geschafft[49]. Ähnlich die Familie Ebersbach aus Ernstthal, Nachbarn, deren „Gustl" Old Shatterhand in San Francisco trifft[50]: Es „kam ein Agent, und der Vater ließ sich bereden. Es ging anders, als er dachte". Mit seinen beiden Söhnen ist er daher Goldsucher geworden.

Gegen einen derartigen Missbrauch von Auswanderern bildeten sich die erwähnten Auswanderervereine, die für die korrekte Behandlung der Ankommenden in den USA sorgten[51]. Weiters erschien eine entsprechende Literatur wie etwa Friedrich Münchs Buch. Auch Romane warnten vor Auswandererfallen. Ein Beispiel dafür bietet Friedrich Gerstäcker. Sein Roman „Ein Parcierie-Vertrag" von 1869 trägt den bezeichnenden Untertitel „Erzählung zur Warnung und Belehrung für Auswanderer und ihre Freunde". Geschildert wird die Verlockung zur Auswanderung aufgrund des zitierten Vertrages, der auf den ersten Blick günstige Bedingungen zu enthalten scheint, aber in der Realität die Auswanderer praktisch zu lebenslänglicher Farmarbeit zwingt. Auch Gerstäckers zweibändige Schilderung „Nach Amerika" sollte Auswanderungssüchtige zumindest nachdenklich stimmen. Im Kapitel „Die Deutschen in Cinncinnati" stellen sich dem „erst vor kurzer Zeit von Deutschland herübergekommenen" v. (!) Hopfgarten einige Einwanderer vor. Der junge v. (!) Lochhausen ist „Zeitungsträger" und freut sich auf eine „Anstellung als Straßenkehrer". Der Sohn eines „früheren Justizministers", „seit zwei Jahren in Amerika", arbeitete hier vorerst „in einer Kohlengrube", in weiteren Berufen und bekennt, er „drehe jetzt Cigarren". Ein ehemals braunschweigischer Offizier arbeitete u. a. „als Ackerknecht" und nun vergoldet er „Bilderrahmen in der Spiegelfrabrik". Hübner hatte „in Deutschland jura studiert", wurde u. a. Arbeiter „an der St. Louis-Bahn", bei einem Kürschner und schließlich Redakteur. Doktor Erhard, „als Schiffdoctor herübergekommen", betreibt „einen Cigarrenladen". Bohle, obwohl „Theologie studirt", scheiterte mehrfach als Pfarrer, auch als Lehrer und reüssierte als „Pillenfabrikant". Insgesamt sind für diesen Kreis „Juristen, Geistliche – wenn sie sich in die bestehenden Eigentümlichkeiten nicht fügen können oder wollen – Philologen und Philosophen

48 Ebda 52.
49 GW XX, 518, 573.
50 GWF IX, 290.
51 D. Kügler, Die Deutschen in Amerika, 1983, 59 ff., 102 ff.

die unglücklichsten Menschkinder von Allen zwischen den praktischen Amerikanern". Ähnliche Schilderungen finden sich auch in Zeitschriften wie etwa „Eine deutsche Ansiedlung in Arkansas" in „Der Gute Kamerad" 1890/91 – übrigens eingereiht in die Fortsetzungen der May-Erzählung „Der Shatz im Silbersee". Der radikale Berufswechsel in der Neuen Welt brachte manchem 1848er bekanntlich die Bezeichnung „latin farmer" ein.

IV. Auswandererschicksal in der Fremde

Keiner von Mays Reiseromanen stellt eine typische Auswanderererzählung dar. Einzelne Personen entpuppen sich oft erst im Laufe eines Gesprächs als Auswanderer aus Deutschland, nicht immer als Sachsen, beispielsweise auch als Deutschösterreicher wie etwa die Familie v. Hiller. In einigen Erzählungen spielen sie keine tragende Rolle, anderen hingegen sind sie für die Handlung unentbehrlich und zählen dann gemäß der Buchausgabe von 1890 zu den „Helden des Westens". Sie üben nahezu alle den Beruf eines Jägers aus, der meist für sich selbst sorgt. Unter ihnen ist der Dicke Jemmy mit seinen paar Jahren Gymnasialausbildung so etwas wie ein „latin hunter" in Anlehnung an die gebildeten Auswanderer, die manchmal trotz Universitätsstudium als „latin farmers" eine Farm betreiben. Der Hobble-Frank hilft zusätzlich im store des alten Baumann aus. Sam Hawkins verdingt sich als Scout beim Eisenbahnbau, gehört auch der Pelzjägergesellschaft Old Firehands an. Die Tante Droll ist hauptberuflich Polizeidetektiv. Die Jäger-Fähigkeiten Old Firehands und v. Hillers sind dem Geschäftlichen zugewandt: Sie leiten Pelzjägergesellschaften. Abgesehen von diesen beiden zeigen die „Helden" ihre Abkehr von der Zivilisation durch ihr skurriles Äußeres: auffallend schäbige, ja zum Teil sogar wie im Falle der Tante Droll mit zugenähten Ärmeln absurde Kleidung, schäbig auch die Reittiere und die Waffen. Nahezu symbolhaft steht diese skurril-schäbige äußere Erscheinung zur herausragenden Fertigkeit der so Bekleideten, der Vortrefflichkeit der Reittiere und der Treffsicherheit der Gewehre als innere Güte. Sie ist offenbar das Fundament, das trotz der an das Gegenteil gemahnenden Äußerlichkeiten für diese „Helden" der Wilde Westen zu ihrem Erfolgsraum dadurch wurde, daß sie hier ihren Frieden gefunden haben: ganz anders als die Alte Welt. Seine Freiheit und Ungebundenheit ermöglichte die Entfaltung als Individuum, wie skurril sich dies auch immer anlassen mag: in der verdrehten Halbbildung des Hobble Frank, der antiliterarischen Haltung von Sam Hawkins, nicht zuletzt in sprachliche Eigenarten wie den Muskel-Vergleichen von Ross, in der nahezu absurden Physiognomie der Snuffles. Selbst die neue Sprache trägt zum Frieden bei. „Wenn Frank sich des Englischen bediente, so war er ein ganz verständiges und bescheidenes Männchen; aber sobald er begann, sich Deutsch auszurücken, erwachte die Erkenntnis seiner Selbstherrlichkeit" in ihm „und, wenig friedvoll, muß er Jemmys Korrekturen einstecken“[52]; „mein Dialekt hat mich herübergetrieben“ erklärt Tante Droll[53]. Den friedensfördernden Erlebnisraum kennzeichnet besonders ein Merkmal, das bei Mutter Thick in Jefferson-City betont wird: Im Wilden Westen „hat man nichts zu bezahlen. Darum braucht man dort weder Gold noch Geld“[54]. Diese bewußte Bedürfnislosigkeit der „Helden“ trägt mit bei zu ihrem Frieden.

Zwei der Auswanderer gilt es noch besonders zu beleuchten: den schon erwähnten v. Hiller und den noch unerwähnten Klekih-petra. Nach dessen Selbstbekenntnis dem werdenden Old Shatterhand gegenüber[55] hatte er, nach seiner Einstellung als „Freigeist“ im Zuge der Revolution 1848/49 die „Unzufriedenen“ verführt, war nach dem Scheitern der Revolution geflohen, wobei ihm „wie ein Keulenschlag“ die Erkenntnis kam, als „Verführer“ gehandelt zu haben und fand erst „Vergebung und Trost, festen Glauben und inneren Frieden“ im Gespräch mit „einem deutschen Pfarrer in Kansas“. Aber nicht nur dies, er „ging in die Wildnis“, und zwar zu den Apachen, wo er Winnetou unterrichtete: Er „ist so eigentlich mein eigenstes Werk“. Klekih-petra ist so das hervorstechendste Beispiel für den Wilden Westen als eines von May gedachten Raumes, der inneren Frieden bringt. Ähnlich aber doch auch anders, v. Hiller. Er[56] gehörte wohl in Böhmen, wo der junge „May“ seiner auswandernden Familie begegnete, dem hohen Adel an, „war stolz, eingebildet und oft sogar brutal mit denen, welche nicht so hoch standen“, denn er „glaubte, nichts als nur Herr zu sein“. Dies führte dazu, daß ein Widersacher, „mächtiger und klüger“, ihn an einem einzigen Tag „zum ehrlosen Bettler“ machte. Seine Reaktion war dementsprechend: Er „wütete gegen das Gesetz, die Behörden“, konnte „nur durch die Flucht den schlimmeren Folgen“ entgehen und „entkam nach Amerika“. Den Glauben an Gott hatte er „längst zu den Kindermärchen geworfen“. Der Wilde Westen wurde ihm vorerst zwar äußerlich als Pelzjäger zum Erfolgsraum, nicht aber innerlich, denn nach wie vor war er „nur von dem glühenden Verlangen geleitet, nach dem grausamen Gesetze ‚Auge um Auge, Zahn um Zahn‘ zu handeln“. Erst als er, da verschüttet, bewegungslos dulden mußte, daß ein Bär seinen Kopf beschnüffelte, war seine „ganze Seele … ein einziges Gebet um Rettung aus dieser Todesnot. Und Gott erhörte dieses Gebet“ mit der Folge: „Ich glaube nun an Gott“. „Was ich nie besessen habe, ich werde es von heute an besitzen: das wahre

---

52 Kosciuszko, wie Fn. 44, 21.

53 Ursprüngliche „Schatz“-Fassung: Guter Kamerad 1890/91, 216: fehlt in der Buchausgabe.

54 GWF XVI, 607.

55 GWF VII, 128 ff.

56 GWF XXIV, insbes. 610 ff., 622.

Lebensglück". In bedrängender Not wird ihm der Wilde Westen also doch auch zum inneren Erfolgsraum. So hat er „seinen Gott wiedergefunden und mit ihm das einzig wahre Glück im Erdenleben".

Die Auswanderer im „Ölprinz" wie auch Hermann Rost streben ein selbstgestecktes Ziel an, nämlich erstere Siedlungsland im Gebiet der Navajos, letzterer die Ausbildung zum Naturarzt bei einem Indianerstamm. Tatsächlich wird er „einer der angesehensten Naturärzte des Ostens"[57].

An der Oberfläche gesehen gibt es materiellen Erfolg, sichtbar gemacht vor allem in der „Villa Bärenfett" des Hobble Frank. Ähnliches könnte man von Hellmers „home" am Rande des Llano estacado vermuten: Gerade dieses verweist aber doch auf die inneren Erfolgsmomente, den im Gegensatz zur Heimat gefundenen Frieden.

Eingeschoben sei hier die Bemerkung, daß man May keineswegs unterstellen kann, die Auswanderung zu propagieren. In dem mit Auswanderern sozusagen dicht bestückten Roman „Weihnacht" stellt nicht nur der unglückliche Carpio ein warnendes Beispiel dar, sondern auch Emil Reiter, denn sein Aufenthalt in den USA ist nicht vom Glück gesegnet. Er „hatte nichts zu leben und sah [sich] nach Arbeit oder eine Stelle um", glaubte durch eine Intrige einen Mord begangen zu haben und litt darunter bis zur Aufklärung des Gegenteils[58]. Wenig werbend sind natürlich auch andere Auswandererschicksale wie das des Auswandererzugs, der im Quecksilberberg endet, oder jenes, der im Llano estacado nahezu verschmachtet. Und das „Scout"-Ich machte „die Erfahrung, daß die United States nicht einen jeden mit offenen Armen empfangen"[59].

Zurück zum Wilden Westen als Friedensraum. Dazu gehören auch die Indianer und vor allem das Verhältnis zwischen ihnen und den Auswanderern. Von den hier vorgeführten „Helden" ist es nur einer, der in früheren Erzählungen ein verschworener Indianerfeind ist, nämlich Sam Hawkins zufolge des Verlust seines Skalps. Ein solcher ist weiters v. Hiller, ebenfalls infolge eines besonderen Grundes, nämlich seiner Gefangenschaft bei den Krähenindianern[60]. Grundsätzlich aber wird v. Hiller von den Indianern hoch geachtet. Mit dem Auswandererzug im „Ölprinz" zieht auch ein Indianer mit. Es ist dies Schi-So, der nach sechs Jahren Schulbesuch in Sachsen mit seinem Freund Adolf Wolf in die Heimat zurückkehrt. Schi-So ist übrigens der Sohn von Nitsas-Ini, dem Häuptling der Navajo, und dessen deutscher Frau! Die Verbindung von Weißen mit Indianerinnen ist kein Tabuthema. Ribanna heiratet Old Firehand, sie haben zwei Kinder; eine Verbindung von Nscho-Tschi und Old Shatterhand

---

57 GWF XXIV, 619.

58 GWF XXIV, 601, 608.

59 Reprint GWF VIII, Anhang 4. S.

60 GWF XXIV, u. a. 206.

könnte sich anbahnen; Kakho-Oto scheint eine Ehe mit Old Shatterhand wünschenswert, sie kommt natürlich nicht zustande, sie bleibt ihr Leben lang ledig. Zwar stemmen sich Winnetou und sein Häuptlings-Vater gegen den Bahnbau der Weißen durch ihr Land, aber den Bewohnern der Auswanderersiedlung Helldorf-Settelement steht Winnetou hilfsbereit mit großer Sympathie zur Seite[61]: „Winnetou ist Euer Freund; er liebt die Weißen, wenn sie gut sind". Sympathie von Seiten der Weißen demonstriert beispielsweise Kantor Hampel aus Klotzsche, der die Indianer in einer Heldenoper auftreten lassen will. Freundschaften zwischen Weißen und Indianern unterstreichen gerade die Jugendschriften wie etwa im „Bärenjäger" zwischen Martin Baumann und Wokaeh, im „Geist" zwischen Bloody Fox und Eisenherz, im „Ölprinz", wie schon erwähnt, zwischen Schi-So und Adolf Wolf.

Harmonie soll also gerade seitens der deutschen Auswanderer ihren nordamerikanischen Erfolgsraum beherrschen. Dies unterstreicht auch der Kontrast: Die Yankees mißachten in der Regel die Indianer. Sans-Ear gilt als Indianertöter und schneidet den Opfern die Ohren ab. Auch Old Wabble haßt die Indianer. Unter den deutschen Auswanderern findet sich derartiges nicht. Eine Ausnahme stellt der alte Lachner dar, der wohl kein Indianerfreund ist: Er beweist übrigens mit seinen sonstigen negativen Eigenschaften, daß May durchaus nicht alle Deutsche in Amerika positiv zeichnet, was übrigens auch auf den Vorgesetzten des „Scout"-Ichs zutrifft, den dieses in den Vereinigten Staaten als Mormonenprediger trifft[62].

V. Schluss

Mays Auswandererschicksale nach Nordamerika entsprechen weitestgehend mit den Motiven zum Verlassen der alten Heimat sowie den Realitäten in der Neuen Welt den Tatsachen. Das Auswanderer-Umfeld in Sachsen und auch in seiner engeren Heimat, ja sogar seiner Heimatstadt, trug dazu ebenso bei wie entsprechende Literatur.

In einem Punkt freilich weicht er von diesen Realitäten ab bzw. betont eine Charakteristik einiger Auswanderer durch Überzeichnung. Gemeint sind jene weißen Jäger im Wilden Westen, deren Äußeres, wie erwähnt, an Skurrilität wenig übertroffen werden kann. Gemessen freilich an dem literarischen Vorbild wie Mayne Reids „Die Skalpjäger" ist deren Realität nicht zu leugnen. Im Kontrast zur schäbigen Erscheinung steht jedoch der Umstand, daß sie, bedrückenden Verhältnissen in Deutschland entflohen, wo sie nicht nur erfolglos, sondern auch ohne inneren Frieden blieben, nunmehr im Erfolgsraum des

61 GWF IX, 418, 452 f.
62 Wie Fn. 43, Reprint.

Wilden Westens sich „einen Namen gemacht" hatten und obendrein ihren inneren Frieden fanden[63]. Es sind ausschließlich innere Tugenden, welche diesen Erfolg herbeiführten, die, auf einen Nenner gebracht, Absage an das Streben nach materiellen Güter ist – was das skurrile Äußere deutlich sichtbar macht –, der Respekt vor jedem Menschen, vor allem auch der Indianer, und Gottvertrauen.

Der Wilde Westen Mays also ein – in dieser Hinsicht – friedvoller Erfolgsraum.

---

63 Die Romanfigur Old Shatterhand ist oben nicht berührt worden, da er als fiktionaler Reiseschriftsteller nicht zum Kreis der Einwanderer zählt.

Ein Autor Historischer Romane?

Zu einem wesentlichen Bestandteil der Literatur des 19. Jahrhunderts zählen historische Romane von etwa Goethes Lese-Drama „Götz v. Berlichingen" bis hin in die Trivialliteratur. Vom Ritterroman nach dem Vorbild insbesondere Walter Scotts „Waverley" und „Ivanhoe" weitete sich die Thematik zu einem gesamten „Panoptikum der Geschichte" (Martin Greiner, Die Entstehung der modernen Unterhaltungsliteratur, 1964). Es reichte schließlich bis in die damalige Gegenwart. Hermann Goedsche etwa behandelte unter dem Pseudonym Sir John Retcliffe mit u. a. „Sewastopol" (1856/67) romanhaft die Zeitgeschichte des Krimkrieges. Zeitgeschichte bietet gerade im Bereich der Trivialliteratur in wesentlich stärkeren Auflagen Karl May: die Kämpfe zwischen Juarez und Maximilian in Mexiko, auch die Person des Bayernkönigs Ludwig II.

Die landläufige Einstufung Mays als Autor spannender Romane mit Abenteuern im Wilden Westen oder Nahen Osten wird seinem Gesamtwerk somit nicht gerecht. May verfasste Dorfgeschichten, Humoresken, zeitgenössische Gesellschaftsromane und eben auch historische Romane und Erzählungen. Historische Szenen oder Reminiszenzen finden sich selbst in seinen Reiseerzählungen. Seine geschichtsträchtigen Ausführungen sind also vielfältigster Natur.

Zur ersten Gruppe zählen Bemerkungen, eingestreut in den Erzählfluß, für den sie aber nicht handlungsrelevant sind. So hat er zwischen etwa 1880 und 1890 auf jüngste historische Ereignisse Bezug genommen, indem er die neue politische Spitze Deutschlands schilderte, und zwar mehrfach und in ähnlicher Weise etwa wie folgt: Deutschland besitze einen „Padischah" wie die Osmanen, aber daneben noch mehrere „Paschas" bzw. „mehrere Häuptlinge, welche König genannt werden, der oberste aber Kai-sar". Kaiser-König Wilhelm den „Siegreichen", auch „Friedenstifter", stellt er dessen „Großvesier" Bismarck „ohne Haar" zur Seite und auch noch „seinen berühmten Obergeneral, welcher alle Schlachten gewinnt", nämlich Moltke. Reines Beiwerk ist auch die Szene, mit der die Insel Rodriganda „für den künftigen deutschen Kaiser" im Roman „Waldröschen" in Besitz genommen wird. Sie wirkt im Erzählstrang derart unnötig aufgesetzt, daß die Vermutung besteht, sie stamme nicht aus Mays Feder.

Andere kleinere Szenen historischen Zuschnitts sind allerdings sehr wohl handlungsrelevant. Besonders einprägsam ist der biographische Rückblick Klekih-Petras, des Lehrers Winnetous, er sei als „Freigeist" ein „Führer" der Revolutionären in den Erhebungen von 1848 gewesen und habe Unglück

---

Aus: Mitteldeutsches Jahrbuch XX, Bonn, 56 ff.; ergänzt um Absatz 1.

über Familien gebracht. Ein zur Zeit der Niederschrift 1893 bereits erfüllter Wunsch charakterisiert die historische Stimmung in Deutschland, nämlich, so Klekih-Petra, wenn die Deutschen doch endlich ein „einiges Volk" wären – eine Bemerkung, welche übrigens in der DDR-Ausgabe fehlt. Für die Ereignisse im „Wilden Kurdistan" notwendig scheint das historische Erinnern an die blutigen Kämpfe zwischen Moslems und Nestorianer unter Abd El Summit Bey. Auch der bürgerkriegsähnliche Zustand in den La-Plata-Staaten bedarf einer historischen Erklärung, nämlich der politischen Unruhen um 1870 zwischen den „Weißen", den Großgrundbesitzern, und den „Roten", den Landarbeitern. Notwendig für die Ereignisse um den pensionierten osmanischen Offizier Dozorka in Bagdad ist dessen Rückerinnerung an den Posener Aufstand von 1846 in seiner polnischen Heimat.

Breiter und auch tiefer angelegt ist die historische Basis, ohne die Romanteile gar nicht auskommen könnten. Dies betrifft das Auftreten des künftigen Mahdi im zweiten Band der „Mahdi-Trilogie", die Kämpfe zwischen Präsidenten Juarez und Kaiser Maximilian in den Mexiko-Teilen von „Waldröschen", die Situation nach dem Deutschen Krieg von 1866 gleichfalls im „Waldröschen" und im „Weg zum Glück" immer wieder das Auftreten von König Ludwig von Bayern.

Vor allem aber zeigt sich May als historischer Schriftsteller in ganzen Romanwerken. „Original-Roman aus der Zeit des deutsch-französischen Krieges" von 1870/71 lautet der Untertitel des mehrbändigen Werks „Die Liebe des Ulanen", der auch die Vorgeschichte dieses Krieges von 1870/71 behandelt und damit ein Geschichtsbild in der Abfolge 1870, 1814/15, 1848/50 und schließlich 1871 entwirft. Ein „Historischer Roman aus der Jugendzeit aus dem Hause Hohenzollern" ist gemäß dieses Untertitels das gleichfalls mehrbändige Werk „Der beiden Quitzows letzte Fahrten", das die Kämpfe zwischen dem neuen Markgrafen von Brandenburg Friedrich von Hohenzollern und auch der Städte gegen den einheimischen Adel in den Jahren 1411/14 beschreibt.

Zwar nicht ein geschlossener Roman, aber neun Erzählungen handeln vom „Alten Dessauer", nämlich dem Fürsten Leopold I. von Anhalt-Dessau (1676–1742), hervorgetreten vor allem als preußischer Generalfeldmarschall in den Schlesischen Kriegen um 1735. Gleichfalls historischen Inhalts sind zwei weitere Erzählungen. „Ein Fürst des Schwindels" („Zauberwasser") beschäftigt sich mit dem rätselhaften Grafen von St. Germain zur Zeit König Ludwigs XV. von Frankreich, in der neben anderen historischen Gestalten auch Casanova auftritt. Ganz anderswo und zu anderer Zeit spielt der Erzählung „Der Boer van het Roer", nämlich in Südafrika während der Kämpfe zwischen Buren einer- und Engländern und Zulus andererseits um 1840.

Die letztgenannte Gruppe von Romanen und Erzählungen bietet eine Fülle an historischen Details. „Da öffnete sich der Schlag des ersten Wagens und der

Insasse sprang heraus. Es war ein kleiner, untersetzter Mann, der ein Hütchen und einen grauen Überrock trug. Die Beine steckten in hohen Schaftstiefeln. ‚Der Kaiser!' sagte Marschall Bertrand. Napoleon trat mit einigen raschen Schritten näher. ‚Leuchten!' befahl er in seiner eintümlichen kurzen Weise". Das Schreiben „Monsieur mon frére !", mit dem Kaiser Napoleon III. durch seinen Adjutanten General Reille König Wilhelm von Preußen die Kapitulation anbietet, wird wortwörtlich zitiert. Im „Waldröschen" schildert May detailliert den Versuch der Rettung und die Gefangennahme Kaiser Maximilians in Queretaro in Mexiko. Auch eingehend wird das Zustandekommen jenes Erlasses dieses Kaisers beschrieben, womit die Juarez-Anhänger nicht als kämpfende Truppe, sondern als Banditen zu behandeln sind. Ein Detail im Sudan: Der Baggara-Scheick Amr El-Makaschef erbittet, so lesen wir, über den Mudir von Fennar am 6. April 1882 (!) Hilfe vom ägyptischen Vizekönig. Zurück nach Deutschland im Jahre 1866: Bühnenreif beschrieben wird das Auftreten König Wilhelms, Bismarcks und des fiktiven Kurt Helmers mit unter anderem folgender Bemerkung: „Der eiserne Kanzler mit den ihm von Kladderabatsch angedichteten drei Haaren war die Seele der preußischen Politik. Kein Diplomat wagte einen Schritt zu tun, ohne zuvor bei ihm sondiert zu haben"!

Mays historisches Wissen erweist sich sowohl als breit wie auch als tiefgehend. Mit historischem Stoff hatte er sich schon früh, wohl während eines Gefängnisaufenthalts, beschäftigt, was im „Repertorium C. May", einer umfassenden Titelsammlung, wohl von 1869, seinen Niederschlag fand. Zu einer Romanidee „Romane und Germane" als Schilderung des Romanen- und Germanentums notierte er eine ganze Reihe historischer Werke etwa von Ranke, Ficker, v. Sybel, Troysen, denen er auch kurze Charakteristiken beifügte: Es sei „Rankes Verdienst, in den Grundgedanken des durch Karl dem Großen wieder erweckten römischen Kaisertums tiefere und sinnigere Bezüge aufgefunden zu haben als seine Vorgänger". „Sybel ist politisch tief", zu „H. V. v. Unruhs Schriften" vermerkt er: „sehr gut – meine Ansichten" und ein v. Peucker ist ihm ein „ausgezeichneter Militärschriftsteller". In Mays Bibliothek gibt es allerdings eher wenig historische Titel. Unter den Rubriken „Deutsche" sowie „Neuere Geschichte" sind zusammen sechsundvierzig Titel verzeichnet. Nahezu ebenso viel, nämlich vierundvierzig, zu den Sprachen Arabisch, Türkisch und Persisch. Nordamerikanische Themen betreffen hingegen gerade doppelt so viele Werke, nämlich neunzig.

Immer mehr hat die neuere Karl-May-Forschung die Verwendung einschlägiger Literatur nachgewiesen, beginnend mit einfachen Artikeln in den Lexika von „Pierer" und „Brockhaus". Im Detail läßt sich zu den historischen Werken folgendes beispielhaft festhalten. Die „Liebe des Ulanen" beruht auf den zahlreichen populären Darstellungen zum Krieg von 1870/71, aber auch auf den Romanen von E. Sue „Le Mohicans de Paris" und „Les Mystères de Paris", wohl auch entsprechenden Kartenwerken. Den Dessauer-Erzählungen lag „Varnhagen v. Enses „Biographische Denkmale" (3. Aufl. 1872) zu Grunde, ferner Franz Carions „Der alte Dessauer" (1867) und mit hoher Wahrscheinlichkeit sogar Archivstudien Mays in Dessau. Der Quitzow-Roman beruht stark auf K. F. Klöthens „Die Mark Brandenburg unter Kaiser Karl IV." (1837). Für die Juarez-Maximilian-Szenen benützte May J. Scherr „Das Trauerspiel in Mexiko" (1868) sowie diverse Artikel in der Zeitschrift „Die Gartenlaube". Auch die Mahdi-Partien haben ein entsprechendes Fundament mit u. a. Werken von E. Marno (1874) und R. Buchtas „Der Sudan und der Mahdi" (1884).

Höchst interessant ist natürlich die Art und Weise wie May seine Vorlagen verwendet hat. Das nun zum historischen Stoff Gesagte trifft übrigens auch auf seine Reiseerzählungen zu. Aus den eben erwähnten Werken von Klöthen und Scherr hat May Partien wortwörtlich übernommen. In den Dessauer-Erzählungen, deren Handlung weitestgehend seiner Phantasie entsprungen ist, trifft dies auf den Charakter des „Dessauers", den historischen Hintergrund und manche Details wie etwa zur Land- und Forstwirtschaft zu. Besonders signifikant für seine Arbeitsweise – wie gesagt auch für andere Genres – ist die Quellenverwendung für „Zauberwasser". Hier verrät May sogar seine Quelle. In der Erzählung „Gott läßt sich nicht spotten" („Ein Flucher") erwähnt May, unter der dürftigen Literatur im Ford Cass habe sich auch der „Vierte Band der Chronik des Oeil de Boeuf" befunden, wobei der unbefangene Leser aus den französischen Worten auf einen Verfasser besagter Chronik schließen mag. Die deutsche Übersetzung lautet allerdings „Chronik des Ochsenaugensaales", ein Saal im Schlosse zu Versailles, benannt nach den Fenstern in Form eines Ochsenauges (französisch: oeil de boeuf) von einem gewissen Guy Tauchard-Lafosse (1830/31). Das Werk bietet Klatsch, der in besagtem Saal herumerzählt wurde. Im vierten Band dieser Chronik findet sich nichts zu Mays Werken, sehr wohl aber im ersten Kapitel des ersten Bandes. Von hier stammen sämtliche historische Personen von König Ludwig XV. bis hin natürlich zum Grafen von St. Germain. Aber nicht nur dies. May hat eine ganze Reihe an Textfragmenten einfach abgeschrieben, besser gesagt: kompositorisch in seine Erzählung eingefügt. Nummeriert man diese Fragmente im Original, so erscheinen sie bei May in anderer Reihenfolge auf, nämlich vier – fünf – eins – sechs – zwei – acht – drei – neun – zehn – elf – sieben, und er hat sie obendrein durch eigene Texte verbunden und damit, oft sogar durch einige Seiten, getrennt!

Eine weitere Frage betrifft den Realitätsgehalt: Entsprechen Mays Ausführungen den historischen Tatsachen? Dies soll ein Beispiel verdeutlichen, und zwar aus „Waldröschen". Der hessisch-darmstädtische Infanterieleutnant Helmers wird nach den Kämpfen von 1866 in die preußische Armee versetzt, und zwar sogleich in die Garde. Wie ist dies möglich? Im Krieg war Hessen-Darmstadt Gegner Preußens gewesen und diesem mit den meisten deutschen

Bundesstaaten unter Einschluß Österreichs unterlegen. Wie also kann ein Offizier sozusagen nach der Niederlage die Seiten wechseln, obendrein noch zur Garde des Gegners „befördert“ werden? Zur Erklärung dieser Versetzung berücksichtigt May historischen Hintergrund: „Vielleicht bezieht sie sich auf die Neustellung Hessens zu Preußen, dem es ja im beendeten Kriege feindlich gegenübergestanden hat“, vor allem die „telegraphische Einladung“ des hessischen Großherzogs nach Berlin lasse „auf wichtige diplomatische Konstellationen schließen. Man beginnt, sich huldvoll gegen die Südstaaten zu zeigen, man will sie also fesseln“. Im Unterschied zu den beiden anderen hessischen Staaten, die Preußen einverleibt wurden, blieb Hessen-Darmstadts Unabhängigkeit erhalten. Die von May angebotene Modifikation entspricht den historischen Tatsachen. Anders hingegen steht es mit den Ordnenszeichen, die May Leutnant Helmer tragen lässt. Neben vier hessischen Orden schmücken diesen nämlich auch zwei österreichische, nämlich der Maria-Theresien-Orden und jener der Eisernen Krone. Beide waren überaus schwierig zu erlangen, vor allem der Letztere, da die Zahl der Ordensträger auf einhundert beschränkt war und wie hätte für diesen Orden Helmer die erforderlichen „Verdienste um Kaiser und Staat“ erbringen können? Er diente ja nicht in der österreichischen Armee. Hier steht Mays Phantasie weit von der Realität entfernt.

Wenden wir uns schließlich Mays Beweggründen für die Wahl seiner historischen Themen zu. Hinzu ist deren chronologische Einordnung hilfreich. Der Quitzow-Roman spielt im 15. Jahrhundert; die Dessauer- und St. Germain-Erzählung im 18. Jahrhundert. Nun folgt ein Sprung von etwa einhundert Jahren: Mit dem Zulu-Krieg sind wir um 1840, mit dem Posener Aufstand im Jahre 1846, die zahlreichen Auswandererschicksale gruppieren sich um 1850. Nun geht es sozusagen von Jahrzehnt zu Jahrzehnt: Krieg 1866, Mexiko 1867, Südamerika um 1870, Krieg 1870/71, Reichsgründung 1871, König Ludwig von Bayern starb 1886. Sämtliche Szenen ab 1840 waren für den Schriftsteller May Zeitgeschichte, jene ab 1866 für Mays Leser nahezu noch Gegenwart! Damit stehen der Quitzow-Roman und die Erzählungen des 18. Jahrhunderts nahezu isoliert da. Ursachen bzw. Motive der Abfassung erklären dies.

Der Quitzow-Roman stellt kein eigenes Werk dar, sondern bildet die Fortsetzung des Romans „Fürst und Junker“ von F. Axmann, den May nach dessen Tod als Redakteur weiterschrieb, übrigens nach May ein unbekannter Dr. Goldmann zu Ende brachte. Ähnlich verlagsorientiert entstand auch der Ulanen-Roman. Als er im Mai 1883 begann, gab es bereits vierzig Lieferungsromane zum Krieg von 1870/71: Mays Verleger Münchmeyer wollte hier nicht nachstehen. Allerdings steht bei May nicht dieser Krieg im Vordergrund, sondern er schrieb eine fiktive Familiensaga, die sich über drei Generationen erstreckt und überdies durch entsprechende Heiraten den deutsch-französischen

Gegensatz überbrückt! Für die Dessauer-Erzählungen hat man Mays Motiv an eine Äußerung geknüpft, die er in einer davon Friedrich dem Großen in den Mund legt: „Gehen sie den Sachsen zu Halse“: Rache Mays an der sächsischen Obrigkeit, die ihn seiner Meinung nach zu unrecht bzw. über Gebühr mehrmals ins Gefängnis steckte? Der zweihundertste Geburtstag des „Dessauers“ im Jahre 1876? Allerdings erschien die erste Dessauer-Erzählung schon 1875 und so war es wohl doch eher primär die populäre Gestalt, die verkaufsorientiert vermarktet wurde. Dies könnte so auch für den Grafen von St. Germain im „Zauberwasser“ gelten. Freilich sollte nicht außer Betracht bleiben, daß May sowohl auch Interesse an den Thematiken hatte.

Bei den kleineren historischen Einschüben steht das Geschichtliche naturgemäß nicht im Vordergrund, sie dienen, wie allerdings auch größere historische Teile bestimmten Zwecken. Der Mahdi-Teil dient der Thematisierung der Sklavenfrage und der Darlegung der moralischen Überlegenheit des Christentums über den Islam. Dies trifft so auch auf die historisch fundierten Szenen im „Wilden Kurdistan“ zu. Der Juarez-Maximilian-Konflikt erzeugt ebenso wie die Bürgerkriegssituation in den La-Plata-Staaten Spannungen zwischen zwei Lagern, und damit ein abenteuerliches Gefüge. Im Fluß des gesamten „Waldröschen“-Romans tauchen die historischen Mexiko-Szenen eher plötzlich als spannungssteigerndes Beiwerk auf, wohl auch als Konzessionen an den Publikumsgeschmack, sozusagen als Antriebskräfte zum Fortspinnen der Kolportage. Dies trifft auch auf die 1866er-Szenen zu: dort die Tragik Kaiser Maximilians, hier die Spannungen zwischen dem bürgerlichen Leutnant Helmers und den adeligen Gardeoffizieren, freilich zugunsten des Bürgerlichen überwölbt durch die Gunst König Wilhelms. Zahlreiche historische Auswandererschicksale wie etwa das Klekik-Petras spiegeln Zeitgenössisches wider, nämlich die starke deutsche Auswanderung nach den USA, was gleichfalls dem Publikumsgeschmack entsprach. Was diesen generell anlangt und somit seinen Stellenwert auch in Hinblick auf Mays historische Szenen, so sei auf die Parallelen zu anderen König-Ludwig-Romane und 1870/71-Kolportagen verwiesen oder zu den Auswandererszenen auf die Romane von Rupius und Möllhausen.

Historische Szenen und Figuren bringen jedenfalls einerseits Spannung neben anderen entsprechenden Elementen, andererseits Authentizität und eine Art von Eingeweihtsein in jüngste Ereignisse als Durchblicke „hinter den Vorhang“.

Zum Stellenwert des Historischen im historischen May-Roman sei abschließend auf den Kolportageroman „Der Weg zum Glück verwiesen“. Er gilt als einer der zahlreichen „Ludwigsromane“, wozu vor allem der mysteriös-tragische Tod König Ludwigs im Starnberger See verleitet. Mit diesem endet der Roman auch, allerdings in der Vision des Haupthelden Wurzensepp in seiner eigenen Sterbestunde. Allerdings erscheint dieser Schluß als krampfhafte Fortführung nach einem bereits früheren Romanende, in dem all jene Personen, die den „Weg zum Glück" erfolgreich zurückgelegt haben, einer Opernaufführung mit König Ludwig gemeinsam beiwohnen. Denn dies ist das primäre Anliegen des Romans: Aufzuzeigen, wie der Weg zum richtigen Glück führt im Unterschied zum Streben nach dem falschen Glück. Dem gegenüber tritt auch hier das Historische als Beiwerk auf: König Ludwig vor allem, aber auch Richard Wagner und Franz Liszt.

Überwiegend, so scheint es, diente May das Historische eben nicht als Selbstzweck. Wie übrigens auch bei seinen geographischen Ausführungen benützte er zwar entsprechende Quellen, aber doch auf eine eher einfache, sozusagen singuläre Art ohne weiteres Recherchieren. Auffallend ist übrigens, daß keine seiner Erzählungen in einer der deutschen Kolonien spielt, ein Wegbereiter des Kolonialismus war er in keiner Weise. Auch Deutschlands imperiale Größe war ihm kein Anliegen. Selbstverständlich hingegen sind ihm England bzw. die Engländer als die koloniale Präsenz rund um die Welt.

Als einen Schriftsteller des Historischen können wir May quantitativ wie auch qualitativ nur in bescheidenem Maße ansehen – aber immerhin doch. Für uns heute kann er aber als ein „historischer Schriftsteller" von Rang gelten, wenngleich in einem anderen Sinn: als Schriftsteller, der seine Zeit porträtiert hat, natürlich durch seine eigene Brille, aber auch durch seine Bedachnahme auf das Leserpublikum, um diesem vorzusetzen, was nach seinem Geschmack war.

Kein May in Ossiach

I. Aufenthalts-Behauptungen

Wieso soll May nicht in Ossiach gewesen sein[1]? Zwar wunderte sich schon 1953 der Schriftsteller Otto Stradal[2] über die May-Fenster in der Stiftskirche: Da „ist wahrhaftig doch ein Kirchenfenster, das Kara ben Nemsi, der Held unserer Knabenträume, persönlich gestiftet hat“, nämlich zufolge der „Widmungsinschrift“. Er fuhr jedoch mit beruhigter Gewißheit fort: „Aber Karl May war tatsächlich einen ganzen Sommer lang in Ossiach und hat angesichts des Kärntner Kunstkleinods am See einen Teil seines ‚Blauroten Methusalem‘

Aus: Carinthia I/2, Klagenfurt 2014, 789 ff.

1 Zu den folgenden Ausführungen gebührt ganz herzlicher Dank in Ossiach Frau Direktorin i. R. Charlotte Tschurtsch (†) und Pfarrer Mag. Herbert Stichaller; im Archiv der Diözese Gurk zu Klagenfurt Mag. Robert Kluger; für ausführliche Korrespondenz Dr. Willi Rainer in Viktring; für einen Großteil der eingangs zitierten Unterlagen Arnold Tokstein in Mödling.

2 Kurier am Sonntag, Beilage zu: Wiener Kurier, 14. August 1953.

geschrieben". War er denn nicht „1869 vom Balkan über Laibach und Villach nach Ossiach" gekommen und hatte sodann als „Dank für den beglückenden Aufenthalt" sogar „im Jahre 1905 die Verglasung der Seitenapsiden in der Kirche und ein schönes Glasgemälde im Fenster der Südwestecke der saalartigen Sakristei" gestiftet[3]? Oder: „1869 kam der berühmte Schriftsteller Karl May vom Balkan über Laibach und Villach nach Ossiach. Er fühlte sich hier so wohl, daß er, obschon Lutheraner, für die ehemalige Stiftskirche zwei Glasgemälde stiftete"[4]. Sogar mit Gattin soll er gereist sein: „Im Jahre 1869 hatte Ossiach einen nicht alltäglichen Besuch: Der berühmte Schriftsteller Karl May kam auf seiner Reise vom Balkan über Laibach und Villach hierher. Er und seine Gattin fühlten sich an diesem Ort so wohl, daß sie – obschon Protestanten – für die Kirche stifteten"[5]. Hatte nicht „May im Sommer 88 einige Wochen in Ossiach am See (Kärnten)" verbracht, wo „die 3. Kamerad-Erzählung, Khong Kheou, das Ehrenwort" entstand „und 1905 noch hat May dann der Kirche des ehemaligen Benediktinerstifts ein buntes Fenster gestiftet" – was so stets in Wollschlägers May-Biografie von 1965 bis 1990 steht[6]? Lesen wir nicht ähnlich, offenbar hievon inspiriert, er habe „im Sommer 1988" eine Reise unternommen, nämlich „mit seiner Frau an den Ossiacher See in Kärnten, um dort einige Wochen Urlaub zu verbringen"[7]? Ähnlich, aber unter Entfall der Jahreszahl 1888 war Karl May ein „ungewöhnlicher Sommergast", „der im Sommer 1905 in Ossiach an seinem ‚blauroten Methusalem' schrieb"[8]. Ist nicht das Wissen um mehrere Aufenthalte so notorisch, dass sich diesem die Fremdenverkehrswerbung bediente? Etwa so[9]: „Als Karl May 1869 einige Tage am Ossiacher-See verbrachte, war er begeistert: ‚Schade, dass reisen so beschwerlich ist', soll der berühmte Schriftsteller gesagt haben". Ist nicht lapidar festgehalten: „Karl May stiftete 1905 als Dank für einen schönen Ferienaufenthalt die Verglasung der Seitenapsiden und ein Glasgemälde in der Sakristei"[10]. Ganz eindeutig lesen wir 1987 unter der ebenso eindeutigen Überschrift „Karl May war auch in Ossiach"[11] von zwei, vielleicht drei Aufenthalten: Er habe „bereits im Sommer 1888 einige Zeit in Ossiach verbracht und begann dort seine

3 Urlaub am Ossiacher-See, Klagenfurt 1982, 48.
4 S. Hartwanger, Ossiach. Kirche und Stift, Klagenfurt o. J. (nach 1990), 24.
5 J. Spielvogel-Bodo, Der Ossiachersee, Klagenfurt 1993, 40.
6 H. Wollschläger, Karl May (= rowohlts monografien 104), Reinbek/Hamburg, 1965, 55 bzw. Dresden 1990, 60.
7 S. C. Augustin – W. Hansen, Karl May Abenteuergeschichten, München 2001, 275, ohne Quellenangabe.
8 H. F. Mayer – D. Winckler, Als die Alpen schiffbar wurden, Wien 1992, 156.
9 Ferienregion Ossiacher-See Nr. 8/1986; vgl. auch Fn. 3.
10 Naturbühne Ossiachersee 8/1994.
11 Neue Volkszeitung 10.4.1987, Kärnten-Panorama.

Jugenderzählung ‚Kong-kheou, das Ehrenwort' … zu schreiben" sowie: „Ein weiterer erwiesener Aufenthalt fällt in das Jahr 1905. Aus Anlaß dieses Besuches stiftete May … die bekannten Kirchenfenster"; und schließlich: „Ein Aufenthalt … aus dem Jahre 1896 ist möglich, kann aber nicht belegt werden"! Als Quelle für den Aufenthalt 1888 ist darauf verwiesen, es habe ihn „das Karl-May-Museum in Radebeul/DDR … auf Anfrage ermittelt", für 1905 geben die „Kirchenfenster" den Beweis ab, die Vermutung für 1896 bleibt unbelegt. Nur selten informierten Hinweise nüchtern wie etwa auf die „neugotischen Glasfenster, die der bekannte Karl May stiftete (Radebeul, Dresden)", es habe „der berühmte Schriftsteller Karl May … für die Nebenapsiden bunte Fenster" gestiftet[12]. Erst die Untersuchungen von Willi Rainer[13] initiierten bezüglich eines Aufenthalts skeptische Stimmen. Ob May „sich jemals in Kärnten oder in Ossiach aufgehalten hat, ist ziemlich ungewiß", hieß es 1988[14], doch konnten zwei Vermutungen nicht unterlassen werden: „Am wahrscheinlichsten für einen Besuch kommt das Jahr 1896 in Betracht", „als Unterkunft wählte er vielleicht das ehemalige ‚Grand Hotel Lido' in Annenheim" – auch hier keine Quellenhinweise. Außer auf die Glasfenster verweist dieser Artikel auf eine „Postkarte mit ‚besten Grüßen aus Old England'" und auf das May-Porträt „im Stift". Dieses sei, so ein weiterer skeptischer Artikel aus 1994[15], „auf ungeklärte Weise und zu ungeklärtem Zeitpunkt in den Pfarrhof" gekommen, erwähnt natürlich die Glasfenster, nicht aber die eben genannte Postkarte.

Die kleine Sammlung von Zitaten läßt unschwer erkennen, daß sie zum Teil einen engen Zusammenhang durch, klar gesagt, Abschreiben aufweisen und somit ihre Quantität kein Beweismittel darstellt. Erwähnt sei weiters, daß die Zitate unterschiedliche Jahreszahlen nennen: 1869, 1888, 1896, 1905 und sich damit in einem Zeitraum von 36 Jahren bewegen, weiters, daß May allein oder mit Gattin gereist sei, zur Arbeit kam oder zum „Urlaub"!

II. Die Beweismittel in Ossiach

In Ossiach selbst gibt es zwei eindeutige Hinweise auf Karl May, allerdings lediglich auf seine Person und nicht auf einen Aufenthalt. Der eine Hinweis findet sich doppelt, nämlich auf zwei Glasfenstern in der Stiftskirche zufolge der jeweiligen Aufschrift „Gewidmet v. Dr. Carl May u. dessen Gemalin [sic!],

12 Kirchenführer: Die Stiftskirche zu Ossiach/Kärtnen, München 1939, 19; M. Rieple, Kärnten: Bühne zum Süden, Bern – Stuttgart 1974, 81.

13 S. u. Fn. 36.

14 Kärntner Tageszeitung 7.9.1988, 21, mit Berufung auf „Dr. Willi Rainer".

15 K. Messner, Winnetou am Ossiacher See, in: Neue Kronen-Zeitung 17.4.1994 mit Bezug auf W. Rainers Artikel in „Kärnter Landsmannschaft 1994.

Radebeul, Dresden 1905". Der zweite Hinweis besteht in einem in der Kanzlei der Pfarre verwahrten Porträt Mays, eine Bleistiftzeichnung in der Größe von 24 × 35 cm mit der Aufschrift „Hadschi Kara ben Nemsi Effendi (Karl May)" sowie „G. Urban".

Schließlich gibt es noch einen Hinweis, zwar nicht in, aber aus Ossiach: Der am Ossiacher See wohnhafte Schriftsteller Gustav Rencker berichtet in seinen Memoiren[16], er habe als junger Gymnasiast May beim Ossiacher Pfarrer Franta getroffen.

Prüfen wir nun die May-Erwähnungen in beziehungsweise zu Ossiach auf ihren Aussagewert bezüglich eines Aufenthalts Mays an diesem Ort.

A. Die Glasfenster

Den buchstäblich augenfälligsten Hinweis auf May geben die beiden Glasfenster mit der Jahreszahl 1905 ab. Verwunderlicherweise unklar sind manchmal die Angaben zu den Glasfenstern. May habe „zwei Glasgemälde" gestiftet, ein „Glasgemälde und die Scheiben der beiden Nebenapsiden", „mehrere Glasgemälde, darunter das sogenannte Karl-May-Fenster" (Einzahl!) – und dies alles in einem Buch[17]! Aus den Glasfenstern wird gefolgert, May habe, so die eingangs angeführten Zitate, in diesem Jahr oder früher am Ort geweilt und daher die Fenster gestiftet[18]. Nach den Gesetzen der Logik sind diese Schlüsse keineswegs zwingend: Wer in welchem Jahr was auch immer stiftet, muss deshalb nicht am Ort des Gestifteten in diesem Jahr oder überhaupt gewesen sein. Insgesamt finden wir in Ossiachs Stiftskirche siebenundzwanzig Fenster und alle tragen dieselbe Jahreszahl 1905! Sollen alle auf ihnen verzeichnete Namen just in diesem einen Jahr sich in Ossiach die Kirchentür-Klinke in die Hand gegeben haben? Überdies beweisen Aufschriften an einigen Fenstern, daß eine physische Anwesenheit gar nicht möglich war. Sie sind nämlich gewidmet etwa „von der Benediktiner-Abtei Emaus in Prag", ähnlich von „mehreren Piaristen-Priestern", andere dem Andenken an verstorbene Personen, auch „zum Troste der armen Seelen im Fegefeuer": Ihnen allen, den Toten zumal, kann die Aufschrift „1905" durchaus keine Anwesenheit in Ossiach bescheinigen. Soweit die Anführung von Namen nicht dem Andenken ihrer Träger dient, ausdrücklich oder sinngemäß, ist auf nahezu allen Fenstern zu lesen, daß es von den darauf genannten Personen „gewidmet" wurde: eben zum „Andenken" an andere Personen oder schlechthin, aber nie unter Hinweis auf ein Naheverhältnis zu Ossiach! An einem Fenster fällt rechts neben dem Widmungsemblem von 1905 eine kleine

16 In W. Brauneder (Hg.), Karl May und Österreich, Husum 1996, 88 ff.

17 Spielvogel, wie Fn. 5, 40, 58, 41.

18 So oben I.

Aufschrift auf: „Burgstaller/Steiner 1929“. Nur damit gibt es einen Bezug zum Ort: Am 11. November 1929 war die Familie Steiner vulgo Burgstaller nach Ossiach gekommen und hatte um 1970 zur Reperatur des Fensters beigetragen, was den damaligen Pfarrer Jakob Stingl zur zitierten Aufschrift bewog[19]. Die druchgehend gleiche Jahreszahl 1905 lässt daher einzig und allein folgenden Schluss zu: Die Fenster wurden in diesem Jahr eingesetzt. Da sie „gewidmet“ wurden, lässt sich weiters auf eine organisierte Spendenaktion schließen.

Unter den Spendern befanden sich laut Widmungen eine „Familie Heidenreich, Wien“ und vor allem „Monsignore Josef Cal. Heidenreich, päpstlicher Hausprälat, Wien“. Dieser legt eine kräftige Spur zu May. Prälat Heidenreich hatte sich nämlich mehrfach als Verfasser von Artikeln im Zuge der May-Hetze an die Seite des Angegriffenen gestellt gehabt[20]. Er galt der Öffentlichkeit als „Freund“ Karl Mays[21]. Die Vermutung liegt daher nahe, dass Heidenreich eine Verbindung zwischen Ossiach und May herstellte, mit anderen Worten, diesen in eine Spendenaktion einbezog. Dies war tatsächlich so. Pfarrer Lorenz Franta[22] von Ossiach hatte Heidenreich „als Sommerfrische durch mehrere Wochen einiger Jahre in seinem Hause Aufnahme und an seinem Tische Gastfreundschaft gewährt“, worauf er „zur Dankbarkeit der Ex-Stiftskirche zu erbauungsvollen Fenstern verholfen“ hat, „indem er fromme Seelen seiner Bekanntschaft für Ossiach interessierte“[23] – darunter Karl May. Die Korrespondenz Heidenreichs mit May[24] spiegelt eindeutig die Glasfenster-Angelegenheit wider: May war in eine Spendenaktion einbezogen worden, hatte aber offenkundig nicht rasch bzw. nicht umgehend reagiert. Am 18. Oktober 1905 teilte ihm nämlich Heidenreich mit, er „habe sämtliche 23 Fenster an den Mann gebracht“ und bräuchte „eigentlich“ keine weitere Spende. Allerdings: „Die Kosten der Maurer, Zimmerleute, Steinmetzen und Schreiner beliefen sich auf die Summe von 500 Kronen; welche noch nicht bedeckt sind“. Damit schildert Heidenreich aber nur den Hintergrund für eine neue Situation: Man habe in den Seitenapsiden zwei zugemauerte Fensteröffnungen entdeckt, diese ausgebrochen und

19 Telefonische Auskunft von Frau Steiner an Frau Tschurtsch im Beisein von Pfarrer Stichala und dem Verf. am 10.8.2002.

20 Zu ihm I. Scheicher, Arme Brüder, Stuttgart 1913, 209 ff.; zum Verhältnis zu May u. a. H. Vollmer, «Das ganze Geheimnis der natürlichen Weihnachtsqual und Weihnachtsfreude», in: JbKMG (Jahrb. d. Karl-May-Gesellschaft) 2005, 29 f.

21 So z. B. Nachruf im „Neuigkeits-Welt-Blatt“ 18.12.1907, 7 f.

22 Unter seinem Dichternamen „Lenz v. Steyer“ widmete er Heidenreich zwei Nachrufe in Gedichtform: Korrespondenz-Blatt für den katholischen Klerus Österreichs 2/1908, Sp. 61; dann sogar 25 Vierzeiler (!) in: Scheicher, wie Fn. 20.

23 Scheicher, wie Fn. 20, 223.

24 Archiv des Karl-May-Verlages in Bamberg: Dafür herzlichen Dank an Lothar Schmid (†)!

dafür müssten doch noch zwei kleinere Glasfenster beschafft werden, „jedes würde auf 50 Kronen kommen". May reagierte prompt und schickte Ende Oktober/Anfang November 1905 Heidenreich einen Einhundert-Mark-Schein, das waren etwa 120 Kronen, nicht ohne zu bemerken, „wir haben zu rechnen und brav zu sparen, damit es für alle reicht, die da gekommen sind", mit Bitten offenbar, um doch zu verkünden: „Aber den inliegenden Schein knabbern wir uns fröhlich ab". Am 11. November teilte Heidenreich dem Spender mit, die „beiden Fenster sind in der Arbeit und dürften in 14 Tagen fertig sein". So war es denn auch: Demgemäß konnten die beiden Spätankömmlinge noch die Jahreszahl 1905 erhalten. Und es scheint nicht nur „Karl" als Spender auf, sondern ebenso Ehegattin „Klara", denn zum zitierten Abknabbern ist beigesetzt: „das Herzle die Hälfte und ich die Hälfte". Die Korrespondenz beantwortet damit weiters eine Detailfrage: Warum hatte May die kleinsten Fenster gespendet, warum waren sie, ursprünglich hinter den Seitenaltären, praktisch unsichtbar? Es handelte sich eben um die letzten ausständigen Fenster. Rückblickend konnte Pfarrer Franta 1806 der Öffentlichkeit mitteilen: „Neue Fenster verwehren dem Regen den Eingang"[25].

Eine Frage allerdings beantwortet die Korrespondenz nicht: Bei wem wurden die Glasfenster hergestellt? Eine umfangreiche Recherche ergab vorerst, dass die großen Hersteller teils mit Sicherheit, teils mit hoher Wahrscheinlichkeit nicht in Frage kommen[26], möglicherweise aber wegen der raschen Produktion gerade der May-Glasfenster ein nicht mehr existierendes Unternehmen in Kärnten selbst[27]. Aber da kam der Zufall zu Hilfe. Eine Recherche zu einem ganz anderen Thema förderte folgende kleine Zeitungsnotiz zu tage[28]: „Eine Stiftung Karl Mays. Aus Ossiach schreibt man uns: Die zwei letzten Kirchenfenster, welche vor kurzem eingesetzt wurden, und von der Tiroler Glasmalerei in Wien sehr hübsch im romanischen Stile ausgeführt wurden, beschaffte niemand anderer als der berühmte Reiseschriftsteller Dr. Karl May in Radebeul bei Dresden, im Vereine mit seiner Gattin. Nun sind alle Fenster bezahlt bis auf das in der neuen gotischen Kapelle, für welches sich wohl auch noch eine milde Spenderhand auftun wird. Auch fehlt es noch an mehreren Drahtschutzgittern, die im Frühjahre angebracht werden müssen". Zwar wies eine Adreßanzeige der „Tiroler

25 Reichspost/Wien 23.10.1906, Feuilleton.

26 Aufgrund folgender, zum Teil mehrfacher Korrespondenz: Glasmalerei Kloster Schlierbach ex Oberösterreichische Glasmalerei; Bayerische Hofglasmalerei, München; insbes.: Tiroler Glasmalerei und Mosaik-Anstalt, Innsbruck; Glasmalerei Geyling, Wien.

27 Firma Hanns C. Leixl in Klagenfurt (bis 1975); jedoch keine Unterlagen vorhanden: telefonische Auskunft Frau Adelheid Leixl, Klagenfurt, 9.12.2002.

28 Reichspost, 28.1.1906, 22, unter „Kärnten".

Glasmalerei“ aus dem Jahr 1905 auf „Innsbruck, Wien u. New York“ hin[29], doch ging man bei meinen Anfragen in Innsbruck davon aus, in diesem Jahr habe es in Wien keine Produktion mehr gegeben, was sich als Irrtum herausstellte. Dies bekräftigt auch ein Glasfenster in der Kirche zu Vitis im niederösterreichischen Waldviertel: Es trägt den Hinweis „Tiroler Glasmalerei Wien 1906“.

Auf Grund jüngster Nachforschungen von Willi Rainer kann eine Vermutung über den Künstler, der die Ossiacher Glasfenster entwarf, geäußert werden: Möglicherweise stammen sie von dem Tiroler Maler und Restaurator Franz Karl Untergasser, geboren 1855 in Sand bei Taufers, gestorben 1940 in Gaimberg/Osttirol. Von 1881 bis 1896 hatte er in der Wiener Filiale der Tiroler Glasmalerei gearbeitet, war sodann freischaffend in Gaimberg tätig gewesen und zwar unter anderem auch für die Tiroler Glasmalerei. Da sich die beiden May-Fenster mit ihrer bunten Gestaltung von den übrigen Glasfenstern mit bloß schlichtem Rautenmuster abheben, wäre ein künstlerischer Einfluß wie etwa von Untergasser nicht auszuschließen.

Insgesamt können wir also wohl festhalten: Für einen Aufenthalt Mays in Ossiach geben die Glasfenster keinerlei Beweis. Wie alle anderen Glasfenster in der Stiftskirche beweisen die May-Fenster lediglich eine positive Reaktion aus Radebeul auf eine Spendenaktion. May wurde in sie durch seine Beziehung zum Initiator dieser Spendenaktion, Prälat Heidenreich, einbezogen.

B. Das Karl-May-Porträt

Weiters ist da in Ossiachs Pfarrkanzlei das May-Porträt. Es trägt eine Reihe verwirrender Notizen: Auf der Vorderseite lesen wir „G. Urban“ sowie „Hadschi Kara ben Nemsi Effendi (Karl May)“, auf der rückseitigen Holzabdeckung „K. May (1890)“ und „am 1. November 1869 in Ossiach Stift“ sowie auf einem aufgeklebten dicken Papier „Nach einer Aufnahme vom J. 1890 / gez. im Juli 1893 von Dipl.-Ing. Günter Urban Wien XV. R. Hamerlingg. 30 / Von dem Reisegefährten Mays im J. 1864 bis Marseille“. Die Aufschriften stammen von unterschiedlichen Schreibern.

Der Name Urban läßt wohl manchen May-Kenner schon prinzipiell aufhorchen: Gustav Urban hielt hartnäckig mehrfach wie etwa noch im May-Jubiläumsjahr 1962 die Legende aufrecht[30], sein Vater Carl Traugott habe May von einer Fußwanderung die Rhone abwärts nach Marseilles gekannt und von ihm angeblich Beweise für frühe Amerikareisen erhalten. Der May-Forschung war es zunehmend im Wissen um Mays Biografie nicht schwer geworden, Derartiges als Irrtum nachzuweisen. Gerade diesen finden wir auf dem Porträt

29 Lehmanns Allgemeiner Wohnungs-Anzeiger I, Wien 1905, 932, insbes. 938.
30 In: Brauneder, wie Fn. 16, 221 ff.

zu Ossiach mit dem eben unzutreffenden Hinweis „Von dem Reisgefährten Mays im J. 1864 bis Marseille"! Und Reisegefährte Mays war Günter Urban schon gar nicht, sondern es wird diese Rolle Karl Traugott Urban angedichtet. Nun wird wohl auch eine weitere ungereimte Bildaufschrift aufgefallen sein: Wieso stammt das Porträt von einem „G." bzw. „Günter Urban" aus dem „Juli 1893"? Wieso „Günter"? Das „G." wurde falsch gedeutet, Gustav wäre richtig. Wieso 1893? Gustav, 1884 geboren, war 1893 neun Jahre alt. War er nicht nur May-begeistert, sondern so jung auch schon zeichnerisch begabt? Das lenkt den Blick auf eine andere Zeichnung. Mit 2. September 1898 ist eine zwar farbenfrohe, aber vor allem in der Perspektive sehr unbeholfene Zeichnung Gustav Urbans datiert, die an einem Bach im Wald u. a. ein Indianerzelt und eine Gruppe gefesselter Weißer zeigt, die von Indianern bewacht werden. Die Aufschrift lautet: „Karl-May-Sommer Juli 1863 Nähe Chugwater Creek". Dies ist ein Hinweis auf den Roman „Weihnacht". Mit der kindlichen Technik dieser Zeichnung von 1898 paßt das – frühere – gekonnte Porträt von 1893 gar nicht zusammen. Merkwürdig ist auch der Umstand, daß eine nach dieser Zeichnung von 1898 angefertigte Postkarte handschriftlich den Vermerk „nach der Angabe des Karl Urban, Wien" trägt. Dies ist nun gänzlich unwahrscheinlich, denn Karl Traugott Urban hatte nach der Angabe seines Sohnes nie Karl May gelesen und konnte daher keine Kenntnis von einem Chugwater Creek haben. Vielleicht wollte Gustav Urban mit dem May-Porträt zu Ossiach zur dortigen Legendenbildung ebenso beitragen wie mit der falschen Fährte der Postkarte, Karl Traugott Urban habe einen Hinweis auf den Chugwater Creek von May erhalten?

Allein richtig sind von den zitierten Aufschriften am May-Porträt zu Ossiach die auf der Vorderseite: „Hadschi Kara ben Nemsi Effendi (Karl May)" sozusagen als Titel sowie „G. Urban" als Zeichner. Auf der Rückseite ist alles falsch mit Ausnahme des Hinweises, das Porträt folge „einer Aufnahme". Tatsächlich entspricht es bis ins Detail einer der Bildpostkarten im Format von etwa 9,2 × 13,9 cm, wie diese mehrfach vertrieben wurden, konkret jener, die May in orientalischem Gewande zeigt, mit einem Fez auf dem Kopf, zwei Pistolen in dem als Gürtel umgebundenen Schal und – kurioser Weise, da doch eigentlich zum Wild-West-Kostüm gehörend – mit der Bärenzahnkette. Die Zeichnung zu Ossiach ist so präzise nach dieser Vorlage ausgeführt, dass eigentlich an ganz etwas Anderes zu denken ist als an eine Zeichnung von irgendeinem Urban, nämlich an eine professionell hergestellte Vergrößerung der Postkarte. Falsch ist jedenfalls, dass laut Ossiacher Aufschrift die Vorlage eine „Aufnahme vom J. 1890" bildete, denn tatsächlich wurde sie 1896 gemacht, und so konnte sie auch niemand „Juli 1893" kopiert haben. Dem Bild an sich kommt also schon wegen dieser Ungereimtheiten keine Beweiskraft für einen Ossiach-Aufenthalt zu. Überdies zeigt sie ja May nicht etwa vor der Stiftskirche. Und so ist auch die Aufschrift „am

1. November 1869 in Ossiach – Stift", womit wohl der Aufenthalt Mays gemeint sein soll, höchst fragwürdig. Durch eine glückliche Fügung findet nun auch das Rätsel, zumindest die offene Frage zur genauen Herkunft des May-Porträts in Ossiach eine Antwort. Mit Ansichtskarte vom 14. Juni 1960 (Poststempel Ossiach 15.6.60) richtete der Ossiacher Pfarrer Wilhelm Mathei an Gustav Urban folgende Bitte: „Ein Bild von Karl May könnte mein Vorhaus schmücken und so allen gleich ein Hinweis sein. Wenn Sie so lieb wären, es irgendwie nach Ossiach zu bringen, würde es mich freuen." Und dies geschah auch! In seinem Nachruf auf Gustav Urban berichtet daher Amand von Ozoróczy: „Karl May stiftete ein Kirchenfenster, Gustav Urban ein selbstverfertigtes Karl-May-Porträt, das in der Stiftshalle der ehemaligen Benediktinerabtei hängt"[31].

Zufolge des späten Auftauchens in Ossiach konnte das May-Porträt nicht zur dortigen Entstehung der May-Legende beigetragen haben. Schon sieben Jahre zuvor hatte ja Otto Stradal, wie eingangs zitiert, vermeint, May sei „tatsächlich einen ganzen Sommer lang in Ossiach" gewesen. Sehr wohl aber half das Porträt, die Ossiacher May-Legende zu verfestigen.

C. Renkers Begegnung mit May

Der aus der Schweiz stammende Schriftsteller Gustav Renker (1889–1967) schrieb in und auch über seine Wahlheimat am Ossiachersee zahlreiche Romane. In seiner unveröffentlichten Autobiographie „Bilderbogen eines Lebens"[32] berichtet er von einer Begegnung mit May bei Pfarrer Franta in Ossiach wohl im Juni 1902. Renker mit „12 Jahren seelig" beschloß, „wieder einmal den guten Pfarrer Franta zu besuchen, zumal ich erfahrungsgemäß wußte, daß dabei stets eine nahrhafte Jause herausschaute". Dieser aber war diesmal „nicht allein, sondern hatte Besuch. Ein ihm etwa gleichaltriger Herr saß am Kaffeetisch. Zierlich, ja fast mager von Gestalt mit einem Schnurrbart in dem klugen, hochstirnigen Gesicht, auf dessen Nase ein Kneifer balancierte". Franta stellte den Besucher vor: „ ‚Das ist der Herr Karl May'. ‚Der – Karl May ...'. Sogar das schuldige ‚Herr' vergaß ich, außerdem hatte ich den Mund voll Schinken". „Schließlich erhoben sich die Herren. Der Pfarrer sagte, er wolle dem Gast einige alte Dokumente zeigen, und mir empfahl er, heimzukehren". Mit guten Gründen sind diese vermeintlichen Erinnerungen ins Reich der Fabel verwiesen worden[33] wie insbesondere: „May war im Jahr 1902 ein 50er, Franta aber 33 Jahre alt, also durchaus nicht etwa gleichaltrig"; Renker war Protestant und konnte nicht, wie er weiters berichtet, Religionsunterricht bei dem katholischen Pfarrer Koch gehabt haben;

31 A. v. Ozoroczy, In memoriam Gustav Urban, in: MKMG 3/1969, 9.

32 Auszugsweise in G. Renker – W. Brauneder – W. Rainer, Karl May in Ossiach, in: Brauneder, wie Fn. 16, 88 ff.

33 Inbes. von Rainer wie z. B. ebda 95 ff.

Franta, obwohl sehr geschwätzig, hat nie irgendwo über May berichtet wie etwa sehr wohl über seine Bekanntschaft mit dem Dichter Ottokar Kernstock; in Ossiach erzählte man sich noch um 1990 etliche Episoden über Pfarrer Franta, aber keine May-Episode; und Franta über Renker: „Seine Fanatsie ist hemmungslos" – wie wohl im Falle seiner May-Begegnung. Übrigens hält Renker sogar selbst fest, an der Person Mays in Ossiach „stiegen mir Zweifel auf".

Gegen eine Begegnung Mays mit Franta spricht auch eine Bemerkung im Dankbrief Heidenreichs vom 11. November 1905: „Der Pfarrer von Ossiach ist ganz entzückt über Ihre Spende". So schreibt man über einen fremden Dritten, aber nicht über einen guten Bekannten. Diesen Eindruck vermittelt auch die spärliche Korrespondenz zwischen May und Franta. In einem ganz knappen Schreiben vom 27. Februar 1907 betitelt Franta May zweimal mit „Euer Hochwohlgeboren": Er ersucht ihn um die Vermittlung eines Manuskriptes an einen „reichsdeutschen" Verlag. Mit Poststempel vom 1. Dezember 1908 schickte May aus London eine der „Tuscarora-Ansichtskarten" an Franta. Der knappe Text „Herzliche Grüße aus Old England! Ihr alter Carl May" läßt ebenfalls nicht unbedingt auf eine Kaffeejausen-Freundschaft á la Renker schließen.

III. Weiteres Beweismittel: Wollschlägers Biographie

Nahezu den Rang eines Beweismittels nimmt die Ossiach-Behauptung des May-Biografen Wollschläger ein (o. bei Fn. 6). Sie ist im Gegensatz, aber auch in Parallele zu anderen seiner Ausführungen nicht belegt: Die in allen Wollschläger-Ausgaben von 1965 bis 1990 nahezu gleiche Anmerkung 121 lautet 1965 bloß „Buchausgabe: Der blaurote Methusalem (1896)", später korrigiert auf „1892" und um Angaben zu diesem Werk vermehrt. Sie enthält aber keinen Hinweis auf eine mündliche oder schriftliche Quelle zu Ossiach. 1988 allerdings hatte Wollschläger sich auf ein Zitat Mays berufen, wonach dieser „im Sommer 1888 in Ossiach am See" „Khong-Kheou" geschrieben habe – dies sei mündlich überliefert! Wie denn bloß? Kam es durch stille Post an Wollschläger? Vom Mayster selbst kann es dem 1935 Geborenen ja nicht berichtet worden sein. Wollschläger selbst räumt ein, in Mays Biografie für 1888 lasse nur der „Zeitraum zwischen Anfang November und Anfang Dezember" einen Aufenthalt in Ossiach zu. Wollschläger erreichte trotz seiner unbelegten Äußerung – oder gerade wegen des Fehlens eines Belegs? – den Rang einer Quelle: Zahlreiche Bemerkungen bezogen sich in der Folge auf ihn. Dies geschah oftmals in den „Mitteilungen der Karl-May-Gesellschaft", teils unter Berufung auf die ominöse mündliche Mitteilung Mays[34]. „Modifikationen" der Jahreszahl

34 Ohnedies skeptisch K. Serden, Wann war Karl May in Ossiach? in: MKMG (Mitteilungen d. Karl-May-Gesellschaft) 78/1988, 44 f.; weiters H.-D. Steinmetz, Die ungarischen Karl-May-Ausgaben, in: MKMG 33/1977, 17.

blieben dabei nicht aus. So teilte Amand v. Ozoróczy im Oktober 1971 einem Brieffreund mit, May habe in Ossiach „1889 für den Guten Kameraden sein Kong-Kheou“ geschrieben – bei Wollschläger wär's 1888 gewesen[35].

IV. Die Gegenbeweise

A. Lokalgeschichte Ossiachs

Willi Rainer[36], als gebürtiger Ossiacher mit den Ortsverhältnissen wohlvertraut, hat den Aufenthaltsbehauptungen mehrere Gründe entgegengehalten: Zur Jahreszeit des angeblichen May-Aufenthalts im November 1888 (nach Wollschläger) lade Ossiach keineswegs zu einem Urlaubs-, geschweige denn zu einem längeren Arbeitsaufenthalt ein. Konkret wies Rainer nach, dass in den von Wollschläger vermuteten Monaten das Wetter in und um Ossiach durch „Kälte, Nässe, Niederschläge und Unwirtlichkeit“ gekennzeichnet ist, und er stellt daher die Frage: „Und da soll sich May (in Begleitung seiner Frau) wohl gefühlt haben?“ Zweitens gibt es für keinen der angeblichen May-Aufenthalte in Ossiach irgendeinen Niederschlag in Gästebüchern, Fremdenblättern und der Lokalpresse, was reichlich unwahrscheinlich für die jüngeren Aufenthalte ist, da May eine berühmte und für manche eine berüchtigte Persönlichkeit geworden war. Und da sollte ein Aufenthalt nirgendwo journalistisch vermarktet worden sein, May kein Gedicht in ein Gästebuch geschrieben haben, etc.? Hieran reiht sich auch das Eingeständnis des Verfassers des Kronen-Zeitung-Artikels von 1987[37]: „Schade ist auch, daß in der örtlichen Kirchenchronik keine näheren Angaben zu Karl Mays Aufenthalten in Ossiach zu finden sind“! Insgesamt ließ die Entwicklung des Fremdenverkehrs den Ossiacher See in den fraglichen Jahren noch gar nicht attraktiv erscheinen. Zwar gab es schon seit 1868 die Bahnstrecke am nördlichen Ufer gegenüber Ossiach, aber es „waren kaum Fremde für längere Zeit an den See gekommen“, übrigens stieß der Fremdenverkehr auf örtlichen Widerstand[38]. Von einem Aufblühen des Fremdenverkehrs ist erst um 1890 die Rede[39]. Der Reiseführer Baedeker von 1907 erwähnt zum Ort Ossiach keinerlei Beherbergungsbetriebe, am See werde Sattendorf

35 In MKMG 75/1988, 31.

36 Kara Ben Nemsi reitet durch Kärnten, in: Die Kärntner Landesmannschaft 1/1994, 27 ff.; ders., Ein klerikaler Proletarier und rückensteifer Dickkopf, in: ebda 7/1995, 14 ff. (über Pfarrer Franta); ders., in: Brauneder, wie Fn. 16, 95 ff.

37 Wie Fn. 15.

38 Dazu A. Mitterer, Steindorf am Ossiachersee, Klagenfurt 1997, 80 f., 87 f.

39 I. Mauser, Illustrierter Führer auf den k. k. Österr. Staatsbahnen für die Strecken Selzthal – Villach, Wien o. J., 8.

„als Sommerfrische besucht“ und das „Kurhotel in Annenheim“[40]. Die heimatkundliche Seite schließt jedenfalls einen Mayaufenthalt vor allem 1888 nahezu mit Sicherheit aus.

B. Die May/Heidenreich-Korrespondenz

Die May/Heidenreich-Korrespondenz[41] bestätigt nicht nur, daß die Fensteraufschrift „1905“ keineswegs für ein Aufenthaltsdatum Mays steht, sondern noch mehr. Erstens reagierte May, wie beschrieben, durchaus nicht so wie es von einem alten Ossiach-Freund, der dort sogar eines seiner Werke verfasst haben soll, erwartet werden müsste, nämlich spontan oder zumindest rasch auf den Spendenaufruf. Zweitens erwähnt keiner der Briefschreiber einen Ossiach-Aufenthalt Mays, weder dieser, noch Heidenreich, noch der Ossiacher Pfarrer Franta! „Gerne spende ich meinem lieben Ossiach, wo ich eines meiner Bücher schrieb ...“, „Spenden Sie doch ihrem lieben Ossiach, das Sie ja selbst kennen...“; „Dank für Ihre Spende, kommen Sie doch bald wieder einmal nach Ossiach...“ – derartige oder ähnliche Bemerkungen fehlen. Gerade das Gegenteil eines Ossiach-Besuchs wird nahezu dokumentiert: May erhält in einem Brief aus Ossiach drei – unbeschriebene! – „Correspondenz-Karten“ mit Ossiacher Ansichten mitgeschickt, nämlich laut handschriftlichen Vermerken: „Ehemalige Abtei Ossiach vom Nordufer aus“, „Inneres (Mittelschiff) der Kirche v. Ossiach“ und „Hochaltar v. Ossiach“. May sollte wissen, wohin seine Spende ging. Eindeutig ging man davon aus, dass er Ossiach noch nie gesehen habe.

C. Mays Aufenthalte zu „Ossiach-Zeiten“

1. May-Porträt: 1869

Am 1. November 1869, wie auf Urbans Porträt-Kopie zu lesen, konnte May nie und nimmer in Ossiach gewesen sein, denn nachweislich befand er sich in diesem Zeitraum auf seiner Vagabundage durch Nordböhmen, wo er sodann in Algersdorf zu Jännerbeginn 1870 verhaftet wurde[42].

2. Wollschläger: 1888

Entgegen Wollschläger konnte May Ossiach auch 1888 nicht besucht haben. Die gesicherten Lebensdaten zu diesem Jahr[43] geben keinerlei Indiz für irgendeinen Auslandsaufenthalt und lassen auch für einen solchen keinerlei Zeitlücke. May

40 K. Baedeker, Österreich, 27. Aufl., Leipzig 1907, 253.
41 S. o. bei Fn. 24.
42 D. Sudhoff – H.-D. Steinmetz, Karl-May-Chronik I, Bamberg-Radebeul 2005, 167 ff.
43 Ebda 347 ff.

begann zu Jahresbeginn die Erzählung „Der Geist des Llano estakado", belieferte den „Deutschen Hausschatz" mit dem Balkanteil des Orientzyklus, begann im April mit der Erzählung „Der Scout", im Juli mit „El Sendador", im September mit „Kong-Kheou" und lieferte für all das Manuskripte bis in den November, vom „El Sendador" 1980 Seiten! Er verfaßte ferner als Hobble-Frank Leserkastennotizen im Juni, September, November und Dezember. Immer wieder wird er zur Arbeit gedrängt, beispielsweise von Spemann im April, Mai, Juli, August, Oktober und November, von Keiter im Mai, von Kürschner im Oktober, vom Verlag Breer u. Thiemann im Dezember. Im September stirbt sein Vater, Anfang Oktober zieht er um nach Kötzschenbroda, besucht regelmäßig einen Stammtisch in Radebeul, zahlt im September rückständigen Mietzins, stand u. a. deshalb zweimal als Beklagter vor dem Amtsgericht Dresden. Kein Wunder, daß die „Chronik"[44] einen Aufenthalt in Ossiach in diesem Jahr zur „Legende" erklärt.

3. *Kärntner Tageszeitung: 1896*

Wieso soll May 1896 in Ossiach gewesen sein? Es ist dies wohl eine besondere Kuriosität. Der Jahreszahl liegt wohl die falsche Angabe zur Buchausgabe des „Methusalem" mit 1896 bei Wollschläger zugrunde, aus der dann der falsche Schluß auf Ossiach gezogen wurde: Er ist nämlich wie bei diesem nicht belegt. Insgesamt gilt das zu 1888 Gesagte, und zwar aus denselben Gründen[45]: keinerlei Indiz für Auslandsreisen, keine Zeitlücke dafür. Von April bis Juni schreibt May die letzten Kapitel für „Mahdi III", sodann „Freuden und Leiden", beendet im Juli und August den „Schwarzen Mustang", beginnt im September mit „Surehand III". Fehsenfeld drängt zu Jahresbeginn, im Februar und März, Kürschner im Februar, Pustet im September nachdem sein Bruder im Juli bei May gewesen war wie später auch Redakteur Keiter vom „Hausschatz", der im Oktober 1350 Seiten einmahnt. Überdies hatte May im Jänner die Villa „Shatterhand" bezogen, im Oktober kauft er die gegenüberliegenden Grundstücke. Besucher kommen schon im Jänner, der Fotograf Schiesser aus Linz/Donau für längere Zeit im April, weitere Besuche erstrecken sich über das ganze Jahr. May erhält im März die Silberbüchse, im April den Bärentöter, fährt in diesem Monat nach Berlin, ist vermutlich im Juni auf Geschäftsreise, weilt im August und September drei Wochen in Lorch am Rhein. Regelmäßig geht von May Post aus Radebeul ab, spendet er Bücher an lokale Bibliotheken.

44 Ebda 352.
45 Ebda 515 ff.

4. *Rencker: 1902*

Mays Aufenthalte sind nun sehr genau dokumentiert: Ossiach ist nicht darunter[46]. Im Juni und in der ersten Julihälfte hielt sich May in Radebeul auf wie dies insbesondere Theaterbesuche, Briefe und Gäste in der Villa „Shatterhand" belegen. Im Juli schloß er „Silberlöwe III" ab. Am 18. Juli begann seine Reise nach Berlin, Hamburg, Leipzig, München, Bozen mit anschließendem Aufenthalt am Mendelpaß bis zum 30. August. Danach weilte er wieder in Radebeul, verließ es am 9. September nach München und zu einem Aufenthalt am Achensee, wohl am 10. Oktober war er in Radebeul zurück: Keine Zeitlücke also, um zu Beginn oder Ende des Sommers bei Pfarrer Franta Kaffee zu trinken! Renckers Darstellung, die in das Jahr 1902 fallen müsste, ist unglaubhaft, denn in diesem Jahr lief Mays höchst makabere Trennung von seiner ersten Frau ab, deren Schauplatz im Sommer 1902 in Südtirol und anschließend in Radebeul lag. Auch hiezu sind Rainers Ausführungen sehr hilfreich[47].

D. Ergebnis

Keines der in Ossiach befindlichen beziehungsweise entstandenen Indizien beweisen einen Aufenthalt Mays an diesem Ort. Die Glasfenster bezeugen lediglich eine Einhundert-Mark-Spende Mays per Post im Zuge einer Spendenaktion für sämtliche Glasfenster der Stiftskirche von 1905; der Dank dafür weist darauf hin, daß May nie in Ossiach gewesen war. Das Portätbild Mays wurde von Gustav Urban als Kopie einer Karl-May-Postkarte angefertigt und erst 1960 auf Bitte von Pfarrer Wilhelm Mathei der Pfarrkanzlei in Ossiach geschenkt. Der Bericht Gustav Renkers über einen undatierten Besuch Karl Mays bei Pfarrer Franta in Ossiach, zu dem Renker als Schulknabe hinzustieß, entsprang dessen Fantasie. Was Mays Biografie anlangt, so weist sie in den für einen Ossiach-Aufenthalt behaupteten Jahren nicht nur keinen entsprechenden Hinweis auf, sondern auch keine Lücke, in welche dieser gefallen sein könnte. All dem korrespondiert die in den genannten Jahren sowohl für Urlaubs- wie Arbeitsaufenthalte ungeeignete Fremdenverkehrssituation vor Ort. So vereinigen sich der fehlende Beweisgehalt der Ossiach-Indizien, Mays Biografie und die zeitgenössische Situation am Ossiachersee zu einer einzigen Schlußfolgerung: kein May in Ossiach[48].

---

46 Ebda III, 65–121.

47 In: Brauneder, wie Fn. 16, 95 ff.

48 So nun auch W. Dener, Pfarr- und ehemalige Benediktinerstiftskirche Mariä Himmelfahrt zu Ossiach/Kärnten, Salzburg 2005. 30 f.

www.ingramcontent.com/pod-product-compliance
Ingram Content Group UK Ltd.
Pitfield, Milton Keynes, MK11 3LW, UK
UKHW041829290926
8980IPUK00002B/157

9 783631 666500